한국
관광공사

필기전형

직업기초능력평가 + 직무능력평가
[경영학]

한국관광공사
직업기초능력평가 + 직무능력평가[경영학]

개정1판 발행		2022년 3월 7일
개정2판 발행		2023년 3월 29일

편 저 자 | 취업적성연구소
발 행 처 | ㈜서원각
등록번호 | 1999-1A-107호
주　　소 | 경기도 고양시 일산서구 덕산로 88-45(가좌동)
교재주문 | 031-923-2051
팩　　스 | 031-923-3815
교재문의 | 카카오톡 플러스 친구[서원각]
홈페이지 | www.goseowon.com

우리나라 기업들은 1960년대 이후 현재까지 비약적인 발전을 이루었다. 이렇게 급속한 성장을 이룰 수 있었던 배경에는 우리나라 국민들의 근면성 및 도전정신이 있었다. 그러나 빠르게 변화하는 세계 경제의 환경에 적응하기 위해서는 근면성과 도전정신 이외에 또 다른 성장 요인이 필요하다.

최근 많은 공사·공단에서는 기존의 직무 관련성에 대한 고려 없이 인·적성, 지식 중심으로 치러지던 필기전형을 탈피하고, 산업현장에서 직무를 수행하기 위해 요구되는 능력을 산업부문별·수준별로 체계화 및 표준화한 NCS를 기반으로 하여 채용공고 단계에서 제시되는 '직무 설명자료'상의 직업기초능력과 직무수행능력을 측정하기 위한 직업기초능력평가, 직무수행능력평가 등을 도입하고 있다.

한국관광공사에서도 업무에 필요한 역량 및 책임감과 적응력 등을 구비한 인재를 선발하기 위하여 고유의 필기전형을 치르고 있다. 본서는 한국관광공사 채용대비를 위한 필독서로 한국관광공사 필기전형의 출제경향을 철저히 분석하여 응시자들이 보다 쉽게 시험유형을 파악하고 효율적으로 대비할 수 있도록 구성하였다.

신념을 가지고 도전하는 사람은 반드시 그 꿈을 이룰 수 있습니다. 처음에 품은 신념과 열정이 취업 성공의 그 날까지 빛바래지 않도록 서원각이 수험생 여러분을 응원합니다.

STRUCTURE

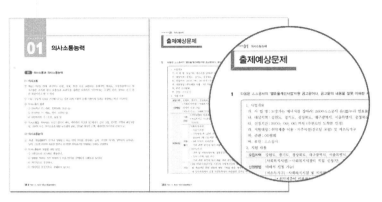

NCS 직업기초능력평가

핵심 이론을 체계적으로 정리하여 단기
간에 학습할 수 있도록 하였고, 각 영역
별 적중률 높은 출제 예상문제를 수록하
여 학습 효율을 높였습니다.

직무능력평가

경영학 이론 중 자주 출제되는 내용을
보기 쉽게 정리하였고, 이를 바탕으로
한 출제 예상문제와 상세한 설명을 통
해 비전공자도 쉽게 학습할 수 있도록
하였습니다.

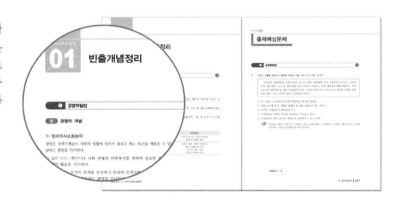

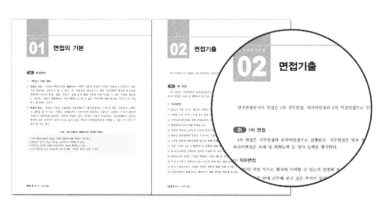

면접

면접 전 준비사항과 면접의 답변 포인
트, 실제 면접 기출문제를 모두 담아
취업의 마지막 관문까지 철저히 대비
할 수 있도록 구성하였습니다.

CONTENTS

PART **01**

기업소개
및 채용안내

한국관광공사 소개

(1) 경영전략

① 설립목적 ··· 관광을 통해 국가경제 발전을 선도하고 국민복지 증진에 기여한다.

② 미래상 ··· 여행하기 좋은 나라를 만드는 글로벌 관광선도기관

③ 핵심가치 및 전략과제

핵심가치	전략방향	전략과제
설렘과 감동	다양한 관광 매력으로 새로운 여행경험 제공	• 한국관광 대표 콘텐츠 육성 • 여행객 맞춤형 마케팅 강화 • 디지털 기반 관광 서비스 확산
소통과 협력	민간이 주도하고 지역이 발전하는 관광산업 성장 지원	• 관광플랫폼 기반 데이터 개방 및 협업 확대 • 관광업계 역량 강화 및 미래 인재 양성 • 지역관광 균형 발전 촉진
전문성과 혁신	책임경영으로 국민의 신뢰를 제고	• 지속가능한 여행환경 조성 • 효율성 중심 경영체계 구축 • 윤리청렴 기반 기관 운영

(2) 경영혁신 비전 및 추진체계

① B.E.S.T 혁신의 중단없는 추진을 통하여 한국관광의 새로운 성장을 구현

② 혁신목표 ··· 사회적 가치와 혁신성장 동시 성과 창출로 국민에게 신뢰받는 관광 선도기관

③ 혁신방향 ··· 지역상생 선도로 사회적 가치 성과 창출, 디지털전환 및 기업 지원으로 경제활력 제고, 건전한 기관 운영 및 국민신뢰 제고

④ 혁신과제

필수과제	• 공직윤리 강화 : 부패행위 사전방지 및 불이익 강화
중점과제	• 지역상생 : 지역경제 발전기여 • 한국형 뉴딜 선도 : 관광빅데이터 플랫폼 구축 • 중소기업 성장지원 : 관광기업 지원체계 강화
일반과제	• 신규채용 등 일자리창출 : 조기채용 실시 및 민간일자리 창출 지원 • 기관 및 산업 안전강화 : 근로자 · 여행자 안전 최우선 환경 조성 • 사회형평적 인사운영 : 여성임원, 장애인 임용 목표 달성 • 관광업계 코로나19 극복지원 : 입주기업 임대료 지원 • 혁신지향 공공조달 : 혁신제품 구매 확대 노력 • K-테스트베드 제공 : 신상품 시장성 시험 지원 • 직무중심 보수체계 : 직무급 적용 확대 • 임금피크제 인력 활용 : 임금피크제 전문성 제고 • 재무건전성 강화 : 예산절감, 재무건전성 관리 • 적극행정 : 적극행정 문화조성 • 복리후생 점검 : 방만경영 예방 • 알리오편의성 강화 : 알리오 플러스 사용자 편의 강화

⑤ 시민참여 혁신

　㉠ 국민의 의견을 경청하여 국민과 함께 관광으로 행복한 한국을 만드는 1등 공공기관

　㉡ 국민의 다양한 제안과 의견을 공유, 국민이 보다 실질적으로 체감할 수 있는 혁신을 이루기 위해 노력

KTO 시민참여단	지역혁신포럼
2018년부터 매년 대국민 공모를 통해 시민참여단을 구성, 기관 혁신과제선정, 사업모니터링 등 공사의 경영혁신 전반에 걸친 피드백을 진행	2018년부터 행정안전부, 지자체 및 시민, 지역거점 공공기관 등이 공동으로 지역의 문제를 도출하고 해결하기 위해 만들어진 기구

(3) 사회적 가치 실현

① KTO 미래상과 비전

KTO 미래상	여행하기 좋은 나라를 만드는 글로벌 관광선도기관				
사회적 가치 비전	관광으로 만들고 모두가 누리는 사회적 가치 구현				
추구 가치	환경과 안전	상생과 협력	모두의 관광	좋은 일자리	공정한 사회

② 전략목표 및 과제

㉠ 5대 전략목표

5대 전략목표	'25 달성목표
환경과 안전을 지키는 관광	안전평가 등급 S등급
상생하고 협력하는 관광	국민 지역관광지 방문총량 2.6억 명
균등하게 누리는 관광	근로자 휴가지원사업 참여인원 55만 명/누적
일자리를 만드는 관광	관광기업 발굴 및 육성 1,750개/누적
윤리적이고 공정한 관광	국민평가 최고등급

▲ 사회적가치 창출 전략 연계 ESG경영 추진 ▲

성과관리 체계	ESG경영 평가지표 개발 및 측정	사회적가치 성과측정 및 환류	사회적가치 우수사례 발굴 및 확산

㉡ 16개 전략과제 및 51개 실행과제

• 전략1 : 일자리를 만드는 관광

3개 전략과제	11개 실행과제
핵심사업을 통한 일자리 창출	• 관광벤처 발굴·육성으로 신규 일자리 창출 • 지역관광 혁신사업을 통한 지역 일자리 창출 • 주민관광사업체 육성으로 신규 일자리 창출 • 관광산업 온라인 일자리박람회를 통한 일자리 매칭
관광 특화사업을 통한 일자리 창출	• 축제 전문가 양성을 통한 일자리 창출 • Tour API 개방으로 민간 ICT 일자리 확대 • 광분야 청년 취업교육 및 일자리 매칭 • 신중년 대상 관광인력 양성 및 취업 지원
일하는 방식 혁신 및 근로환경 개선	• 업무 프로세스 혁신 및 RPA 도입 확산 • 청년고용 및 유연근무제 확대 • 자회사 고용안정 및 근로환경 개선

• 전략2 : 균등하게 누리는 관광

3개 전략과제	9개 실행과제
코로나 블루 극복 및 국민 여행기회 확대	• 근로자 휴가지원 사업 확대 운영 • 여행주간 운영 및 안전여행문화 캠페인 • 빅데이터 기반 여행예보 및 안전여행 서비스 운영 • 코로나19 대응 대국민 · 관광업계 특별지원 사업
모두가 누리는 관광복지 확대	• 사회적 약자 및 취약계층 여행 지원 • 장애물없는 열린관광지 조성 확대
사회형평적 채용 및 차별해소	• 사회적 약자 및 청년 · 지역인재 채용 확대 • NCS 기반의 블라인드 채용 및 공정성 강화 • 양성평등을 위한 여성관리자 육성

• 전략3 : 안전과 환경을 지키는 관광

4개 전략과제	12개 실행과제
안전중심 경영시스템 고도화	• 안전 기본계획 수립 및 실천 • 안전보건경영시스템(ISO 45001) 유지 • 재난대응훈련 강화 및 위기관리 역량 강화 • 정보보안 관리체계 고도화
시설 및 근로자 안전보건관리 강화	• 작업장/시설 및 감염병에 대한 안전관리 강화 • 근로자 안전관리 및 방역 근무수칙 강화
선제적 국민 안전여행 환경 조성	• 코로나19 대응 안전여행 콘텐츠 제작 및 홍보 • 비대면(언택트) 여행환경 조성 • 품질인증 숙박업소 안전관리 역량강화 지원 • 관광객 대상 24시간 안전통역(1330) 서비스
그린뉴딜 실천 및 환경보전 인식제고	• 저탄소 사회 전환을 위한 온실가스 감축 • 지역사회 공동 환경보전 인식 확산 캠페인

• 전략4 : 협력하고 상생하는 관광

3개 전략과제	11개 실행과제
관광을 통한 지역 경제 회복 추진	• 지역 관광기업지원센터 구축 확대 • 지역 강소형 잠재관광지 육성 • 지역관광추진조직(DMO) 육성 지원 • 지역사회 사회적 가치 창출 활동 강화 • 공사 시설 및 자원의 지역사회 개방 확대
관광중소기업 및 협력업체 동반성장 고도화	• 중소기업 및 사회적 기업 제품 우선구매 확대 • 협력 · 위탁업체 상생결제 등 공정거래질서 확립 • 협력업체 동반성장을 위한 성과/협력이익공유제 확대 • 중소 관광업체 판로 개척 지원
사회적 기업 지원 및 육성	• 관광분야 사회적 경제 활성화 협력 강화 • 주민주도 관광사업체 '관광두레' 발굴 및 육성

• 전략5 : 윤리적이고 공정한 관광

3개 전략과제	8개 실행과제
청렴 · 윤리경영 및 내부견제 활성화	• 준법 · 윤리경영 운영체계 개선 • 부패방지 경영시스템(ISO 37001) 고도화 • 예방감사 및 내부견제 강화로 부패리스크 차단
인권존중 및 인권경영 확산	• 인권 교육 및 홍보를 통한 사내 인권인식 제고 • 전사적(운영/사업) 인권영향평가 시행 • 인권침해신고센터 상시 운영 및 구제절차 강화
사회적 가치 창출 성과관리 고도화	• 대국민 소통채널 운영을 통한 시민참여 확대 • KTO 사회적가치지수(SVI) 측정 및 관리

(4) 한국관광 브랜드

① 핵심가치 및 브랜드 아이덴티티

DIVERSE(다양한)	VIBRANT(활기찬)	CREATIVE(창의적인)	INTRIGUING(흥미로운)
전통과 현대가 조화되어 다양한 즐길거리가 가득한 한국	지치지 않는 생기와 활력이 느껴지는 한국	새로운 가치를 창출하는 한국	흥미를 자극하고 유발하는 한국

▼

CREATIVE MOTIVATION : 나의 감각과 안목을 높여주는 창의적 자극

② 브랜드 슬로건 … Imagine your Korea

	• Imagine : 한국관광자원 기반 BI 해석
	  – 영화, 드라마 속 장면들이 현실이 되는 한국
	  – 평범한 일상도 특별하게 만들어주는 매력 있는 한국
	  – 수많은 문화유산에, 명동의 활기찬 쇼핑거리까지 무한한 즐길거리로 가득한 한국

	• your : 여행자 관점 BI 해석
	  – 여행자의 관점에서 매력적인 관광지로 변화하는 한국
	  – 고객들이 직접 참여하고 체험할 수 있는 문화콘텐츠가 가득한 관광 선진국 한국
	  – 변화하는 고객의 요구를 충족시켜주는 한국

③ 관광객들이 한국을 사랑하는 이유(Reasons To Believe)

커뮤니케이션 메시지 … 발길이 머무는 곳마다, 눈길이 닿는 곳마다 색다르고 독특한 체험으로 방문자 모두에게 기대 이상의 경험을 선사한다.

▲

K-Food	사계절 다양한 식재료와 요리법으로 즐기는 독특한 먹거리
K-Wave	K-POP, K-DRAMA, K-MOVIE 등 독창적인 한국만의 콘텐츠
K-Spirit	한국과 한국인의 무한한 창의성과 열정
K-Place	전통과 현대적인 감각이 조화를 이루는 한국만의 신선한 명소
K-Style	트렌트 세터의 마음을 설레게 하는 세련되고 특별한 생활 방식

채용안내

※ 본 내용은 2023년 한국관광공사 일반직 신입사원 채용 공고를 바탕으로 작성된 것으로, 지원 시 홈페이지 내 공고문을 확인하기 바랍니다.

① 채용직급 : 일반직 5급

② 지원자격

　㉠ 공통 지원자격(전 부문)

　　• 공사 「인사규정」 제12조의 결격사유에 해당하지 않는 자

　　• 입사지원 마감일 기준 공사 정년(만 60세)에 해당하지 아니한 자

　　• 입사예정일부터 교육입소 및 근무 가능한 자

　㉡ 채용부문별 지원자격

채용부문	부문별 지원자격
일반	–
장애인	「장애인 고용촉진 및 직업재활법」에 의거한 장애인
취업지원대상자	「국가유공자 등 예우 및 지원에 관한 법률」에 의거한 취업지원대상자로서 국가보훈처가 추천한 자
데이터	데이터 직무 관련 아래 [자격증] 중 1개 이상 보유자 – 빅데이터분석기사, 데이터분석 전문가 및 준전문가(ADP, ADsP), 데이터 아키텍처 전문가 및 준전문가(DAP, DAsP), SQL전문가 및 개발자(SQLP, SQLD)
개발 (관광개발)	• 개발 분야(전기 · 토목 · 건축 · 기계 · 조경) 업무에 대한 실무 경력 1년 이상 • 직무관련 아래 세부분야 기사 또는 기술사 자격증 1개 이상 보유자 　– 기술사 : 「국가기술자격법 시행규칙」 별표 2에 따른 전기(201), 토목(142), 건축(141), 기계(16), 조경(143) 직무분야 기술사 자격보유자. 단, 기술사 소지자의 경우 필기전형 면제 　– 전기 : 전기, 전기공사, 소방설비(전기) 　– 토목 : 토목, 측량 및 지형공간정보, 건설안전 　– 건축 : 건축, 건축설비, 실내건축, 건설안전 　– 기계 : 기계설계, 일반기계, 건설기계설비, 공조냉동기계, 에너지관리, 소방설비(기계) 　– 조경 : 조경, 자연생태복원 ※ 경력과 자격증 지원자격을 모두 충족해야 함.

ⓒ 외국어 점수 지원자격

채용부문	외국어 점수 지원자격
일반	다음 어학성적기준 중 하나 충족 • 영어 : TOEIC(800점), TEPS(309점), IBT 토플(91점), G-Telp(레벨2) 76점 (택1) • 중국어 : 新HSK 5급 180점 이상 • 일본어 : JPT(800점), JLPT(N1) 이상 (택1) • 노어 · 독어 · 불어 · 서어 : FLEX 듣기-읽기 800점 이상 또는 아래 중 택1 　* 노어 : TORFL 1단계 이상, 독어 : Goethe Zertifikat B2 이상, 불어 : DELF B2 이상, 서어 : DELE B2 이상
장애인 취업지원대상자	다음 어학성적기준 중 하나 충족 • 영어 : TOEIC(600점), TEPS(227점), IBT 토플(68점), G-Telp(레벨2) 50점 이상 (택1) • 중국어 : 新HSK 4급 210점 이상 • 일본어 : JPT(600점), JLPT(N2) 이상 (택1) • 노어 · 독어 · 불어 · 서어 : FLEX 듣기-읽기 600점 이상 또는 아래 중 택1 　* 노어 : TORFL 기본단계 이상, 독어 : Goethe Zertifikat B1 이상, 불어 : DELF B1 이상, 서어 : DELE B1 이상 ※ 청각장애(2 · 3급) 응시자 적용기준 : TOEIC, JPT 청해 외 성적×200%, TEPS 청해 외 성적×167%

※ 외국어 점수는 입사예정일 기준으로 유효기간(2년)이 지나지 않은, 국내주관사 등에서 확인 가능한 시험 성적에 한함. 단, 별도의 유효기간이 없는 시험의 경우에는 자격 인정하며, 유효기간(2년)이 만료되기 전에 인사혁신처 사이버국가고시센터(www.gosi.go.kr)에 유효한 성적으로 등록된 경우 응시일로부터 5년이 되는 날이 속한 연도의 말일까지 유효한 성적으로 인정

③ 전형절차

ⓐ 전형단계 : 서류전형(적부) → NCS 필기전형 → 1차 면접전형 → 2차 면접전형(최종선발)

ⓑ 전형별 세부 내용

부문		서류 전형	NCS 필기전형	1차 면접전형	2차 면접전형
일반, 장애인, 취업지원대상자		적부 심사	• 직업기초능력평가(50%) • 직무능력평가(50%) - 경영/경제/회계/법무 중 택 1	• 직업기초능력평가 (70%) • 외국어면접(30%)	역량 면접 (100%)
전 문	데이터		• 직업기초능력평가(50%) • 직무능력평가(50%) - 데이터분석·통계	• 직업기초능력평가 (70%) • 기술면접(30%)	
	개발(관광개발)		직업기초능력평가(100%)		
최종합격인원대비 선발배수		-	6배수(취업지원대상자 부문 : 4배수)	3배수 (취업지원대상자 부문 : 2배수)	최종선발

PART 02

NCS
직업기초능력평가

CHAPTER 01

의사소통능력

01 의사소통과 의사소통능력

(1) 의사소통

① 개념 : 사람들 간에 생각이나 감정, 정보, 의견 등을 교환하는 총체적인 행위로, 직장생활에서의 의사소통은 조직과 팀의 효율성과 효과성을 성취할 목적으로 이루어지는 구성원 간의 정보와 지식 전달 과정이라고 할 수 있다.

② 기능 : 공동의 목표를 추구해 나가는 집단 내의 기본적 존재 기반이며 성과를 결정하는 핵심 기능이다.

③ 의사소통의 종류

    ㉠ 언어적인 것 : 대화, 전화통화, 토론 등

    ㉡ 문서적인 것 : 메모, 편지, 기획안 등

    ㉢ 비언어적인 것 : 몸짓, 표정 등

④ 의사소통을 저해하는 요인 : 정보의 과다, 메시지의 복잡성 및 메시지 간의 경쟁, 상이한 직위와 과업지향형, 신뢰의 부족, 의사소통을 위한 구조상의 권한, 잘못된 매체의 선택, 폐쇄적인 의사소통 분위기 등

(2) 의사소통능력

① 개념 : 직장생활에서 문서나 상대방이 하는 말의 의미를 파악하는 능력, 자신의 의사를 정확하게 표현하는 능력, 간단한 외국어 자료를 읽거나 외국인의 의사표시를 이해하는 능력을 포함한다.

② 의사소통능력 개발을 위한 방법

    ㉠ 사후검토와 피드백을 활용한다.

    ㉡ 명확한 의미를 가진 이해하기 쉬운 단어를 선택하여 이해도를 높인다.

    ㉢ 적극적으로 경청한다.

    ㉣ 메시지를 감정적으로 곡해하지 않는다.

02 의사소통능력을 구성하는 하위능력

(1) 문서이해능력

① 문서와 문서이해능력

  ㉠ 문서 : 제안서, 보고서, 기획서, 이메일, 팩스 등 문자로 구성된 것으로 상대방에게 의사를 전달하여 설득하는 것을 목적으로 한다.

  ㉡ 문서이해능력 : 직업현장에서 자신의 업무와 관련된 문서를 읽고, 내용을 이해하고 요점을 파악할 수 있는 능력을 말한다.

예제 1

다음은 신용카드 약관의 주요내용이다. 규정 약관을 제대로 이해하지 못한 사람은?

> [부가서비스]
> 카드사는 법령에서 정한 경우를 제외하고 상품을 새로 출시한 후 1년 이내에 부가서비스를 줄이거나 없앨 수가 없다. 또한 부가서비스를 줄이거나 없앨 경우에는 그 세부내용을 변경일 6개월 이전에 회원에게 알려주어야 한다.
>
> [중도 해지 시 연회비 반환]
> 연회비 부과기간이 끝나기 이전에 카드를 중도해지하는 경우 남은 기간에 해당하는 연회비를 계산하여 10 영업일 이내에 돌려줘야 한다. 다만, 카드 발급 및 부가서비스 제공에 이미 지출된 비용은 제외된다.
>
> [카드 이용한도]
> 카드 이용한도는 카드 발급을 신청할 때에 회원이 신청한 금액과 카드사의 심사기준을 종합적으로 반영하여 회원이 신청한 금액 범위 이내에서 책정되며 회원의 신용도가 변동되었을 때에는 카드사는 회원의 이용한도를 조정할 수 있다.
>
> [부정사용 책임]
> 카드 위조 및 변조로 인하여 발생된 부정사용 금액에 대해서는 카드사가 책임을 진다. 다만, 회원이 비밀번호를 다른 사람에게 알려주거나 카드를 다른 사람에게 빌려주는 등의 중대한 과실로 인해 부정사용이 발생하는 경우에는 회원이 그 책임의 전부 또는 일부를 부담할 수 있다.

① 해수 : 카드사는 법령에서 정한 경우를 제외하고는 1년 이내에 부가서비스를 줄일 수 없어
② 진성 : 카드 위조 및 변조로 인하여 발생된 부정사용 금액은 일괄 카드사가 책임을 지게 돼
③ 영훈 : 회원의 신용도가 변경되었을 때 카드사가 이용한도를 조정할 수 있어
④ 영호 : 연회비 부과기간이 끝나기 이전에 카드를 중도해지하는 경우에는 남은 기간에 해당하는 연회비를 카드사는 돌려줘야 해

출제의도

주어진 약관의 내용을 읽고 그에 대한 상세 내용의 정보를 이해하는 능력을 측정하는 문항이다.

해 설

② 부정사용에 대해 고객의 과실이 있으면 회원이 그 책임의 전부 또는 일부를 부담할 수 있다.

답 ②

② 문서의 종류

 ⊙ 공문서 : 정부기관에서 공무를 집행하기 위해 작성하는 문서로, 단체 또는 일반회사에서 정부기관을 상대로 사업을 진행할 때 작성하는 문서도 포함된다. 엄격한 규격과 양식이 특징이다.

 ⓒ 기획서 : 아이디어를 바탕으로 기획한 프로젝트에 대해 상대방에게 전달하여 시행하도록 설득하는 문서이다.

 ⓒ 기안서 : 업무에 대한 협조를 구하거나 의견을 전달할 때 작성하는 사내 공문서이다.

 ⓔ 보고서 : 특정한 업무에 관한 현황이나 진행 상황, 연구ㆍ검토 결과 등을 보고하고자 할 때 작성하는 문서이다.

 ⓜ 설명서 : 상품의 특성이나 작동 방법 등을 소비자에게 설명하기 위해 작성하는 문서이다.

 ⓗ 보도자료 : 정부기관이나 기업체 등이 언론을 상대로 자신들의 정보를 기사화 되도록 하기 위해 보내는 자료이다.

 ⓼ 자기소개서 : 개인이 자신의 성장과정이나, 입사 동기, 포부 등에 대해 구체적으로 기술하여 자신을 소개하는 문서이다.

 ⓞ 비즈니스 레터(E-mail) : 사업상의 이유로 고객에게 보내는 편지다.

 ⓩ 비즈니스 메모 : 업무상 확인해야 할 일을 메모형식으로 작성하여 전달하는 글이다.

③ 문서이해의 절차 : 문서의 목적 이해 → 문서 작성 배경ㆍ주제 파악 → 정보 확인 및 현안문제 파악 → 문서 작성자의 의도 파악 및 자신에게 요구되는 행동 분석 → 목적 달성을 위해 취해야 할 행동 고려 → 문서 작성자의 의도를 도표나 그림 등으로 요약ㆍ정리

(2) 문서작성능력

① 작성되는 문서에는 대상과 목적, 시기, 기대효과 등이 포함되어야 한다.

② 문서작성의 구성요소

 ⊙ 짜임새 있는 골격, 이해하기 쉬운 구조

 ⓒ 객관적이고 논리적인 내용

 ⓒ 명료하고 설득력 있는 문장

 ⓔ 세련되고 인상적인 레이아웃

예제 2

다음은 들은 내용을 구조적으로 정리하는 방법이다. 순서에 맞게 배열하면?

> ㉠ 관련 있는 내용끼리 묶는다.
> ㉡ 묶은 내용에 적절한 이름을 붙인다.
> ㉢ 전체 내용을 이해하기 쉽게 구조화한다.
> ㉣ 중복된 내용이나 덜 중요한 내용을 삭제한다.

① ㉠㉡㉢㉣　　　　　　　② ㉠㉡㉣㉢
③ ㉡㉠㉢㉣　　　　　　　④ ㉡㉠㉣㉢

출제의도

음성정보는 문자정보와는 달리 쉽게 잊혀지기 때문에 음성정보를 구조화시키는 방법을 묻는 문항이다.

해 설

내용을 구조적으로 정리하는 방법은 '㉠ 관련 있는 내용끼리 묶는다. → ㉡ 묶은 내용에 적절한 이름을 붙인다. → ㉣ 중복된 내용이나 덜 중요한 내용을 삭제한다. → ㉢ 전체 내용을 이해하기 쉽게 구조화 한다.'가 적절하다.

답 ②

③ 문서의 종류에 따른 작성방법

　㉠ 공문서
　　• 육하원칙이 드러나도록 써야 한다.
　　• 날짜는 반드시 연도와 월, 일을 함께 언급하며, 날짜 다음에 괄호를 사용할 때는 마침표를 찍지 않는다.
　　• 대외문서이며, 장기간 보관되기 때문에 정확하게 기술해야 한다.
　　• 내용이 복잡할 경우 '-다음-', '-아래-'와 같은 항목을 만들어 구분한다.
　　• 한 장에 담아내는 것을 원칙으로 하며, 마지막엔 반드시 '끝'자로 마무리 한다.

　㉡ 설명서
　　• 정확하고 간결하게 작성한다.
　　• 이해하기 어려운 전문용어의 사용은 삼가고, 복잡한 내용은 도표화 한다.
　　• 명령문보다는 평서문을 사용하고, 동어 반복보다는 다양한 표현을 구사하는 것이 바람직하다.

　㉢ 기획서
　　• 상대를 설득하여 기획서가 채택되는 것이 목적이므로 상대가 요구하는 것이 무엇인지 고려하여 작성하며, 기획의 핵심을 잘 전달하였는지 확인한다.
　　• 분량이 많을 경우 전체 내용을 한눈에 파악할 수 있도록 목차구성을 신중히 한다.
　　• 효과적인 내용 전달을 위한 표나 그래프를 적절히 활용하고 산뜻한 느낌을 줄 수 있도록 한다.
　　• 인용한 자료의 출처 및 내용이 정확해야 하며 제출 전 충분히 검토한다.

　㉣ 보고서
　　• 도출하고자 하는 핵심내용을 구체적이고 간결하게 작성한다.
　　• 내용이 복잡할 경우 도표나 그림을 활용하고, 참고자료는 정확하게 제시한다.
　　• 제출하기 전에 최종점검을 하며 질의를 받을 것에 대비한다.

다음 중 공문서 작성에 대한 설명으로 가장 적절하지 못한 것은?

① 공문서나 유가증권 등에 금액을 표시할 때에는 한글로 기재하고 그 옆에 괄호를 넣어 숫자로 표기한다.
② 날짜는 숫자로 표기하되 년, 월, 일의 글자는 생략하고 그 자리에 온점(.)을 찍어 표시한다.
③ 첨부물이 있는 경우에는 붙임 표시문 끝에 1자 띄우고 "끝."이라고 표시한다.
④ 공문서의 본문이 끝났을 경우에는 1자를 띄우고 "끝."이라고 표시한다.

출제의도

업무를 할 때 필요한 공문서 작성법을 잘 알고 있는지를 측정하는 문항이다.

해 설

공문서 금액 표시
아라비아 숫자로 쓰고, 숫자 다음에 괄호를 하여 한글로 기재한다.
예) 123,456원의 표시 : 금 123,456(금 일십이만삼천사백오십육원)

답 ①

④ 문서작성의 원칙
  ㉠ 문장은 짧고 간결하게 작성한다.(간결체 사용)
  ㉡ 상대방이 이해하기 쉽게 쓴다.
  ㉢ 불필요한 한자의 사용을 자제한다.
  ㉣ 문장은 긍정문의 형식을 사용한다.
  ㉤ 간단한 표제를 붙인다.
  ㉥ 문서의 핵심내용을 먼저 쓰도록 한다.(두괄식 구성)

⑤ 문서작성 시 주의사항
  ㉠ 육하원칙에 의해 작성한다.
  ㉡ 문서 작성시기가 중요하다.
  ㉢ 한 사안은 한 장의 용지에 작성한다.
  ㉣ 반드시 필요한 자료만 첨부한다.
  ㉤ 금액, 수량, 일자 등은 기재에 정확성을 기한다.
  ㉥ 경어나 단어사용 등 표현에 신경 쓴다.
  ㉦ 문서작성 후 반드시 최종적으로 검토한다.

⑥ 효과적인 문서작성 요령

　　㉠ 내용이해 : 전달하고자 하는 내용과 핵심을 정확하게 이해해야 한다.

　　㉡ 목표설정 : 전달하고자 하는 목표를 분명하게 설정한다.

　　㉢ 구성 : 내용 전달 및 설득에 효과적인 구성과 형식을 고려한다.

　　㉣ 자료수집 : 목표를 뒷받침할 자료를 수집한다.

　　㉤ 핵심전달 : 단락별 핵심을 하위목차로 요약한다.

　　㉥ 대상파악 : 대상에 대한 이해와 분석을 통해 철저히 파악한다.

　　㉦ 보충설명 : 예상되는 질문을 정리하여 구체적인 답변을 준비한다.

　　㉧ 문서표현의 시각화 : 그래프, 그림, 사진 등을 적절히 사용하여 이해를 돕는다.

(3) 경청능력

① 경청의 중요성 : 경청은 다른 사람의 말을 주의 깊게 들으며 공감하는 능력으로 경청을 통해 상대방을 한 개인으로 존중하고 성실한 마음으로 대하게 되며, 상대방의 입장에 공감하고 이해하게 된다.

② 경청을 방해하는 습관 : 짐작하기, 대답할 말 준비하기, 걸러내기, 판단하기, 다른 생각하기, 조언하기, 언쟁하기, 옳아야만 하기, 슬쩍 넘어가기, 비위 맞추기 등

③ 효과적인 경청방법

　　㉠ 준비하기 : 강연이나 프레젠테이션 이전에 나누어주는 자료를 읽어 미리 주제를 파악하고 등장하는 용어를 익혀둔다.

　　㉡ 주의 집중 : 말하는 사람의 모든 것에 집중해서 적극적으로 듣는다.

　　㉢ 예측하기 : 다음에 무엇을 말할 것인가를 추측하려고 노력한다.

　　㉣ 나와 관련짓기 : 상대방이 전달하고자 하는 메시지를 나의 경험과 관련지어 생각해 본다.

　　㉤ 질문하기 : 질문은 듣는 행위를 적극적으로 하게 만들고 집중력을 높인다.

　　㉥ 요약하기 : 주기적으로 상대방이 전달하려는 내용을 요약한다.

　　㉦ 반응하기 : 피드백을 통해 의사소통을 점검한다.

다음은 면접스터디 중 일어난 대화이다. 민아의 고민을 해소하기 위한 조언으로 가장 적절한 것은?

> 지섭 : 민아씨, 어디 아파요? 표정이 안 좋아 보여요.
>
> 민아 : 제가 원서 넣은 공단이 내일 면접이어서요. 그동안 스터디를 통해서 면접 연습을 많이 했는데도 벌써부터 긴장이 되네요.
>
> 지섭 : 민아씨는 자기 의견도 명확히 피력할 줄 알고 조리 있게 설명을 잘 하시니 걱정 안하셔도 될 것 같아요. 아, 손에 꽉 쥐고 계신 건 뭔가요?
>
> 민아 : 아, 제가 예상 답변을 정리해서 모아둔거예요. 내용은 거의 외웠는데 이렇게 쥐고 있지 않으면 불안해서..
>
> 지섭 : 그 정도로 준비를 철저히 하셨으면 걱정할 이유 없을 것 같아요.
>
> 민아 : 그래도 압박면접이거나 예상치 못한 질문이 들어오면 어떻게 하죠?
>
> 지섭 : _____

① 시선을 적절히 처리하면서 부드러운 어투로 말하는 연습을 해보는 건 어때요?
② 공식적인 자리인 만큼 옷차림을 신경 쓰는 게 좋을 것 같아요.
③ 당황하지 말고 질문자의 의도를 잘 파악해서 침착하게 대답하면 되지 않을까요?
④ 예상 질문에 대한 답변을 좀 더 정확하게 외워보는 건 어떨까요?

---

(4) 의사표현능력

① 의사표현의 개념과 종류

  ㉠ 개념 : 화자가 자신의 생각과 감정을 청자에게 음성언어나 신체언어로 표현하는 행위이다.

  ㉡ 종류

    • 공식적 말하기 : 사전에 준비된 내용을 대중을 대상으로 말하는 것으로 연설, 토의, 토론 등이 있다.

    • 의례적 말하기 : 사회·문화적 행사에서와 같이 절차에 따라 하는 말하기로 식사, 주례, 회의 등이 있다.

    • 친교적 말하기 : 친근한 사람들 사이에서 자연스럽게 주고받는 대화 등을 말한다.

② 의사표현의 방해요인

  ㉠ 연단공포증 : 연단에 섰을 때 가슴이 두근거리거나 땀이 나고 얼굴이 달아오르는 등의 현상으로 충분한 분석과 준비, 더 많은 말하기 기회 등을 통해 극복할 수 있다.

  ㉡ 말 : 말의 장단, 고저, 발음, 속도, 쉼 등을 포함한다.

  ㉢ 음성 : 목소리와 관련된 것으로 음색, 고저, 명료도, 완급 등을 의미한다.

  ㉣ 몸짓 : 비언어적 요소로 화자의 외모, 표정, 동작 등이다.

  ㉤ 유머 : 말하기 상황에 따른 적절한 유머를 구사할 수 있어야 한다.

③ 상황과 대상에 따른 의사표현법

ㄱ 잘못을 지적할 때 : 모호한 표현을 삼가고 확실하게 지적하며, 당장 꾸짖고 있는 내용에만 한정한다.

ㄴ 칭찬할 때 : 자칫 아부로 여겨질 수 있으므로 센스 있는 칭찬이 필요하다.

ㄷ 부탁할 때 : 먼저 상대방의 사정을 듣고 응하기 쉽게 구체적으로 부탁하며 거절을 당해도 싫은 내색을 하지 않는다.

ㄹ 요구를 거절할 때 : 먼저 사과하고 응해줄 수 없는 이유를 설명한다.

ㅁ 명령할 때 : 강압적인 말투보다는 'ㅇㅇ을 이렇게 해주는 것이 어떻겠습니까?'와 같은 식으로 부드럽게 표현하는 것이 효과적이다.

ㅂ 설득할 때 : 일방적으로 강요하기보다는 먼저 양보해서 이익을 공유하겠다는 의지를 보여주는 것이 좋다.

ㅅ 충고할 때 : 충고는 가장 최후의 방법이다. 반드시 충고가 필요한 상황이라면 예화를 들어 비유적으로 깨우쳐주는 것이 바람직하다.

ㅇ 질책할 때 : 샌드위치 화법(칭찬의 말 + 질책의 말 + 격려의 말)을 사용하여 청자의 반발을 최소화 한다.

예제 5

당신은 팀장님께 업무 지시내용을 수행하고 결과물을 보고드렸다. 하지만 팀장님께서는 "최대리 업무를 이렇게 처리하면 어떡하나? 누락된 부분이 있지 않은가."라고 말하였다. 이에 대해 당신이 행할 수 있는 가장 부적절한 대처 자세는?

① "죄송합니다. 제가 잘 모르는 부분이라 이수혁 과장님께 부탁을 했는데 과장님께서 실수를 하신 것 같습니다."

② "주의를 기울이지 못해 죄송합니다. 어느 부분을 수정보완하면 될까요?"

③ "지시하신 내용을 제가 충분히 이해하지 못하였습니다. 내용을 다시 한 번 여쭤보아도 되겠습니까?"

④ "부족한 내용을 보완하는 자료를 취합하기 위해서 하루정도가 더 소요될 것 같습니다. 언제까지 재작성하여 드리면 될까요?"

출제의도

상사가 잘못을 지적하는 상황에서 어떻게 대처해야 하는지를 묻는 문항이다.

해 설

상사가 부탁한 지시사항을 다른 사람에게 부탁하는 것은 옳지 못하며 설사 그렇다고 해도 그 일의 과오에 대해 책임을 전가하는 것은 지양해야 할 자세이다.

답 ①

---

④ 원활한 의사표현을 위한 지침

ㄱ 올바른 화법을 위해 독서를 하라.

ㄴ 좋은 청중이 되라.

ㄷ 칭찬을 아끼지 마라.

ㄹ 공감하고, 긍정적으로 보이게 하라.

ㅁ 겸손은 최고의 미덕임을 잊지 마라.

ㅂ 과감하게 공개하라.

ⓢ 뒷말을 숨기지 마라.

ⓞ 첫마디 말을 준비하라.

ⓩ 이성과 감성의 조화를 꾀하라.

ⓒ 대화의 룰을 지켜라.

ⓚ 문장을 완전하게 말하라.

⑤ 설득력 있는 의사표현을 위한 지침

㉠ 'Yes'를 유도하여 미리 설득 분위기를 조성하라.

㉡ 대비 효과로 분발심을 불러 일으켜라.

㉢ 침묵을 지키는 사람의 참여도를 높여라.

㉣ 여운을 남기는 말로 상대방의 감정을 누그러뜨려라.

㉤ 하던 말을 갑자기 멈춤으로써 상대방의 주의를 끌어라.

㉥ 호칭을 바꿔서 심리적 간격을 좁혀라.

㉦ 끄집어 말하여 자존심을 건드려라.

㉧ 정보전달 공식을 이용하여 설득하라.

㉨ 상대방의 불평이 가져올 결과를 강조하라.

㉩ 권위 있는 사람의 말이나 작품을 인용하라.

㉪ 약점을 보여 주어 심리적 거리를 좁혀라.

㉫ 이상과 현실의 구체적 차이를 확인시켜라.

㉬ 자신의 잘못도 솔직하게 인정하라.

㉭ 집단의 요구를 거절하려면 개개인의 의견을 물어라.

ⓐ 동조 심리를 이용하여 설득하라.

ⓑ 지금까지의 노고를 치하한 뒤 새로운 요구를 하라.

ⓒ 담당자가 대변자 역할을 하도록 하여 윗사람을 설득하게 하라.

ⓓ 겉치레 양보로 기선을 제압하라.

ⓔ 변명의 여지를 만들어 주고 설득하라.

ⓕ 혼자 말하는 척하면서 상대의 잘못을 지적하라.

(5) 기초외국어능력

① 기초외국어능력의 개념과 필요성

    ㉠ 개념 : 외국어로 된 간단한 자료를 이해하거나, 외국인과의 전화응대와 간단한 대화 등 외국인의 의사 표현을 이해하고, 자신의 의사를 기초외국어로 표현할 수 있는 능력이다.

    ㉡ 필요성 : 국제화 · 세계화 시대에 다른 나라와의 무역을 위해 우리의 언어가 아닌 국제적인 통용어를 사용하거나 그들의 언어로 의사소통을 해야 하는 경우가 생길 수 있다.

② 외국인과의 의사소통에서 피해야 할 행동

    ㉠ 상대를 볼 때 흘겨보거나, 노려보거나, 아예 보지 않는 행동

    ㉡ 팔이나 다리를 꼬는 행동

    ㉢ 표정이 없는 것

    ㉣ 다리를 흔들거나 펜을 돌리는 행동

    ㉤ 맞장구를 치지 않거나 고개를 끄덕이지 않는 행동

    ㉥ 생각 없이 메모하는 행동

    ㉦ 자료만 들여다보는 행동

    ㉧ 바르지 못한 자세로 앉는 행동

    ㉨ 한숨, 하품, 신음소리를 내는 행동

    ㉩ 다른 일을 하며 듣는 행동

    ㉪ 상대방에게 이름이나 호칭을 어떻게 부를지 묻지 않고 마음대로 부르는 행동

③ 기초외국어능력 향상을 위한 공부법

    ㉠ 외국어공부의 목적부터 정하라.

    ㉡ 매일 30분씩 눈과 손과 입에 밸 정도로 반복하라.

    ㉢ 실수를 두려워하지 말고 기회가 있을 때마다 외국어로 말하라.

    ㉣ 외국어 잡지나 원서와 친해져라.

    ㉤ 소홀해지지 않도록 라이벌을 정하고 공부하라.

    ㉥ 업무와 관련된 주요 용어의 외국어는 꼭 알아두자.

    ㉦ 출퇴근 시간에 외국어 방송을 보거나, 듣는 것만으로도 귀가 트인다.

    ㉧ 어린이가 단어를 배우듯 외국어 단어를 암기할 때 그림카드를 사용해 보라.

    ㉨ 가능하면 외국인 친구를 사귀고 대화를 자주 나눠 보라.

출제예상문제

1 다음은 △△공사의 '열효율개선사업'지원 공고문이다. 공고문의 내용을 잘못 이해한 사람은?

1. 사업개요

가. 사 업 명 : 도망가는 에너지를 잡아라! 20○○△△공사 온(溫)누리 열효율개선사업

나. 대상지역 : 강원도, 경기도, 경상북도, 대구광역시, 서울특별시, 충청북도, 제주특별자치도

다. 신청기간 : 20○○. ○○. ○○.까지 (우편소인 도착분 인정)

라. 지원대상 : 취약계층 이용 · 거주시설(경로당 포함) 및 저소득가구

마. 주관 : ○○협회

바. 후원 : △△공사

2. 지원 내용

모집지역		강원도, 경기도, 경상북도, 대구광역시, 서울특별시, 충청북도, 제주특별자치도
신청방법		[사회복지시설] –사회복지시설이 직접 신청(단, 경로당의 경우 해당 지역 주민센터에서 신청 가능) [저소득가구] –사회복지시설 및 지자체가 해당하는 가구를 추천 및 신청
지원대상	지원 대상	• 취약계층이 이용하는 생활 사회복지시설 (노인복지시설 – '경로당'포함) • 저소득가구 (기초생활수급자, 차상위계층 및 추천시설에서 인정하는 저소득가정)
	지원 불가	[사회복지시설] – 미신고시설 – 시설설립 후 1년이 지나지 않은 시설 (사업공고일 기준) – 2008년 7월 1일 이후 개인이 설치 · 신고한 노인장기요양기관 – 5년 이내의 신축건물 – 기타 배분 규정에 따라 배분 제외 대상인 시설 [저소득가구] – 국가 및 지방자치단체, 정부공공기관 소유임대 가구 – 무허가주택 거주 가구 – 기타 배분 규정에 따라 배분 제외 대상인 가구
	기타	– 2년 이내(사업공고일 기준)에 지방자치단체 및 민간단체로부터 에너지효율 개선사업 관련 내용에 대한 지원을 받은 대상의 경우 신청은 가능하나 심사과정에서 선정 우선순위에서 차순위로 밀려날 수 있음

지원내용	- 보일러 및 바닥, 단열, LED 등, 창호교체 기타 에너지 열효율개선을 위한 보수 공사(에너지효율 개선을 위한 도배, 장판 포함 −단순 도배·장판의 경우 지원 불가) ※ 지원제외 : LNG 도시가스 인입, 대체에너지(태양열, 지열 등), 지붕 공사, 단순 도배·장판, 미관을 목적으로 하는 인테리어 공사, 기타 에너지 효율화와 관련이 없는 개·보수
지원한도	가구별 최대 430만 원 내외 지원 시설별 최대 2,000만 원 내외 지원 ※ 건축물 면적, 이용 및 생활인원 수, 현장실사결과 등에 따른 차등 지원
시공	사회적 기업 시공업체 등 〈일부 지역 예외〉

① 갑 : 열효율개선사업은 전국을 대상으로 하지 않는 것 같군.

② 을 : 온라인으로는 신청이 안 되고 우편으로 신청을 해야 하는가 보군.

③ 병 : 사회복지시설 및 지자체가 추천한 업체가 시공을 담당하겠군.

④ 정 : 저소득가구가 2년 이내 관련 지원을 받은 경우 신청이 불가능한 것은 아니군.

⑤ 무 : 가구별 지원 한도와 시설별 지원 한도는 최대 2배 이상 차이가 나는군.

✔ 해설 △△공사의 '열효율개선사업'은 취약계층 이용·거주 시설 및 저소득가구를 대상으로 보일러 및 바닥 등 열효율개선을 위한 보수 공사를 지원하는 사업이다. 병은 "사회복지시설 및 지자체가 추천한 업체가 시공을 담당"할 것으로 보는데, 공고문에는 그 대상이 '사회적 기업 시공업체 등'으로 명시되어 있으므로 잘못 이해하였다.

　① 열효율개선사업은 전국이 아닌 강원도, 경기도, 경상북도, 대구광역시, 서울특별시, 충청북도, 제주특별자치도를 대상으로 한다.

　② 신청기간까지 우편소인 도착분을 인정한다고 공고하였으므로 온라인이 아닌 우편신청을 전제하고 있다.

　④ 2년 이내 관련 지원을 받은 대상의 경우 신청은 가능하나 심사과정에서 선정 우선순위에서 차순위로 밀려날 수 있다.

　⑤ 가구별 최대 지원 한도는 430만 원 이내이고, 시설은 최대 2,000만 원 이내로 2배 이상 차이가 난다.

Answer 1.③

2 다음은 OO 금융 공사의 동향 보고서이다. 이를 평가한 것으로 글의 내용과 부합하지 않는 것은?

연방준비제도(이하 연준)가 고용 증대에 주안점을 둔 정책을 입안한다 해도 정책이 분배에 미치는 영향을 고려하지 않는다면, 그 정책은 거품과 불평등만 부풀릴 것이다. 기술 산업의 거품 붕괴로 인한 경기 침체에 대응하여 2000년대 초에 연준이 시행한 저금리 정책이 이를 잘 보여준다.

특정한 상황에서는 금리 변동이 투자와 소비의 변화를 통해 경기와 고용에 영향을 줄 수 있다. 하지만 다른 수단이 훨씬 더 효과적인 상황도 많다. 가령 부동산 거품에 대한 대응책으로는 금리 인상보다 주택 담보 대출에 대한 규제가 더 합리적이다. 생산적 투자를 위축시키지 않으면서 부동산 거품을 가라앉힐 수 있기 때문이다.

경기 침체라 하더라도 금리 인하는 은행의 비용을 줄여주는 것 말고는 경기 회복에 별다른 도움이 되지 않을 수 있다. 대부분의 부분에서 설비 가동률이 낮은 상황이라면, 2000년대 초가 바로 그런 상황이었기 때문에, 당시의 저금리 정책은 생산적인 투자 증가 대신에 주택 시장의 거품만 초래한 것이다.

금리 인하는 국공채에 투자했던 퇴직자들의 소득을 감소시켰다. 노년층에서 정부로, 정부에서 금융업으로 부의 대규모 이동이 이루어져 불평등이 심화되었다. 이에 따라 금리 인하는 다양한 경로로 소비를 위축시켰다. 은퇴 후의 소득을 확보하기 위해, 혹은 자녀의 학자금을 확보하기 위해 사람들은 저축을 늘렸다. 연준은 금리 인하가 주가 상승으로 이어질 것이므로 소비가 늘어날 것이라고 주장했다. 하지만 2000년대 초 연준의 금리 인하 이후 주가 상승에 따라 발생한 이득은 대체로 부유층에 집중되었으므로 대대적인 소비 증가로 이어지지 않았다.

2000년대 초 고용 증대를 기대하고 시행한 연준의 저금리 정책은 노동을 자본으로 대체하는 투자를 증대시켰다. 인위적인 저금리로 자본 비용이 낮아지자 이런 기회를 이용하려는 유인이 생겨났다. 노동력이 풍부한 상황인데도 노동을 절약하는 방향의 혁신이 강화되었고, 미숙련 노동자들의 실업률이 높은 상황인데도 가게들은 계산원을 해고하고 자동화 기계를 들여놓았다. 경기가 회복되더라도 실업률이 떨어지지 않는 구조가 만들어진 것이다.

① 갑 : 2000년대 초 연준의 금리 인하로 국공채에 투자한 퇴직자의 소득이 줄어들어 금융업에서 정부로 부가 이동하였다.

② 을 : 2000년대 초 연준은 고용 증대를 기대하고 금리를 인하했지만 결과적으로 고용 증대가 더 어려워지도록 만들었다.

③ 병 : 2000년대 초 기술 산업 거품의 붕괴로 인한 경기 침체기에 설비 가동률은 대부분 낮은 상태였다.

④ 정 : 2000년대 초 연준이 금리 인하 정책을 시행한 후 주택 가격과 주식 가격은 상승하였다.

⑤ 무 : 금리 인상은 부동산 거품 대응 정책 가운데 가장 효과적인 정책이 아닐 수 있다.

✔해설 갑은 2000년대 초 연준의 금리 인하로 국공채에 투자한 퇴직자의 소득이 줄어들어 금융업으로부터 정부로 부가 이동했다고 보고 있다. 그러나 네 번째 문단을 보면 금리 인하가 실시되면서 노년층에서 정부로, 정부에서 금융업으로 부의 대규모 이동이 이루어졌다. 즉 '금융업으로부터 정부로 부가 이동했다고 보는 것'은 제시문과 역행하는 것이다.

② 다섯 번째 문단에는 2000년대 초 연준의 저금리 정책은 고용 증대를 위해 시행되었다. 그리고 저금리로 자본 비용이 낮아지면 노동 절약을 위한 혁신이 강화되어 고용 증대는 이루어지지 않았음을 지적한다.

③ 첫 번째 문단에서는 저금리 정책이 시행되던 2000년대 초는 기술 산업의 거품 붕괴로 인해 경기 침체가 발생한 상황이 나타난다. 세 번째 문단 역시 2000년대 초에 설비 가동률이 낮았음을 언급하고 있다.

④ 세 번째 문단은 2000년대 초의 저금리 정책이 주택 시장의 거품을 초래했다고 설명한다. 또한 네 번째 문단에서는 연준의 금리 인하 이후 주가가 상승했음이 나타난다. 이를 통해 금리 인하 정책이 시행된 후 주택 가격과 주식 가격이 상승했음을 알 수 있다는 정의 주장을 확인할 수 있다.

⑤ 두 번째 문단을 보면 부동산 거품에 대한 더 합리적인 대응책은 금리의 변동보다 주택 담보 대출에 대한 규제이다.

3 귀하는 ○○ 품질연구원의 교육담당자로 근무하고 있다. 아래의 교육 자료에 대한 회사 직원들의 반응으로 가장 적절하지 않은 것은?

[역사 속의 오늘 사건] 1903년 6월 16일. 노동 시스템 바꾼 포드 자동차 회사 설립

헨리 포드는 1903년에 미국 미시간주 디어본에 포드 자동차 회사를 설립한다. 이 포드 자동차 회사는 현대의 노동 시스템을 완전히 획기적으로 바꾸어 놓았다.

바로 1913년에 컨베이어 벨트 생산 방식을 만들어 대량 생산의 기틀을 마련한 것이다. 사실 이것이 헨리 포드의 가장 큰 업적이자 산업 혁명의 정점이라 볼 수 있는데, 이는 산업 혁명으로 얻어진 인류의 급격한 기술적 성과를 대중에게 널리 보급하는 기틀을 마련한 것이다. 컨베이어 벨트 등 일련의 기술 발전 덕분에 노동자 숫자가 중요한 게 아니라 기계를 잘 다룰 줄 아는 숙련공의 존재가 중요해졌다. 하지만 숙련공들은 일당에 따라서 공장을 옮기는 게 예사였고, 품질 관리와 생산력이라는 측면에서 공장주들에게는 골치 아픈 일이었다.

이를 한 방에 해결한 게 1914년 '일당 $5'정책이었다. 필요 없는 인력은 해고하되 필요한 인력에게는 고임금과 단축된 근로시간을 제시하였다. 이렇게 되니 오대호 근처의 모든 숙련공이 포드 공장으로 모이기 시작했고, 이런 숙련공들 덕분에 생산성은 올라가고 품질 컨트롤도 일정하게 되었다. 일급을 5달러로 올린 2년 뒤에 조사한 바에 따르면 포드 종업원들의 주택 가격 총액은 325만 달러에서 2,000만 달러로 늘어났고 평균 예금 액수도 196달러에서 750달러로 늘어났다. 바로 중산층이 생겨난 것이다.

이것은 당시로는 너무나 획기적인 일이라 그 당시 시사만평 같은 매체에서는 포드의 노동자들이 모피를 입고 기사가 모는 자가용 자동차를 타고 포드 공장에 일하러 가는 식으로 묘사되기도 했다. 또한, 헨리 포드는 주 5일제 40시간 근무를 최초로 실시한 사람이기도 하다. 산업혁명 이후 착취에 시달리던 노동자들에겐 여러모로 크게 영향을 미쳤다고 할 수 있다. 헨리 포드가 누누이 말하는 "내가 현대를 만든 사람이야."의 주축이 된 포드 자동차 회사를 설립한 날은 1903년 6월 16일이다.

---

① A : 기계의 도입으로 노동력을 절감했을 것이다.
② B : 미숙련공들은 포드 자동차 회사에 취업하기 힘들었을 것이다.
③ C : 퇴근 후의 여가 시간 비중이 늘어났을 것이다.
④ D : 종업원들은 경제적으로도 이전보다 풍요로워졌을 것이다.
⑤ E : 자동차를 판매한 이윤으로 더 많은 생산 시설을 늘렸을 것이다.

✔해설 헨리 포드는 자신의 자동차 회사를 설립하여 노동 시스템을 바꿔 놓았다. E는 "자동차를 판매한 이윤으로 더 많은 생산 시설을 늘렸을 것이다."라고 했는데 이는 제시문과 맞지 않는다. 세 번째 문단에 따르면 이윤을 통해 생산 시설을 늘리기보다는 종업원들에게 더 높은 임금을 지급했음이 나타난다.

① 두 번째 문단의 컨베이어 벨트 생산 방식을 통해 노동력을 절감했을 것이다.
② 두 번째 문단에 따르면 기계를 잘 다룰 줄 아는 숙련공의 존재가 중요해졌음이 나타난다.
③ 네 번째 문단에 따르면 포드는 주 5일제 40시간 근무를 최초로 실시했음이 나타난다.
④ 세 번째 문단에 따르면 포드 종업원들의 주택 가격 총액은 345만 달러에서 2,000만 달러로 늘었고 평균 예금 액수도 4배 가까이 늘어났다.

4 다음의 국민참여예산제도에 대한 설명 중 일부이다. 밑줄 친 단어의 의미와 동일하게 쓰인 것은?

> 정부는 예산국민참여단이 압축한 참여예산 후보사업에 대해 선호도를 조사합니다. 일반국민의 사업 선호도 파악을 위해 性, 연령, 지역별 대표성이 확보되도록 표본을 추출하여 설문조사를 하고, 예산국민참여단의 사업 선호도는 오프라인에서 투표를 실시하여 조사합니다. 참여예산후보사업에 대한 일반국민과 예산국민참여단의 선호도가 집계되면 정부는 재정정책자문회의에서 선호도 조사 결과를 논의하고, 국무회의에서 참여예산사업을 포함한 정부예산안을 확정하여 국회에 제출하게 됩니다. 이후 국회는 정부예산안을 심의·의결하는데 참여예산사업도 예산안의 일부이므로 여타 사업과 동일한 절차를 <u>거쳐</u> 국회에서 확정되게 됩니다.

① 학생들은 초등학교부터 중학교, 고등학교를 <u>거쳐</u> 대학에 입학하게 된다.
② 가장 어려운 문제를 해결했으니 이제 특별히 <u>거칠</u> 문제는 없다.
③ 이번 출장 때는 독일 베를린을 <u>거쳐</u> 오스트리아 빈을 다녀올 예정이다.
④ 오랜만에 뒷산에 올라 보니, 무성하게 자란 칡덩굴이 발에 <u>거친다</u>.
⑤ 아이가 먹는 음식은 모두 엄마의 손을 <u>거쳐야</u> 했다.

✔해설 ① 어떤 과정이나 단계를 겪거나 밟다.
② 마음에 거리끼거나 꺼리다.
③ 오가는 도중에 어디를 지나거나 들르다.
④ 무엇에 걸리거나 막히다.
⑤ 검사하거나 살펴보다.

5 귀하는 OO공단의 직원으로 공문서 교육을 담당하게 되었다. 신입사원을 대상으로 아래의 규정을 교육한 후 적절한 평가를 한 사람은?

제00조(문서의 성립 및 효력발생)

① 문서는 결재권자가 해당 문서에 서명(전자이미지서명, 전자문자서명 및 행정 전자서명을 포함한다.)의 방식으로 결재함으로 성립한다.

② 문서는 수신자에게 도달(전자문서의 경우는 수신자가 지정한 전자적 시스템에 입력되는 것을 말한다.)됨으로써 효력이 발생한다.

③ 제2항에도 불구하고 공고문서는 그 문서에서 효력발생 시기를 구체적으로 밝히고 있지 않으면 그 고시 또는 공고가 있는 날부터 5일이 경과한 때에 효력이 발생한다.

제00조(문서 작성의 일반원칙)

① 문서는 어문규범에 맞게 한글로 작성하되, 뜻을 정확하게 전달하기 위하여 필요한 경우에는 괄호 안에 한자나 그 밖의 외국어를 함께 적을 수 있으며, 특별한 사유가 없으면 가로로 쓴다.

② 문서의 내용은 간결하고 명확하게 표현하고 일반화되지 않은 약어와 전문용어 등의 사용을 피하여 이해하기 쉽게 작성하여야 한다.

③ 문서에는 음성정보나 영상정보 등을 수록할 수 있고 연계된 바코드 등을 표기할 수 있다.

④ 문서에 쓰는 숫자는 특별한 사유가 없으면 아라비아 숫자를 쓴다.

⑤ 문서에 쓰는 날짜는 숫자를 표기하되, 연·월·일의 글자는 생략하고 그 자리에 온점(.)을 찍어 표기하며, 시·분은 24시각제에 따라 숫자로 표기하되, 시·분의 글자는 생략하고 그 사이에 쌍점(:)을 찍어 구분한다. 다만 특별한 사유가 있으면 다른 방법으로 표시할 수 있다.

---

① 박 사원 : 문서에 '2020년 7월 18일 오후 11시 30분'을 표기해야 할 때 특별한 사유가 없으면 '2020. 7. 18. 23:30'으로 표기한다.

② 채 사원 : 2020년 9월 7일 공고된 문서에 효력발생 시기가 구체적으로 명시되지 않은 경우 그 문서의 효력은 즉시 발생한다.

③ 한 사원 : 전자문서의 경우 해당 수신자가 지정한 전자적 시스템에 도달한 문서를 확인한 때부터 효력이 발생한다.

④ 현 사원 : 문서 작성 시 이해를 쉽게 하기 위해 일반화되지 않은 약어와 전문 용어를 사용하여 작성하여야 한다.

⑤ 윤 사원 : 연계된 바코드는 문서에 함께 표기할 수 없기 때문에 영상 파일로 처리하여 첨부하여야 한다.

문서 작성의 일반원칙 제5항에 의거하여 연·월·일의 글자는 생략하고 그 자리에 온점(.)을 찍어 표시한다.

'2020년 7월 18일'은 '2018. 7. 18.'로, 시·분은 24시각제에 따라 쌍점을 찍어 구분하므로 '오후 11시 30분'은 '23:30:'으로 표기해야 한다.

② 문서의 성립 및 효력발생 제3항에 의거하여 문서의 효력은 시기를 구체적으로 밝히고 있지 않으면 즉시 효력이 발생하는 것이 아니고 고시 또는 공고가 있는 날부터 5일이 경과한 때에 발생한다.

③ 문서의 성립 및 효력발생 제2항에 의거하여 전자문서의 경우 수신자가 확인하지 않더라도 지정한 전자적 시스템에 입력됨으로써 효력이 발생한다.

④ 문서 작성의 일반원칙 제2항에 의거하여 문서의 내용은 일반화되지 않은 약어와 전문 용어 등의 사용을 피하여야 한다.

⑤ 문서 작성의 일반원칙 제3항에 의거하여 문서에는 영상정보 등을 수록할 수 있고 연계된 바코드 등을 표기할 수 있다.

[6~7] 다음은 소비자 보호 기관의 보고서이다. 이를 읽고 물음에 답하시오.

사회 구성원들이 경제적 이익을 추구하는 과정에서 불법 행위를 감행하기 쉬운 상황일수록 이를 억제하는 데에는 금전적 제재 수단이 효과적이다.

현행법상 불법 행위에 대한 금전적 제재 수단에는 민사적 수단인 손해 배상, 형사적 수단인 벌금, 행정적 수단인 과징금이 있으며, 이들은 각각 피해자의 구제, 가해자의 징벌, 법 위반 상태의 시정을 목적으로 한다. 예를 들어 기업들이 담합하여 제품 가격을 인상했다가 적발된 경우, 그 기업들은 피해자에게 손해 배상 소송을 제기당하거나 법원으로부터 벌금형을 선고받을 수 있고 행정기관으로부터 과징금도 부과 받을 수 있다. 이처럼 하나의 불법 행위에 대해 세 가지 금전적 제재가 내려질 수 있지만 제재의 목적이 서로 다르므로 중복 제재는 아니라는 것이 법원의 판단이다.

그런데 우리나라에서는 기업의 불법 행위에 대해 손해 배상 소송이 제기되거나 벌금이 부과되는 사례는 드물어서, 과징금 등 행정적 제재 수단이 억제 기능을 수행하는 경우가 많다. 이런 상황에서는 과징금 등 행정적 제재의 강도를 높임으로써 불법 행위의 억제력을 끌어올릴 수 있다. 그러나 적발 가능성이 매우 낮은 불법 행위의 경우에는 과징금을 올리는 방법만으로는 억제력을 유지하는 데 한계가 있다. 또한, 피해자에게 귀속되는 손해 배상금과는 달리 벌금과 과징금은 국가에 귀속되므로 과징금을 올려도 피해자에게는 ⓐ직접적인 도움이 되지 못한다. 이 때문에 적발 가능성이 매우 낮은 불법 행위에 대해 억제력을 높이면서도 손해 배상을 더욱 충실히 할 방안들이 요구되는데 그 방안 중 하나가 '징벌적 손해 배상 제도'이다.

이 제도는 불법 행위의 피해자가 손해액에 해당하는 배상금에다 가해자에 대한 징벌의 성격이 가미된 배상금을 더하여 배상받을 수 있도록 하는 것을 내용으로 한다. 일반적인 손해 배상 제도에서는 피해자가 손해액을 초과하여 배상받는 것이 불가능하지만 징벌적 손해 배상 제도에서는 ⓑ그것이 가능하다는 점에서 이례적이다. 그런데 ⓒ이 제도는 민사적 수단인 손해 배상 제도이면서도 피해자가 받는 배상금 안에 ⓓ벌금과 비슷한 성격이 가미된 배상금이 포함된다는 점 때문에 중복 제재의 발생과 관련하여 의견이 엇갈리며, 이 제도 자체에 대한 찬반양론으로 이어지고 있다.

이 제도의 반대론자들은 징벌적 성격이 가미된 배상금이 피해자에게 부여되는 ⓜ횡재라고 본다. 또한 징벌적 성격이 가미된 배상금이 형사적 제재 수단인 벌금과 함께 부과될 경우에는 가해자에 대한 중복 제재가 된다고 주장한다. 반면에 찬성론자들은 징벌적 성격이 가미된 배상금을 피해자들이 소송을 위해 들인 시간과 노력에 대한 정당한 대가로 본다. 따라서 징벌적 성격이 가미된 배상금도 피해자의 구제를 목적으로 하는 민사적 제재의 성격을 갖는다고 보아야 하므로 징벌적 성격이 가미된 배상금과 벌금이 함께 부과되더라도 중복 제재가 아니라고 주장한다.

6 문맥을 고려할 때 ㉠~㉤에 대한 설명으로 적절하지 않은 것은?

① ㉠은 피해자가 금전적으로 구제받는 것을 의미한다.
② ㉡은 피해자가 손해액을 초과하여 배상받는 것을 가리킨다.
③ ㉢은 징벌적 손해 배상 제도를 가리킨다.
④ ㉣은 행정적 제재 수단으로서의 성격을 말한다.
⑤ ㉤은 배상금 전체에서 손해액에 해당하는 배상금을 제외한 금액을 의미한다.

> ✔️**해설** 문단에서는 벌금이 형사적 수단이라고 언급되어 있으므로 행정적 제재 수단으로 규정한 것은 적절하지 않다.
> ① ㉠의 의미는 '피해자에게 귀속되는 손해 배상금'에 해당한다. 여기서 손해배상금은 문단에서 설명한 '손해 배상은 피해자의 구제를 목적으로 한다는 점'을 고려할 때 피해자가 금전적으로 구제받는 것을 의미한다.
> ② ㉡의 맥락은 일반적인 손해 배상 제도에서는 피해자가 손해액을 초과하여 배상받는 것이 불가능하지만 징벌적 손해 배상 제도에서는 피해자가 손해액을 초과하여 배상받는 것이 가능하다는 것을 나타낸다.
> ③ ㉢의 이 제도는 징벌적 손해 배상 제도를 설명하고 있다.
> ⑤ ㉤은 네 번째 문단 앞부분에 "이 제도는 불법 행위의 피해자가 손해액에 해당하는 배상금에다 가해자에 대한 징벌의 성격이 가미된 배상금을 더하여 배상받을 수 있도록 하는 것을 내용으로 한다"는 내용이 언급되어 있다. 따라서 '횡재'가 의미하는 것은 손해액보다 더 받는 돈에 해당하는 징벌적 성격이 가미된 배상을 의미한다.

7 윗글을 바탕으로 〈보기〉를 이해한 내용으로 적절하지 않은 것은?

> 〈보기〉
>
>   우리나라의 법률 중에는 징벌적 손해 배상 제도의 성격을 가진 규정이 「하도급거래 공정화에
> 관한 법률」제35조에 포함되어 있다. 이 규정에 따르면 하도급거래 과정에서 자기의 기술자료를
> 유용당하여 손해를 입은 피해자는 그 손해의 3배까지 가해자로부터 배상받을 수 있다.

① 박 사원 : 이 규정에 따라 피해자가 받게 되는 배상금은 국가에 귀속되겠군.

② 이 주임 : 이 규정의 시행으로, 기술자료를 유용해 타인에게 손해를 끼치는 행위가 억제되는
효과가 생기겠군.

③ 유 대리 : 이 규정에 따라 피해자가 손해의 3배를 배상받을 경우에는 배상금에 징벌적 성격이
가미된 배상금이 포함되겠군.

④ 고 과장 : 일반적인 손해 배상 제도를 이용할 때보다 이 규정을 이용할 때에 피해자가 받을
수 있는 배상금의 최대한도가 더 커지겠군.

⑤ 김 팀장 : 이 규정이 만들어진 것으로 볼 때, 하도급거래 과정에서 발생하는 기술자료 유용은
적발 가능성이 매우 낮은 불법 행위에 해당하겠군.

> **✔해설** 〈보기〉는 징벌적 손해 배상 제도를 설명하고 있는데, 네 번째 문단에서는 피해자에게 배상금을 지급한
> 다고 설명되어 있으므로 박 사원의 '배상금을 국가에 귀속'한다는 것은 적절하지 않다.
> ② 세 번째 문단에서는 "적발 가능성이 매우 낮은 불법 행위에 대해 억제력을 높이면서도 손해 배상을
> 더욱 충실히 할 방안들이 요구되는데 그 방안 중 하나가 징벌적 손해 배상 제도다."라고 되어 있으
> 므로 이 주임은 적절히 이해하였다.
> ③ 피해자가 받은 배상금은 손해액과 징벌적 성격이 가미된 배상금이므로 유 대리는 적절히 이해하였다.
> ④ 네 번째 문단에서는 "일반적인 손해 배상 제도에서는 피해자가 손해액을 초과하여 배상받는 것이 불
> 가능하지만 징벌적 손해 배상 제도에서는 그것이 가능하다."라고 했으므로 고 과장은 적절히 이해하
> 였다.
> ⑤ 세 번째 문단에서는 징벌적 손해 배상 제도가 나온 배경으로 "적발 가능성이 매우 낮은 불법 행위에
> 대해 억제력을 높이면서도 손해배상을 더욱 충실히 할 방안들이 요구되는데"라고 제시하였으므로 김
> 팀장은 적절히 이해하였다.

8 다음은 행복 아파트의 애완동물 사육규정의 일부이다. 다음과 같은 규정을 참고할 때, 거주자들에게 안내되어야 할 사항으로 적절하지 않은 것은?

제4조 (애완동물 사육 시 준수사항)
① 애완동물은 훈련을 철저히 하며 항상 청결상태를 유지하고, 소음발생 등으로 입주자 등에게 피해를 주지 않아야 한다.
② 애완동물의 사육은 규정된 종류의 동물에 한하며, 년 ○회 이상 정기검진을 실시하고 진드기 및 해충기생 등의 예방을 철저히 하여야 한다.
③ 애완동물을 동반하여 승강기에 탑승할 경우 반드시 안고 탑승, 타인에게 공포감을 주지 말아야 한다.
④ 애완동물과 함께 산책할 경우 반드시 목줄을 사용하여야 하며, 배설물을 수거할 수 있는 장비를 지참하여 즉시 수거하여야 한다.
⑤ 애완동물을 동반한 야간 외출 시 손전등을 휴대하여 타인에게 공포감을 주지 않도록 하여야 한다.
⑥ 앞, 뒤 베란다 배수관 및 베란다 밖으로 배변처리를 금지한다.
⑦ 애완동물과 함께 체육시설, 화단 등 공공시설의 출입은 금지한다.

제5조 (애완동물 사육에 대한 동의)
① 애완견동물을 사육하고자 하는 세대에서는 단지 내 애완동물 동호회를 만들거나 가입하여 공공의 이익을 위하여 활동할 수 있다.
② 애완동물을 사육하는 세대는 사육 동물의 종류와 마리 수를 관리실에 고지해야 하며 애완동물을 제외한 기타 가축을 사육하고자 하는 세대에서는 반드시 관리실의 동의를 구하여야 한다.
③ 애완동물 사육 시 해당동의 라인에서 입주민 다수의 민원(반상회 건의 등)이 있는 세대에는 재발방지를 위하여 서약서를 징구할 수 있으며, 이후 재민원이 발생할 경우 관리규약에 의거하여 애완동물을 사육할 수 없도록 한다.
④ 세대 당 애완동물의 사육두수는 ○마리로 제한한다.

제6조 (환경보호)
① 애완동물을 사육하는 세대는 동호회에서 정기적으로 실시하는 단지 내 공용부분의 청소에 참여하여야 한다.
② 청소는 동호회에서 관리하며, 청소에 참석하지 않는 세대는 동호회 회칙으로 정한 청소비를 납부하여야 한다.

① "애완동물 동호회에 가입하지 않으신 애완동물 사육 세대에서도 공용부분 청소에 참여하셔야 합니다."
② "애완동물을 사육하는 세대는 사육 동물의 종류와 마리 수를 관리실에 반드시 고지하셔야 합니다."
③ "단지 내 주민 체육관에는 애완동물을 데리고 입장하실 수 없으니 착오 없으시기 바랍니다."
④ "애완동물을 동반하고 이동하실 경우, 승강기 이용이 제한되오니 반드시 계단을 이용해 주시기 바랍니다."
⑤ "베란다 배수관을 통해 배변처리를 할 수 없음을 유념해주시길 바랍니다."

> **✔해설** 애완동물을 데리고 승강기에 탑승할 경우 반드시 안고 탑승해야 하며, 타인에게 공포감을 주지 말아야 한다는 규정은 있으나, 승강기 이용이 제한되거나 반드시 계단을 이용해야만 하는 것은 아니므로 잘못된 안내 사항이다.

Answer 8.④

9 다음 두 글에서 공통적으로 말하고자 하는 것은 무엇인가?

> (가) 많은 사람들이 기대했던 우주왕복선 챌린저는 발사 후 1분 13초만에 폭발하고 말았다. 사건 조사단에 의하면, 사고원인은 챌린저 주엔진에 있던 O-링에 있었다. O-링은 디오콜사가 NASA로부터 계약을 따내기 위해 저렴한 가격으로 생산될 수 있도록 설계되었다. 하지만 첫 번째 시험에 들어가면서부터 설계상의 문제가 드러나기 시작하였다. NASA의 엔지니어들은 그 문제점들을 꾸준히 제기했으나, 비행시험에 실패할 정도의 고장이 아니라는 것이 디오콜사의 입장이었다. 하지만 O-링을 설계했던 과학자도 문제점을 인식하고 문제가 해결될 때까지 챌린저 발사를 연기하도록 회사 매니저들에게 주지시키려 했지만 거부되었다. 한 마디로 그들의 노력이 미흡했기 때문이다.
>
> (나) 과학의 연구 결과는 사회에서 여러 가지로 활용될 수 있지만, 그 과정에서 과학자의 의견이 반영되는 일은 드물다. 과학자들은 자신이 책임질 수 없는 결과를 이 세상에 내놓는 것과 같다. 과학자는 자신이 개발한 물질을 활용하는 과정에서 나타날 수 있는 위험성을 충분히 알리고 그런 물질의 사용에 대해 사회적 합의를 도출하는 데 적극 협조해야 한다.

① 과학적 결과의 장단점
② 과학자와 기업의 관계
③ 과학자의 윤리적 책무
④ 과학자의 학문적 한계
⑤ 과학자의 사회적 영향

✔해설 (가) : 과학자가 설계의 문제점을 인식하고도 노력하지 않았기 때문에 결국 우주왕복선이 폭발하고 마는 결과를 가져왔다고 말하고 있다.

(나) : 과학자는 자신이 개발한 물질의 위험성을 알리고 사회적 합의를 도출하는 데 협조해야 한다고 말하고 있다.

두 글을 종합해 보았을 때 공통적으로 말하고자 하는 바는 '과학자로서의 윤리적 책무를 다해야 한다.' 라는 것을 알 수 있다.

10 다음에서 주장하고 있는 내용으로 적절한 것은?

> 기본적으로 한국 사회는 본격적인 자본주의 시대로 접어들었고 그것은 소비사회, 그리고 사회 구성원들의 자기표현이 거대한 복제기술에 의존하는 대중문화 시대를 열었다. 현대인의 삶에서 대중매체의 중요성은 더욱 더 높아지고 있으며 따라서 이제 더 이상 대중문화를 무시하고 엘리트 문화지향성을 가진 교육을 하기는 힘든 시기에 접어들었다. 세계적인 음악가로 추대받고 있는 비틀즈도 영국 고등학교가 길러낸 음악가이다.

① 대중문화에 대한 검열이 필요하다.
② 한국에서 세계적인 음악가의 탄생을 위해 고등학교에서 음악 수업의 강화가 필요하다.
③ 한국 사회에서 대중문화를 인정하는 것은 중요하다.
④ 교양 있는 현대인의 배출을 위해 고전음악에 대한 교육이 필요하다.
⑤ 대중문화를 이끌어 갈 젊은 세대 육성에 힘을 쏟아야 한다.

✔해설 '이제 더 이상 대중문화를 무시하고 엘리트 문화지향성을 가진 교육을 하기는 힘든 시기에 접어들었다.' 가 이 글의 핵심 문장이라고 볼 수 있다. 따라서 대중문화의 중요성에 대해 말하고 있는 ③이 정답이다.

　　사람들은 은퇴 이후 소득이 급격하게 줄어드는 위험에 처할 수 있다. 이러한 위험이 발생할 경우 일정 수준의 생활(소득)을 보장해 주기 위한 제도가 공적연금제도이다. 우리나라의 공적연금제도에는 대표적으로 국민의 노후 생계를 보장해 주는 국민연금이 있다. 공적연금제도는 강제가입을 원칙으로 한다. 연금은 가입자가 비용은 현재 지불하지만 그 편익은 나중에 얻게 된다. 그러나 사람들은 현재의 욕구를 더 긴박하고 절실하게 느끼기 때문에 불확실한 미래의 편익을 위해서 당장은 비용을 지불하지 않으려는 경향이 있다. 또한 국가는 사회보장제도를 통하여 젊은 시절에 노후를 대비하지 않은 사람들에게도 최저생계를 보장해준다. 이 경우 젊었을 때 연금에 가입하여 성실하게 납부한 사람들이 방만하게 생활한 사람들의 노후생계를 위해 세금을 추가로 부담해야 하는 문제가 생긴다. 그러므로 국가가 나서서 강제로 연금에 가입하도록 하는 것이다.

　　공적연금제도의 재원을 충당하는 방식은 연금 관리자의 입장과 연금 가입자의 입장에서 각기 다르게 나누어 볼 수 있다. 연금 관리자의 입장에서는 '적립방식'과 '부과방식'의 두 가지가 있다. '적립방식'은 가입자가 낸 보험료를 적립해 기금을 만들고 이 기금에서 나오는 수익으로 가입자가 납부한 금액에 비례하여 연금을 지급하지만, 연금액은 확정되지 않는다. '적립방식'은 인구 구조가 변하더라도 국가는 재정을 투입할 필요가 없고, 받을 연금과 내는 보험료의 비율이 누구나 일정하므로 보험료 부담이 공평하다. 하지만 일정한 기금이 형성되기 전까지는 연금을 지급할 재원이 부족하므로, 제도 도입 초기에는 연금 지급이 어렵다. '부과방식'은 현재 일하고 있는 사람들에게서 거둔 보험료로 은퇴자에게 사전에 정해진 금액만큼 연금을 지급하는 것이다. 이는 '적립방식'과 달리 세대 간 소득재분배 효과가 있으며, 제도 도입과 동시에 연금 지급을 개시할 수 있다는 장점이 있다. 다만 인구 변동에 따른 불확실성이 있다. 노인 인구가 늘어나 역삼각형의 인구구조가 만들어질 때는 젊은 세대의 부담이 증가되어 연금 제도를 유지하기가 어려워질 수 있다.

　　연금 가입자의 입장에서는 납부하는 금액과 지급 받을 연금액의 관계에 따라 확정기여방식과 확정급여방식으로 나눌 수 있다. 확정기여방식은 가입자가 일정한 액수나 비율로 보험료를 낼 것만 정하고 나중에 받을 연금의 액수는 정하지 않는 방식이다. 이는 연금 관리자의 입장에서 보면 '적립방식'으로 연금 재정을 운용하는 것이다. 그래서 이 방식은 이자율이 낮아지거나 연금 관리자가 효율적으로 기금을 관리하지 못하는 경우에 개인이 손실 위험을 떠안게 된다. 또한 물가가 인상되는 경우 확정기여에 따른 적립금의 화폐가치가 감소되는 위험도 가입자가 감수해야 한다. 확정급여방식은 가입자가 얼마의 연금을 받을 지를 미리 정해 놓고, 그에 따라 개인이 납부할 보험료를 정하는 방식이다. 이는 연금 관리자의 입장에서는 '부과방식'으로 연금 재정을 운용하는 것이다. 나중에 받을 연금을 미리정하면 기금 운용 과정에서 발생하는 투자의 실패는 연금 관리자가 부담하게 된다. 그러나 이 경우에도 물가상승에 따른 손해는 가입자가 부담해야 하는 단점이 있다.

11 공적연금의 재원 충당 방식 중 '적립방식'과 '부과방식'을 비교한 내용으로 적절하지 않은 것은?

	항목	적립방식	부과방식
①	연금 지급 재원	가입자가 적립한 기금	현재 일하는 세대의 보험료
②	연금 지급 가능 시기	일정한 기금이 형성된 이후	제도 시작 즉시
③	세대 간 부담의 공평성	세대 간 공평성 미흡	세대 간 공평성 확보
④	소득 재분배 효과	소득 재분배 어려움	소득 재분배 가능
⑤	인구 변동 영향	받지 않음	받음

> ✔해설 ③ 받을 연금과 내는 보험료의 비율이 누구나 일정하여 보험료 부담이 공평한 것은 적립방식이다. 부과 방식은 현재 일하고 있는 사람들에게서 거둔 보험료를 은퇴자에게 사전에 정해진 금액만큼 연금을 지급 하는 것으로, 노인 인구가 늘어날 경우 젊은 세대의 부담이 증가할 수 있다고 언급하고 있다.

12 위 내용을 바탕으로 다음 상황에 대해 분석할 때 적절하지 않은 결론을 도출한 사람은?

> A회사는 이번에 공적연금 방식을 준용하여 퇴직연금 제도를 새로 도입하기로 하였다. 이에 회 사는 직원들이 퇴직연금 방식을 확정기여방식과 확정급여방식 중에서 선택할 수 있도록 하였다.

① 확정기여방식은 부담금이 공평하게 나눠지는 측면에서 장점이 있어.
② 확정기여방식은 기금을 운용할 회사의 능력에 따라 나중에 받을 연금액이 달라질 수 있어.
③ 확정기여방식은 기금의 이자 수익률이 물가상승률보다 높으면 연금액의 실질적 가치가 상승 할 수 있어.
④ 확정급여방식은 물가가 많이 상승하면 연금액의 실질적 가치가 하락할 수 있어.
⑤ 확정급여방식은 투자 수익이 부실할 경우 가입자가 보험료를 추가로 납부해야 하는 문제가 있어.

> ✔해설 ⑤ 확정급여방식의 경우 나중에 얼마의 연금을 받을 지 미리 정해놓고 보험료를 납부하는 것으로 기금 운용 과정에서 발생하는 투자의 실패를 연금 관리자가 부담하게 된다. 따라서 투자 수익이 부실한 경우 에도 가입자가 보험료를 추가로 납부해야 하는 문제는 발생하지 않는다.

Answer 11.③ 12.⑤

13 다음 글의 내용과 부합하는 것을 〈보기〉에서 모두 고르면?

가. "회원이 카드를 분실하거나 도난당한 경우에는 즉시 서면으로 신고하여야 하고 분실 또는 도난당한 카드가 타인에 의하여 부정사용되었을 경우에는 신고접수일 이후의 부정사용액에 대하여는 전액을 보상하나, 신고접수한 날의 전날부터 15일 전까지의 부정사용액에 대하여는 금 2백만 원의 범위 내에서만 보상하고, 16일 이전의 부정사용액에 대하여는 전액지급할 책임이 회원에게 있다."고 신용카드 발행회사 회원규약에 규정하고 있는 경우, 위와 같은 회원규약을 신의성실의 원칙에 반하는 무효의 규약이라고 볼 수 없다.

나. 카드의 월간 사용한도액이 회원 본인의 책임한도액이 되는 것은 아니므로 부정사용액 중 월간 사용한도액의 범위 내에서만 회원의 책임이 있는 것은 아니다.

다. 신용카드업법에 의하면 "신용카드가맹점은 신용카드에 의한 거래를 할 때마다 신용카드 상의 서명과 매출전표 상의 서명이 일치하는지를 확인하는 등 당해 신용카드가 본인에 의하여 정당하게 사용되고 있는지 여부를 확인하여야 한다."라고 규정하고 있다. 따라서 가맹점이 위와 같은 주의의무를 게을리하여 손해를 자초하거나 확대하였다면, 그 과실의 정도에 따라 회원의 책임을 감면해 주는 것이 거래의 안전을 위한 신의성실의 원칙상 정당하다.

〈보기〉

㉠ 신용카드사는 회원에 대하여 카드의 분실 및 도난 시 서면신고 의무를 부과하고, 부정사용액에 대한 보상액을 그 분실 또는 도난된 카드의 사용시기에 따라 상이하게 정할 수 있다.

㉡ 회원이 분실 또는 도난당한 카드가 타인에 의하여 부정사용되었을 경우, 신용카드사는 서면으로 신고 접수한 날 이후의 부정사용액에 대한 보상액을 제한할 수 있다.

㉢ 카드의 분실 또는 도난 사실을 서면으로 신고 접수한 날의 전날까지의 부정사용액에 대해서는 자신의 월간 카드사용한도액의 범위를 초과하여 회원이 책임을 질 수 있다.

㉣ 신용카드가맹점이 신용카드의 부정사용 여부를 확인하지 않은 경우에는 가맹점 과실의 경중을 묻지 않고 회원의 모든 책임이 면제된다.

① ㉠, ㉡

② ㉠, ㉢

③ ㉡, ㉢

④ ㉡, ㉣

⑤ ㉢, ㉣

✔ **해설** ㉡ 회원이 분실 또는 도난당한 카드가 타인에 의하여 부정사용되었을 경우, 신용카드사는 서면으로 신고 접수한 날 이후의 부정사용액에 대해서는 전액 보상한다. 다만, 신고접수한 날의 전날부터 15일 전까지의 부정사용액에 대하여는 금 2백만 원의 범위로 제한할 수 있으며 16일 이전의 부정사용액에 대해서는 전액 지급할 책임이 회원에게 있다.

㉣ 신용카드가맹점이 신용카드의 부정사용 여부를 확인하지 않은 경우에는 그 과실의 정도에 따라 회원의 책임을 감면해 주는 것이지, 회원의 모든 책임이 면제되는 것은 아니다.

14 다음은 해외이주자의 외화송금에 대한 설명이다. 옳지 않은 것은?

---

1. 필요서류
   - 여권 또는 여권 사본
   - 비자 사본 또는 영주권 사본
   - 해외이주신고확인서(환전용) – 국내로부터 이주하는 경우
   - 현지이주확인서(이주비환전용) – 현지이주의 경우
   - 세무서장이 발급한 자금출처 확인서 – 해외이주비 총액이 10만 불 초과 시

2. 송금한도 등
   한도 제한 없음

3. 송금방법
   A은행 영업점을 거래외국환은행으로 지정한 후 송금 가능

4. 알아야 할 사항
   - 관련법규에 의해 해외이주자로 인정받은 날로부터 3년 이내에 지정거래외국환은행을 통해 해외이주비를 지급받아야 함
   - 해외이주자에게는 해외여행경비를 지급할 수 없음

---

① 송금 한도에는 제한이 없다.
② 국내로부터 이주하는 경우 해외이주신고확인서(환전용)가 필요하다.
③ 관련법규에 의해 해외이주자로 인정받은 날로부터 3년 이내에 지정거래외국환은행을 통해 해외이주비를 지급받아야 한다.
④ A은행 영업점을 거래외국환은행으로 지정한 후 송금이 가능하다.
⑤ 해외이주자의 외화송금에서 반드시 필요한 서류 중 하나는 세무서장이 발급한 자금출처 확인서다.

> ✔ 해설 ⑤ 세무서장이 발급한 자금출처 확인서는 해외이주비 총액이 10만 불을 초과할 때 필요한 서류다.

15 다음을 근거로 판단할 때 금융기관 등이 의무적으로 해야 할 일이 아닌 것을 〈보기〉에서 모두 고르면?

〈혐의거래보고 기본체계〉

1) 혐의거래보고의 대상

금융기관 등은 ①원화 2천만 원 또는 외화 1만 달러 상당 이상의 거래로서 금융재산이 불법재산이거나 금융거래 상대방이 자금세탁행위를 하고 있다고 의심할 만한 합당한 근거가 있는 경우, ②범죄수익 또는 자금세탁행위를 알게 되어 수사기관에 신고한 경우에는 의무적으로 금융정보분석원에 혐의거래보고를 하여야 한다.

의무보고대상거래를 보고하지 않을 경우에는 관련 임직원에 대한 징계 및 기관에 대한 과태료 부과 등 적절한 제재조치를 할 수 있다. 또한, 혐의거래 중 거래액이 보고대상 기준금액 미만인 경우에 금융기관은 이를 자율적으로 보고할 수 있다.

2) 혐의거래보고의 방법 및 절차

영업점직원은 업무지식과 전문성, 경험을 바탕으로 고객의 평소 거래상황, 직업, 사업내용 등을 고려하여 취급한 금융거래가 혐의거래로 의심되면 그 내용을 보고책임자에게 보고한다. 보고책임자는 특정금융거래정보보고 및 감독규정의 별지서식에 의한 혐의거래보고서에 보고 기관, 거래상대방, 의심스러운 거래내용, 의심스러운 합당한 근거, 보존하는 자료의 종류 등을 기재하여 온라인으로 보고하거나 문서로 제출하되, 긴급한 경우에는 우선 전화나 팩스로 보고하고 추후 보완할 수 있다.

〈보기〉

㉠ A은행은 창구에서 3천만 원을 현금으로 인출하려는 고객의 금융재산이 불법재산이라고 의심할 만한 합당한 근거가 있어 혐의거래보고를 한다.

㉡ B은행이 자금세탁행위로 신고하여 검찰수사를 받고 있는 거래에 대하여 B은행은 혐의거래보고서를 금융정보분석원에 제출한다.

㉢ C은행은 10억 원을 해외송금하는 거래자에 대해 뚜렷이 의심할 만한 근거는 없으나 거액의 거래이므로 혐의거래보고를 한다.

㉣ D은행은 의심할 만한 합당한 근거가 있는 거래에 대해 혐의거래보고서를 완벽하게 작성하지 못했지만 신속한 조사를 위해 팩스로 검찰청에 제출한다.

㉤ E은행은 5백만 원을 현금으로 인출하는 거래에 대해 의심할 만한 합당한 근거를 찾고 혐의거래보고서를 금융정보분석원에 제출한다.

① ㉠, ㉡   ② ㉢, ㉣

③ ㉡, ㉣, ㉤   ④ ㉡, ㉢, ㉤

⑤ ㉢, ㉣, ㉤

 해설 ㉠ 혐의거래보고의 대상 ①에 해당하는 사례로 의무적으로 금융정보분석원에 혐의거래보고를 하여야 한다.

㉡ 혐의거래보고의 대상 ②에 해당하는 사례로 의무적으로 금융정보분석원에 혐의거래보고를 하여야 한다.

㉢ 의심할 만한 합당한 근거가 없으므로 의무적으로 혐의거래보고를 해야 하는 것은 아니다.

㉣ 의무적으로 혐의거래보고를 하여야 하는 것은 금융정보분석원에 해당한다. 검찰청에 제출하는 것은 의무적으로 해야 하는 일은 아니다.

㉤ 거래액이 보고대상 기준금액인 원화 2천만 원 미만이므로 금융기관은 이를 자율적으로 보고할 수 있다.

16 다음 글의 빈칸에 들어갈 내용으로 가장 적절한 것은?

> 동양화의 특징인 여백의 표현도 산점 투시(散點透視)와 관련된 것이다. 동양화에서는 산점 투시를 택하여 구도를 융통성 있게 짜기 때문에 유모취신(遺貌取神)적 관찰 내용을 화면에 그대로 표현할 수 있다. 즉 대상 가운데 주제와 사상을 가장 잘 나타낼 수 있는 본질적인 부분만을 취하고, ＿＿＿＿＿＿＿＿＿＿＿＿＿＿＿ 그 결과 여백이 생기게 된 것이다. 이 여백은 하늘일 수도 있고 땅일 수도 있으며, 혹은 화면에서 제거된 기타 여러 가지일 수도 있다. 그런데 여백은 단순히 비어 있는 공간은 아니다. 그것은 주제를 돋보이게 할 뿐 아니라 동시에 화면의 의경(意境)을 확대시킨다. 당나라 시대 백거이는 '비파행(琵琶行)'이라는 유명한 시에서 악곡이 쉬는 부분을 묘사할 때, "이 때에는 소리를 내지 않는 것이 소리를 내는 것보다 더 낫다."라고 하였다. 여기서 '일시적으로 소리를 쉬는 것'은 악곡 선율의 연속인데, 이는 '뜻은 다달았으되 붓이 닿지 않은 것'과 같은 뜻이다. 이로 인해 보는 이는 상상력을 발휘할 수 있는 여지를 더 많이 가질 수 있고, 동시에 작품은 예술적 공감대를 확대하게 된다.

① 풍경을 최대한 자세하게 표현한다.

② 주변 인물들의 표정을 과장되게 묘사한다.

③ 주제와 관련 없는 부분을 화면에서 제거한다.

④ 나머지는 추상적으로 표현하여 궁금증을 유발시킨다.

⑤ 화면을 여러 가지 화려한 색으로 채색한다.

해설 주어진 글은 미술, 음악 등 작품에서 본질적인 부분만을 취하고 '주제와 관련 없는 부분을 화면에서 제거'하는 '여백의 미'에 대한 내용이다.

Answer   15.⑤   16.③

17 다음 글을 바탕으로 하여 빈칸을 쓰되 예시를 사용하여 구체적으로 진술하고자 할 때, 가장 적절한 것은?

> 사람들은 경쟁을 통해서 서로의 기술이나 재능을 최대한 발휘할 수 있는 기회를 갖게 된다. 즉, 개인이나 집단이 남보다 먼저 목표를 성취하려면 가장 효과적으로 목표에 접근하여야 하며 그러한 경로를 통해 경제적으로나 시간적으로 가장 효율적으로 목표를 성취한다면 사회 전체로 볼 때 이익이 된다. 그러나 이러한 경쟁에 전제되어야 할 것은 많은 사람들의 합의로 정해진 경쟁의 규칙을 반드시 지켜야 한다는 것이다. 즉, _____

① 농구나 축구, 마라톤과 같은 운동 경기에서 규칙과 스포츠맨십이 지켜져야 하는 것처럼 경쟁도 합법적이고 도덕적인 방법으로 이루어져야 하는 것이다.

② 21세기의 무한 경쟁 시대에 우리가 살아남기 위해서는 기초 과학 분야에 대한 육성노력이 더욱 필요한 것이다.

③ 지구, 금성, 목성 등의 행성들이 태양을 중심으로 공전하는 것처럼 경쟁도 하나의 목표를 향하여 질서 있는 정진(精進)이 필요한 것이다.

④ 가수는 가창력이 있어야 하고, 배우는 연기에 대한 재능이 있어야 하듯이 경쟁은 자신의 적성과 소질을 항상 염두에 두고 이루어져야 한다.

⑤ 모로 가도 서울만 가면 된다고 어떤 수단과 방법을 쓰든 경쟁에서 이기기만 하면 되는 것이다.

> ✔ **해설** 경쟁은 둘 이상의 사람이 하나의 목표를 향해서 다른 사람보다 노력하는 것이며, 이 때 경쟁의 전제가 되는 것은 합의에 의한 경쟁 규칙을 반드시 지켜야 한다는 점이므로 빈칸에는 '경쟁은 정해진 규칙을 꼭 지키는 가운데서 이루어져야 한다.'는 내용이 올 수 있을 것이다. 농구나 축구, 그리고 마라톤 등의 운동 경기는 자신의 소속 팀을 위해서 또는 자기 자신을 위해서 다른 팀이나 타인과 경쟁하는 것이며, 스포츠맨십은 규칙의 준수와 관련이 있으므로 글에서 말하는 경쟁의 한 예로 적합하다.

18 다음은 출산율 저하와 인구정책에 관한 글을 쓰기 위해 정리한 글감과 생각이다. 〈보기〉와 같은 방식으로 내용을 전개하려고 할 때 바르게 연결된 것은?

㉠ 가임 여성 1인당 출산율이 1.3명으로 떨어졌다.
㉡ 여성의 사회 활동 참여율이 크게 증가하고 있다.
㉢ 현재 시행되고 있는 출산장려 정책은 큰 효과가 없다.
㉣ 새롭고 실제 가정에 도움이 되는 출산장려 정책이 추진되어야 한다.
㉤ 가치관의 변화로 자녀의 필요성을 느끼지 않는다.
㉥ 인구 감소로 인해 노동력 부족 현상이 심화된다.
㉦ 노동 인구의 수가 국가 산업 경쟁력을 좌우한다.
㉧ 인구 문제에 대한 정부 차원의 대책을 수립한다.

〈보기〉
문제 상황 → 상황의 원인 → 예상 문제점 → 주장 → 주장의 근거 → 종합 의견

	문제 상황	상황의 원인	예상 문제점	주장	주장의 근거	종합 의견
①	㉠, ㉡	㉤	㉢	㉣	㉥, ㉦	㉧
②	㉠	㉡, ㉤	㉥, ㉦	㉣	㉢	㉧
③	㉡, ㉤	㉥	㉠	㉢, ㉣	㉦	㉦
④	㉢	㉠, ㉡, ㉤	㉦	㉦	㉥	㉣
⑤	㉣	㉠, ㉡, ㉧	㉢	㉤	㉥	㉦

✓해설 • 문제 상황 : 출산율 저하(㉠)
• 출산율 저하의 원인 : 여성의 사회 활동 참여율(㉡), 가치관의 변화(㉤)
• 출산율 저하의 문제점 : 노동 인구의 수가 국가 산업 경쟁력을 좌우(㉦)하는데 인구 감소로 인해 노동력 부족 현상이 심화된다(㉥).
• 주장 : 새롭고 실제 가정에 도움이 되는 출산장려 정책이 추진되어야 한다(㉣).
• 주장의 근거 : 현재 시행되고 있는 출산장려 정책은 큰 효과가 없다(㉢).
• 종합 의견 : 인구 문제에 대한 정부 차원의 대책을 수립한다(㉧).

Answer 17.① 18.②

19 다음 글의 내용과 부합하는 것은?

여러 가지 호흡기 질환을 일으키는 비염은 미세먼지 속의 여러 유해 물질들이 코 점막을 자극하여 맑은 콧물이나 코막힘, 재채기 등의 증상을 유발하는 것을 말한다. 왜 코 점막의 문제인데, 비염 증상으로 재채기가 나타날까? 비염 환자들의 코 점막을 비내시경을 통해 관찰하게 되면 알레르기성 비염 환자에겐 코 점막 내의 돌기가 관찰된다. 이 돌기들이 외부에서 콧속으로 유입되는 먼지, 꽃가루, 유해물질 등에 민감하게 반응하면서 재채기 증상이 나타나는 것이다.

알레르기성 비염은 집먼지, 진드기 등이 매개가 되는 통연성 비염과 계절성 원인이 문제가 되는 계절성 비염으로 나뉜다. 최근 들어 미세먼지, 황사 등 대기 질을 떨어뜨리는 이슈가 자주 발생하면서 계절성 비염의 발생 빈도는 점차 늘어나고 있는 추세다.

아직도 비염을 단순히 코 점막 질환이라 생각한다면 큰 오산이다. 비염은 면역력의 문제, 체열 불균형의 문제, 장부의 문제, 독소의 문제가 복합적으로 얽혀서 코 점막의 비염 증상으로 표출되는 복합질환이다. 비염의 원인이 다양하고 복합적인만큼 환자마다 나타나는 비염 유형도 가지각색이다. 비염 유형에 따른 비염 증상에는 어떤 것이 있을까? 비염은 크게 열성 비염, 냉성 비염, 알레르기성 비염으로 나눌 수 있다.

가장 먼저, 열성 비염은 뇌 과열과 소화기의 열이 주된 원인으로 발생한다. 코 점막을 건조하게 만드는 열은 주로 뇌 과열과 소화기의 열 상승으로 발생하기 때문에 비염 증상으로는 코 점막의 건조, 출혈 및 부종 외에도 두통, 두중감, 학습장애, 얼굴열감, 급박한 변의 등이 동반되어 나타날 수 있다. 냉성 비염은 호흡기의 혈액순환 저하로 코 점막이 창백해지고 저온에 노출됐을 때 맑은 콧물 및 시큰한 자극감을 주 증상으로 하는 비염을 말한다. 또한, 호흡기 점막의 냉각은 소화기능의 저하와 신진대사 저하를 동반하기도 한다. 냉성 비염 증상은 맑은 콧물, 시큰거림 외에도 수족냉증, 체열 저하, 활력 감소, 만성 더부룩함, 변비가 동반되어 나타난다. 알레르기성 비염은 먼저, 꽃가루, 온도 등에 대한 면역 반응성이 과도하여 콧물, 코막힘, 재채기, 가려움증 등을 유발하는 비염 유형이다. 알레르기성 비염은 임상적으로 열성과 냉성으로 또 나뉠 수 있는데, 열성 비염의 동반증상으로는 코막힘, 건조함, 충혈, 부종 및 콧물이 있고, 냉성 비염의 동반 증상은 맑은 콧물과 시큰한 자극감이 나타날 수 있다.

겨울철 환절기인 9~11월, 알레르기성 비염과 코감기 때문에 고생하는 이들이 많다. 코감기는 알레르기성 비염과 증상이 비슷해 많은 이들이 헷갈려 하지만, 치료법이 다르기 때문에 정확하게 구분하는 것이 중요하다. 알레르기성 비염은 여러 자극에 대해 코 점막이 과잉반응을 일으키는 염증성 질환으로 맑은 콧물, 코막힘, 재채기라는 3대 비염 증상과 함께 코 가려움증, 후비루 등이 나타날 수 있다. 또한 발열이나 오한 없이 오직 코의 증상이 나타나는데, 원인은 일교차, 꽃가루, 스트레스 등으로 다양하다. 반면 코감기는 몸 전체가 아픈 바이러스질환으로 누런 코, 심한 코막힘에 오한, 발열을 동반한 코 증상이 있으며, 코 점막이 새빨갛게 부어 오른 경우는 코감기로 볼 수 있다. 코감기는 충분한 휴식만으로도 치료가 가능할 수 있지만 알레르기성 비염은 꼭 약물치료가 필요하다.

① 비염은 단순히 코 점막의 질환이다.

② 냉성 비염은 뇌 과열과 소화기의 열이 주된 원인으로 발생한다.

③ 열성 비염은 두통, 두중감, 학습장애, 얼굴열감, 급박한 변의 등이 동반되어 나타날 수 있다.

④ 코감기는 오한이나 발열없이 맑은 콧물, 코막힘, 재채기의 증상이 나타난다.

⑤ 3대 비염증상은 진한 콧물, 빨간 코점막, 재채기이다.

> **✔ 해설**
> ① 비염은 면역력의 문제, 체열 불균형의 문제, 장부의 문제, 독소의 문제가 복합적으로 얽혀서 코 점막의 비염 증상으로 표출되는 복합질환이다.
> ② 열성 비염은 뇌 과열과 소화기의 열이 주된 원인으로 발생하고 냉성 비염은 호흡기의 혈액순환 저하로 발생한다.
> ④ 코감기는 몸 전체가 아픈 바이러스질환으로 누런 코, 심한 코막힘에 오한, 발열을 동반한 코 증상이 있다.
> ⑤ 알레르기성 비염은 맑은 콧물, 코막힘, 재채기라는 3대 비염증상을 동반한다.

Answer 19.③

‖ 20～21 ‖ 다음은 환전 안내문이다. 이를 보고 물음에 답하시오.

일반 해외여행자(해외체재자 및 해외유학생이 아닌 분)의 해외여행경비
• 관광, 출장, 방문 등의 목적으로 해외여행시 아래와 같이 외화를 환전할 수 있다.

환전 한도	제출 서류
• 금액 제한 없음(다만, 외국인 거주자는 1만 불 이내) ※ 동일인 기준 미화 1만 불 초과 환전 시 국세청 및 관세청에 통보된다. ※ 미화 1만 불 초과하여 휴대 출국시, 출국 전에 관할 세관의장에게 신고하여야 한다.	• 실명확인증표 • 여권(외국인 거주자의 경우)

해외체재자(해외유학생 포함)의 해외여행경비
• 상용, 문화, 공무, 기술훈련, 6개월 미만의 국외연수 등으로 외국에 체재하는 기간이 30일을 초과하는자(해외체재자) 및 외국의 교육기관 등에서 6개월 이상 수학, 연구, 연수목적 등으로 외국에 체재하는 자(해외유학생)에 대해 아래와 같이 외화를 환전할 수 있다.

환전 한도	제출 서류
• 금액 제한 없음 ※ 건당 미화 1만 불 초과 환전시, 지정거래은행으로부터 "외국환신고(확인)필증"을 발급 받으시기 바랍니다. ※ 연간 미화 10만 불 초과 환전 및 송금시, 국세청에 통보된다.	• 여권 • 입학허가서 등 유학사실 입증서류(해외유학생) • 소속 단체장 또는 국외연수기관장의 출장, 파견 증명서(해외체재자)

소지 목적의 외화환전
• 국민인 거주자는 소지를 목적으로 외국환은행으로부터 금액 제한 없이 외국통화 및 여행자수표를 매입할 수 있다.

환전 한도	제출 서류
• 금액 제한 없음 ※ 동일인 기준 미화 1만 불 초과 환전 시 국세청 및 관세청에 통보된다.	• 실명확인증표

북한지역 관광객 및 남북한 이산가족 방문여행자

환전 한도	제출 서류
• 미화 2천 불	• 여권 • 북한지역관광경비 지급영수증

20 관광 목적으로 미국을 여행하려는 자가 미화 1만 5천 불을 휴대하여 출국하려는 경우에는 누구에게 신고하여야 하는가?

① 한국은행 총재
② 국세청장
③ 관세청장
④ 관할 세관의장
⑤ 지정 거래은행장

✔해설 ④ 미화 1만 불 초과하여 휴대 출국시, 출국 전에 관할 세관의장에게 신고하여야 한다.

21 해외유학생이 미화 1만 5천 불을 환전하는 경우에는 지정거래은행으로부터 어떤 서류를 발급 받아야 하는가?

① 소요 경비확인서
② 외국환신고(확인)필증
③ 취득경위 입증서류
④ 수수료 지급영수증
⑤ 실명확인증표

✔해설 ② 건당 미화 1만 불 초과 환전시, 지정거래은행으로부터 "외국환신고(확인)필증"을 발급 받아야 한다.

22 다음 글을 읽고 〈보기〉의 질문에 답을 할 때 가장 적절한 것은?

다세포 생물체는 신경계와 내분비계에 의해 구성 세포들의 기능이 조절된다. 이 중 내분비계의 작용은 내분비선에서 분비되는 호르몬에 의해 일어난다. 호르몬을 분비하는 이자는 소화선인 동시에 내분비선이다. 이자 곳곳에는 백만 개 이상의 작은 세포 집단들이 있다. 이를 랑게르한스섬이라고 한다. 랑게르한스섬에는 인슐린을 분비하는 β 세포와 글루카곤을 분비하는 α 세포가 있다.

인슐린의 주된 작용은 포도당이 세포 내로 유입되도록 촉진하여 혈액에서의 포도당 농도를 낮추는 것이다. 또한 간에서 포도당을 글리코겐의 형태로 저장하게 하며 세포에서의 단백질 합성을 증가시키고 지방 생성을 촉진한다.

한편 글루카곤은 인슐린과 상반된 작용을 하는데, 그 주된 작용은 간에 저장된 글리코겐을 포도당으로 분해하여 혈액에서의 포도당 농도를 증가시키는 것이다. 또한 아미노산과 지방산을 저장 부위에서 혈액 속으로 분리시키는 역할을 한다.

인슐린과 글루카곤의 분비는 혈당량에 의해 조절되는데 식사 후에는 혈액 속에 포함되어 있는 포도당의 양, 즉 혈당량이 증가하기 때문에 β 세포가 자극을 받아서 인슐린 분비량이 늘어난다. 인슐린은 혈액 중의 포도당을 흡수하여 세포로 이동시키며 이에 따라 혈당량이 감소되고 따라서 인슐린 분비량이 감소된다. 반면 사람이 한참 동안 음식을 먹지 않거나 운동 등으로 혈당량이 70mg/dl 이하로 떨어지면 랑게르한스섬의 α 세포가 글루카곤 분비량을 늘린다. 글루카곤은 간에 저장된 글리코겐을 분해하여 포도당을 만들어 혈액으로 보내게 된다. 이에 따라 혈당량은 다시 높아지게 되는 것이다. 일반적으로 8시간 이상 공복 후 혈당량이 99mg/dl 이하인 경우 정상으로, 126mg/dl 이상인 경우는 당뇨로 판정한다.

포도당은 뇌의 에너지원으로 사용되는데, 인슐린과 글루카곤이 서로 반대되는 작용을 통해 이 포도당의 농도를 정상 범위로 유지시키는 데 크게 기여한다.

〈보기〉

인슐린에 대해서는 어느 정도 이해를 했습니까? 오늘은 '인슐린 저항성'에 대해 알아보도록 하겠습니다. 인슐린의 기능이 떨어져 세포가 인슐린에 효과적으로 반응하지 못하는 것을 인슐린 저항성이라고 합니다. 그럼 인슐린 저항성이 생기면 우리 몸속에서는 어떤 일이 일어나게 될지 설명해 보시겠습니까?

---

① 혈액 중의 포도당 농도가 높아지게 됩니다.

② 이자가 인슐린과 글루카곤을 과다 분비하게 됩니다.

③ 간에서 포도당을 글리코겐으로 **빠르게** 저장하게 됩니다.

④ 아미노산과 지방산을 저장 부위에서 분리시키게 됩니다.

⑤ 혈액의 포도당 농도가 낮아져 인슐린을 분비하게 됩니다.

✔️해설 인슐린의 기능은 혈액으로부터 포도당을 흡수하여 세포로 이동시켜 혈액에서의 포도당의 농도를 낮추는 것인데, 인슐린의 기능이 저하될 경우 이러한 기능을 수행할 수 없기 때문에 혈액에서의 포도당 농도가 높아지게 된다.

23 다음 업무일지를 바르게 이해하지 못한 것은?

[2017년 5월 4일 업무보고서]

편집팀 팀장 박서준

시간	내용	비고
09:00~10:00	편집팀 회의	– 일주일 후 나올 신간 논의
10:00~12:00	통상업무	
12:00~13:00	점심식사	
13:00~14:30	릴레이 회의	– 편집팀 인원충원에 관해 인사팀 김서현 대리에게 보고 – 디자인팀에 신간 표지디자인 샘플 부탁
14:30~16:00	협력업체 사장과 미팅	– 내일 오전까지 인쇄물 400부 도착
16:00~18:00	서점 방문	– 지난 시즌 발간한 서적 동향 파악

① 5월 11일 신간이 나올 예정이다.
② 편집팀은 현재 인력이 부족한 상황이다.
③ 저번 달에도 신간을 발간했다.
④ 내일 오전 인쇄물 400부가 배송될 예정이다.
⑤ 오후에 디자인팀에 표지디자인 샘플을 부탁했다.

✔️해설 ③ 지난 시즌이라고만 명시했지 구체적으로 언제 발간했는지 밝혀지지 않았다.

24 다음 중 '여요론트' 부족에 대해 이해한 내용으로 적절한 것은?

19세기 일부 인류학자들은 결혼이나 가족 등 문화의 일부에 주목하여 문화 현상을 이해하고자 하였다. 그들은 모든 문화가 '야만→미개→문명'이라는 단계적 순서로 발전한다고 설명하였다. 그러나 이 입장은 20세기에 들어서면서 어떤 문화도 부분만으로는 총체를 파악할 수 없다는 비판을 받았다. 문화를 이루는 인간 생활의 거의 모든 측면은 서로 관련을 맺고 있기 때문이다. 20세기 인류학자들은 이러한 사실에 주목하여 문화 현상을 바라보았다. 어떤 민족이나 인간 집단을 연구할 때에는 그들의 역사와 지리, 자연환경은 물론, 사람들의 체질적 특성과 가족제도, 경제체제, 인간 심성 등 모든 측면을 서로 관련지어서 고찰해야 한다는 것이다. 이를 총체적 관점이라고 한다.

오스트레일리아의 여요론트 부족의 이야기는 총체적 관점에서 인간과 문화를 이해해야 하는 이유를 잘 보여준다. 20세기 초까지 수렵과 채집 생활을 하던 여요론트 부족사회에서 돌도끼는 성인 남성만이 소유할 수 있는 가장 중요한 도구였다. 돌도끼의 제작과 소유는 남녀의 역할 구분, 사회의 위계질서 유지, 부족 경제의 활성화에 큰 영향을 미쳤다.

그런데 백인 신부들이 여성과 아이에게 선교를 위해 선물한 쇠도끼는 성(性) 역할, 연령에 따른 위계와 권위, 부족 간의 교역에 혼란을 초래하였다. 이로 인해 여요론트 부족사회는 엄청난 문화 해체를 겪게 되었다.

쇠도끼로 인한 여요론트 부족사회의 문화 해체 현상은 인간 생활의 모든 측면이 서로 밀접한 관계가 있음을 잘 보여준다. 만약 문화의 발전이 단계적으로 이루어진다는 관점에서 본다면 쇠도끼의 유입은 미개사회에 도입된 문명사회의 도구이며, 문화 해체는 사회 발전을 위해 필요한 과도기로 이해할 것이다. 하지만 이러한 관점으로는 쇠도끼의 유입이 여요론트 부족에게 가지는 의미와 그들이 겪은 문화 해체를 제대로 이해하고 그에 대한 올바른 해결책을 제시하기가 매우 어렵다.

총체적 관점은 인간 사회의 다양한 문화 현상을 이해하는 데 매우 중요한 공헌을 했다. 여요론트 부족사회의 이야기에서 알 수 있듯이, 총체적 관점은 사회나 문화에 대해 객관적이고 깊이 있는 통찰을 가능하게 한다. 이러한 관점을 가지고 인간이 처한 여러 가지 문제를 바라볼 때, 우리는 보다 바람직한 해결 방향을 모색할 수 있을 것이다.

① 문명사회로 나아가기 위해 쇠도끼를 수용하였다.
② 돌도끼는 성인 남자의 권위를 상징하는 도구였다.
③ 쇠도끼의 유입은 타 부족과의 교역을 활성화시켰다.
④ 자기 문화를 지키기 위해 외부와의 교류를 거부하였다.
⑤ 총체적관심은 사회에 대해 주관적인 통찰을 가능하게 했다.

② 여요론트 부족 사회에서 돌도끼는 성인 남성만이 소유할 수 있는 가장 중요한 도구였으며, 이는 성 (性) 역할, 연령에 따른 위계와 권위 등에 큰 영향을 미쳤다. 이러한 2문단의 내용을 통해 돌도끼가 여 요론트 부족 사회에서 성인 남자의 권위를 상징하는 도구였다는 것을 알 수 있다.

25 다음 밑줄 친 말 중, ㉠과 가장 유사한 의미로 쓰인 것은?

> 과학이 주장하는 모든 지식은 장차 언제나 기각될 수 있는 운명을 가진 불완전한 지식에 불 과하다는 것을 말해 준다. 천동설은 지동설로, 케플러는 뉴턴으로, 뉴턴은 아인슈타인으로, 상대 성 이론은 장차 또 다른 대체 이론으로 계속 변해 갈 운명을 ㉠<u>안고</u> 있는 것이다. 과학의 명제 들은 적어도 경험적 관찰에 의해 반증될 가능성을 갖고 있다.

① 꽃다발을 <u>안고</u> 멀리서 걸어오는 그녀가 보였다.

② 그 말이 너무 우스워서 우리는 모두 배를 <u>안고</u> 웃었다.

③ 큰 충격을 받고 뛰쳐나간 나는 바람을 <u>안고</u> 하염없이 걸었다.

④ 사장님의 기대가 너무 커서 신입사원들은 부담을 <u>안고</u> 일을 시작했다.

⑤ 민준이는 서현이를 <u>안고</u>, 그 자리에 서 있었다.

✔해설 ㉠은 '운명을 안다'에 쓰인 '안다'이므로, 그 뜻이 '손해나 빚 또는 책임, 운명 등을 맡다'라고 볼 수 있다. 이와 가장 유사한 것은 ④의 '부담감을 안다'라고 할 수 있다.

CHAPTER 02

수리능력

01 직장생활과 수리능력

(1) 기초직업능력으로서의 수리능력

① 개념 : 직장생활에서 요구되는 사칙연산과 기초적인 통계를 이해하고 도표의 의미를 파악하거나 도표를 이용해서 결과를 효과적으로 제시하는 능력을 말한다.

② 수리능력은 크게 기초연산능력, 기초통계능력, 도표분석능력, 도표작성능력으로 구성된다.

    ㉠ 기초연산능력 : 직장생활에서 필요한 기초적인 사칙연산과 계산방법을 이해하고 활용할 수 있는 능력

    ㉡ 기초통계능력 : 평균, 합계, 빈도 등 직장생활에서 자주 사용되는 기초적인 통계기법을 활용하여 자료의 특성과 경향성을 파악하는 능력

    ㉢ 도표분석능력 : 그래프, 그림 등 도표의 의미를 파악하고 필요한 정보를 해석하는 능력

    ㉣ 도표작성능력 : 도표를 이용하여 결과를 효과적으로 제시하는 능력

(2) 업무수행에서 수리능력이 활용되는 경우

① 업무상 계산을 수행하고 결과를 정리하는 경우

② 업무비용을 측정하는 경우

③ 고객과 소비자의 정보를 조사하고 결과를 종합하는 경우

④ 조직의 예산안을 작성하는 경우

⑤ 업무수행 경비를 제시해야 하는 경우

⑥ 다른 상품과 가격비교를 하는 경우

⑦ 연간 상품 판매실적을 제시하는 경우

⑧ 업무비용을 다른 조직과 비교해야 하는 경우

⑨ 상품판매를 위한 지역조사를 실시해야 하는 경우

⑩ 업무수행과정에서 도표로 주어진 자료를 해석하는 경우

⑪ 도표로 제시된 업무비용을 측정하는 경우

다음 자료를 보고 주어진 상황에 대한 물음에 답하시오.

〈근로소득에 대한 간이 세액표〉

월 급여액(천 원) [비과세 및 학자금 제외]		공제대상 가족 수				
이상	미만	1	2	3	4	5
2,500	2,520	38,960	29,280	16,940	13,570	10,190
2,520	2,540	40,670	29,960	17,360	13,990	10,610
2,540	2,560	42,380	30,640	17,790	14,410	11,040
2,560	2,580	44,090	31,330	18,210	14,840	11,460
2,580	2,600	45,800	32,680	18,640	15,260	11,890
2,600	2,620	47,520	34,390	19,240	15,680	12,310
2,620	2,640	49,230	36,100	19,900	16,110	12,730
2,640	2,660	50,940	37,810	20,560	16,530	13,160
2,660	2,680	52,650	39,530	21,220	16,960	13,580
2,680	2,700	54,360	41,240	21,880	17,380	14,010
2,700	2,720	56,070	42,950	22,540	17,800	14,430
2,720	2,740	57,780	44,660	23,200	18,230	14,850
2,740	2,760	59,500	46,370	23,860	18,650	15,280

※ 갑근세는 제시되어 있는 간이 세액표에 따름
※ 주민세=갑근세의 10%
※ 국민연금=급여액의 4.50%
※ 고용보험=국민연금의 10%
※ 건강보험=급여액의 2.90%
※ 교육지원금=분기별 100,000원(매 분기별 첫 달에 지급)

박○○ 사원의 5월 급여내역이 다음과 같고 전월과 동일하게 근무하였으나, 특별수당은 없고 차량지원금으로 100,000원을 받게 된다면, 6월에 받게 되는 급여는 얼마인가? (단, 원 단위 절삭)

(주) 서원플랜테크 5월 급여내역			
성명	박○○	지급일	5월 12일
기본급여	2,240,000	갑근세	39,530
직무수당	400,000	주민세	3,950
명절 상여금		고용보험	11,970
특별수당	20,000	국민연금	119,700
차량지원금		건강보험	77,140
교육지원		기타	
급여계	2,660,000	공제합계	252,290
		지급총액	2,407,710

① 2,443,910
② 2,453,910
③ 2,463,910
④ 2,473,910

업무상 계산을 수행하거나 결과를 정리하고 업무비용을 측정하는 능력을 평가하기 위한 문제로서, 주어진 자료에서 문제를 해결하는 데에 필요한 부분을 빠르고 정확하게 찾아내는 것이 중요하다.

해설

기본급여	2,240,000	갑근세	46,370
직무수당	400,000	주민세	4,630
명절상여금		고용보험	12,330
특별수당		국민연금	123,300
차량지원금	100,000	건강보험	79,460
교육지원		기타	
급여계	2,740,000	공제합계	266,090
		지급총액	2,473,910

답 ④

(3) 수리능력의 중요성

① 수학적 사고를 통한 문제해결

② 직업세계의 변화에의 적응

③ 실용적 가치의 구현

(4) 단위환산표

구분	단위환산
길이	1cm = 10mm, 1m = 100cm, 1km = 1,000m
넓이	1cm² = 100mm², 1m² = 10,000cm², 1km² = 1,000,000m²
부피	1cm³ = 1,000mm³, 1m³ = 1,000,000cm³, 1km³ = 1,000,000,000m³
들이	1㎖ = 1cm³, 1㎗ = 100cm³, 1L = 1,000cm³ = 10㎗
무게	1kg = 1,000g, 1t = 1,000kg = 1,000,000g
시간	1분 = 60초, 1시간 = 60분 = 3,600초
할푼리	1푼 = 0.1할, 1리 = 0.01할, 1모 = 0.001할

(1) 기초연산능력

① 사칙연산 : 수에 관한 덧셈, 뺄셈, 곱셈, 나눗셈의 네 종류의 계산법으로 업무를 원활하게 수행하기 위해서는 기본적인 사칙연산뿐만 아니라 다단계의 복잡한 사칙연산까지도 수행할 수 있어야 한다.

② 검산 : 연산의 결과를 확인하는 과정으로 대표적인 검산방법으로 역연산과 구거법이 있다.

  ㉠ 역연산 : 덧셈은 뺄셈으로, 뺄셈은 덧셈으로, 곱셈은 나눗셈으로, 나눗셈은 곱셈으로 확인하는 방법이다.

  ㉡ 구거법 : 원래의 수와 각 자리 수의 합이 9로 나눈 나머지가 같다는 원리를 이용한 것으로 9를 버리고 남은 수로 계산하는 것이다.

예제 3

다음 식을 바르게 계산한 것은?

$$1 + \frac{2}{3} + \frac{1}{2} - \frac{3}{4}$$

① $\frac{13}{12}$

② $\frac{15}{12}$

③ $\frac{17}{12}$

④ $\frac{19}{12}$

출제의도

직장생활에서 필요한 기초적인 사칙연산과 계산방법을 이해하고 활용할 수 있는 능력을 평가하는 문제로서, 분수의 계산과 통분에 대한 기본적인 이해가 필요하다.

해 설

$$\frac{12}{12} + \frac{8}{12} + \frac{6}{12} - \frac{9}{12} = \frac{17}{12}$$

답 ③

---

(2) 기초통계능력

① 업무수행과 통계

  ㉠ 통계의 의미 : 통계란 집단현상에 대한 구체적인 양적 기술을 반영하는 숫자이다.

  ㉡ 업무수행에 통계를 활용함으로써 얻을 수 있는 이점

  • 많은 수량적 자료를 처리가능하고 쉽게 이해할 수 있는 형태로 축소

  • 표본을 통해 연구대상 집단의 특성을 유추

  • 의사결정의 보조수단

  • 관찰 가능한 자료를 통해 논리적으로 결론을 추출 · 검증

© 기본적인 통계치
- 빈도와 빈도분포 : 빈도란 어떤 사건이 일어나거나 증상이 나타나는 정도를 의미하며, 빈도분포란 빈도를 표나 그래프로 종합적으로 표시하는 것이다.
- 평균 : 모든 사례의 수치를 합한 후 총 사례 수로 나눈 값이다.
- 백분율 : 전체의 수량을 100으로 하여 생각하는 수량이 그중 몇이 되는가를 퍼센트로 나타낸 것이다.

② 통계기법

㉠ 범위와 평균
- 범위 : 분포의 흩어진 정도를 가장 간단히 알아보는 방법으로 최곳값에서 최젓값을 뺀 값을 의미한다.
- 평균 : 집단의 특성을 요약하기 위해 가장 자주 활용하는 값으로 모든 사례의 수치를 합한 후 총 사례 수로 나눈 값이다.
- 관찰값이 1, 3, 5, 7, 9일 경우 범위는 $9 - 1 = 8$이 되고, 평균은 $\dfrac{1+3+5+7+9}{5} = 5$가 된다.

㉡ 분산과 표준편차
- 분산 : 관찰값의 흩어진 정도로, 각 관찰값과 평균값의 차의 제곱의 평균이다.
- 표준편차 : 평균으로부터 얼마나 떨어져 있는가를 나타내는 개념으로 분산값의 제곱근 값이다.
- 관찰값이 1, 2, 3이고 평균이 2인 집단의 분산은 $\dfrac{(1-2)^2 + (2-2)^2 + (3-2)^2}{3} = \dfrac{2}{3}$이고 표준편차는 분산값의 제곱근 값인 $\sqrt{\dfrac{2}{3}}$이다.

③ 통계자료의 해석

㉠ 다섯숫자요약
- 최솟값 : 원자료 중 값의 크기가 가장 작은 값
- 최댓값 : 원자료 중 값의 크기가 가장 큰 값
- 중앙값 : 최솟값부터 최댓값까지 크기에 의하여 배열했을 때 중앙에 위치하는 사례의 값
- 하위 25%값·상위 25%값 : 원자료를 크기 순으로 배열하여 4등분한 값
㉡ 평균값과 중앙값 : 평균값과 중앙값은 그 개념이 다르기 때문에 명확하게 제시해야 한다.

예제 4

인터넷 쇼핑몰에서 회원가입을 하고 디지털캠코더를 구매하려고 한다. 다음은 구입하고자 하는 모델에 대하여 인터넷 쇼핑몰 세 곳의 가격과 조건을 제시한 표이다. 표에 있는 모든 혜택을 적용하였을 때 디지털캠코더의 배송비를 포함한 실제 구매가격을 바르게 비교한 것은?

구분	A 쇼핑몰	B 쇼핑몰	C 쇼핑몰
정상가격	129,000원	131,000원	130,000원
회원혜택	7,000원 할인	3,500원 할인	7% 할인
할인쿠폰	5% 쿠폰	3% 쿠폰	5,000원
중복할인여부	불가	가능	불가
배송비	2,000원	무료	2,500원

① A<B<C
② B<C<A
③ C<A<B
④ C<B<A

출제의도

직장생활에서 자주 사용되는 기초적인 통계기법을 활용하여 자료의 특성과 경향성을 파악하는 능력이 요구되는 문제이다.

해 설

㉠ A 쇼핑몰
- 회원혜택을 선택한 경우 : $129,000 - 7,000 + 2,000 = 124,000$(원)
- 5% 할인쿠폰을 선택한 경우 : $129,000 \times 0.95 + 2,000 = 124,550$

㉡ B 쇼핑몰 : $131,000 \times 0.97 - 3,500 = 123,570$

㉢ C 쇼핑몰
- 회원혜택을 선택한 경우 : $130,000 \times 0.93 + 2,500 = 123,400$
- 5,000원 할인쿠폰을 선택한 경우 : $130,000 - 5,000 + 2,500 = 127,500$

∴ C<B<A

답 ④

(3) 도표분석능력

① 도표의 종류

㉠ 목적별 : 관리(계획 및 통제), 해설(분석), 보고

㉡ 용도별 : 경과 그래프, 내역 그래프, 비교 그래프, 분포 그래프, 상관 그래프, 계산 그래프

㉢ 형상별 : 선 그래프, 막대 그래프, 원 그래프, 점 그래프, 층별 그래프, 레이더 차트

② 도표의 활용

　　㉠ 선 그래프

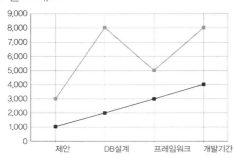

　　　　• 주로 시간의 경과에 따라 수량에 의한 변화 상황(시계열 변화)을 절선의 기울기로 나타내는 그래프이다.
　　　　• 경과, 비교, 분포를 비롯하여 상관관계 등을 나타낼 때 쓰인다.

　　㉡ 막대 그래프

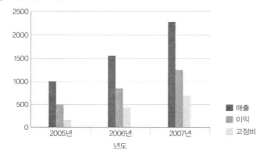

　　　　• 비교하고자 하는 수량을 막대 길이로 표시하고 그 길이를 통해 수량 간의 대소관계를 나타내는 그래프이다.
　　　　• 내역, 비교, 경과, 도수 등을 표시하는 용도로 쓰인다.

　　㉢ 원 그래프

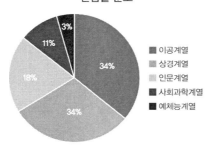

산업별 분포

　　　　• 내역이나 내용의 구성비를 원을 분할하여 나타낸 그래프이다.
　　　　• 전체에 대해 부분이 차지하는 비율을 표시하는 용도로 쓰인다.

ⓔ 점 그래프

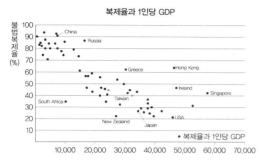

• 종축과 횡축에 2요소를 두고 보고자 하는 것이 어떤 위치에 있는가를 나타내는 그래프이다.
• 지역분포를 비롯하여 도시, 기방, 기업, 상품 등의 평가나 위치ㆍ성격을 표시하는데 쓰인다.

ⓜ 층별 그래프

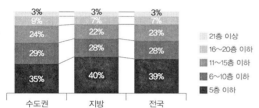

• 선 그래프의 변형으로 연속내역 봉 그래프라고 할 수 있다. 선과 선 사이의 크기로 데이터 변화를 나타낸다.
• 합계와 부분의 크기를 백분율로 나타내고 시간적 변화를 보고자 할 때나 합계와 각 부분의 크기를 실수로 나타내고 시간적 변화를 보고자 할 때 쓰인다.

ⓗ 레이더 차트(거미줄 그래프)

• 원 그래프의 일종으로 비교하는 수량을 직경, 또는 반경으로 나누어 원의 중심에서의 거리에 따라 각 수량의 관계를 나타내는 그래프이다.
• 비교하거나 경과를 나타내는 용도로 쓰인다.

③ 도표 해석상의 유의사항

 ㉠ 요구되는 지식의 수준을 넓힌다.

 ㉡ 도표에 제시된 자료의 의미를 정확히 숙지한다.

 ㉢ 도표로부터 알 수 있는 것과 없는 것을 구별한다.

 ㉣ 총량의 증가와 비율의 증가를 구분한다.

 ㉤ 백분위수와 사분위수를 정확히 이해하고 있어야 한다.

예제 5

다음 표는 2009 ~ 2010년 지역별 직장인들의 자기개발에 관해 조사한 내용을 정리한 것이다. 이에 대한 분석으로 옳은 것은?

(단위 : %)

연도\구분\지역	2009				2010			
	자기개발 하고 있음	자기개발 비용 부담 주체			자기개발 하고 있음	자기개발 비용 부담 주체		
		직장 100%	본인 100%	직장50% + 본인50%		직장 100%	본인 100%	직장50% + 본인50%
충청도	36.8	8.5	88.5	3.1	45.9	9.0	65.5	24.5
제주도	57.4	8.3	89.1	2.9	68.5	7.9	68.3	23.8
경기도	58.2	12	86.3	2.6	71.0	7.5	74.0	18.5
서울시	60.6	13.4	84.2	2.4	72.7	11.0	73.7	15.3
경상도	40.5	10.7	86.1	3.2	51.0	13.6	74.9	11.6

① 2009년과 2010년 모두 자기개발 비용을 본인이 100% 부담하는 사람의 수는 응답자의 절반 이상이다.

② 자기개발을 하고 있다고 응답한 사람의 수는 2009년과 2010년 모두 서울시가 가장 많다.

③ 자기개발 비용을 직장과 본인이 각각 절반씩 부담하는 사람의 비율은 2009년과 2010년 모두 서울시가 가장 높다.

④ 2009년과 2010년 모두 자기개발을 하고 있다고 응답한 비율이 가장 높은 지역에서 자기개발비용을 직장이 100% 부담한다고 응답한 사람의 비율이 가장 높다.

(4) 도표작성능력

① 도표작성 절차

　　㉠ 어떠한 도표로 작성할 것인지를 결정

　　㉡ 가로축과 세로축에 나타낼 것을 결정

　　㉢ 한 눈금의 크기를 결정

　　㉣ 자료의 내용을 가로축과 세로축이 만나는 곳에 표현

　　㉤ 표현한 점들을 선분으로 연결

　　㉥ 도표의 제목을 표기

② 도표작성 시 유의사항

　　㉠ 선 그래프 작성 시 유의점

　　　• 세로축에 수량, 가로축에 명칭구분을 제시한다.

　　　• 선의 높이에 따라 수치를 파악하는 경우가 많으므로 세로축의 눈금을 가로축보다 크게 하는 것이 효과적이다.

　　　• 선이 두 종류 이상일 경우 반드시 그 명칭을 기입한다.

　　㉡ 막대 그래프 작성 시 유의점

　　　• 막대 수가 많을 경우에는 눈금선을 기입하는 것이 알아보기 쉽다.

　　　• 막대의 폭은 모두 같게 하여야 한다.

　　㉢ 원 그래프 작성 시 유의점

　　　• 정각 12시의 선을 기점으로 오른쪽으로 그리는 것이 보통이다.

　　　• 분할선은 구성비율이 큰 순서로 그린다.

　　㉣ 층별 그래프 작성 시 유의점

　　　• 눈금은 선 그래프나 막대 그래프보다 적게 하고 눈금선은 넣지 않는다.

　　　• 층별로 색이나 모양이 완전히 다른 것이어야 한다.

　　　• 같은 항목은 옆에 있는 층과 선으로 연결하여 보기 쉽도록 한다.

출제예상문제

1 2019년 공채로 채용된 사무직, 연구직, 기술직, 고졸사원은 모두 2,000명이었고, 인원 현황은 다음과 같다. 2020년도에도 2,000명이 채용되는데, 사무직, 연구직, 기술직, 고졸사원의 채용 비율을 19 : 10 : 6 : 4로 변경할 방침이다. 다음 중 귀하가 판단하기에 공채로 배정되는 직무별 사원수의 변화에 대한 설명으로 적절한 것은?

구분	사무직	연구직	기술직	고졸사원
인원수	1,100명	200명	400명	300명

① 2020년 기술직 채용 인원은 2019년 기술직 채용 인원보다 늘어날 것이다.
② 2020년 사무직 채용 인원은 전체 채용 인원의 절반 이하로 줄어들 것이다.
③ 2020년 연구직 채용 인원은 전년 대비 3배 이상 증가할 것이다.
④ 2020년 고졸사원수는 2019년 채용된 고졸사원수보다 늘어날 것이다.
⑤ 2019년 대비 2020년 채용 인원은 감소율은 고졸사원보다 기술직이 더 크다.

> ✔ **해설** 2020년 채용되는 직무별 사원수를 구하면 사무직 974명, 연구직 513명, 기술직 308명, 고졸사원 205명이다. 기술직 사원의 수는 전년도 대비 감소하며, 연구직 사원은 전년도 대비 313명 증가하며, 2020년의 고졸사원의 수는 2019년보다 감소한다.
> ① 기술직 채용 인원은 2020년에 308명, 2019년에 400명이므로 2020년에 더 줄어들었다.
> ③ 연구직 채용 인원은 2019년에 200명, 2020년에 513명으로 전년 대비 약 2.5배 정도 증가하였다.
> ④ 2020년에 채용 된 고졸사원수는 2019년에 비해 95명 줄었다.
> ⑤ 2019년 대비 2020년 채용 인원은 감소율은 고졸사원의 경우 -31.7%, 기술직은 -23%로 고졸사원의 감소율이 더 크다.

2 다음 〈그림〉은 OO사회보장정보원의 2017~2020년 남성육아휴직제 시행 현황에 관한 자료이다. 이를 분석한 것으로 적절한 의견을 제시한 사람은?

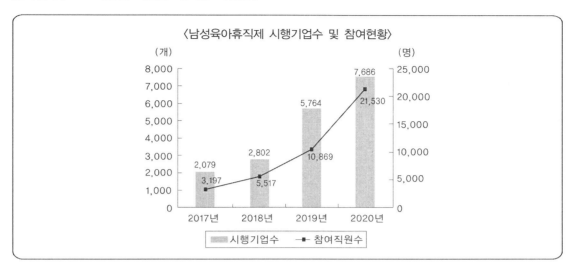

〈남성육아휴직제 시행기업수 및 참여현황〉

① 조 주임 : 2018년 이후 전년보다 참여직원수가 가장 많이 증가한 해와 시행기업수가 가장 많이 증가한 해는 동일하다.

② 최 주임 : 2020년 남성육아휴직제 참여직원수는 2017년의 7배 이상이다.

③ 고 대리 : 시행기업당 참여직원수가 가장 많은 해는 2020년이다.

④ 박 과장 : 2018년 대비 2020년 시행기업수의 증가율은 참여직원수의 증가율보다 높다.

⑤ 노 대리 : 2017~2020년 참여직원수 연간 증가인원의 평균은 6,000명 이하이다.

✔해설 고 대리는 "시행기업당 참여직원수가 가장 많은 해는 2020년이다."고 의견을 제시했다. 시행기업 대비 참여직원수를 보면 2017년은 약 1.5명, 2018년은 약 2.0명, 2019년은 약 1.9명, 2020년은 약 2.8명이다. 시행기업당 참여직원수가 가장 많은 해는 2020년이므로 고대리의 의견은 적절하다.

① 2018년 이후 전년보다 참여직원수가 가장 많이 증가한 해는 2020년으로 10,661명이다. 시행기업수가 가장 많이 증가한 해는 2019년으로 2,962개이다. 2018년 이후 전년보다 참여직원수가 가장 많이 증가한 해와 시행기업수가 가장 많이 증가한 해가 동일하지 않으므로 조 주임의 의견은 적절하지 않다.

② 2020년의 남성육아휴직제 참여직원수는 2017년 3,197명 대비 21,530명으로 7배 이하이므로 최 주임의 의견은 적절하지 않다.

④ 2018년의 시행기업수 2,802개 대비 2020년 시행기업수 7,686개의 증가율은 약 3배 가까이 된다. 2018년의 참여 직원수 5,517명 대비 2020년의 참여 직원수 21,530명의 증가율은 약 4배 가까이 되므로 박 과장의 의견은 적절하지 않다.

⑤ 2017년부터 2020년까지 참여직원수 연간 증가 인원의 평균은 $\frac{21,530-3,197}{3}=6,111$명이므로 노 대리의 의견은 적절하지 않다.

3 다음 〈표〉는 ○○축산자원개발원에서 품목별 한우의 2020년 10월 평균가격, 전월, 전년 동월, 직전 3개년 동월 평균가격을 제시한 자료이다. 이를 검토한 의견으로 옳은 것은?

〈품목별 한우 평균가격(2020년 10월 기준)〉

(단위 : 원/kg)

품목		2020년 10월	전월	전년 동월	직전 3개년 동월
구분	등급	평균가격	평균가격	평균가격	평균가격
거세우	1등급	17,895	18,922	14,683	14,199
	2등급	16,534	17,369	13,612	12,647
	3등급	14,166	14,205	12,034	10,350
비거세우	1등급	18,022	18,917	15,059	15,022
	2등급	16,957	16,990	13,222	12,879
	3등급	14,560	14,344	11,693	10,528

※ 1) 거세우, 비거세우의 등급은 1등급, 2등급, 3등급만 있음.
　 2) 품목은 구분과 등급의 조합임. 예를 들어 구분이 거세우이고 등급이 1등급이면 품목은 거세우 1등급임.

① A : 거세우 각 등급에서의 2020년 10월 평균가격이 비거세우 같은 등급의 2020년 10월 평균가격보다 모두 높다.

② B : 모든 품목에서 전월 평균가격은 2020년 10월 평균가격보다 높다.

③ C : 2020년 10월 평균가격, 전월 평균가격, 전년 동월 평균가격, 직전 3개년 동월 평균가격은 비거세우 1등급이 다른 모든 품목에 비해 높다.

④ D : 직전 3개년 동월 평균가격 대비 전년 동월 평균가격의 증가폭이 가장 큰 품목은 거세우 2등급이다.

⑤ E : 전년 동월 평균가격 대비 2020년 10월 평균가격 증감률이 가장 큰 품목은 비거세우 2등급이다.

✔해설　E는 "전년 동월 평균가격 대비 2020년 10월 평균가격 증감률이 가장 큰 품목은 비거세우 2등급이다."라고 검토했다. 비거세우 2등급의 전년 동월 평균가격 대비 2020년 10월 평균가격 증감률은 약 28.2% 증가하였다. 거세우 1등급은 21.9%, 2등급은 21.5%, 3등급은 17.7%가 증가하였다. 비거세우의 경우 1등급은 19.7%, 3등급은 25.1% 증가하였다. 따라서 E는 옳게 검토하였다.

① A는 "거세우 각 등급에서의 2020년 10월 평균가격이 비거세우 같은 등급의 2020년 10월 평균가격보다 모두 높다."고 했다. 주어진 자료에서 2020년 10월 평균가격을 보면 전 등급에서 거세우보다 비거세우의 가격이 높다. 따라서 A의 의견은 옳지 않다.

② B는 "모든 품목에서 전월 평균가격이 2020년 10월 평균가격보다 높다."고 했다. 비거세우 3등급의 경우 전월 평균가격은 14,344원으로 2020년 10월 평균가격인 14,560원보다 낮으므로 검토 의견은 옳지 않다.

③ C는 "2020년 10월 평균가격, 전월 평균가격, 전년 동월 평균가격, 직전 3개년 동월 평균가격은 비거세우 1등급이 다른 모든 품목에 비해 높다."고 했다. 이 중 전월 평균가격은 거세우 1등급은 18,922원, 비거세우 1등급은 18,917원이다. 거세우 1등급이 비거세우 1등급보다 전월 평균가격이 높으므로 C의 검토는 옳지 않다.

④ 직전 3개년 동월 평균가격 대비 전년 동월 평균가격의 증가폭은 거세우 2등급 965원보다 거세우 3등급 1,684원이 더 크므로 D의 검토는 옳지 않다.

4 다음은 W센터에 신고 · 접수된 상담건의 분야별 처리결과를 나타낸 자료이다. 이에 대한 설명으로 옳지 않은 것은?

〈W센터에 신고 · 접수된 건의 분야별 처리결과〉

처리 결과 \ 분야	보건 복지	고용 노동	여성 가족	교육	보훈	산업	기타	합
이첩	58	18	2	3	0	1	123	205
송부	64	16	3	1	4	0	79	167
내부처리	117	27	2	2	1	1	207	357
전체	239	61	7	6	5	2	409	729

① 보건복지 분야의 상담건은 내부처리건이 이첩된 건 보다 2배 이상이다.

② '이첩' 건수가 가장 적은 분야가 처리결과 중 이첩의 비중이 가장 낮은 분야이다.

③ 고용노동 분야 상담건 중 '송부' 건의 비중은 30%에 미치지 못한다.

④ 상담 분야가 명확하게 분류되지 않은 상담건이 전체 상담건의 50% 이상이다.

⑤ '보훈'과 '산업' 분야의 상담건 중 내부처리된 건의 비중은 동일하다.

✔해설 ⑤ '보훈'과 '산업' 분야의 상담건 중 내부처리된 건은 1건이지만 '보훈'의 전체처리건(5건) 중 내부처리건의 비중은 20%, '산업'의 전체처리건(2건) 중 내부처리건의 비중은 50%이다.

① 보건복지 분야의 상담건은 내부처리건이 117건, 이첩처리 된 것은 58건으로 2배 이상이다.

② '이첩' 건수가 가장 적은 분야는 0건으로 '보훈'이다. 이첩의 비중은 0으로 가장 낮은 분야이다.

③ 고용노동 분야 상담건 중 '송부' 건의 비중은 $\frac{16}{61} \times 100 = 26.2\%$로 30%를 미치지 않는다.

④ 상담 분야가 명확하게 분류되지 않은 상담건이 전체 상담건에서 차지하는 비중은 $\frac{409}{729} \times 100 = 56.1\%$이다.

Answer 3.⑤ 4.⑤

5 다음 〈그림〉은 OO정보보호산업협회의 2019년과 2020년 침해유형별 개인정보 침해경험을 설문조사한 결과이다. 이를 본 반응으로 옳은 것은?

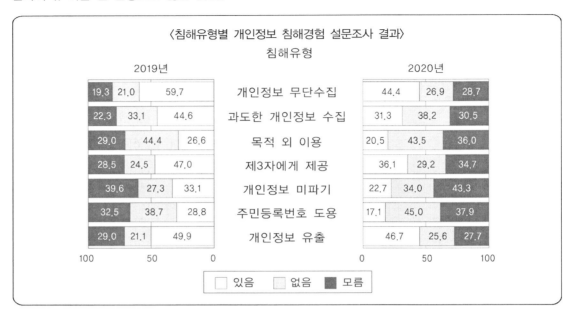

① 갑 : '있음'으로 응답한 비율이 큰 침해유형부터 순서대로 나열하면 2019년과 2020년의 순서는 동일하다.

② 을 : 2020년 '개인정보 무단수집'을 '있음'으로 응답한 비율은 '개인정보 미파기'를 '있음'으로 응답한 비율의 2배 이상이다.

③ 병 : 2020년 '있음'으로 응답한 비율의 전년대비 감소폭이 가장 큰 침해유형은 '과도한 개인정보 수집'이다.

④ 정 : 2020년 '모름'으로 응답한 비율은 모든 침해유형에서 전년대비 증가하였다.

⑤ 무 : 2020년 '있음'으로 응답한 비율의 전년대비 감소율이 가장 큰 침해유형은 '주민등록번호 도용'이다.

✔ 해설 설문조사 결과에 대해 무는 "2020년 '있음'으로 응답한 비율의 전년대비 감소율이 가장 큰 침해유형은 '주민등록번호 도용'이다."고 반응했다.

주민등록번호 도용을 기준으로 전년인 2019년에 '있음' 비율이 2020년보다 큰 항목이면서도 감소폭이 작은 항목은 개인정보 무단수집과 과도한 개인정보 수집, 주민등록 도용이다. 감소율을 살펴보면, 개인 정보 무단 수집은 약 26%, 과도한 개인정보 수집은 약 30%, 목적 외 이용은 약 23%, 주민등록번호 도용은 약 40%다. 주민등록번호 도용의 감소율이 가장 높으므로 무는 옳은 반응을 보였다.

① '있음'으로 응답한 비율이 큰 침해유형부터 순서대로 나열하면 2019년의 경우 개인정보 무단 수집→ 개인정보 유출→제3자에게 제공→과도한 개인정보 수집→개인정보 미파기→주민등록번호 도용 →목적 외 이용 순이다. 2020년의 경우는 개인정보 유출→개인정보 무단수집→제3자에게 제공→ 과도한 개인정보 수집→개인정보 미파기→목적 외 이용→주민등록번호 도용순이다. 2019년의 가 장 비율이 큰 침해유형은 개인정보 무단수집이고, 2020년은 개인정보 유출로 동일하지 않으므로 갑 의 반응은 옳지 않다.

② 을은 "2020년 개인정보 무단수집을 '있음'으로 응답한 비율은 개인정보 미파기를 '있음'으로 응답한 비율의 2배 이상"이라고 했다. 2020년 개인정보 무단수집을 '있음'으로 응답한 비율은 44.4%이다. 개인정보 미파기를 '있음'으로 응답한 비율은 22.7%이다. 2배인 45.4%에 미치지 못하므로 을은 반응 은 옳지 않다.

③ 병은 "2020년 '있음'으로 응답한 비율의 전년대비 감소폭이 가장 큰 침해유형은 '과도한 개인정보 수 집'이다."라고 했다. 2020년 '있음'으로 응답한 비율의 전년대비 감소폭이 가장 큰 침해유형은 13.3% 인 과도한 개인정보 수집이 아니고 15.3%인 개인정보 무단수집이다.

④ 정은 "2020년 모름으로 응답한 비율은 모든 침해유형에서 전년대비 증가하였다."고 했다. 2020년 '모름'으로 응답한 비율은 개인정보 유출의 경우 2019년 29.0%에서 2020년에는 27.7%로 감소하였으 므로 정의 해석은 옳지 않다.

|6~7| 다음 자료는 친환경인증 농산물의 생산 현황에 관한 자료이다. 물음에 답하시오.

〈종류별 친환경인증 농산물 생산 현황〉

(단위 : 톤)

| 구분 | 2018 | | | | 2017 |
| | 합 | 인증형태 | | | |
		유기 농산물	무농약 농산물	저농약 농산물	
곡류	343,380	54,025	269,280	20,075	371,055
과실류	341,054	9,116	26,850	305,088	457,794
채소류	585,004	74,750	351,340	158,914	753,524
서류	41,782	9,023	30,157	2,602	59,407
특용작물	163,762	6,782	155,434	1,546	190,069
기타	23,253	14,560	8,452	241	20,392
계	1,498,235	168,256	841,513	488,466	1,852,241

〈지역별 친환경인증 농산물 생산 현황〉

(단위 : 톤)

| 구분 | 2018 | | | | 2017 |
| | 합 | 인증형태 | | | |
		유기 농산물	무농약 농산물	저농약 농산물	
서울	1,746	106	1,544	96	1,938
부산	4,040	48	1,501	2,491	6,913
대구	13,835	749	3,285	9,801	13,852
인천	7,663	1,093	6,488	82	7,282
광주	5,946	144	3,947	1,855	7,474
대전	1,521	195	855	471	1,550
울산	10,859	408	5,142	5,309	13,792
세종	1,377	198	826	353	0
경기도	109,294	13,891	71,521	23,882	126,209
강원도	83,584	17,097	52,810	13,677	68,300
충청도	159,495	29,506	64,327	65,662	65,662
전라도	611,468	43,330	43,330	124,217	922,641
경상도	467,259	52,567	176,491	238,201	457,598
제주도	20,148	8,924	8,855	2,369	16,939
계	1,498,235	168,256	841,513	488,466	1,852,241

6 주어진 자료에 대한 설명으로 옳은 것은?

① 친환경인증 농산물의 전 종류는 전년도에 비해 생산량이 감소하였다.

② 2018년 친환경인증 농산물의 종류별 생산량에서 유기 농산물의 비중은 채소류보다 곡류가 더 높다.

③ 2018년 각 지역 내에서 인증 형태별 생산량 순위가 서울과 같은 지역은 인천뿐이다.

④ 2018년 친환경인증 농산물의 전년대비 생산 감소량이 가장 큰 종류는 과실류이다.

⑤ 2018년 제주도에서 생산된 친환경인증 농산물 중 저농약 농산물의 비중은 10% 이하다.

> ✔해설 ② 2018년 친환경인증 농산물의 종류별 생산량에서 채소류의 유기 농산물의 비중은 12.7%이고 곡류의 유기 농산물의 비중은 15.7%로 곡류가 더 높다.
> ① 기타 작물의 생산량을 20,392톤에서 23,253톤으로 증가하였다.
> ③ 2018년 각 지역 내에서 서울, 인천, 강원도의 인증 형태별 생산량 순위는 무농약 농산물>유기 농산물>저농약 농산물 순이다.
> ④ 2018년 친환경인증 농산물의 전년대비 생산 감소량이 가장 큰 종류는 -29.7%로 서류이다.
> ⑤ 2018년 제주도에서 생산된 친환경인증 농산물 중 저농약 농산물의 비중은 11.8%이다.

7 2018년 친환경인증 농산물의 생산량이 전년대비 30% 이상 감소한 지역을 모두 포함한 것은?

① 부산, 전라도

② 서울, 부산

③ 광주, 강원도

④ 강원도, 충청도

⑤ 충청도, 전라도

> ✔해설 ① 부산은 2018년 친환경인증 농산물의 생산량이 전년대비 41.6% 감소하였고, 전라도는 33.7% 감소하였다.

Answer 6.② 7.①

▮8～9▮ 다음은 상품설명서의 일부이다. 물음에 답하시오.

---

1. 연체이자율

(1) 연체이자율은 [여신이자율+연체기간별 연체가산이자율]로 적용한다.

　　연체가산이자율은 연체기간별로 다음과 같이 적용하며 연체 기간에 따라 구분하여 부과하는 방식(계단방식)을 적용한다.

　• 연체기간이 30일 이하 : 연 6%

　• 연체기간이 31일 이상 90일 이하일 경우 : 연 7%

　• 연체기간이 91일 이상 : 연 8%

(2) 연체이자율은 최고 15%로 한다.

(3) 연체이자(지연배상금)을 내야 하는 경우

　•「이자를 납입하기로 약정한 날」에 납입하지 아니한 때

　　이자를 납입하여야 할 날의 다음날부터 14일까지는 내야 할 약정이자에 대해 연체이자가 적용되고, 14일이 경과하면 기한이익상실로 인해 여신원금에 연체이율을 곱한 연체이자를 내야 한다.

> (예시) 원금 1억 2천만 원, 약정이자율 연 5%인 여신의 이자(50만 원)를 미납하여 연체가 발생하고, 연체 발생 후 31일 시점에 납부할 경우 연체이자(일시상환)
>
> | 연체기간 | 계산방법 | 연체이자 |
> |---|---|---|
> | 연체발생~14일분 | 지체된 약정이자(50만 원)×연 11%(5%+6%)×14/365 | 2,109원 |
> | 연체 15일~30일분 | 원금(1억 2천만 원)×연 11%(5%+6%)×16/365 | 578,630원 |
> | 계 | | 580,739원 |
>
> ※ 기한이익상실 전 발생한 약정이자는 별도
> ※ 위 내용은 이해를 돕기 위해 연체이자만을 단순하게 계산한 예시임. 연체이자는 여신조건, 여신종류 등에 따라 달라질 수 있으며 실제 납부금액은 연체이자에 약정이자를 포함하여 계산됨

　•「원금을 상환하기로 약정한 날」에 상환하지 아니한 때

　　원금을 상환하여야 할 날의 다음날부터는 여신원금에 대한 연체이자를 내야 한다.

　•「분할상환금(또는 분할상환 원리금)을 상환하기로 한 날」에 상환하지 아니한 때

　　분할상환금(또는 분할상환 원리금)을 상환하여야 할 날의 다음날부터는 해당 분할상환금(또는 분할상환 원리금)에 대한 연체이자를, 2회 이상 연속하여 지체한 때에는 기한이익상실로 인해 여신원금에 대한 연체이자를 내야 한다.

2. 유의사항

(1) 여신기한 전에 채무를 상환해야 하는 경우

　　채무자인 고객 소유의 예금, 담보 부동산에 법원이나 세무서 등으로부터의 (가)압류명령 등이 있는 때에는 은행으로부터 별도 청구가 없더라도 모든 여신(또는 해당 여신)을 여신기한에 이르기 전임에도 불구하고 곧 상환해야 한다.

(2) 금리인하요구권

채무자는 본인의 신용상태가 호전되거나 담보가 보강되었다고 인정되는 경우(회사채 등급 상승, 재무상태 개선, 특허취득, 담보제공 등)에는 증빙자료를 첨부한 금리인하신청서를 은행에 제출, 금리변경을 요구할 수 있다.

8 분할상환금을 2회 이상 연속하여 상환하지 아니한 경우에는 어떻게 되는가?

① 해당 분할상환금에 대한 연체이자를 내야 한다.

② 기한이익상실로 인해 여신원금에 대한 연체이자를 내야 한다.

③ 증빙자료를 첨부한 금리인하신청서를 은행에 제출하여야 한다.

④ 은행으로부터 별도 청구가 없더라도 모든 여신(또는 해당 여신)을 여신기한에 이르기 전임에도 불구하고 곧 상환해야 한다.

⑤ 내야 할 약정이자에 대한 연체이자를 내야 한다.

 ① 분할상환금을 상환하기로 한 날에 1회 상환하지 아니한 때에 해당한다.
③ 금리인하를 요구할 경우에 해당한다.
④ 채무자인 고객 소유의 예금, 담보 부동산에 법원이나 세무서 등으로부터의 (가)압류명령 등이 있는 때에 해당한다.
⑤ 이자를 납입하기로 약정한 날에 납입하지 아니한 때에 해당한다.

9 원금 1억 5천만 원, 약정이자율 연 5%인 여신의 이자(62만 5천 원)를 미납하여 연체가 발생하고, 연체 발생 후 31일 시점에 납부할 경우 실제 납부금액은 얼마인가? (단, 소수 첫째자리에서 반올림한다)

① 1,150,925원　　　　　　　　　　② 1,250,925원

③ 1,350,925원　　　　　　　　　　④ 1,450,925원

⑤ 1,550,925원

 • 연체발생~14일분 : 지체된 약정이자(62만 5천 원)×연 11%(5%+6%)×14/365≒2,637원
• 연체 15일~30일분 : 원금(1억 5천만 원)×연 11%(5%+6%)×16/365≒723,288원
• 연체이자 : 2,637+723,288=725,925(원)
실제 납부금액은 연체이자에 약정이자를 포함하여 계산되므로
725,925+625,000=1,350,925(원)이 된다.

10 다음은 A은행과 B은행을 비교한 표이다. 이에 관한 설명으로 옳지 않은 것은?

〈표 1〉

(단위 : 개)

	A은행		B은행	
	2013년	2014년	2013년	2014년
기관 수	6,679	6,395	6,809	6,508
기관 당 지점 수	3	3	14	15

〈표 2〉

(단위 : 백만 달러)

	A은행		B은행	
	2013년	2014년	2013년	2014년
기관 당 자산	161	178	2,162	2,390
총 대출	655,006	723,431	7,891,471	8,309,427
총 저축	922,033	963,115	11,190,522	11,763,780

〈표 3〉

(단위 : %)

	A은행		B은행	
	2013년	2014년	2013년	2014년
예대율	71.0	75.1	70.5	70.6
자산 대비 대출 비중	63.7	60.9	52.6	52.7
핵심 예금 비중	47.6	45.8	33.4	32.2
순 자본 비율	11.0	10.8	11.2	11.2

① 2013년 대비 2014년 B은행 기관 수의 감소폭은 같은 기간 A은행의 감소폭보다 크다.

② 2014년 B은행의 기관 당 지점 수는 A은행의 5배에 달한다.

③ 2013년 대비 2014년 예대율 증가폭은 A은행이 B은행보다 크다.

④ 2013년 대비 2014년 순 자본 비율은 A은행이 0.2%p 감소한 반면 B은행은 변화가 없다.

⑤ 2014년 자산 대비 대출 비중은 B은행이 A은행보다 8.2%p 높다.

✔ 해설 ⑤ 2014년 자산 대비 대출 비중은 A은행이 B은행보다 8.2%p 높다.

11 다음은 교육복지지원 정책사업 내 단위사업 세출 결산 현황을 나타낸 표이다. 2012년 대비 2013년의 급식비 지원 증감률로 옳은 것은? (단, 소수 둘째자리부터 버림한다.)

(단위 : 백만 원)

단위사업명	결산액	
	2013년	2012년
총계	5,016,557	3,228,077
학비 지원	455,516	877,020
방과후교육 지원	636,291	−
급식비 지원	647,314	665,984
정보화 지원	61,814	64,504
농어촌학교 교육여건 개선	110,753	71,211
교육복지우선 지원	157,598	188,214
누리과정 지원	2,639,752	989,116
교과서 지원	307,519	288,405
학력격차해소	−	83,622

① −2.8%
② −1.4%
③ 2.8%
④ 10.5%
⑤ 1.4%

✔해설 급식비 지원 증감률 $= \dfrac{647,314 - 665,984}{665,984} \times 100 ≒ -2.8\%$

12 다음은 어느 공과대학의 각 학과 지원자의 비율을 나타낸 것이다. 2018년 건축공학과를 지원한 학생 수가 270명일 때 2018년 건축공학과 지원자 수는 전년 대비 몇 명이 증가하였는가? (단, 2017년과 2018년의 공과대학 전체 지원자 수는 같다고 가정한다.)

(단위 : %)

학과 \ 연도	2017년	2018년
화학공학	13.3	12.5
생명공학	11.6	9.5
기계공학	12.4	14.9
건축공학	24.2	27
도시공학	12.1	12.4
기타학과	26.4	23.7

① 28명　　　　　　　　　　　② 21명
③ 14명　　　　　　　　　　　④ 7명
⑤ 0명

✔해설　㉠ 2018년의 공과대학 전체 지원자 수를 x라 하면,

$$27(\%) = \frac{270(명)}{x(명)} \times 100 \quad \therefore x = 1,000명$$

㉡ 2017년도의 건축공학과를 지원한 학생 수를 y라 하면,

$$24.2(\%) = \frac{y(명)}{1,000(명)} \times 100 \quad \therefore y = 242명$$

㉢ 2018년 건축공학과 지원자 수는 270명이고 2017년 지원자 수는 242명이므로, 2018년 건축공학과 지원자 수는 2017년 대비 28명이 증가하였다.

<거래 조건>

구분		금리
적용금리	모집기간 중	큰 만족 실세예금 1년 고시금리
	계약기간 중 중도해지	없음
	만기 후	원금의 연 0.10%
중도해지 수수료율 (원금기준)	예치기간 3개월 미만	개인 원금의 0.38% 법인 원금의 0.38%
	예치기간 3개월 이상~6개월 미만	개인 원금의 0.29% 법인 원금의 0.30%
	예치기간 6개월 이상~9개월 미만	개인 원금의 0.12% 법인 원금의 0.16%
	예치기간 9개월 이상~12개월 미만	원금의 0.10%
이자지급방식		만기일시지급식
계약의 해지		영업점에서 해지 가능

<유의사항>

• 예금의 원금보장은 만기 해지 시에만 적용된다.
• 이 예금은 분할해지 할 수 없으며 중도해지 시 중도해지수수료 적용으로 원금손실이 발생할 수 있다. (중도해지수수료는 '가입금액×중도해지수수료율'에 의해 결정)
• 이 예금은 예금기간 중 지수가 목표지수변동률을 넘어서 지급금리가 확정되더라도 이자는 만기에만 지급한다.
• 지수상승에 따른 수익률(세전)은 실제 지수상승률에도 불구하고 연 4.67%를 최대로 한다.

13 석준이는 개인이름으로 최초 500만 원의 원금을 가지고 이 상품에 가입했다가 불가피한 사정으로 5개월 만에 중도해지를 했다. 이때 석준이의 중도해지 수수료는 얼마인가?

① 6,000원

② 8,000원

③ 14,500원

④ 15,000원

⑤ 19,000원

✔해설 5,000,000×0.29%=14,500원

14 상원이가 이 예금에 가입한 후 증시 호재로 인해 지수가 약 29% 상승하였다. 이 경우 상원이의 최대 수익률은 연 몇 %인가? (단, 수익률은 세전으로 한다)

① 연 1.35%

② 연 4.67%

③ 연 14.5%

④ 연 21%

⑤ 연 29%

✔ 해설 〈유의사항〉에 "지수상승에 따른 수익률(세전)은 실제 지수상승률에도 불구하고 연 4.67%를 최대로 한다."고 명시되어있다.

15 다음은 아동·청소년의 인구변화에 관한 표이다. 다음 중 비율이 가장 높은 것은?

(단위 : 명)

연령 \ 연도	2000년	2005년	2010년
전체 인구	44,553,710	45,985,289	47,041,434
0~24세	18,403,373	17,178,526	15,748,774
0~9세	6,523,524	6,574,314	5,551,237
10~24세	11,879,849	10,604,212	10,197,537

① 2000년의 전체 인구 중에서 0~24세 사이의 인구가 차지하는 비율

② 2005년의 0~24세 인구 중에서 10~24세 사이의 인구가 차지하는 비율

③ 2010년의 전체 인구 중에서 0~24세 사이의 인구가 차지하는 비율

④ 2000년의 0~24세 인구 중에서 10~24세 사이의 인구가 차지하는 비율

⑤ 2005년의 0~24세 인구 중에서 0~9세 사이의 인구가 차지하는 비율

✔ 해설

④ $\dfrac{11,879,849}{18,403,373} \times 100 ≒ 64.55\%$

① $\dfrac{18,403,373}{44,553,710} \times 100 ≒ 41.31\%$

② $\dfrac{10,604,212}{17,178,526} \times 100 ≒ 61.73\%$

③ $\dfrac{15,748,774}{47,041,434} \times 100 ≒ 33.48\%$

⑤ $\dfrac{6,574,314}{17,178,526} \times 100 ≒ 38.27\%$

16 다음은 지난 10년간의 농가경제의 변화 추이를 나타낸 표이다. 이에 대한 설명으로 옳지 않은 것은?

〈표 1〉 농가 판매가격 및 농가 구입가격 지수 추이

(단위 : %)

구분	2005년	2010년	2012년	2013년	2014년
농가 판매가격 지수	92.5	100.0	117.5	113.2	111.3
농가 구입가격 지수	81.8	100.0	106.1	107.1	108.4

〈표 2〉 2005년~2014년 농가 판매 및 구입가격 증감률

(단위 : %)

농가 판매가격 지수		농가 구입가격 지수	
농산물 전체	20.3	구입용품 전체	32.5
곡물	14.0	가계용품	25.5
청과물	31.2	농업용품	46.7
축산물	5.9	농촌임료금	51.9

※ 농가교역조건지수 : 농가가 판매하는 농축산물과 구입하는 가계용품·농업용품·농촌임료금의 가격상승 정도를 비교하여 가격 측면에서 농가의 채산성을 나타내는 지표

※ 농가교역조건지수 $= \dfrac{\text{농가 판매가격 지수}}{\text{농가 구입가격 지수}} \times 100$

① 지난 10년간 농가가 농축산물을 판매한 가격보다 가계용품·농업용품·농촌임료금 등을 구입한 가격이 더 크게 상승하였다.

② 지난 10년간 농가구입 품목 중 농촌임료금은 51.9% 증가하였다.

③ 지난 10년간 농가 판매가격은 곡물 14.0%, 청과물 31.2%, 축산물 5.9% 증가하는데 그쳤다.

④ 위 두 표를 통해 지난 10년간 가격 측면에서 농가의 채산성을 나타내는 '농가교역조건'이 악화되고 있음을 알 수 있다.

⑤ 지난 10년간 농가교역조건지수는 약 13.0%p 하락하였다.

✔해설
- 2005년 농가교역조건지수 : $\dfrac{92.5}{81.8} \times 100 \fallingdotseq 113\%$
- 2014년 농가교역조건지수 : $\dfrac{111.3}{108.4} \times 100 \fallingdotseq 103\%$
∴ 지난 10년간 농가교역지수는 약 10%p 하락하였다.

17 다음은 2014년 분야별 상담 건수 현황에 관한 표이다. 8월의 분야별 상담 건수비율로 적절하지 않은 것은? (단, 소수점 셋째자리에서 반올림한다.)

구분	개인정보	스팸	해킹 · 바이러스	인터넷 일반	인터넷 주소	KISA 사업문의	기타	합계
5월	10,307	12,408	14,178	476	182	2,678	10,697	50,926
6월	10,580	12,963	10,102	380	199	2,826	12,170	49,220
7월	13,635	12,905	7,630	393	201	3,120	13,001	50,875
8월	15,114	9,782	9,761	487	175	3,113	11,128	49,560

① 스팸 : 19.74%

② 해킹 · 바이러스 : 19.70%

③ 인터넷 일반 : 1.3%

④ 인터넷 주소 : 0.35%

⑤ 기타 : 22.45%

 해설

③ $\frac{487}{49,560} \times 100 ≒ 0.98\%$

① $\frac{9,782}{49,560} \times 100 ≒ 19.74\%$

② $\frac{9,761}{49,560} \times 100 ≒ 19.70\%$

④ $\frac{175}{49,560} \times 100 ≒ 0.35\%$

⑤ $\frac{11,128}{49,560} \times 100 ≒ 22.45\%$

18 다음은 국내 은행의 당기순이익 및 당기순이익 점유비 추이를 나타낸 표이다. 2015년 C사의 점유비가 재작년보다 7.2%p 감소하였다면 2015년 A사와 B사의 당기순이익 점유비 합은?

(단위 : 억 원, %)

구분	2013년	2014년	2015년
A사	2,106(4.1)	1,624(4.7)	1,100(㉠)
B사	12,996(25.8)	8,775(25.6)	5,512(21.3)
C사	13,429(26.6)	3,943(11.5)	5,024(㉡)
D사	16,496(32.7)	13,414(39.1)	8,507(32.9)
E사	5,434(10.8)	6,552(19.1)	5,701(22.1)
총계	50461(100)	34308(100)	25844(100)

① 22.8%   ② 24.3%

③ 25.6%   ④ 27.1%

⑤ 29.7%

 해설 • 2015년 C사의 단기순이익 점유비가 2013년도보다 7.2% 감소하였으므로, ㉡=19.4%
• 2015년 A사의 단기순이익 점유비 ㉠=4.3%
∴ 2015년 A사와 B사의 당기순이익 점유비 합은 4.3+21.3=25.6%이다.

19 다음은 신입사원 300명을 대상으로 어떤 스포츠에 관심이 있는지 조사한 표이다. 두 종목 이상의 스포츠에 관심이 있는 사원의 수는?

스포츠 종목	비율(%)	스포츠 종목	비율(%)
야구	30	축구와 농구	7
농구	20	야구와 축구	9
축구	25	농구와 야구	9

① 25명   ② 50명

③ 75명   ④ 100명

⑤ 125명

 해설 300×(7+9+9)%=75명

20 서울시 유료 도로에 대한 자료이다. 산업용 도로 3km의 건설비는 얼마가 되는가?

분류	도로수(개)	총길이(km)	건설비(억 원)
관광용 도로	5	30	30
산업용 도로	7	55	300
산업관광용 도로	9	198	400
합계	21	283	730

① 약 5.5억 원

② 약 11억 원

③ 약 16.5억 원

④ 약 22억 원

⑤ 약 25.5억 원

 해설

- $1km$ 당 산업용 도로의 건설비 $= \dfrac{300}{55} \fallingdotseq 5.5$(억 원)

- $3km$ 당 산업용 도로의 건설비 $= 5.5 \times 3 \fallingdotseq 16.5$(억 원)

21 다음은 갑과 을의 시험 성적에 관한 자료이다. 이에 대한 설명으로 옳지 않은 것은?

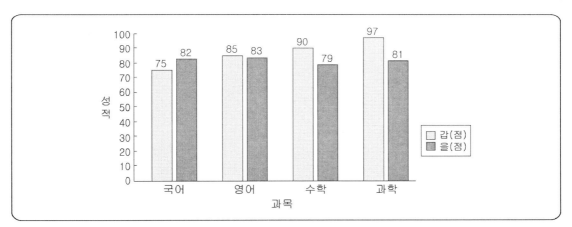

① 을이 갑보다 성적이 높은 과목은 국어이다.
② 갑의 평균 점수는 을의 평균 점수보다 낮다.
③ 을은 수학을 제외하고 모두 80점대를 기록했다.
④ 갑의 과목별 성적은 국어 점수가 가장 낮다.
⑤ 을의 시험 점수 중 가장 낮은 성적을 받은 과목은 수학이다.

✔ **해설** ① 을의 국어 점수는 82점으로 갑보다 높다.
② 갑의 평균 점수는 86.75점, 을의 평균 점수는 81.25점이다.
③ 을의 수학 점수는 79점이고 나머지는 80점대를 기록했다.
④ 갑의 국어 점수는 75점으로 상대적으로 다른 과목에 비해 낮은 점수이다.
⑤ 을의 시험 점수 중 가장 낮은 성적을 받은 과목은 79점인 수학이다.

22 다음은 우리나라의 2020년 경지 면적 상위 5개 시·군에 대한 자료이다. 이에 대한 설명으로 옳지 않은 것은?

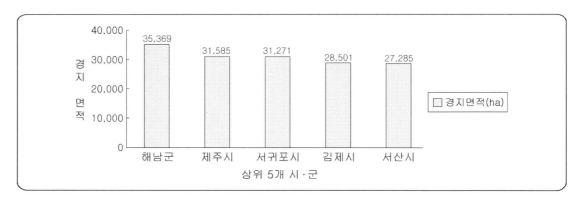

① 해남군의 경지 면적은 서산시 경지 면적의 1.2배 이상이다.

② 서귀포시의 경지 면적은 상위 3번째에 해당한다.

③ 김제시의 경지 면적은 제주시 경지 면적의 80% 미만이다.

④ 김제시와 서산시 경지 면적의 합은 해남군 경지 면적의 1.5배 이상이다.

⑤ 가장 적은 경지면적을 보유한 곳은 서산시이다.

✔ 해설 ① 약 1.3배 차이난다.
② 서귀포시의 경지 면적은 상위 3번째에 해당한다.
③ 김제시의 경지 면적은 제주시 경지 면적의 약 90%이다.
④ 김제시와 서산시 경지면적의 합이 55,786ha이므로 약 1.58배 차이난다.
⑤ 가장 적은 경지면적을 보유한 곳은 27,285ha의 서산시이다.

23 다음은 연도별 택배 물량에 대한 자료이다. 이에 대한 설명으로 옳지 않은 것은?

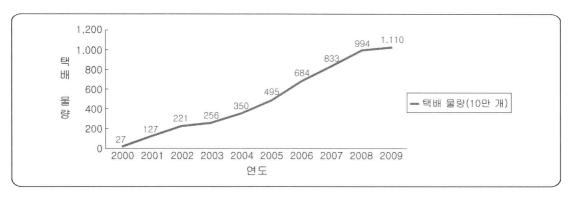

① 택배 물량은 매년 지속적으로 증가하고 있다.

② 2007년 대비 2008년의 택배 물량의 증가율은 15% 이상이다.

③ 2000년 대비 2009년의 택배 물량은 40배 이상 증가하였다.

④ 2009년에 택배 매출액이 가장 높다.

⑤ 2001년의 택배 물량은 전년도보다 증가하였다.

> ✔해설 ① 택배 물량은 매년 증가하고 있다.
>
> ② $\frac{994 - 833}{833} \times 100 ≒ 19\%$ 증가하였다.
>
> ③ 약 41배 차이 난다.
>
> ④ 제시된 자료만으로 매출액을 평가하기 어렵다.
>
> ⑤ 2001년의 택배 물량은 127(10만 개)이고, 전년도 물량은 27(10만 개)이다.

Answer　22.③　23.④

구분 공항	운항편수(편)	여객수(천 명)	화물량(톤)
인천	20,818	3,076	249,076
김포	11,924	1,836	21,512
김해	6,406	(㉠)	10,279
제주	11,204	1,820	21,137
청주	(㉡)	108	1,582
광주	944	129	1,290
대구	771	121	1,413
전체	52,822	7,924	306,289

24 위의 자료에 대한 설명으로 옳지 않은 것은?

① 김포공항의 여객수와 제주공항의 여객수의 합은 인천공항의 여객수보다 많다.

② 김포공항의 화물량은 김해공항의 화물량의 2배 이상이다.

③ 인천공항의 화물량은 전체 화물량의 80% 이상을 차지한다.

④ ㉡에 들어갈 수는 655이다.

⑤ 전체 공항 중에 화물량이 가장 적은 곳은 광주공항이다.

✔해설 ㉡ : 52,822 − 20,818 − 11,924 − 6,406 − 11,204 − 944 − 771 = 755

25 위의 자료에서 ㉠에 알맞은 수는?

① 830

② 834

③ 838

④ 842

⑤ 858

✔해설 ㉠ : 7,924 − 3,076 − 1,836 − 1,820 − 108 − 129 − 121 = 834

Answer 24.④ 25.②

03 문제해결능력

01 문제와 문제해결

(1) 문제의 정의와 분류

① 정의 : 업무를 수행함에 있어서 답을 요구하는 질문이나 의논하여 해결해야 되는 사항이다.

② 문제의 분류

구분	창의적 문제	분석적 문제
문제제시 방법	현재 문제가 없더라도 보다 나은 방법을 찾기 위한 문제 탐구→문제 자체가 명확하지 않음	현재의 문제점이나 미래의 문제로 예견될 것에 대한 문제 탐구→문제 자체가 명확함
해결방법	창의력에 의한 많은 아이디어의 작성을 통해 해결	분석, 논리, 귀납과 같은 논리적 방법을 통해 해결
해답 수	해답의 수가 많으며, 많은 답 가운데 보다 나은 것을 선택	답의 수가 적으며 한정되어 있음
주요특징	주관적, 직관적, 감각적, 정성적, 개별적, 특수성	객관적, 논리적, 정량적, 이성적, 일반적, 공통성

(2) 업무수행과정에서 발생하는 문제 유형

① 발생형 문제(보이는 문제) : 현재 직면하여 해결하기 위해 고민하는 문제이다. 원인이 내재되어 있기 때문에 원인지향적인 문제라고도 한다.

   ㉠ 일탈문제 : 어떤 기준을 일탈함으로써 생기는 문제

   ㉡ 미달문제 : 어떤 기준에 미달하여 생기는 문제

② 탐색형 문제(찾는 문제) : 현재의 상황을 개선하거나 효율을 높이기 위한 문제이다. 방치할 경우 큰 손실이 따르거나 해결할 수 없는 문제로 나타나게 된다.

   ㉠ 잠재문제 : 문제가 잠재되어 있어 인식하지 못하다가 확대되어 해결이 어려운 문제

   ㉡ 예측문제 : 현재로는 문제가 없으나 현 상태의 진행 상황을 예측하여 찾아야 앞으로 일어날 수 있는 문제가 보이는 문제

© 발견문제 : 현재로서는 담당 업무에 문제가 없으나 선진기업의 업무 방법 등 보다 좋은 제도나 기법을 발견하여 개선시킬 수 있는 문제

③ 설정형 문제(미래 문제) : 장래의 경영전략을 생각하는 것으로 앞으로 어떻게 할 것인가 하는 문제이다. 문제해결에 창조적인 노력이 요구되어 창조적 문제라고도 한다.

예제 1

D회사 신입사원으로 입사한 귀하는 신입사원 교육에서 업무수행과정에서 발생하는 문제 유형 중 설정형 문제를 하나씩 찾아오라는 지시를 받았다. 이에 대해 귀하는 교육받은 내용을 다시 복습하려고 한다. 설정형 문제에 해당하는 것은?

① 현재 직면하여 해결하기 위해 고민하는 문제
② 현재의 상황을 개선하거나 효율을 높이기 위한 문제
③ 앞으로 어떻게 할 것인가 하는 문제
④ 원인이 내재되어 있는 원인지향적인 문제

출제의도

업무수행 중 문제가 발생하였을 때 문제 유형을 구분하는 능력을 측정하는 문항이다.

해 설

업무수행과정에서 발생하는 문제 유형으로는 발생형 문제, 탐색형 문제, 설정형 문제가 있으며 ①④는 발생형 문제이며 ②는 탐색형 문제, ③이 설정형 문제이다.

답 ③

---

(3) 문제해결

① 정의 : 목표와 현상을 분석하고 이 결과를 토대로 과제를 도출하여 최적의 해결책을 찾아 실행·평가해 가는 활동이다.

② 문제해결에 필요한 기본적 사고

  ㉠ 전략적 사고 : 문제와 해결방안이 상위 시스템과 어떻게 연결되어 있는지를 생각한다.

  ㉡ 분석적 사고 : 전체를 각각의 요소로 나누어 그 의미를 도출하고 우선순위를 부여하여 구체적인 문제 해결방법을 실행한다.

  ㉢ 발상의 전환 : 인식의 틀을 전환하여 새로운 관점으로 바라보는 사고를 지향한다.

  ㉣ 내·외부자원의 활용 : 기술, 재료, 사람 등 필요한 자원을 효과적으로 활용한다.

③ 문제해결의 장애요소

  ㉠ 문제를 철저하게 분석하지 않는 경우

  ㉡ 고정관념에 얽매이는 경우

  ㉢ 쉽게 떠오르는 단순한 정보에 의지하는 경우

  ㉣ 너무 많은 자료를 수집하려고 노력하는 경우

④ 문제해결방법

    ㉠ 소프트 어프로치 : 문제해결을 위해서 직접적인 표현보다는 무언가를 시사하거나 암시를 통하여 의사를 전달하여 문제해결을 도모하고자 한다.

    ㉡ 하드 어프로치 : 상이한 문화적 토양을 가지고 있는 구성원을 가정하고, 서로의 생각을 직설적으로 주장하고 논쟁이나 협상을 통해 서로의 의견을 조정해 가는 방법이다.

    ㉢ 퍼실리테이션(facilitation) : 촉진을 의미하며 어떤 그룹이나 집단이 의사결정을 잘 하도록 도와주는 일을 의미한다.

02 문제해결능력을 구성하는 하위능력

(1) 사고력

① 창의적 사고 : 개인이 가지고 있는 경험과 지식을 통해 새로운 가치 있는 아이디어를 산출하는 사고능력이다.

    ㉠ 창의적 사고의 특징
- 정보와 정보의 조합
- 사회나 개인에게 새로운 가치 창출
- 창조적인 가능성

예제 2

M사 홍보팀에서 근무하고 있는 귀하는 입사 5년차로 창의적인 기획안을 제출하기로 유명하다. S부장은 이번 신입사원 교육 때 귀하에게 창의적인 사고란 무엇인지 교육을 맡아달라고 부탁하였다. 창의적인 사고에 대한 귀하의 설명으로 옳지 않은 것은?

① 창의적인 사고는 새롭고 유용한 아이디어를 생산해 내는 정신적인 과정이다.
② 창의적인 사고는 특별한 사람들만이 할 수 있는 대단한 능력이다.
③ 창의적인 사고는 기존의 정보들을 특정한 요구조건에 맞거나 유용하도록 새롭게 조합시킨 것이다.
④ 창의적인 사고는 통상적인 것이 아니라 기발하거나, 신기하며 독창적인 것이다.

출제의도

창의적 사고에 대한 개념을 정확히 파악하고 있는지를 묻는 문항이다.

해 설

흔히 사람들은 창의적인 사고에 대해 특별한 사람들만이 할 수 있는 대단한 능력이라고 생각하지만 그리 대단한 능력이 아니며 이미 알고 있는 경험과 지식을 해체하여 다시 새로운 정보로 결합하여 가치 있는 아이디어를 산출하는 사고라고 할 수 있다.

답 ②

ⓒ 발산적 사고 : 창의적 사고를 위해 필요한 것으로 자유연상법, 강제연상법, 비교발상법 등을 통해 개발할 수 있다.

구분	내용
자유연상법	생각나는 대로 자유롭게 발상 ex) 브레인스토밍
강제연상법	각종 힌트에 강제적으로 연결 지어 발상 ex) 체크리스트
비교발상법	주제의 본질과 닮은 것을 힌트로 발상 ex) NM법, Synectics

POINT 브레인스토밍

ⓐ 진행방법
- 주제를 구체적이고 명확하게 정한다.
- 구성원의 얼굴을 볼 수 있는 좌석 배치와 큰 용지를 준비한다.
- 구성원들의 다양한 의견을 도출할 수 있는 사람을 리더로 선출한다.
- 구성원은 다양한 분야의 사람들로 5~8명 정도로 구성한다.
- 발언은 누구나 자유롭게 할 수 있도록 하며, 모든 발언 내용을 기록한다.
- 아이디어에 대한 평가는 비판해서는 안 된다.

ⓑ 4대 원칙
- 비판엄금(Support) : 평가 단계 이전에 결코 비판이나 판단을 해서는 안 되며 평가는 나중까지 유보한다.
- 자유분방(Silly) : 무엇이든 자유롭게 말하고 이런 바보 같은 소리를 해서는 안 된다는 등의 생각은 하지 않아야 한다.
- 질보다 양(Speed) : 질에는 관계없이 가능한 많은 아이디어들을 생성해내도록 격려한다.
- 결합과 개선(Synergy) : 다른 사람의 아이디어에 자극되어 보다 좋은 생각이 떠오르고, 서로 조합하면 재미있는 아이디어가 될 것 같은 생각이 들면 즉시 조합시킨다.

② 논리적 사고 : 사고의 전개에 있어 전후의 관계가 일치하고 있는가를 살피고 아이디어를 평가하는 사고능력이다.

ⓐ 논리적 사고를 위한 5가지 요소 : 생각하는 습관, 상대 논리의 구조화, 구체적인 생각, 타인에 대한 이해, 설득

ⓑ 논리적 사고 개발 방법
- 피라미드 구조 : 하위의 사실이나 현상부터 사고하여 상위의 주장을 만들어가는 방법
- so what기법 : '그래서 무엇이지?'하고 자문자답하여 주어진 정보로부터 가치 있는 정보를 이끌어 내는 사고 기법

③ 비판적 사고 : 어떤 주제나 주장에 대해서 적극적으로 분석하고 종합하며 평가하는 능동적인 사고이다.

ⓐ 비판적 사고 개발 태도 : 비판적 사고를 개발하기 위해서는 지적 호기심, 객관성, 개방성, 융통성, 지적 회의성, 지적 정직성, 체계성, 지속성, 결단성, 다른 관점에 대한 존중과 같은 태도가 요구된다.

ⓑ 비판적 사고를 위한 태도
- 문제의식 : 비판적인 사고를 위해서 가장 먼저 필요한 것은 바로 문제의식이다. 자신이 지니고 있는 문제와 목적을 확실하고 정확하게 파악하는 것이 비판적인 사고의 시작이다.
- 고정관념 타파 : 지각의 폭을 넓히는 일은 정보에 대한 개방성을 가지고 편견을 갖지 않는 것으로 고정관념을 타파하는 일이 중요하다.

(2) 문제처리능력과 문제해결절차

① 문제처리능력 : 목표와 현상을 분석하고 이를 토대로 문제를 도출하여 최적의 해결책을 찾아 실행 · 평가하는 능력이다.

② 문제해결절차 : 문제 인식 → 문제 도출 → 원인 분석 → 해결안 개발 → 실행 및 평가

　　㉠ 문제 인식 : 문제해결과정 중 'what'을 결정하는 단계로 환경 분석 → 주요 과제 도출 → 과제 선정의 절차를 통해 수행된다.

　　　• 3C 분석 : 환경 분석 방법의 하나로 사업환경을 구성하고 있는 요소인 자사(Company), 경쟁사(Competitor), 고객(Customer)을 분석하는 것이다.

예제 3

L사에서 주력 상품으로 밀고 있는 TV의 판매 이익이 감소하고 있는 상황에서 귀하는 B부장으로부터 3C분석을 통해 해결방안을 강구해 오라는 지시를 받았다. 다음 중 3C에 해당하지 않는 것은?

① Customer　　　　　　　　② Company
③ Competitor　　　　　　　　④ Content

출제의도

3C의 개념과 구성요소를 정확히 숙지하고 있는지를 측정하는 문항이다.

해 설

3C 분석에서 사업 환경을 구성하고 있는 요소인 자사(Company), 경쟁사(Competitor), 고객을 3C(Customer)라고 한다. 3C 분석에서 고객 분석에서는 '고객은 자사의 상품 · 서비스에 만족하고 있는지'를, 자사 분석에서는 '자사가 세운 달성목표와 현상 간에 차이가 없는지'를 경쟁사 분석에서는 '경쟁 기업의 우수한 점과 자사의 현상과 차이가 없는지'에 대한 질문을 통해서 환경을 분석하게 된다.

답 ④

• SWOT 분석 : 기업내부의 강점과 약점, 외부환경의 기회와 위협요인을 분석 · 평가하여 문제해결 방안을 개발하는 방법이다.

<table>
<tr><td colspan="2" rowspan="2"></td><td colspan="2">내부환경요인</td></tr>
<tr><td>강점(Strengths)</td><td>약점(Weaknesses)</td></tr>
<tr><td rowspan="4">외
부
환
경
요
인</td><td rowspan="2">기회
(Opportunities)</td><td>SO
내부강점과 외부기회 요인을 극대화</td><td>WO
외부기회를 이용하여 내부약점을 강점으로 전환</td></tr>
<tr><td></td><td></td></tr>
<tr><td rowspan="2">위협
(Threat)</td><td>ST
외부위협을 최소화하기 위해 내부강점을 극대화</td><td>WT
내부약점과 외부위협을 최소화</td></tr>
<tr><td></td><td></td></tr>
</table>

ⓛ 문제 도출 : 선정된 문제를 분석하여 해결해야 할 것이 무엇인지를 명확히 하는 단계로, 문제 구조 파악→핵심 문제 선정 단계를 거쳐 수행된다.
  • Logic Tree : 문제의 원인을 파고들거나 해결책을 구체화할 때 제한된 시간 안에서 넓이와 깊이를 추구하는데 도움이 되는 기술로 주요 과제를 나무모양으로 분해·정리하는 기술이다.
ⓒ 원인 분석 : 문제 도출 후 파악된 핵심 문제에 대한 분석을 통해 근본 원인을 찾는 단계로 Issue 분석→Data 분석→원인 파악의 절차로 진행된다.
ⓔ 해결안 개발 : 원인이 밝혀지면 이를 효과적으로 해결할 수 있는 다양한 해결안을 개발하고 최선의 해결안을 선택하는 것이 필요하다.
ⓜ 실행 및 평가 : 해결안 개발을 통해 만들어진 실행계획을 실제 상황에 적용하는 활동으로 실행계획 수립→실행→Follow-up의 절차로 진행된다.

예제 4

C사는 최근 국내 매출이 지속적으로 하락하고 있어 사내 분위기가 심상치 않다. 이에 대해 Y부장은 이 문제를 극복하고자 문제처리 팀을 구성하여 해결방안을 모색하도록 지시하였다. 문제처리 팀의 문제해결 절차를 올바른 순서로 나열한 것은?

① 문제 인식 → 원인 분석 → 해결안 개발 → 문제 도출 → 실행 및 평가
② 문제 도출 → 문제 인식 → 해결안 개발 → 원인 분석 → 실행 및 평가
③ 문제 인식 → 원인 분석 → 문제 도출 → 해결안 개발 → 실행 및 평가
④ 문제 인식 → 문제 도출 → 원인 분석 → 해결안 개발 → 실행 및 평가

출제의도

실제 업무 상황에서 문제가 일어났을 때 해결 절차를 알고 있는지를 측정하는 문항이다.

해 설

일반적인 문제해결절차는 '문제 인식 → 문제 도출 → 원인 분석 → 해결안 개발 → 실행 및 평가'로 이루어진다.

답 ④

출제예상문제

1 A사에서는 2020년의 집행 금액이 가장 많은 팀부터 2021년의 예산을 많이 분배할 계획이다. 5개 팀의 2020년 예산 관련 내역이 다음과 같을 때, 2021년에도 유통팀이 가장 많은 예산을 분배받기 위해서는 12월 말까지 얼마를 더 집행해야 하는가? (단, 집행 금액은 신청 금액을 초과할 수 없다)

〈2020년의 예산 신청 내역〉

(단위 : 백만 원)

영업1팀	영업2팀	영업3팀	유통팀	물류팀
28	27	29	31	30

〈2020년 6월 말까지의 예산 집행률〉

(단위 : %)

영업1팀	영업2팀	영업3팀	유통팀	물류팀
35%	60%	20%	50%	45%

※ 예산 집행률 = 집행 금액 ÷ 신청 금액 × 100

① 14,430,000원
② 14,450,000원
③ 14,470,000원
④ 14,490,000원
⑤ 14,510,000원

✔**해설** 집행 금액이 신청 금액을 초과할 수 없는 상황에서 집행 금액이 가장 많기 위해서는 신청 금액을 100% 집행해야 한다. 유통팀 다음으로 신청 금액이 많은 물류팀이 100% 집행할 경우, 유통팀은 30백만 원보다 더 많은 금액을 집행해야 하는데, 6월 말 현재 유통팀이 집행한 금액은 31×0.5=15.5백만 원이므로 12월 말까지 적어도 14.5백만 원을 초과하는 금액을 집행해야 한다.

Answer 1.⑤

2 다음은 어느 TV 홈쇼핑 회사에 대한 3C 분석 사례이다. 분석한 내용을 바탕으로 회사 발전 전략을 제안한 내용 중 그 타당성이 가장 떨어지는 사람은?

Company	Competitor	Customer
• 높은 시장점유율 • 긍정적인 브랜드 이미지 • 차별화된 고객서비스 기술 • 고가 상품 중심의 수익 구조 • 우수 인력과 정보시스템 • TV 방송에 한정된 영업 방식	• 저가의 다양한 상품 구축 • 공격적은 프로모션 및 가격할인 서비스 • A/S 및 사후관리 능력 우수 • 인터넷, 모바일, 카탈로그 등 다양한 영업 방식	• 일반 소매업 대비 홈쇼핑 시장의 높은 성장률 • 30~50대 여성이 90% 이상을 차지하는 고객 구성 • 저렴한 가격, 편리성, 품질, 다양성 등에 대한 고객의 Needs • 상위 5%의 고객이 전체 매출의 30%를 차지

① 甲 : 홈쇼핑 분야에서 높은 시장점유율을 유지하기 위한 지속적인 노력이 필요합니다.

② 乙 : 저렴한 가격에 대한 고객의 요구를 채우기 위해 고가 상품 중심의 수익 구조를 개선해야 합니다.

③ 丙 : TV 방송에만 머무를 것이 아니라 다양한 매체를 활용한 영업 방식을 도입하는 것도 적극적으로 검토해야 합니다.

④ 丁 : 여성 고객뿐만 아니라 남성 고객에게도 어필할 수 있도록 남성적인 브랜드 이미지를 구축해 나가야 합니다.

⑤ 戊 : 매출의 30%를 차지하는 상위 5%의 고객을 위한 차별화된 고객서비스를 제공하여 충성도를 제고할 필요가 있습니다.

✔ 해설 ④ 30~50대 여성이 90%를 차지하는 고객 구성의 상황에서 남성 고객 유치를 위해 남성적인 브랜드 이미지를 구축하는 것은 주 고객층의 외면을 불러올 수 있다.

3 다음 글의 내용이 모두 참일 때, 타 지점에서 온 직원들의 지역으로 옳은 것은?

> 직원들은 전국 지점 직원들이 모인 캠프에서 만난 세 사람에 대한 이야기를 하고 있다. 이들은 캠프에서 만난 타 지점 직원들의 이름은 정확하게 기억하고 있다. 하지만 그들이 어느 지역에서 일하고 있는지에 대해서는 그렇지 않다.
>
> 이 사원 : 甲은 대구 乙이 울산에서 일한다고 했어, 丙이 부산 지점이라고 했고.
>
> 김 사원 : 甲이랑 乙이 울산에서 일한다고 했지. 丙은 부산이 맞고.
>
> 정 사원 : 다 틀렸어. 丙이 울산이고 乙이 대구에서, 甲이 부산에서 일한다고 했어.
>
> 세 명의 직원들은 캠프에서 만난 직원들에 대하여 각각 단 한 명씩의 일하는 지역을 알고 있으며 캠프에서 만난 직원들이 일하는 지역은 부산, 울산, 대구 지역 외에는 없고, 모두 다른 지역에서 일한다.

① 甲-대구, 乙-울산, 丙-부산
② 甲-대구, 乙-부산, 丙-울산
③ 甲-울산, 乙-부산, 丙-대구
④ 甲-부산, 乙-울산, 丙-대구
⑤ 甲-부산, 乙-대구, 丙-울산

> **✅해설** ④ 이 사원과 김 사원의 진술 중 乙과 丙의 지역에 대한 진술이 동일하고 甲에 대한 진술이 다르므로 乙과 丙에 대한 진술 중 하나가 참이다. 乙이 일하는 지역이 울산이면, 甲의 지역은 대구, 울산이 아니므로 부산이 된다. 甲의 지역이 부산이므로 정 사원은 甲의 지역을 알고 있고 乙과 丙이 일하는 지역에 대한 정보는 틀린 것이므로 丙이 일하는 지역은 부산, 울산이 아닌 대구이다. (이 사원과 김 사원의 진술에서 丙의 지역이 부산이라고 가정하면 甲의 지역은 세 지역 모두 불가능하게 되어 다른 진술들과 충돌하게 된다)

4 A회사는 다가올 추석을 대비하여 직원들로 하여금 선호하는 명절 선물을 조사하였다. 조사결과가 다음과 같을 때, 항상 참인 것을 고르면? (단, 甲~戊는 모두 직원이다)

> • 명절 선물로 '정육'을 선호하는 직원은 '과일'을 선호하지 않았다.
> • 명절 선물로 '한과'를 선호하지 않은 직원은 '과일'을 선호했다.
> • 명절 선물로 '건어물'을 선호하지 않은 직원은 '햄 세트'를 선호했다.
> • 명절 선물로 '건어물'을 선호하는 직원은 '정육'을 선호하지 않았다.

① 명절 선물로 '건어물'을 선호하는 甲은 '과일'을 선호한다.
② 명절 선물로 '한과'를 선호하는 乙은 '햄 세트'를 선호한다.
③ 명절 선물로 '과일'을 선호하는 丙은 '햄 세트'를 선호하지 않는다.
④ 명절 선물로 '정육'을 선호하는 丁은 '햄 세트'를 선호한다.
⑤ 명절 선물로 '건어물'을 선호하는 戊는 '한과'를 선호한다.

✔ 해설 명제가 참일 경우 항상 참이 되는 것은 대우이다. 주어진 조사 결과를 도식화하여 정리하면 다음과 같다.

조사 결과	대우
정육→~과일	과일→~정육
~한과→과일	~과일→한과
~건어물→햄 세트	~햄 세트→건어물
건어물→~정육	정육→~건어물

따라서 네 번째 조사 결과의 대우 (정육→~건어물)와 세 번째 조사 결과의 (~건어물→햄 세트)를 통해 (정육→~건어물→햄 세트)가 성립하므로, ④는 항상 참이 된다.

5 다음 글의 내용이 참일 때, 반드시 참인 진술은?

- 김 대리, 박 대리, 이 과장, 최 과장, 정 부장은 A 회사의 직원들이다.
- A 회사의 모든 직원은 내근과 외근 중 한 가지만 한다.
- A 회사의 직원 중 내근을 하면서 미혼인 사람에는 직책이 과장 이상인 사람은 없다.
- A 회사의 직원 중 외근을 하면서 미혼이 아닌 사람은 모두 그 직책이 과장 이상이다.
- A 회사의 직원 중 외근을 하면서 미혼인 사람은 모두 연금 저축에 가입해 있다.
- A 회사의 직원 중 미혼이 아닌 사람은 모두 남성이다.

① 갑 : 김 대리가 내근을 한다면, 그는 미혼이다.

② 을 : 박 대리가 미혼이면서 연금 저축에 가입해 있지 않다면, 그는 외근을 한다.

③ 병 : 이 과장이 미혼이 아니라면, 그는 내근을 한다.

④ 정 : 최 과장이 여성이라면, 그는 연금 저축에 가입해 있다.

⑤ 무 : 정 부장이 외근을 한다면, 그는 연금 저축에 가입해 있지 않다.

✔해설 제시된 진술을 다음과 같이 정리할 수 있다.
㉮ : 내근 vs 외근(배타적 선언문)
㉯ : 내근 + 미혼→not 과장 이상
㉰ : 외근 + not 미혼→과장 이상
㉱ : 외근 + 미혼→연금 저축 가입
㉲ : not 미혼→남성
④ 주어진 조건에 따라 여성은 미혼이다. 따라서 최 과장은 여성이며, 미혼이다. 내근을 하는 직원이면서 미혼인 사람 중에는 과장 이상의 직책이 없으므로 최 과장은 내근을 할 수 없고, 외근이다. 외근이면서 미혼인 사람은 연금 저축에 가입했다고 했으므로 ④는 반드시 참이다.
① '㉰'에 의해 과장 이상이 아닌 경우 외근을 하지 않거나 미혼이다. 김 대리가 내근을 한다면 그가 미혼이든 미혼이 아니든 지문의 내용은 참이 된다. 따라서 반드시 참은 아니다.
② '㉱'에 의해 박 대리가 연금 저축에 가입해 있지 않다면 그는 외근을 하지 않거나 미혼이 아니다. 박 대리는 미혼이므로 외근을 하지 않는다. 따라서 반드시 거짓이다.
③ 이 과장이 미혼이 아니라면 '㉰'에 의해 그가 내근을 하지 않는 경우도 성립한다. 따라서 반드시 참은 아니다.
⑤ 정 부장이 외근을 한다면 '㉰'에 의해 그는 미혼이거나 그렇지 않은 경우가 성립하며, 외근을 하면서 미혼이 아닌 경우라면 '㉱'에 의해 그가 연금 저축에 가입해 있는지는 파악할 수 없다.

Answer 4.④ 5.④

∥ 6~7 ∥ 다음 자료를 보고 이어지는 물음에 답하시오.

〈입찰 관련 낙찰업체 선정 기준〉

1. 1차 평가 : 책임건축사의 경력 및 실적(50점)

구분	배점	등급				
[경력] 전문분야 신축 건축설계 경력기간 합산 평가	20점	20년 이상	20년 미만 18년 이상	18년 미만 16년 이상	16년 미만 14년 이상	14년 미만
		20.0	16.0	12.0	8.0	0
[수행실적] 공고일 기준 최근 10년간 업무시설 신축 건축설계 수행실적	30점	4건 이상	3건 이상	2건 이상	1건 이상	1건 미만
		30.0	25.0	20.0	15.0	0

2. 2차 평가 : 계약회사 및 협력회사(50점)

  1) 계약회사(건축설계) 30점

구분		배점	등급				
[수행실적] 공고일 기준 최근 10년간 건축회사의 업무시설 신축 건축설계 수행실적	건수	15점	4건 이상	3건 이상	2건 이상	1건 이상	1건 미만
			15.0	12.0	9.0	6.0	0
	면적	15점	8만㎡ 이상	8만㎡미만 6만㎡이상	6만㎡미만 4만㎡이상	4만㎡미만 2만㎡이상	2만㎡ 미만
			15.0	12.0	9.0	6.0	0

  2) 협력회사(정비계획, 지하 공간 등) 20점

구분	배점	등급				
[수행실적] 정비계획 실적(착수~고시)	10점	4건 이상	3건 이상	2건 이상	1건 이상	1건 미만
		10.0	8.0	6.0	4.0	0
[지하 공간 수행실적] 지하공공보행통로 설계 실적	10점	4건 이상	3건 이상	2건 이상	1건 이상	1건 미만
		10.0	8.0	6.0	4.0	0

3. 환산점수 : 해당회사 점수 합계÷100×20
- 환산점수 20점과 입찰 가격 80점을 합하여 100점 만점에 최고 득점 업체로 선정함.

---

6 다음 중 위의 낙찰업체 선정 기준에 대한 설명으로 올바르지 않은 것은 어느 것인가?

① 책임건축사와 계약회사가 모두 경력이 많을수록 낙찰될 확률이 높다.

② 책임건축사의 경력기간이 10년인 업체와 15년인 업체와의 환산점수는 8점의 차이가 난다.

③ 협력회사의 수행실적은 착수 단계에서 고시가 완료된 단계까지가 포함된 것을 인정한다.

④ 계약회사의 수행실적에서는 수행 면적의 크기도 평가 항목에 포함된다.

⑤ 계약회사의 수행 실적과 경력이 협력회사의 수행 실적과 경력보다 더 중요한 판단기준이다.

> ✔해설 8점의 차이는 해당 항목의 환산 전 항목의 평가 점수 차이이며, 이 차이는 환산 점수화되면 5분의 1로 줄어들게 된다.
> ① 1차와 2차 평가 항목에서는 책임건축사와 건축회사 모두의 수행 경력을 평가기준으로 삼고 있다.
> ③ 협력회사의 평가 기준상 착수~고시완료까지의 실적을 인정하는 것으로 명시되어 있다.
> ④ 면적은 15점의 배점이 되어 있는 평가 항목이다.
> ⑤ 계약회사에 대한 평가 배점은 30점, 협력회사에 대한 평가 배점은 20점이므로 올바른 설명이다.

7 1, 2차 평가를 거쳐 가격 점수와 함께 비교 대상이 된 다음 2개 업체의 환산점수는 각각 몇 점인가?

구분		A	B
책임건축사	경력기간	18년	16년
	실적	3건	4건
계약회사	건수	3건	2건
	면적	4.5만㎡	6만㎡
협력회사	정비계획	4건	3건
	지하 공간	2건	3건

① 15.5점, 15.5점

② 15.8점, 15.6점

③ 15.3점, 15.6점

④ 15.2점, 15.4점

⑤ 15.6점, 15.8점

> ✔해설 주어진 정보를 통해 점수를 계산해 보면 다음과 같다.

구분		A	B
책임건축사	경력기간	18년=16점	16년=12점
	실적	3건=25점	4건=30점
계약회사	건수	3건=12점	2건=9점
	면적	4.5만㎡=9점	6만㎡=12점
협력회사	정비계획	4건=10점	3건=8점
	지하 공간	2건=6점	3건=8점
계		16+25+12+9+10+6=78점	12+30+9+12+8+8=79점

따라서 환산점수는 A가 78÷100×20=15.6점이며, B가 79÷100×20=15.8점이 된다.

▮8~9▮ 다음은 상품설명서 중 일부이다. 물음에 답하시오.

〈거래조건〉

구분	내용
가입자격	신규 임관 군 간부(장교, 부사관, 군의관, 법무관, 공중보건의 등) ※ 신규 임관 기준 : 군 신분증의 임관일로부터 익년도말까지
예금종류	자유로우대적금
가입기간	12개월 이상 24개월 이내(월 단위)
적립방식	자유적립식
가입금액	초입금 및 매회 입금 1만 원 이상, 1인당 월 20만 원 이내 자유적립
기본금리 (연 %, 세전)	자유로우대적금 가입기간별 금리에 따름
우대금리 (%p. 세전)	아래 우대조건을 만족하는 경우 가입일 현재 기본금리에 가산하여 만기해지 시 적용 {세부조건 표}

세부조건	우대금리
이 적금 가입기간 중 만기 전월까지 "6개월 이상" A은행에 급여 이체 시	0.2
가입월부터 만기 전월까지 기간 중 A은행 카드(개인 신용 · 체크) 월 평균 20만 원 이상 이용 시	0.2
만기일 전월말 기준으로 A은행의 주택청약종합저축(청약저축 포함) 가입 시	0.2

8 다음은 상품설명서의 일부이다. 다음 중 위 상품의 우대금리를 받을 수 있는 사람은?

① 적금 가입기간 중 만기 전월까지 5개월 동안 A은행에 급여이체를 한 민수

② 가입월부터 만기 전월까지의 기간 중 A은행 카드로 월 평균 15만 원을 이용한 진성

③ 적금 만기 후 A은행의 주택청약종합저축에 가입한 대원

④ 가입월부터 만기 전월까지의 기간 중 A은행 카드로 월 평균 10만 원을 이용한 준형

⑤ 적금 가입기간 중 만기 전월까지 7개월 동안 A은행에 급여이체를 한 경준

✔해설 ⑤ 적금 가입기간 중 만기 전월까지 "6개월 이상" A은행에 급여이체 시 우대금리를 받을 수 있다.

9 다음 중 위 적금에 가입할 수 없는 사람은?

① 육군 장교로 임관한 권 소위

② 공군에 입대한 전 이병

③ 군의관으로 임관한 빈 소위

④ 해병대 부사관으로 임관한 송 하사

⑤ 법무관으로 임관한 장 소위

✔해설 ② 해당 상품은 신규 임관 군 간부만이 가입할 수 있는 상품으로 일반 사병으로 입대한 전 이병은 가입할 수 없다.

Answer 8.⑤ 9.②

|10~11| 표준 업무시간이 80시간인 업무를 각 부서에 할당해 본 결과, 다음과 같은 표를 얻었다. 물음에 답하시오.

부서명	투입인원(명)	개인별 업무시간(시간)	회의	
			횟수(회)	소요시간(시간/회)
A	2	41	3	1
B	3	30	2	2
C	4	22	1	4

※ 업무 효율 $= \dfrac{\text{표준 업무시간}}{\text{총 투입시간}}$

※ 총 투입시간은 개인별 투입시간의 합임.

※ 개인별 투입시간＝개인별 업무시간＋회의 소요시간.

※ 부서원은 업무를 분담하여 동시에 수행할 수 있음.

※ 투입된 인원의 업무능력과 인원당 소요시간이 동일하다고 가정함.

10 다음 중 각 부서의 개인별 투입시간으로 옳은 것은?

① A 부서 : 26시간
② A 부서 : 28시간
③ B 부서 : 31시간
④ B 부서 : 34시간
⑤ C 부서 : 44시간

✔ 해설 ㉠ 개인별 투입시간＝개인별 업무시간＋회의 소요시간
㉡ 회의 소요시간＝횟수×소요시간
• A부서의 개인별 투입시간＝41＋(3×1)＝44시간
• B부서의 개인별 투입시간＝30＋(2×2)＝34시간
• C부서의 개인별 투입시간＝22＋(1×4)＝26시간

11 어느 부서의 업무효율이 가장 높은가?

① A
② B
③ C
④ A, B
⑤ B, C

✔ 해설 ㉠ 총 투입시간이 적을수록 업무효율이 높다.
㉡ 총 투입시간＝투입인원×개인별 투입시간
• A부서의 총 투입시간＝2×44＝88시간
• B부서의 총 투입시간＝3×34＝102시간
• C부서의 총 투입시간＝4×26＝104시간

12 다음은 새로 출시된 스마트통장에 관한 설명이다. 이 통장에 가입할 수 없는 사람은?

〈스마트통장〉

1. 상품특징
   만 14세~33세 대학생 등 젊은 고객을 대상으로 우대서비스를 제공하는 요구불 상품

2. 가입대상
   만 14세~33세 개인(1인 1통장)

3. 가입기간
   제한 없음

4. 금리안내
   기본금리 연 1.5%(일별잔액 100만 원 한도, 100만 원 초과시 0.1%)

5. 우대금리
   • 당행 최초 거래 고객 : 연 0.5%p(일별 잔액 100만 원 이하)
   • 우대금리 적용요건
   －A은행 글로벌체크카드 또는 스마티신용카드 가입고객이 본 상품을 결제계좌로 사용하는 경
     우로서 요건에 해당하는 경우
   －스마트통장 가입일이 A은행에 고객정보 최초 등록일과 동일한 경우

---

① 고등학교에 갓 입학한 만 17세 영재
② 직장에 다니는 만 35세 종엽
③ 갓 대학교에 입학한 만 20세 재영
④ 회사에 취직한 만 27세 희진
⑤ 대학을 막 졸업한 만 24세 하나

✅해설 ② 해당 상품은 만 14세~33세 개인만이 가입할 수 있는 상품으로 만 35세인 종엽이는 가입할 수 없다.

13 다음은 무농약농산물과 저농약농산물 인증기준에 대한 자료이다. 자신이 신청한 인증을 받을 수 있는 사람을 모두 고르면?

무농약농산물과 저농약농산물의 재배방법은 각각 다음과 같다.

1) 무농약농산물의 경우 농약을 사용하지 않고, 화학비료는 권장량의 2분의 1 이하로 사용하여 재배한다.

2) 저농약농산물의 경우 화학비료는 권장량의 2분의 1 이하로 사용하고, 농약은 살포시기를 지켜 살포 최대횟수의 2분의 1 이하로 사용하여 재배한다.

〈농산물별 관련 기준〉

종류	재배기간 내 화학비료 권장량(kg/ha)	재배기간 내 농약살포 최대횟수	농약 살포시기
사과	100	4	수확 30일 전까지
감	120	4	수확 14일 전까지
복숭아	50	5	수확 14일 전까지

※ 1ha=10,000㎡, 1t=1,000kg

- 甲 : 5km²의 면적에서 재배기간 동안 농약을 전혀 사용하지 않고 20t의 화학비료를 사용하여 사과를 재배하였으며, 이 사과를 수확하여 무농약농산물 인증신청을 하였다.
- 乙 : 3ha의 면적에서 재배기간 동안 농약을 1회 살포하고 50kg의 화학비료를 사용하여 복숭아를 재배하였다. 하지만 수확시기가 다가오면서 병충해 피해가 나타나자 농약을 추가로 1회 살포하였고, 열흘 뒤 수확하여 저농약농산물 인증신청을 하였다.
- 丙 : 가로와 세로가 각각 100m, 500m인 과수원에서 감을 재배하였다. 재배기간 동안 총 2회 (올해 4월 말과 8월 초) 화학비료 100kg씩을 뿌리면서 병충해 방지를 위해 농약도 함께 살포하였다. 추석을 맞아 9월 말에 감을 수확하여 저농약농산물 인증신청을 하였다.

① 甲

② 甲, 乙

③ 甲, 丙

④ 乙, 丙

⑤ 甲, 乙, 丙

✅ 해설
- 甲 : 5㎢는 500ha이므로 사과를 수확하여 무농약농산물 인증신청을 하려면 농약을 사용하지 않고, 화학비료는 50,000kg(=50t)의 2분의 1 이하로 사용하여 재배해야 한다. 사용된 화학비료는 20t(20,000kg)이고, 농약을 사용하지 않았으므로 무농약농산물 인증을 받을 수 있다.
- 乙 : 복숭아의 농약 살포시기는 수확 14일 전까지이다. 저농약농산물 인증신청을 위한 살포시기를 지키지 못 하였으므로 인증을 받을 수 없다.
- 丙 : 5ha(100m×500m)에서 감을 수확하여 저농약농산물 인증신청을 하려면 화학비료는 600kg의 2분의 1 이하로 사용하고, 농약은 살포시기를 지켜(수확 14일 전까지) 살포 최대횟수인 4회의 2분의 1 이하로 사용하여 재배해야한다. 사용된 화학비료는 100kg이고, 총 2회 살포하였으므로 저농약농산물 인증을 받을 수 있다.

14 신입사원 A는 상사로부터 아직까지 '올해의 농업인 상'투표에 참여하지 않은 사원들에게 투표 참여 안내 문자를 발송하라는 지시를 받았다. 다음에 제시된 내용을 바탕으로 할 때, A가 문자를 보내야하는 사원은 몇 명인가?

> '올해의 농업인 상' 후보에 총 5명(甲~戊)이 올랐다. 수상자는 120명의 신입사원 투표에 의해 결정되며 투표규칙은 다음과 같다.
> • 투표권자는 한 명당 한 장의 투표용지를 받고, 그 투표용지에 1순위와 2순위 각 한 명의 후보자를 적어야 한다.
> • 투표권자는 1순위와 2순위로 동일한 후보자를 적을 수 없다.
> • 투표용지에 1순위로 적힌 후보자에게는 5점이, 2순위로 적힌 후보자에게는 3점이 부여된다.
> • '올해의 농업인 상'은 개표 완료 후, 총 점수가 가장 높은 후보자가 수상하게 된다.
> • 기권표와 무효표는 없다.
>
> 현재 투표까지 중간집계 점수는 다음과 같다.
>
> | 후보자 | 중간집계 점수 |
> |---|---|
> | 甲 | 360 |
> | 乙 | 15 |
> | 丙 | 170 |
> | 丁 | 70 |
> | 戊 | 25 |

① 50명

② 45명

③ 40명

④ 35명

⑤ 30명

✓ 해설 1명의 투표권자가 후보자에게 줄 수 있는 점수는 1순위 5점, 2순위 3점으로 총 8점이다. 현재 투표까지 중간집계 점수가 640이므로 80명이 투표에 참여하였으며, 아직 투표에 참여하지 않은 사원은 120−80 =40명이다. 따라서 신입사원 A는 40명의 사원에게 문자를 보내야 한다.

15 갑, 을, 병 세 사람이 정이 새로 구입한 스마트폰의 색상에 대해 자신들의 의견을 다음과 같이 이야기하고 있다. 한 사람만 거짓말을 하고 있다면 정이 산 스마트폰의 색상으로 옳은 것은?

> ㉠ 갑 : 금색은 아니야.
> ㉡ 을 : 검은색이나 흰색 중 하나일거야.
> ㉢ 병 : 아니야, 분명이 검은색이야.

① 금색　　　　　　　　　　② 흰색
③ 검은색　　　　　　　　　④ 은색
⑤ 남색

 ㉠ 정의 핸드폰이 금색이면 을, 병 모두 거짓이다.
㉡ 정의 핸드폰이 검은색이라면 갑, 을, 병 모두 참이다.
㉢ 정의 핸드폰이 흰색이라면 갑, 을은 참이고 병은 거짓이다.
한 사람만 거짓말을 했으므로 정의 핸드폰은 흰색이 된다.

16 다음에 제시된 전제에 따라 결론을 바르게 추론한 것은?

> • 비오는 날을 좋아하는 사람은 감성적이다.
> • 녹차를 좋아하는 사람은 커피를 좋아하지 않는다.
> • 감성적인 사람은 커피를 좋아한다.
> • 그러므로 _____

① 커피를 좋아하는 사람은 비오는 날을 좋아한다.
② 비오는 날을 좋아하는 사람은 커피를 좋아한다.
③ 감성적인 사람은 비오는 날을 좋아한다.
④ 녹차를 좋아하는 사람은 이성적일 것이다.
⑤ 비를 좋아하는 사람은 감성적일 것이다.

해설 비오는 날을 좋아하는 사람→감성적인 사람→커피를 좋아하는 사람

Answer 14.③　15.②　16.②

17 인사부에서 근무하는 H씨는 다음 〈상황〉과 〈조건〉에 근거하여 부서 배정을 하려고 한다. 〈상황〉과 〈조건〉을 모두 만족하는 부서 배정은 어느 것인가?

〈상황〉

　총무부, 영업부, 홍보부에는 각각 3명, 2명, 4명의 인원을 배정하여야 한다. 이번에 선발한 인원으로는 5급이 A, B, C가 있으며, 6급이 D, E, F가 있고 7급이 G, H, I가 있다.

〈조건〉

조건1 : 총무부에는 5급이 2명 배정되어야 한다.
조건2 : B와 C는 서로 다른 부서에 배정되어야 한다.
조건3 : 홍보부에는 7급이 2명 배정되어야 한다.
조건4 : A와 I는 같은 부서에 배정되어야 한다.

	총무부	영업부	홍보부
①	A, C, I	D, E	B, F, G, H
②	A, B, E	D, G	C, F, H, I
③	A, B, I	C, D, G	E, F, H
④	B, C, H	D, E	A, F, G, I
⑤	B, D, F	A, C	E, G, H, I

 ② A와 I가 같은 부서에 배정되어야 한다는 조건4를 만족하지 못한다.
　③ 홍보부에 4명이 배정되어야 한다는 〈상황〉에 부합하지 못한다.
　④ B와 C가 서로 다른 부서에 배정되어야 한다는 조건2를 만족하지 못한다.
　⑤ 총무부에는 5급이 2명 배정되어야 한다는 조건1을 만족하지 못한다.

18 다음은 공공기관을 구분하는 기준이다. 다음 규정에 따라 각 기관을 구분한 결과가 옳지 않은 것은?

〈공공기관의 구분〉

제00조 제1항

공공기관을 공기업·준정부기관과 기타공공기관으로 구분하여 지정한다. 직원 정원이 50인 이상인 공공기관은 공기업 또는 준정부기관으로, 그 외에는 기타공공기관으로 지정한다.

제00조 제2항

제1항의 규정에 따라 공기업과 준정부기관을 지정하는 경우 자체수입액이 총수입액의 2분의 1 이상인 기관은 공기업으로, 그 외에는 준정부기관으로 지정한다.

제00조 제3항

제1항 및 제2항의 규정에 따른 공기업을 다음의 구분에 따라 세분하여 지정한다.

• 시장형 공기업 : 자산규모가 2조 원 이상이고, 총 수입액 중 자체수입액이 100분의 85 이상인 공기업

• 준시장형 공기업 : 시장형 공기업이 아닌 공기업

〈공공기관의 현황〉

공공기관	직원 정원	자산규모	자체수입비율
A	70명	4조 원	90%
B	45명	2조 원	50%
C	65명	1조 원	55%
D	60명	1.5조 원	45%

※ 자체수입비율 : 총 수입액 대비 자체수입액 비율

---

① A – 시장형 공기업
② B – 기타공공기관
③ C – 준정부기관
④ D – 준정부기관
⑤ C – 준시장형 공기업

✔해설 ③ C는 정원이 50명이 넘으므로 기타공공기관이 아니며, 자체수입비율이 55%이므로 자체수입액이 총 수입액의 2분의 1 이상이기 때문에 공기업이다. 시장형 공기업 조건에 해당하지 않으므로 C는 준시장형 공기업이다.

▌19~21▌ 입사면접의 면접관으로 뽑힌 6명(A, B, C, D, E, F)의 임원들이 세 명씩 두 개의 조로 나뉘어 면접에 참여하려 한다. 다음에 주어진 조건을 읽고 물음에 답하시오.

- A와 C는 같은 조에 속할 수 없다.
- B가 속한 조에는 A가 반드시 속해야 하고, F는 함께 할 수 없다.
- 모든 면접관들은 두 개의 조 중 한 조에만 들어갈 수 있다.

19 다음 중 같은 조에 들어갈 수 없는 면접관들을 고르면?

① A, D
② B, C
③ C, E
④ C, F
⑤ D, E

✔해설 ② A와 B는 한 조가 되고, C와 F는 한 조가 된다. D와 E는 어느 조에 들어가는 지 알 수 없다. 따라서 같은 조에 들어갈 수 없는 면접관은 B와 C이다.

20 다음 중 같은 조에 들어갈 수 있는 면접관들이 아닌 것은?

① A, B, D
② C, E, F
③ B, E, F
④ C, D, F
⑤ A, B, E

✔해설 ③ B가 속한 조에 F는 함께 할 수 없다.

21 A와 E가 같은 조에 속하는 경우 무조건 같은 팀이 되는 면접관들을 고르면?

① B, D
② A, D
③ D, E
④ C, D
⑤ B, F

✔해설 A, E가 같은 조에 속하는 경우 A, B, E가 한 조가 되고, C, D, F가 한 조가 된다.

22 다음의 내용을 토대로 발생할 수 있는 상황을 바르게 예측한 것은?

> 인기가수 A는 자신의 사생활을 폭로한 한 신문사 기자 B를 상대로 기사 정정 및 사과를 요구하였다. 그러나 B는 자신은 시민의 알 권리를 보장하기 위해 할 일을 한 것뿐이라며 기사를 정정할 수 없다고 주장하였다. A는 자신을 원고로, B를 피고로 하여 사생활 침해에 대한 위자료 1,000만 원을 구하는 소를 제기하였다. 민사 1심 법원은 기사 내용에 대한 진위 여부를 바탕으로 B의 주장이 옳다고 인정하여, A의 청구를 기각하는 판결을 선고하였다. 이에 대해 A는 항소를 제기하였다.
> • 소 또는 상소 제기 시 납부해야 할 송달료
> − 민사 제1심 소액사건(소가 2,000만 원 이하의 사건) : 당사자 수 × 송달료 10회분
> − 민사 제1심 소액사건 이외의 사건 : 당사자 수 × 송달료 15회분
> − 민사 항소사건 : 당사자 수 × 송달료 12회분
> − 민사 상고사건 : 당사자 수 × 송달료 8회분
> • 당사자 : 원고, 피고

① A가 제기한 소는 민사 제1심 소액사건 이외의 사건에 해당한다.

② 1회 송달료가 3,200원일 경우 A가 소를 제기하기 위해 내야 할 송달료는 48,000원이다.

③ A가 법원의 판결에 불복하고 항소를 제기하는데 드는 송달료는 원래의 소를 제기할 때 들어간 송달료보다 적다.

④ 1회 송달료가 2,500원일 경우 A가 납부한 송달료의 합계는 총 110,000원이다.

⑤ 민사 항소사건의 경우 송달료는 10회분을 납부해야 한다.

> **✔해설** ④ 1회 송달료가 2,500원일 경우 A가 납부한 송달료의 합계는 처음의 소를 제기할 때 들어간 송달료 50,000원에 항소를 제기하기 위해 들어간 송달료 60,000원을 더한 110,000원이 된다.
> ① A가 제기한 소는 소가 2,000만 원 이하의 사건이므로 제1심 소액사건에 해당한다.
> ② 1회 송달료가 3,200원일 경우 A가 소를 제기하기 위해 내야할 송달료는 당사자 수 × 송달료 10회분이므로, 2 × 32,000 = 64,000원이다.
> ③ A가 원래의 소를 제기할 때 들어가는 송달료는 당사자 수 × 송달료 10회분이고, 항소를 제기할 때 들어가는 송달료는 당사자 수 × 송달료 12회분이므로, 당사자 수가 같을 경우 항소를 제기할 때 들어가는 송달료가 원래의 송달료보다 많다.
> ⑤ 민사 항소사건의 경우 당사자수 × 송달료 12회분을 납부해야 한다.

23 다음은 어느 은행의 대출 상품에 관한 정보이다. 보기 중에서 이 대출상품에 적합한 사람을 모두 고른 것은? (단, 보기 중 모든 사람이 캐피탈의 보증서가 발급된다고 가정한다)

소액대출 전용상품

- 특징 : 은행-캐피탈 간 협약상품으로 직업, 소득에 관계없이 쉽고 간편하게 최고 1,000만 원까지 이용 가능한 개인 소액대출 전용상품
- 대출대상 : 캐피탈의 보증서가 발급되는 개인
- 대출기간 : 4개월 이상 1년 이내(거치기간 없음). 다만, 원리금 상환을 위하여 자동이체일과 상환기일을 일치시키는 경우에 한하여 최장 13개월 이내에서 대출기간 지정 가능
- 대출한도 : 300만 원 이상 1,000만 원 이내
- 대출금리 : 신용등급에 따라 차등적용
- 상환방법 : 원금균등할부상환
- 중도상환 : 수수료 없음

〈보기〉

㉠ 정훈 : 회사를 운영하고 있으며, 갑작스럽게 1,000만 원이 필요하여 법인 앞으로 대출을 원하고 있다.

㉡ 수미 : 4학년 2학기 등록금 400만 원이 필요하며, 거치기간을 거쳐 입사한 후에 대출상환을 원하고 있다.

㉢ 은정 : 갑작스러운 남편의 수술로 500만 원이 필요하며 5개월 후 곗돈 500만 원을 타면 대출상환을 할 수 있다.

---

① ㉠
② ㉢
③ ㉠㉡
④ ㉡㉢
⑤ ㉠㉡㉢

✔**해설** ㉠ 이 대출상품은 개인을 대상으로 하기 때문에 법인은 대출을 받을 수 없다.
㉡ 대출기간은 4개월 이상 1년 이내로 거치기간이 없다.

24 지환이의 신장은 170cm, 체중은 80kg이다. 다음을 근거로 할 때, 지환이의 비만 정도를 바르게 나열한 것은?

> 과다한 영양소 섭취와 적은 체내 에너지 소비로 인한 에너지 대사의 불균형으로 지방이 체내에 지나치게 축적되어 체중이 과다해지는 것을 비만이라 한다.
>
> 비만 정도를 측정하는 방법은 Broca 보정식과 체질량지수를 이용하는 것이 대표적이다.
>
> Broca 보정식은 신장과 체중을 이용하여 비만 정도를 측정하는 간단한 방법이다. 이 방법에 의하면 신장(cm)에서 100을 뺀 수치에 0.9를 곱한 수치가 '표준체중(kg)'이며, 표준체중의 110% 이상 120% 미만의 체중을 '체중과잉', 120% 이상의 체중을 '비만'이라고 한다.
>
> 한편 체질량 지수는 체중(kg)을 '신장(m)'의 제곱으로 나눈 값을 의미한다. 체질량 지수에 따른 비만 정도는 다음 〈표〉와 같다.
>
> 〈표〉
>
> | 체질량 지수 | 비만 정도 |
> |---|---|
> | 18.5 미만 | 저체중 |
> | 18.5 이상 ~ 23.0 미만 | 정상 |
> | 23.0 이상 ~ 25.0 미만 | 과체중 |
> | 25.0 이상 ~ 30.0 미만 | 경도비만 |
> | 30.0 이상 ~ 35.0 미만 | 중등도비만 |
> | 35.0 이상 | 고도비만 |

① Broca 보정식으로는 체중과잉, 체질량 지수로는 과체중에 해당한다.
② Broca 보정식으로는 체중과잉, 체질량 지수로는 경도비만에 해당한다.
③ Broca 보정식으로는 비만, 체질량 지수로는 중등도비만에 해당한다.
④ Broca 보정식으로는 비만, 체질량 지수로는 경도비만에 해당한다.
⑤ Broca 보정식으로는 비만, 체질량 지수로는 정상에 해당한다.

✔해설 ㉠ Broca 보정식에 의한 신장 $170cm$의 표준체중은 $(170-100) \times 0.9 = 63kg$이므로, 지환이는 $\frac{80}{63} \times 100 = 127(\%)$로 비만에 해당한다.

㉡ 지환이의 체질량 지수는 $\frac{80}{1.7^2} = 27.7$이므로 경도비만에 해당한다.

25 다음은 특보의 종류 및 기준에 관한 자료이다. ㉠과 ㉡의 상황에 어울리는 특보를 올바르게 짝지은 것은?

〈특보의 종류 및 기준〉

종류	주의보	경보		
강풍	육상에서 풍속 14m/s 이상 또는 순간풍속 20m/s 이상이 예상될 때. 다만, 산지는 풍속 17m/s 이상 또는 순간풍속 25m/s 이상이 예상될 때	육상에서 풍속 21m/s 이상 또는 순간풍속 26m/s 이상이 예상될 때. 다만, 산지는 풍속 24m/s 이상 또는 순간풍속 30m/s 이상이 예상될 때		
호우	6시간 강우량이 70mm 이상 예상되거나 12시간 강우량이 110mm 이상 예상될 때	6시간 강우량이 110mm 이상 예상되거나 12시간 강우량이 180mm 이상 예상될 때		
태풍	태풍으로 인하여 강풍, 풍랑, 호우 현상 등이 주의보 기준에 도달할 것으로 예상될 때	태풍으로 인하여 풍속이 17m/s 이상 또는 강우량이 100mm 이상 예상될 때. 다만, 예상되는 바람과 비의 정도에 따라 아래와 같이 세분한다.		
			3급	2급	1급
		바람(m/s)	17~24	25~32	33이상
		비(mm)	100~249	250~399	400이상
폭염	6월~9월에 일최고기온이 33℃ 이상이고, 일최고열지수가 32℃ 이상인 상태가 2일 이상 지속될 것으로 예상될 때	6월~9월에 일최고기온이 35℃ 이상이고, 일최고열지수가 41℃ 이상인 상태가 2일 이상 지속될 것으로 예상될 때		

㉠ 태풍이 남해안에 상륙하여 울산지역에 270mm의 비와 함께 풍속 26m/s의 바람이 예상된다.
㉡ 지리산에 오후 3시에서 오후 9시 사이에 약 130mm의 강우와 함께 순간풍속 28m/s가 예상된다.

	㉠	㉡
①	태풍경보 1급	호우주의보
②	태풍경보 2급	호우경보＋강풍주의보
③	태풍주의보	강풍주의보
④	태풍경보 2급	호우경보＋강풍경보
⑤	태풍경보 3급	호우주의보

✔해설 ㉠ : 태풍경보 표를 보면 알 수 있다. 비가 270mm이고 풍속 26m/s에 해당하는 경우는 태풍경보 2급이다.
㉡ : 6시간 강우량이 130mm 이상 예상되므로 호우경보에 해당하며 산지의 경우 순간풍속 28m/s 이상이 예상되므로 강풍주의보에 해당한다.

Answer 25.②

자원관리능력

01 자원과 자원관리

(1) 자원

① 자원의 종류 : 시간, 돈, 물적자원, 인적자원

② 자원의 낭비요인 : 비계획적 행동, 편리성 추구, 자원에 대한 인식 부재, 노하우 부족

(2) 자원관리 기본 과정

① 필요한 자원의 종류와 양 확인

② 이용 가능한 자원 수집하기

③ 자원 활용 계획 세우기

④ 계획대로 수행하기

예제 1

당신은 A출판사 교육훈련 담당자이다. 조직의 효율성을 높이기 위해 전사적인 시간관리에 대한 교육을 실시하기로 하였지만 바쁜 일정상 직원들을 집합교육에 동원할 수 있는 시간은 제한적이다. 다음 중 귀하가 최우선의 교육 대상으로 삼아야 하는 것은 어느 부분인가?

구분	긴급한 일	긴급하지 않은 일
중요한 일	제1사분면	제2사분면
중요하지 않은 일	제3사분면	제4사분면

출제의도

주어진 일들을 중요도와 긴급도에 따른 시간관리 매트릭스에서 우선순위를 구분할 수 있는가를 측정하는 문항이다.

① 중요하고 긴급한 일로 위기사항이나 급박한 문제, 기간이 정해진 프로젝트 등이 해당
　되는 제1사분면
② 긴급하지는 않지만 중요한 일로 인간관계구축이나 새로운 기회의 발굴, 중장기 계획
　등이 포함되는 제2사분면
③ 긴급하지만 중요하지 않은 일로 잠깐의 급한 질문, 일부 보고서, 눈 앞의 급박한 사
　항이 해당되는 제3사분면
④ 중요하지 않고 긴급하지 않은 일로 하찮은 일이나 시간낭비거리, 즐거운 활동 등이
　포함되는 제4사분면

02 자원관리능력을 구성하는 하위능력

(1) 시간관리능력

① 시간의 특성

　㉠ 시간은 매일 주어지는 기적이다.

　㉡ 시간은 똑같은 속도로 흐른다.

　㉢ 시간의 흐름은 멈추게 할 수 없다.

　㉣ 시간은 꾸거나 저축할 수 없다.

　㉤ 시간은 사용하기에 따라 가치가 달라진다.

② 시간관리의 효과

　㉠ 생산성 향상

　㉡ 가격 인상

　㉢ 위험 감소

　㉣ 시장 점유율 증가

③ 시간계획

　㉠ 개념 : 시간 자원을 최대한 활용하기 위하여 가장 많이 반복되는 일에 가장 많은 시간을 분배하고, 최단시간에 최선의 목표를 달성하는 것을 의미한다.

　㉡ 60 : 40의 Rule

계획된 행동 (60%)	계획 외의 행동 (20%)	자발적 행동 (20%)
총 시간		

예제 2

유아용품 홍보팀의 사원 은이씨는 일산 킨텍스에서 열리는 유아용품박람회에 참여하고자 한다. 당일 회의 후 출발해야 하며 회의 종료 시간은 오후 3시이다.

장소	일시
일산 킨텍스 제2전시장	2016. 1. 20(금) PM 15:00~19:00 * 입장가능시간은 종료 2시간 전 까지

오시는 길

지하철 : 4호선 대화역(도보 30분 거리)

버스 : 8109번, 8407번(도보 5분 거리)

• 회사에서 버스정류장 및 지하철역까지 소요시간

출발지	도착지	소요시간	
회사	×× 정류장	도보	15분
		택시	5분
	지하철역	도보	30분
		택시	10분

• 일산 킨텍스 가는 길

교통편	출발지	도착지	소요시간
지하철	강남역	대화역	1시간 25분
버스	×× 정류장	일산 킨텍스 정류장	1시간 45분

위의 제시 상황을 보고 은이씨가 선택할 교통편으로 가장 적절한 것은?

① 도보 – 지하철
② 도보 – 버스
③ 택시 – 지하철
④ 택시 – 버스

출제의도

주어진 여러 시간정보를 수집하여 실제 업무 상황에서 시간자원을 어떻게 활용할 것인지 계획하고 할당하는 능력을 측정하는 문항이다.

해 설

④ 택시로 버스정류장까지 이동해서 버스를 타고 가게 되면 택시(5분), 버스(1시간 45분), 도보(5분)으로 1시간 55분이 걸린다.

① 도보-지하철 : 도보(30분), 지하철(1시간 25분), 도보(30분)이므로 총 2시간 25분이 걸린다.

② 도보-버스 : 도보(15분), 버스(1시간 45분), 도보(5분)이므로 총 2시간 5분이 걸린다.

③ 택시-지하철 : 택시(10분), 지하철(1시간 25분), 도보(30분)이므로 총 2시간 5분이 걸린다.

답 ④

(2) 예산관리능력

① 예산과 예산관리

    ㉠ 예산 : 필요한 비용을 미리 헤아려 계산하는 것이나 그 비용을 말한다.

    ㉡ 예산관리 : 활동이나 사업에 소요되는 비용을 산정하고, 예산을 편성하는 것뿐만 아니라 예산을 통제하는 것 모두를 포함한다.

② 예산의 구성요소

비용	직접비용	재료비, 원료와 장비, 시설비, 여행(출장) 및 잡비, 인건비 등
	간접비용	보험료, 건물관리비, 광고비, 통신비, 사무비품비, 각종 공과금 등

③ 예산수립 과정 : 필요한 과업 및 활동 구명 → 우선순위 결정 → 예산 배정

예제 3

당신은 가을 체육대회에서 총무를 맡으라는 지시를 받았다. 다음과 같은 계획에 따라 예산을 진행하였으나 확보된 예산이 생각보다 적게 되어 불가피하게 비용항목을 줄여야 한다. 다음 중 귀하가 비용 항목을 없애기에 가장 적절한 것은 무엇인가?

〈○○산업공단 춘계 1차 워크숍〉

1. 해당부서 : 인사관리팀, 영업팀, 재무팀
2. 일　　정 : 2016년 4월 21일~23일(2박 3일)
3. 장　　소 : 강원도 속초 ○○연수원
4. 행사내용 : 바다열차탑승, 체육대회, 친교의 밤 행사, 기타

① 숙박비   ② 식비
③ 교통비   ④ 기념품비

출제의도

업무에 소요되는 예산 중 꼭 필요한 것과 예산을 감축해야할 때 삭제 또는 감축이 가능한 것을 구분해내는 능력을 묻는 문항이다.

해 설

한정된 예산을 가지고 과업을 수행할 때에는 중요도를 기준으로 예산을 사용한다. 위와 같이 불가피하게 비용 항목을 줄여야 한다면 기본적인 항목인 숙박비, 식비, 교통비는 유지되어야 하기에 항목을 없애기 가장 적절한 정답은 ④번이 된다.

답 ④

(3) 물적관리능력

① 물적자원의 종류
    ㉠ 자연자원 : 자연상태 그대로의 자원 ex) 석탄, 석유 등
    ㉡ 인공자원 : 인위적으로 가공한 자원 ex) 시설, 장비 등

② 물적자원관리 : 물적자원을 효과적으로 관리할 경우 경쟁력 향상이 향상되어 과제 및 사업의 성공으로 이어지며, 관리가 부족할 경우 경제적 손실로 인해 과제 및 사업의 실패 가능성이 커진다.

③ 물적자원 활용의 방해요인
    ㉠ 보관 장소의 파악 문제
    ㉡ 훼손
    ㉢ 분실

④ 물적자원관리 과정

과정	내용
사용 물품과 보관 물품의 구분	• 반복 작업 방지 • 물품활용의 편리성
동일 및 유사 물품으로의 분류	• 동일성의 원칙 • 유사성의 원칙
물품 특성에 맞는 보관 장소 선정	• 물품의 형상 • 물품의 소재

S호텔의 외식사업부 소속인 K씨는 예약일정 관리를 담당하고 있다. 아래의 예약일정과 정보를 보고 K씨의 판단으로 옳지 않은 것은?

〈S호텔 일식 뷔페 1월 ROOM 예약 일정〉

* 예약 : ROOM 이름(시작시간)

SUN	MON	TUE	WED	THU	FRI	SAT
					1	2
					백합(16)	장미(11) 백합(15)
3	4	5	6	7	8	9
라일락(15)	백향목(10) 백합(15)	장미(10) 백향목(17)	백합(11) 라일락(18)	백향목(15)	장미(10) 라일락(15)

ROOM 구분	수용가능인원	최소투입인력	연회장 이용시간
백합	20	3	2시간
장미	30	5	3시간
라일락	25	4	2시간
백향목	40	8	3시간

- 오후 9시에 모든 업무를 종료함
- 한 타임 끝난 후 1시간씩 세팅 및 정리
- 동 시간 대 서빙 투입인력은 총 10명을 넘을 수 없음

안녕하세요. 1월 첫째 주 또는 둘째 주에 신년회 행사를 위해 ROOM을 예약하려고 하는데요. 저희 동호회의 총 인원은 27명이고 오후 8시쯤 마무리하려고 합니다. 신정과 주말, 월요일은 피하고 싶습니다. 예약이 가능할까요?

① 인원을 고려했을 때 장미ROOM과 백향목ROOM이 적합하겠군
② 만약 2명이 안 온다면 예약 가능한 ROOM이 늘어나겠구나
③ 조건을 고려했을 때 예약 가능한 ROOM은 5일 장미ROOM뿐이겠구나
④ 오후 5시부터 8시까지 가능한 ROOM을 찾아야해

출제의도

주어진 정보와 일정표를 토대로 이용 가능한 물적자원을 확보하여 이를 정확하게 안내할 수 있는 능력을 측정하는 문항이다. 고객이 제공한 정보를 정확하게 파악하고 그 조건 안에서 가능한 자원을 제공할 수 있어야 한다.

해 설

③ 조건을 고려했을 때 5일 장미 ROOM과 7일 장미ROOM이 예약 가능하다.
① 참석 인원이 27명이므로 30명 수용 가능한 장미ROOM과 40명 수용 가능한 백향목ROOM 두 곳이 적합하다.
② 만약 2명이 안 온다면 총 참석인원 25명이므로 라일락ROOM, 장미ROOM, 백향목ROOM이 예약 가능하다.
④ 오후 8시에 마무리하려고 계획하고 있으므로 적절하다.

답 ③

(4) 인적자원관리능력

① 인맥 : 가족, 친구, 직장동료 등 자신과 직접적인 관계에 있는 사람들인 핵심인맥과 핵심인맥들로부터 알게 된 파생인맥이 존재한다.

② 인적자원의 특성 : 능동성, 개발가능성, 전략적 자원

③ 인력배치의 원칙

　㉠ 적재적소주의 : 팀의 효율성을 높이기 위해 팀원의 능력이나 성격 등과 가장 적합한 위치에 배치하여 팀원 개개인의 능력을 최대로 발휘해 줄 것을 기대하는 것

　㉡ 능력주의 : 개인에게 능력을 발휘할 수 있는 기회와 장소를 부여하고 그 성과를 바르게 평가하며 평가된 능력과 실적에 대해 그에 상응하는 보상을 주는 원칙

　㉢ 균형주의 : 모든 팀원에 대한 적재적소를 고려

④ 인력배치의 유형

　㉠ 양적 배치 : 부문의 작업량과 조업도, 여유 또는 부족 인원을 감안하여 소요인원을 결정하여 배치하는 것

　㉡ 질적 배치 : 적재적소의 배치

　㉢ 적성 배치 : 팀원의 적성 및 흥미에 따라 배치하는 것

예제 5

최근 조직개편 및 연봉협상 과정에서 직원들의 불만이 높아지고 있다. 온갖 루머가 난무한 가운데 인사팀원인 당신에게 사내 게시판의 직원 불만사항에 대한 진위여부를 파악하고 대안을 세우라는 팀장의 지시를 받았다. 다음 중 당신이 조치를 취해야 하는 직원은 누구인가?

① 사원 A는 팀장으로부터 업무 성과가 탁월하다는 평가를 받았는데도 조직개편으로 인한 부서 통합으로 인해 승진을 못한 것이 불만이다.

② 사원 B는 회사가 예년에 비해 높은 영업 이익을 얻었는데도 불구하고 연봉 인상에 인색한 것이 불만이다.

③ 사원 C는 회사가 급여 정책을 변경해서 고정급 비율을 낮추고 기본급과 인센티브를 지급하는 제도로 바꾼 것이 불만이다.

④ 사원 D는 입사 동기인 동료가 자신보다 업무 실적이 좋지 않고 불성실한 근무태도를 가지고 있는데, 팀장과의 친분으로 인해 자신보다 높은 평가를 받은 것이 불만이다.

출제의도

주어진 직원들의 정보를 통해 시급하게 진위여부를 가리고 조치하여 인력배치를 해야 하는 사항을 확인하는 문제이다.

해 설

사원 A, B, C는 각각 조직 정책에 대한 불만이기에 논의를 통해 조직적으로 대처하는 것이 옳지만, 사원 D는 팀장의 독단적인 전횡에 대한 불만이기 때문에 조사하여 시급히 조치할 필요가 있다. 따라서 가장 적절한 답은 ④번이 된다.

 답 ④

출제예상문제

1 다음 사례에 대한 분석으로 옳은 것은?

> 사람이 하던 일을 로봇으로 대체했을 때 얻을 수 있는 편익은 시간당 6천 원이고 작업을 지속하는 시간에 따라 '과부하'라는 비용이 든다. 로봇이 하루에 작업을 지속하는 시간과 그에 따른 편익 및 비용의 정도를 각각 금액으로 환산하면 다음과 같다.
>
> (단위 : 원)
>
> | 시간 | 3 | 4 | 5 | 6 | 7 |
> |---|---|---|---|---|---|
> | 총 편익 | 18,000 | 24,000 | 30,000 | 36,000 | 42,000 |
> | 총 비용 | 8,000 | 12,000 | 14,000 | 15,000 | 22,000 |
>
> ※ 순편익 = 총 편익 − 총 비용

① 로봇은 하루에 6시간 작업을 지속하는 것이 가장 합리적이다.

② 로봇이 1시간 더 작업을 할 때마다 추가로 발생하는 비용은 일정하다.

③ 로봇으로 대체함으로써 하루에 최대로 얻을 수 있는 순편익이 22,000원이다.

④ 로봇이 1시간 더 작업할 때마다 추가로 발생하는 편익은 계속 증가한다.

⑤ 로봇이 4시간 작업했을 때의 순편익은 7시간 작업했을 때의 순편익보다 크다.

✔ **해설** ② 1시간 더 일할 때마다 추가로 발생하는 비용은 일정하지 않다.

③ 로봇으로 대체함으로써 하루에 최대로 얻을 수 있는 순편익은 21,000원이다.

④ 1시간 더 작업할 때마다 추가로 발생하는 편익은 6,000원으로 항상 일정하다.

⑤ 4시간 작업했을 때의 순편익은 12,000원, 7시간 작업했을 때의 순편익은 20,000원이다.

2 A그룹은 직원들의 사기 증진을 위해 사내 동아리 활동을 지원하고자 한다. 다음의 지원계획과 동아리 현황에 따라 지원금을 지급한다고 할 때, 지원금을 가장 많이 받는 동아리와 가장 적게 받는 동아리 간의 금액 차이는 얼마인가?

[지원계획]
- 지원을 받기 위해서는 한 모임당 6명 이상 9명 이하로 구성되어야 한다.
- 기본지원금 : 한 모임당 1,500천 원을 기본으로 지원한다. 단, 업무능력 개발을 위한 모임의 경우는 2,000천 원을 지원한다.
- 추가지원금 : 동아리 만족도 평가 결과에 따라,
  - '상' 등급을 받은 모임에는 구성원 1인당 120천 원을,
  - '중' 등급을 받은 모임에는 구성원 1인당 100천 원을,
  - '하' 등급을 받은 모임에는 구성원 1인당 70천 원을 추가로 지원한다.
- 직원 간 교류 장려를 위해 동아리 간 교류가 인정되는 동아리에는 위의 두 지원금을 합한 금액의 30%를 별도로 지원한다.

[동아리 현황]

동아리	업무능력 개발 有/無	구성원 수	만족도 평가 결과	교류 有/無
A	有	5	상	有
B	無	6	중	無
C	無	8	상	有
D	有	7	중	無
E	無	9	하	無

① 2,100천 원　　　　　　　　　　② 2,130천 원
③ 2,700천 원　　　　　　　　　　④ 3,198천 원
⑤ 3,242천 원

 해설　• A : 구성원이 6명 미만으로 지원금을 받을 수 없다.
　　　　　• B : 기본지원금 1,500 + 추가지원금 600 = 2,100천 원
　　　　　• C : 기본지원금 1,500 + 추가지원금 960 + 교류 장려금 738 = 3,198천 원
　　　　　• D : 기본지원금 2,000 + 추가지원금 700 = 2,700천 원
　　　　　• E : 기본지원금 1,500 + 추가지원금 630 = 2,130천 원
　　　　따라서 가장 많이 받는 동아리인 C와 지원금을 받지 못하는 A 간의 금액 차이는 3,198천 원이다.

Answer　1.①　2.④

3 다음 네 명의 임원들은 회의 참석차 한국으로 출장을 오고자 한다. 이들의 현지 이동 일정과 이동 시간을 참고할 때, 한국에 도착하는 시간이 빠른 순서대로 올바르게 나열한 것은 어느 것인가?

구분	출발국가	출발시각(현지시간)	소요시간
H상무	네덜란드	12월 12일 17:20	13시간
P전무	미국 동부	12월 12일 08:30	14시간
E전무	미국 서부	12월 12일 09:15	11시간
M이사	터키	12월 12일 22:30	9시간

※ 현지시간 기준 한국은 네덜란드보다 8시간, 미국 동부보다 14시간, 미국 서부보다 16시간, 터키보다 6시간이 빠르다. 예를 들어, 한국이 11월 11일 20시일 경우 네덜란드는 11월 11일 12시가 된다.

① P전무 – E전무 – M이사 – H상무
② E전무 – P전무 – H상무 – M이사
③ E전무 – P전무 – M이사 – H상무
④ E전무 – M이사 – P전무 – H상무
⑤ P전무 – E전무 – H상무 – M이사

✔ 해설 출발시각을 한국 시간으로 먼저 바꾼 다음 소요시간을 더해서 도착 시간을 확인해 보면 다음과 같다.

	출발시각(현지시간)	출발시각(한국시간)	소요시간	도착시간
H상무	12월 12일 17:20	12월 13일 01:20	13시간	12월 13일 14:20
P전무	12월 12일 08:30	12월 12일 22:30	14시간	12월 13일 12:30
E전무	12월 12일 09:15	12월 13일 01:15	11시간	12월 13일 12:15
M이사	12월 12일 22:30	12월 13일 04:30	9시간	12월 13일 13:30

따라서 도착 시간이 빠른 순서는 E전무 – P전무 – M이사 – H상무가 된다.

4 200만 원을 가진 갑은 다음 A, B프로젝트 중 B프로젝트에 투자하기로 결정하였다. 갑의 선택이 합리적이기 위한 B프로젝트 연간 예상 수익률의 최저 수준으로 가장 적절한 것은 어느 것인가?(단, 각 프로젝트의 기간은 1년으로 가정한다.)

- A프로젝트는 200만 원의 투자 자금이 소요되고, 연 9.0%의 수익률이 예상된다.
- B프로젝트는 400만 원의 투자 자금이 소요되고, 부족한 돈은 연 5.0%의 금리로 대출받을 수 있다.

---

① 8.1%

② 7.1%

③ 6.1%

④ 5.1%

⑤ 4.1%

✔해설 A프로젝트 : 200만원 투자, 수익률 9%로 1년 후 18만 원의 수익이 발생한다.
B프로젝트 : 400만원 투자(그 중 200만 원은 연리 5%로 대출받음. 따라서 10만 원의 비용이 발생한다.)
따라서 B프로젝트를 선택하려면, 적어도 28만 원보다 많은 수익이 발생하여야 한다. 400만원 중 수익이 28만 원보다 많으려면, 수익률이 적어도 7%보다 높아야 하며 따라서 7.1%가 연간 예상 수익률의 최저 수준이 됨을 알 수 있다.

Answer 3.③ 4.②

5 다음은 A공단에서 운영하는 '직장여성아파트'에 대한 임대료와 신입사원인 甲 씨의 월 소득 및 비용현황 자료이다. 신입사원인 甲 씨는 A공단에서 운영하는 '직장여성아파트'에 입주하려고 한다. 근무 지역은 별 상관이 없는 甲 씨는 월 급여에서 비용을 지출하고 남은 금액의 90%를 넘지 않는 금액으로 가장 넓고 좋은 방을 구하려 한다. 甲 씨가 구할 수 있는 방으로 가장 적절한 것은 다음 중 어느 것인가?

〈지역별 보증금 및 월 임대료〉

(단위 : 원)

구분	아파트	K지역	P지역	D지역	I지역	B지역	C지역
보증금	큰방	990,000	660,000	540,000	840,000	960,000	360,000
	작은방	720,000	440,000	360,000	540,000	640,000	240,000
월 임대료	큰방	141,000	89,000	71,000	113,000	134,000	50,000
	작은방	91,000	59,000	47,000	75,000	89,000	33,000

〈甲 씨의 월 소득 및 비용현황〉

(단위 : 만 원)

월 급여	외식비	저금	각종세금	의류구입	여가	보험	기타소비
300	50	50	20	30	25	25	30

* 월 소득과 비용 내역은 매월 동일하다고 가정함.

① P지역 작은 방
② I지역 작은 방
③ B지역 작은 방
④ D지역 큰 방
⑤ P지역 큰 방

✔ **해설** 甲 씨의 월 급여액에서 비용을 모두 지출하고 남은 금액은 70만 원이다. 90%를 넘지 않아야 하므로 아파트 입주를 위한 최대 지출 가능 금액은 63만 원이다. 또한, 한도액 내에서 가장 넓어야 하므로 보증금과 월 임대료의 합이 611,000인 D지역의 큰 방이 가장 적절한 곳이 된다.

6 N기업은 다음 〈행사 계획〉과 같이 행사장을 이용하려고 한다. 다음 표를 참고할 때, 5회에 걸친 홍보 계획에 사용하게 될 총 예산액은 얼마인가?

〈행사장 요금표〉

시 간	월~금요일	토요일	일요일, 공휴일	행사장 설비 (별도)
10:00~12:30	35,000원	45,000원	45,000원	
12:30~15:00	55,000원	95,000원	95,000원	4,500원
15:00~17:30	45,000원	75,000원	65,000원	

* 당일 2회 사용 시 행사장 설비비 제외한 총 금액 10% 할인

* 사용시간 20분 초과 시 다음 시간대 1회 추가 사용으로 간주

* 기본 사용 인원 70명 기준, 추가 10명 당 1만 원 추가 비용 발생(10명 미만 추가 비용 없음)

〈행사 계획〉

회 차	이용요일	이용시간	행사장 설비	예상인원
1	수요일	10:00~12:00	미사용	70명
2	일요일	13:00~15:00	사용	85명
3	일요일	15:00~17:30	미사용	65명
4	토요일	13:00~15:30	사용	90명
5	월요일	15:00~17:30	미사용	75명

① 431,000원

② 439,000원

③ 443,500원

④ 448,000원

⑤ 458,000원

✔해설 각 회차별 사용요금은 다음과 같다.

1회 : 35,000원

2회 : 95,000원+4,500원+10,000원

3회 : 65,000원

4회 : 95,000원×2+4,500원+20,000원

5회 : 45,000원

– 일요일 2회 사용이므로 행사장 설비를 제외한 나머지 2회분 170,000원의 10%인 17,000원 할인

– 토요일 시간 초과로 2회 사용이므로 210,000원에 대한 10% 할인 적용하여 21,000원 할인

따라서 총 사용요금은 35,000+157,500+193,500+45,000=431,000원이 된다.

Answer 5.④ 6.①

|7~8| 다음 예제를 보고 물음에 답하시오.

〈프로젝트의 단위활동〉

활동	직전 선행활동	활동시간(일)
A	—	3
B	—	5
C	A	3
D	B	2
E	C, D	4

〈프로젝트의 PERT 네트워크〉

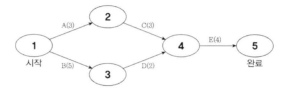

이 프로젝트의 단위활동과 PERT 네트워크를 보면

• A와 B활동은 직전 선행활동이 없으므로 동시에 시작할 수 있다.

• A활동 이후에 C활동을 하고, B활동 이후에 D활동을 하며, C와 D활동이 끝난 후 E활동을 하므로 한 눈에 볼 수 있는 표로 나타내면 다음과 같다.

A(3일)		C(3일)		E(4일)
B(5일)		D(2일)		

∴ 이 프로젝트를 끝내는 데는 최소한 11일이 걸린다.

7 R회사에 근무하는 J대리는 Z프로젝트의 진행을 맡고 있다. J대리는 이 프로젝트를 효율적으로 끝내기 위해 위의 예제를 참고하여 일의 흐름도를 다음과 같이 작성하였다. 이 프로젝트를 끝내는 데 최소한 며칠이 걸리겠는가?

<Z프로젝트의 단위활동>

활동	직전 선행활동	활동시간(일)
A	—	7
B	—	5
C	A	4
D	B	2
E	B	4
F	C, D	3
G	C, D, E	2
H	F, G	2

<Z프로젝트의 PERT 네트워크>

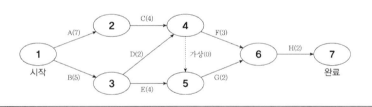

① 15일   ② 16일

③ 17일   ④ 18일

⑤ 20일

✔ 해설

A(7일)		C(4일)		F(3일)	H(2일)
B(5일)	D(2일)			G(2일)	
	E(4일)				

8 위의 문제에서 A활동을 7일에서 3일로 단축시킨다면 전체 일정은 며칠이 단축되겠는가?

① 1일　　　　　　　　　　　　　② 2일

③ 3일　　　　　　　　　　　　　④ 4일

⑤ 5일

✔해설

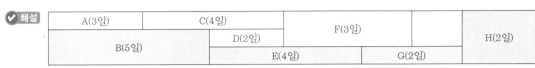

총 13일이 소요되므로 전체일정은 3일이 단축된다.

9 Z회사는 오늘을 포함하여 30일 동안에 자동차를 생산할 계획이며 Z회사의 하루 최대투입가능 근로자 수는 100명이다. 다음 〈공정표〉에 근거할 때 Z회사가 벌어들일 수 있는 최대 수익은 얼마인가? (단, 작업은 오늘부터 개시되며 각 근로자는 자신이 투입된 자동차의 생산이 끝나야만 다른 자동차의 생산에 투입될 수 있고 1일 필요 근로자 수 이상의 근로자가 투입되더라도 자동차당 생산 소요기간은 변하지 않는다)

〈공정표〉

자동차	소요기간	1일 필요 근로자 수	수익
A	5일	20명	15억 원
B	10일	30명	20억 원
C	10일	50명	40억 원
D	15일	40명	35억 원
E	15일	60명	45억 원
F	20일	70명	85억 원

① 150억 원　　　　　　　　　　② 155억 원

③ 160억 원　　　　　　　　　　④ 165억 원

✔해설 30일 동안 최대 수익을 올릴 수 있는 진행공정은 다음과 같다.

F(20일, 70명)			
B(10일, 30명)	A(5일, 20명)		C(10일, 50명)

F(85억)＋B(20억)＋A(15억)＋C(40억)＝160억

10 A 기업은 자사 컨테이너 트럭과 외주를 이용하여 B 지점에서 C 지점까지 월 평균 1,600 TEU의 물량을 수송하는 서비스를 제공하고 있다. 아래의 운송조건에서 40feet용 트럭의 1일 평균 필요 외주 대수는?

> • 1일 차량가동횟수 : 1일 2회
> • 보유차량 대수 : 40feet 컨테이너 트럭 11대
> • 차량 월 평균 가동일 수 : 25일

① 2대   ② 3대
③ 4대   ④ 5대
⑤ 6대

> ✔**해설** A 기업은 월 평균 1,600TEU의 물량을 수송하는 서비스를 제공하는데 1TEU는 20ft 컨테이너 하나를 말한다. 따라서 A 기업은 월 평균 1,600×20=32,000ft의 물량을 수송한다.
> • 하루 40ft 컨테이너에 대한 트럭의 적재량=40ft×2(1일 2회 차량가동가능)=80ft
> • 월 평균 40ft 컨테이너 한 대의 적재량은 25(월평균 가동일)×80ft=2,000ft
> ∴ 일 평균 트럭소요 대수=월평균 물량 ÷ 월 평균 40ft 컨테이너 한 대의 적재량=1,600×20÷2,000=16대
> A 기업에서 11대의 트럭을 보유하고 있으므로, 16−11=5, 1일 평균 필요 외주대수는 5대이다.

11 다음은 ○○그룹 자원관리팀에 근무하는 현수의 상황이다. A자원을 구입하는 것과 B자원을 구입하는 것에 대한 분석으로 옳지 않은 것은?

> 현수는 새로운 프로젝트를 위해 B자원을 구입하였다. 그런데 B자원을 주문한 날 상사가 A자원을 구입하라고 지시하자 고민하다가 결국 상사를 설득시켜 그대로 B자원을 구입하기로 결정했다. 단, 여기서 두 자원을 구입하기 위해 지불해야 할 금액은 각각 50만 원씩으로 같지만 ○○그룹에게 있어 A자원의 실익은 100만 원이고 B자원의 실익은 150만 원이다. 그리고 자원을 주문한 이상 주문 취소는 불가능하다.

① 상사를 설득시켜 그대로 B자원을 구입하기로 결정한 현수의 선택은 합리적이다.
② B자원의 구입으로 인한 기회비용은 100만 원이다.
③ B자원을 구입하기 위해 지불한 50만 원은 회수할 수 없는 매몰비용이다.
④ ○○그룹에게 있어 더 큰 실제의 이익을 주는 자원은 A자원이다.
⑤ 주문 취소가 가능하더라도 B자원을 구입하는 것이 합리적이다.

> ✔**해설** ④ ○○그룹에게 있어 A자원의 실익은 100만 원이고 B자원의 실익은 150만 원이므로 더 큰 실제의 이익을 주는 자원은 B자원이다.

Answer   8.③   9.③   10.④   11.④

12 다음 자료에 대한 분석으로 옳지 않은 것은?

> △△그룹에는 총 50명의 직원이 근무하고 있으며 자판기 총 설치비용과 사내 전 직원이 누리는 총 만족감을 돈으로 환산한 값은 아래 표와 같다. (단, 자판기로부터 각 직원이 누리는 만족감의 크기는 동일하며 설치비용은 모든 직원이 똑같이 부담한다)

자판기 수(개)	총 설치비용(만 원)	총 만족감(만 원)
3	150	210
4	200	270
5	250	330
6	300	360
7	350	400

① 자판기를 7개 설치할 경우 각 직원들이 부담해야 하는 설치비용은 7만 원이다.

② 자판기를 최적으로 설치하였을 때 전 직원이 누리는 총 만족감은 400만 원이다.

③ 자판기를 4개 설치할 경우 더 늘리는 것이 합리적이다.

④ 자판기를 한 개 설치할 때마다 추가되는 비용은 일정하다.

⑤ 자판기를 3개에서 4개로 증가시킬 경우 직원 1인당 만족감 증가가 설치비용 증가보다 크다.

✔해설 ② △△그룹에서 자판기의 최적 설치량은 5개이며 이때 전 직원이 누리는 총 만족감은 330만 원이다.

13 A는 철도교통팀의 물류팀장으로 근무하고 있다. 첫 프로젝트로 물류의 흐름을 이용해 최적의 시간으로써 고객만족을 높이려 한다. 아래 그림은 이러한 물류의 단계별 흐름을 나타낸 것이다. 이 때 아래 그림을 보고 A 팀장이 이해한 것으로 옳은 것을 고르면?

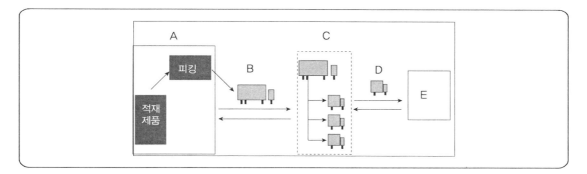

① A : 창고→B : 수송→C : 크로스독 운송→D : 루트 배송→E : 고객
② A : 창고→B : 수송→C : 루트 배송→D : 크로스독 운송→E : 고객
③ A : 창고→B : 크로스독 운송→C : 수송→D : 루트 배송→E : 고객
④ A : 수송→B : 창고→C : 크로스독 운송→D : 루트 배송→E : 고객
⑤ A : 수송→B : 루트 배송→C : 크로스독 운송→D : 창고→E : 고객

> ✔ 해설 크로스 도크 (Cross Dock)방식을 사용할 경우 대내 운송품은 유통센터에 하역되고 목적지별로 정렬되고 이어 트럭에 다시 실리는 과정을 거치게 된다. 재화는 실제로 전혀 창고에 들어가지 않으며 단지 도크를 거쳐 이동할 뿐이며, 이로 인해 최소 재고를 유지하고, 유통비용을 줄일 수 있다.

14 다음은 2019년 H기업이 지출한 물류비 내역이다. 이 중에서 자가물류비와 위탁물류비는 각각 얼마인가?

> ㉠ 노무비 8,500만 원   ㉡ 전기료 200만 원
> ㉢ 지급운임 300만 원   ㉣ 이자 150만 원
> ㉤ 재료비 2,500만 원   ㉥ 지불포장비 50만 원
> ㉦ 수수료 50만 원   ㉧ 가스 · 수도료 250만 원
> ㉨ 세금 50만 원   ㉩ 상 · 하차용역비 350만 원

① 자가물류비 12,150만 원, 위탁물류비 350만 원
② 자가물류비 11,800만 원, 위탁물류비 700만 원
③ 자가물류비 11,650만 원, 위탁물류비 750만 원
④ 자가물류비 11,600만 원, 위탁물류비 900만 원
⑤ 자가물류비 11,450만 원, 위탁물류비 1,050만 원

> ✔해설 ㉠ 자가물류비＝노무비+재료비+전기료+이자+가스 · 수도료+세금＝8,500만 원+2,500만 원+200만 원 +150만 원+250만 원+50만 원＝11,650원
> ㉡ 위탁물류비＝지급운임+지불포장비+수수료+상 · 하차용역비＝300만 원+50만 원+50만 원+350만 원＝750만 원

15 서울교통공사에서는 다음과 같은 경영실적사례를 공시하였다. 아래의 표에서 물류비의 10% 절감은 몇%의 매출액 증가효과와 동일한가?

> • 매출액 : 2,000억 원   • 물류비 :400억 원
> • 기타 비용 :1,500억 원   • 경상이익 :100억 원

① 20%   ② 25%
③ 30%   ④ 35%
⑤ 40%

> ✔해설 물류비를 10% 절감하면 40억 원, 경상이익은 140억이 된다. 그러므로 매출액은 2,800억 원이 되므로 40%가 증가한다고 볼 수 있다.

16 철수와 영희는 서로 간 운송업을 동업의 형식으로 하고 있다. 그런데 이들 기업은 2.5톤 트럭으로 운송하고 있다. 누적실제차량수가 400대, 누적실제가동차량수가 340대, 누적주행거리가 40,000km, 누적실제주행거리가 30,000km, 표준연간차량의 적하일수는 233일, 표준연간일수는 365일, 2.5톤 트럭의 기준용적은 10㎡, 1회 운행당 평균용적은 8㎡이다. 위와 같은 조건이 제시된 상황에서 적재율, 실제가동률, 실차율을 각각 구하면?

① 적재율 80%, 실제가동률 85%, 실차율 75%
② 적재율 85%, 실제가동률 65%, 실차율 80%
③ 적재율 80%, 실제가동률 85%, 실차율 65%
④ 적재율 80%, 실제가동률 65%, 실차율 75%
⑤ 적재율 85%, 실제가동률 80%, 실차율 70%

> **✔해설** 적재율, 실제가동률, 실차율을 구하면 각각 다음과 같다.
>
> ㉠ 적재율이란, 어떤 운송 수단의 짐칸에 실을 수 있는 짐의 분량에 대하여 실제 실은 짐의 비율이다. 따라서 기준용적이 10㎡인 2.5톤 트럭에 대하여 1회 운행당 평균용적이 8㎡이므로 적재율은 $\frac{8}{10} \times 100 = 80\%$이다.
>
> ㉡ 실제가동률은 누적실제차량수에 대한 누적실제가동차량수의 비율이다. 따라서 $\frac{340}{400} \times 100 = 85\%$이다.
>
> ㉢ 실차율이란, 총 주행거리 중 이용되고 있는 좌석 및 화물 수용 용량 비율이다. 따라서 누적주행거리에서 누적실제주행거리가 차지하는 비율인 $\frac{30,000}{40,000} \times 100 = 75\%$이다.

17 인사팀 신입사원 민기씨는 회사에서 NCS채용 도입을 위한 정보를 얻기 위해 NCS기반 능력중심채용 설명회를 다녀오려고 한다. 민기씨는 오늘 오후 1시까지 김대리님께 보고서를 작성해서 드리고 30분 동안 피드백을 받기로 했다. 오전 중에 정리를 마치려면 시간이 빠듯할 것 같다. 다음에 제시된 설명회 자료와 교통편을 보고 민기씨가 생각한 것으로 틀린 것은?

최근 이슈가 되고 있는 공공기관의 NCS 기반 능력중심 채용에 관한 기업들의 궁금증 해소를 위하여 붙임과 같이 설명회를 개최하오니 많은 관심 부탁드립니다.
감사합니다.

−붙임−

설명회 장소	일시	비고
서울고용노동청(5층) 컨벤션홀	2015. 11. 13(금) PM 15:00~17:00	설명회의 원활한 진행을 위해 설명회 시작 15분 뒤부터는 입장을 제한합니다.

오시는 길
지하철 : 2호선 을지로입구역 4번 출구(도보 10분 거리)
버스 : 149, 152번 ○○센터(도보 5분 거리)

• 회사에서 버스정류장 및 지하철역까지 소요시간

출발지	도착지	소요시간	
회사	×× 정류장	도보	30분
		택시	10분
	지하철역	도보	20분
		택시	5분

• 서울고용노동청 가는 길

교통편	출발지	도착지	소요시간
지하철	잠실역	을지로입구역	1시간(환승포함)
버스	×× 정류장	○○센터 정류장	50분(정체 시 1시간 10분)

① 택시를 타지 않아도 버스를 타고 가면 늦지 않게 설명회에 갈 수 있다.

② 어떤 방법으로 이동하더라도 설명회에 입장은 가능하다.

③ 택시를 타지 않아도 지하철을 타고 가면 늦지 않게 설명회에 갈 수 있다.

④ 정체가 되지 않는다면 버스를 타고 가는 것이 지하철보다 빠르게 갈 수 있다.

⑤ 택시를 이용할 경우 늦지 않게 설명회에 갈 수 있다.

✔ 해설 ① 도보로 버스정류장까지 이동해서 버스를 타고 가게 되면 도보(30분), 버스(50분), 도보(5분)으로 1시간 25분이 걸리지만 버스가 정체될 수 있으므로 1시간 45분으로 계산하는 것이 바람직하다. 민기씨는 1시 30분에 출발할 수 있으므로 3시 15분에 도착하게 되고 입장은 할 수 있으나 늦는다.

※ 소요시간 계산
  ㉠ 도보-버스 : 도보(30분), 버스(50분), 도보(5분)이므로 총 1시간 25분(정체 시 1시간 45분) 걸린다.
  ㉡ 도보-지하철 : 도보(20분), 지하철(1시간), 도보(10분)이므로 총 1시간 30분 걸린다.
  ㉢ 택시-버스 : 택시(10분), 버스(50분), 도보(5분)이므로 총 1시간 5분(정체 시 1시간 25분) 걸린다.
  ㉣ 택시-지하철 : 택시(5분), 지하철(1시간), 도보(10분)이므로 총 1시간 15분 걸린다.

18 J회사 관리부에서 근무하는 L씨는 소모품 구매를 담당하고 있다. 2015년 5월 중에 다음 조건 하에서 A4용지와 토너를 살 때, 총 비용이 가장 적게 드는 경우는? (단, 2015년 5월 1일에는 A4용지와 토너는 남아 있다고 가정하며, 다 썼다는 말이 없으면 그 소모품들은 남아있다고 가정한다)

- A4용지 100장 한 묶음의 정가는 1만 원, 토너는 2만 원이다. (A4용지는 100장 단위로 구매함)
- J회사와 거래하는 ◇◇오피스는 매달 15일에 전 품목 20% 할인 행사를 한다.
- ◇◇오피스에서는 5월 5일에 A사 카드를 사용하면 정가의 10%를 할인해 준다.
- 총 비용이란 소모품 구매가격과 체감비용(소모품을 다 써서 느끼는 불편)을 합한 것이다.
- 체감비용은 A4용지와 토너 모두 하루에 500원이다.
- 체감비용을 계산할 때, 소모품을 다 쓴 당일은 포함하고 구매한 날은 포함하지 않는다.
- 소모품을 다 쓴 당일에 구매하면 체감비용은 없으며, 소모품이 남은 상태에서 새 제품을 구입할 때도 체감비용은 없다.

① 3일에 A4용지만 다 써서, 5일에 A사 카드로 A4용지와 토너를 살 경우
② 13일에 토너만 다 써서 당일 토너를 사고, 15일에 A4용지를 살 경우
③ 10일에 A4용지와 토너를 다 써서 15일에 A4용지와 토너를 같이 살 경우
④ 3일에 A4용지만 다 써서 당일 A4용지를 사고, 13일에 토너를 다 써서 15일에 토너만 살 경우
⑤ 3일에 토너를 다 써서 5일에 A사 카드로 토너를 사고, 7일에 A4용지를 다 써서 15일에 A4용지를 살 경우

해설 ① 1,000원(체감비용)+27,000원=28,000원
② 20,000원(토너)+8,000원(A4용지)=28,000원
③ 5,000원(체감비용)+24,000원=29,000원
④ 10,000원(A4용지)+1,000원(체감비용)+16,000원(토너)=27,000원
⑤ 1,000원(체감비용)+18,000(토너)+4,000원(체감비용)+8,000(A4용지)=31,000원

19 다음은 전력수급 현황을 나타내고 있는 자료이다. 다음 자료에 대한 〈보기〉의 설명 중 올바른 것만을 모두 고른 것은 어느 것인가?

기상특보	지진	태풍	방사선 수치	전력량	관련정보	

전력수급현황 정상

전력예비율 37.7%　　　　　예비전력 2,562만kW
공급전력　9,773만 kW　　　현재부하 6,805만kW

준비 ~500만 미만　　**관심** ~400만 미만　　**주의** ~300만 미만　　**경계** ~200만 미만　　**심각** ~100만 미만

(TIP) · 하절기 절전 : 실내온도는 18℃~20℃로 유지, 오전 10~12시, 오후 5~7시 사용자제
　　· 동절기 절전 : 실내온도는 26℃ 이상으로 유지, 오전 10~11시, 오후 2~5시 사용자제

〈보기〉

가. 공급능력에 대한 예비전력의 비율이 전력예비율이다.
나. 예비전력이 현재의 10분의 1 수준이라면 주의단계에 해당된다.
다. 오전 10~11시경은 여름과 겨울에 모두 전력소비가 많은 시간대이다.
라. 일정한 공급능력 상황에서 현재부하가 올라가면 전력예비율은 낮아지게 된다.

① 나, 다, 라　　　　　　　　　② 가, 다, 라
③ 가, 나, 라　　　　　　　　　④ 가, 나, 다
⑤ 가, 나, 다, 라

✔해설　㉮ 전력예비율은 현재부하에 대한 예비전력의 비율이 된다.(2,562÷6,805×100=약 37.7%)
　　　　㉯ 현재의 예비전력이 2,562만kW이므로 10분의 1 수준이면 약 250만kW가 되므로 300만kW미만의 주
　　　　　의단계에 해당된다.
　　　　㉰ 하절기와 동절기에 모두 사용자제가 요구되는 시간대이므로 전력소비가 많은 때이다.
　　　　㉱ 전력예비율은 예비전력÷현재부하에 대한 비율이므로 일정한 공급능력 상황에서 현재부하가 올라가
　　　　　면 전력예비율은 낮아지게 된다.

20 S공사에서는 육상운송과의 효율적 자원관리를 하기 위한 일환으로 운송망에서 최단경로(Shortest Path)법에 의해 출발지 O로부터 목적지 D까지 최단운송거리를 계산하고자 한다. 계산과정에서 잘못 설명된 것은?

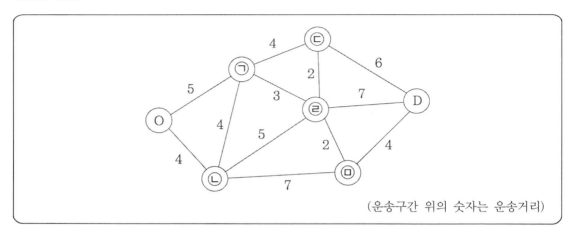

(운송구간 위의 숫자는 운송거리)

① 출발지에서 중간목적지 ㉺까지의 최단거리는 10이다.
② 출발지에서 최종목적지까지의 최단경로는 O→㉠→㉢→D이다.
③ 출발지에서 최종목적지까지의 최단거리의 합은 14이다.
④ 출발지에서 중간목적지 ㉢까지의 최단거리는 9이다.
⑤ 출발지에서 최종목적지까지의 최단경로에 중간목적지 ㉠이 포함된다.

✔해설 출발지 O에서 최종목적지 D까지의 최단경로는 'O→㉠→㉣→㉺→D'이다.

21 (주) Mom에서는 A라는 상품의 재고를 정량발주법으로 관리하고 있다. 이 상품에 대한 연간 수요량이 400개, 구매가격은 단위당 10,000원, 연간 단위당 재고유지비는 구매가격의 10%이고, 1회 주문비용은 8,000원이다. 단 1년은 365일로 한다. 이 경우에 주문주기는?

① 33일　　　　　　　　　　　　② 50일
③ 73일　　　　　　　　　　　　④ 80일
⑤ 93일

✔해설 ㉠ 경제적 발주량 $= \sqrt{\dfrac{2 \times 수요량 \times 회당주문비용}{단위당 재고유지비용}} = \sqrt{\dfrac{2 \times 400 \times 8,000}{1,000}} = 80$개

㉡ 주문주기 $= 365 \times \dfrac{80개}{400개} = 73$일

| 22~23 | 푸르미펜션을 운영하고 있는 K씨는 P씨에게 예약 문의전화를 받았다. 아래의 예약일정과 정보를 보고 K씨가 P씨에게 안내할 사항으로 옳은 것을 고르시오.

〈푸르미펜션 1월 예약 일정〉

일	월	화	수	목	금	토
					1	2
					• 매 가능 • 난 가능 • 국 완료 • 죽 가능	• 매 가능 • 난 완료 • 국 완료 • 죽 가능
3	4	5	6	7	8	9
• 매 완료 • 난 가능 • 국 완료 • 죽 가능	• 매 가능 • 난 가능 • 국 가능 • 죽 가능	• 매 가능 • 난 가능 • 국 가능 • 죽 가능	• 매 가능 • 난 가능 • 국 가능 • 죽 가능	• 매 가능 • 난 가능 • 국 가능 • 죽 가능	• 매 완료 • 난 가능 • 국 완료 • 죽 완료	• 매 완료 • 난 가능 • 국 완료 • 죽 완료
10	11	12	13	14	15	16
• 매 가능 • 난 완료 • 국 완료 • 죽 가능	• 매 가능 • 난 가능 • 국 가능 • 죽 가능	• 매 가능 • 난 가능 • 국 가능 • 죽 가능	• 매 가능 • 난 가능 • 국 가능 • 죽 가능	• 매 가능 • 난 가능 • 국 가능 • 죽 가능	• 매 가능 • 난 완료 • 국 완료 • 죽 가능	• 매 가능 • 난 완료 • 국 완료 • 죽 가능

※ 완료 : 예약완료, 가능 : 예약가능

〈푸르미펜션 이용요금〉

(단위 : 만 원)

객실명	인원		이용요금			
			비수기		성수기	
	기준	최대	주중	주말	주중	주말
매	12	18	23	28	28	32
난	12	18	25	30	30	35
국	15	20	26	32	32	37
죽	30	35	30	34	34	40

※ 주말 : 금-토, 토-일, 공휴일 전날-당일

　성수기 : 7~8월, 12~1월

※ 기준인원초과 시 1인당 추가 금액 : 10,000원

Answer　20.②　21.③

K씨 : 감사합니다. 푸르미펜션입니다.

P씨 : 안녕하세요. 회사 워크숍 때문에 예약문의를 좀 하려고 하는데요. 1월 8~9일이나 15~16일에 "국"실에 예약이 가능할까요? 웬만하면 8~9일로 예약하고 싶은데….

K씨 : 인원이 몇 명이시죠?

P씨 : 일단 15명 정도이고요 추가적으로 3명 정도 더 올 수도 있습니다.

K씨 : _____ ㉠ _____

P씨 : 기준 인원이 12명으로 되어있던데 너무 좁지는 않겠습니까?

K씨 : 두 방 모두 "국"실보다 방 하나가 적긴 하지만 총 면적은 비슷합니다. 하지만 화장실 등의 이용이 조금 불편하실 수는 있겠군요. 흠…. 8~9일로 예약하시면 비수기 가격으로 해드리겠습니다.

P씨 : 아, 그렇군요. 그럼 8~9일로 예약 하겠습니다. 그럼 가격은 어떻게 됩니까?

K씨 : _____ ㉡ _____ 인원이 더 늘어나게 되시면 1인당 10,000원씩 추가로 결제하시면 됩니다. 일단 10만 원만 홈페이지의 계좌로 입금하셔서 예약 완료하시고 차액은 당일에 오셔서 카드나 현금으로 계산하시면 됩니다.

22 ㉠에 들어갈 K씨의 말로 가장 알맞은 것은?

① 죄송합니다만 1월 8~9일, 15~16일 모두 예약이 모두 차서 이용 가능한 방이 없습니다.

② 1월 8~9일이나 15~16일에는 "국"실 예약이 모두 차서 예약이 어렵습니다. 15명이시면 1월 8~9일에는 "난"실, 15~16일에는 "매"실에 예약이 가능하신데 어떻게 하시겠습니까?

③ 1월 8~9일에는 "국"실 예약 가능하시고 15~16일에는 예약이 완료되었습니다. 15명이시면 15~16일에는 "매"실에 예약이 가능하신데 어떻게 하시겠습니까?

④ 1월 8~9일에는 "국"실 예약이 완료되었고 15~16일에는 예약 가능하십니다. 15명이시면 8~9일에는 "난"실에 예약이 가능하신데 어떻게 하시겠습니까?

⑤ 1월 8~9일이나 15~16일 모두 "국"실 예약이 가능하십니다.

> ✔해설 8~9일, 15~16일 모두 "국"실은 모두 예약이 완료되었다. 워크숍 인원이 15~18명이라고 했으므로 "매"실 또는 "난"실을 추천해주는 것이 좋다. 8~9일에는 "난"실, 15~16일에는 "매"실의 예약이 가능하다.

23 ⓛ에 들어갈 K씨의 말로 가장 알맞은 것은?

① 그럼 1월 8~9일로 "난"실 예약 도와드리겠습니다. 15인일 경우 기본 30만 원에 추가 3인 하셔서 총 33만 원입니다.

② 그럼 1월 8~9일로 "난"실 예약 도와드리겠습니다. 15인일 경우 기본 35만 원에 추가 3인 하셔서 총 38만 원입니다.

③ 그럼 1월 8~9일로 "매"실 예약 도와드리겠습니다. 15인일 경우 기본 28만 원에 추가 3인 하셔서 총 31만 원입니다.

④ 그럼 1월 8~9일로 "매"실 예약 도와드리겠습니다. 15인일 경우 기본 32만 원에 추가 3인 하셔서 총 35만 원입니다.

⑤ 그럼 1월 8~9일로 "매"실 예약 도와드리겠습니다. 15인일 경우 기본 32만 원에 추가 3인 하셔서 총 38만 원입니다.

> **✔ 해설** 8~9일로 예약하겠다고 했으므로 예약 가능한 방은 "난"실이다. 1월은 성수기이지만 비수기 가격으로 해주기로 했으므로 비수기 주말 가격인 기본 30만 원에 추가 3만 원으로 안내해야 한다.

▌24~25▐ 다음은 A병동 11월 근무 일정표 초안이다. A병동은 1~4조로 구성되어있으며 3교대로 돌아간다. 주어진 정보를 보고 물음에 답하시오.

	일	월	화	수	목	금	토
	1	2	3	4	5	6	7
오전	1조	1조	1조	1조	1조	2조	2조
오후	2조	2조	2조	3조	3조	3조	3조
야간	3조	4조	4조	4조	4조	4조	1조
	8	9	10	11	12	13	14
오전	2조	2조	2조	3조	3조	3조	3조
오후	3조	4조	4조	4조	4조	4조	1조
야간	1조	1조	1조	1조	2조	2조	2조
	15	16	17	18	19	20	21
오전	3조	4조	4조	4조	4조	4조	1조
오후	1조	1조	1조	1조	2조	2조	2조
야간	2조	2조	3조	3조	3조	3조	3조
	22	23	24	25	26	27	28
오전	1조	1조	1조	1조	2조	2조	2조
오후	2조	2조	3조	3조	3조	3조	3조
야간	4조	4조	4조	4조	4조	1조	1조

	29	30	• 1조 : 나경원(조장), 임채민, 조은혜, 이가희, 김가은
오전	2조	2조	• 2조 : 김태희(조장), 이샘물, 이가야, 정민지, 김민경
오후	4조	4조	• 3조 : 우채원(조장), 황보경, 최희경, 김희원, 노혜은
야간	1조	1조	• 4조 : 전혜민(조장), 고명원, 박수진, 김경민, 탁정은

※ 한 조의 일원이 개인 사유로 근무가 어려울 경우 당일 오프인 조의 일원(조장 제외) 중 1인이 대체 근무를 한다.

※ 대체근무의 경우 오전근무 직후 오후근무 또는 오후근무 직후 야간근무는 가능하나 야간근무 직후 오전근무는 불가능하다.

※ 대체근무가 어려운 경우 휴무자가 포함된 조의 조장이 휴무자의 업무를 대행한다.

24 다음은 직원들의 휴무 일정이다. 배정된 대체근무자로 적절하지 못한 사람은?

휴무일자	휴무 예정자	대체 근무 예정자
11월 3일	임채민	① 노혜은
11월 12일	황보경	② 이가희
11월 17일	우채원	③ 이샘물
11월 24일	김가은	④ 이가야
11월 30일	고명원	⑤ 최희경

✔해설 11월 12일 황보경(3조)은 오전근무이다. 1조는 바로 전날 야간근무를 했기 때문에 대체해줄 수 없다. 따라서 이가희가 아닌 우채원(3조 조장)이 황보경의 업무를 대행한다.

25 다음은 직원들의 휴무 일정이다. 배정된 대체근무자로 적절하지 못한 사람은?

휴무일자	휴무 예정자	대체 근무 예정자
11월 7일	노혜은	① 탁정은
11월 10일	이샘물	② 최희경
11월 20일	김희원	③ 임채민
11월 29일	탁정은	④ 김희원
11월 30일	이가희	⑤ 황보경

✔해설 11월 20일 김희원(3조)는 야간근무이다. 1조는 바로 다음 날 오전근무를 해야 하기 때문에 대체해줄 수 없다. 따라서 임채민이 아닌 우채원(3조 조장)이 김희원의 업무를 대행한다.

Answer 24.② 25.③

PART

03

직무능력평가(경영학)

CHAPTER

01

빈출개념정리

---

❶ 경영학일반

01 경영의 개념

(1) 정의의사소통능력

경영은 경제주체들이 사람의 생활에 있어서 필요로 하는 욕구를 채워줄 수 있는 재화 및 서비스를 만들어 공급하는 활동을 의미한다.

① 넓은 의미 : 개인이나 사회 전체의 안락·복지를 위하여 필요한 재화 및 서비스를 생산·분배·관리하는 제반 활동을 의미한다.

② 좁은 의미 : 조직의 목적을 달성하기 위하여 인적자원, 물적자원, 금융자원, 기술 및 지식 등의 무형자원을 최적으로 활용하는 과정을 의미한다.

(2) 소유에 따른 분류 : 소유경영자와 전문경영자

구분	소유경영자	전문경영자
장점	강력한 리더십, 과감한 경영혁신 환경변화에 빠른 적용	민주적 리더십, 경영의 전문화 회사의 안정적 성장
단점	가족경영, 족벌경영의 위험 개인이해와 회사이해의 혼동 능력부족 위험 부와 권력의 독점	임기의 제한, 개인의 안정촉구 주주 이해관계의 경시 장기적 전망 부족 단기적 이익에 집착

(3) 민츠버그(H. Mintzberg)의 경영자 역할

대인관계 역할	상징적 대표자, 리더, 연락자 등
정보전달자 역할	청취자, 전파자, 대변인 등
의사결정자 역할	기업가, 분쟁조정자, 자원배분자, 협상자 등

02 조직 문화

(1) 개념 : 조직의 구성원들이 공유하는 신념, 가치관, 이념, 관습, 지식 및 기술을 총칭한다.

(2) 조직문화의 중요성

전략수행에 영향	기업조직이 전략을 수행함에 있어 조직이 지니는 기존의 가정으로부터 벗어난 새로운 가정, 가치관, 운영방식 등을 따라야 한다.
합병, 매수 및 다각화 등에 영향	기업조직의 합병, 매수 및 다각화를 시도할 시 기업조직의 문화를 고려해야 한다.
신기술 통합에 영향	기업조직이 신기술을 도입할 경우에 조직 구성원들은 이에 대해 많은 저항을 하게 되기 때문에 일부 직종별 하위문화를 조화시키고, 더불어 일부 지배적인 기업조직의 문화를 변경하는 것이 필요하다.
집단 간 갈등	기업조직의 전체적 수준에서 각 집단의 하위문화를 통합해주는 공통적 문화가 존재하지 못할 경우, 각 집단에서는 서로 상이한 문화의 특성으로 인해 심각한 경쟁과 마찰 및 갈등이 발생하게 된다.
화합 및 의사소통에 영향	한 기업조직 내에서 서로 상이한 문화적 특성을 지닌 집단의 경우 상황을 해석하는 방법 및 지각의 내용 등이 달라질 수 있다.
사회화에 영향	기업조직에 신입사원이 들어와서 사회화되지 못한 경우에 불안, 소외감, 좌절감 등을 겪게 되고 그로 인해 이직을 하게 된다.
생산성에 영향	강력한 기업조직 문화는 생산성을 제한하는 방향으로 흐를 수도 있고, 자신의 성장과 기업의 발전을 동일시하는 경우에는 생산성을 향상시키는 방향으로 영향을 미치게 된다.

(3) 조직문화 변화의 계기가 되는 요소들

환경적인 위기	갑작스런 경기의 후퇴 및 기술혁신 등으로 인한 심각한 환경의 변화, 시장개방 등으로 인한 위기 등
경영상의 위기	조직 최고경영층의 변동, 회사에 돌이킬 수 없는 커다란 실수 발생, 적절하지 못한 전략 등
내적혁명	기업조직 내부의 갑작스런 사건의 발생 등
외적혁명	신 규제조치의 입법화, 정치적인 사건 등
커다란 잠재력을 지닌 환경적 기회	신 시장 발견, 신 기술적 돌파구 발견, 신 자본조달원 등

03 기업형태

합명회사	회사의 채무에 관하여 직접·연대·무한책임을 지는 2인 이상의 사원으로 구성된 전형적인 인적회사이다. 가족 내에서 친척 간, 또는 이해관계가 깊은 사람으로 구성된 회사의 설립이 많다. 지분 양도시에는 사원 총회의 승인을 받아야 한다.
합자회사	회사채권자에 대하여 직접·연대·무한책임을 지는 1인 이상의 무한책임사원과 직접·유한책임을 지는 1인 이상의 유한책임사원으로 구성된 회사이다. 소수의 기능 자본가(영업자)인 무한책임사원과 지분 자본가(출자자)인 유한책임사원의 결합체이다.
유한회사	주식회사와 마찬가지로 1인 이상의 간접·유한책임사원으로 구성된 회사이다. 자본 결합이 상당히 폐쇄적인 관계로 중소규모의 기업형태에 알맞다. 사원 총수, 자본 총액의 제한은 모두 삭제되었고 1인 회사도 가능하다. 최고의사결정기관은 사원 총회이다.
유한책임회사	인적 회사와 물적 회사의 성격을 동시에 가지고 있으며, 회사의 설립, 운영과 기관 구성에 사적 자치를 폭넓게 인정한 회사이므로 사모투자펀드나 벤처기업 등 새로운 기업 형태에 대한 수요에 적합하다. 물적 회사의 성격을 가지고 있으므로 1인 회사도 가능하다. 사원은 회사채권자에 대하여 출자 금액을 한도로 간접·유한책임을 부담한다.
주식회사	현대 기업의 대표적 형태로서 자본금은 균등한 주식으로 분할되며, 출자자인 주주는 주식의 인수가액을 한도로 출자의무를 진다. 또한 주식은 유가증권으로서 그 양도가 자유롭고, 증권제도의 발전으로 자본의 증권화를 가능케하여 자본조달의 용이성을 제공한다. 특징 : 자본의 증권화제도, 유한책임제도, 소유와 경영의 분리 등

04 기업집중

① 의의 : 둘 이상의 단위기업이 기업상호 간의 협정에 의해 과다 경쟁의 폐해를 없애거나, 혹은 각 기업들이 자본적으로 결합함으로써 보다 큰 경제단위로 결합하는 형태 및 과정을 의미한다. 또한 기업의 안정과 시장 지배를 꾀하게 되는 일련의 현상을 의미한다.

② 형태 : 기업의 독립성과 결합의 정도에 따라 구분

카르텔 (기업연합 : Cartel)	가맹기업 간 협정, 카르텔 협정 등에 의해 성립되며 가맹기업은 이러한 협정에 의해 일부 활동에 대해 제약을 받지만 법률적인 독립성은 잃지 않는다. 통상적으로 카르텔은 가맹기업의 자유의사에 의해 결성되지만, 국가에 의해 강제적으로도 결성되는 경우도 있다. 국민경제발전의 저해, 경제의 비효율화 등에 미치는 폐해가 크므로 각 국에서는 이를 금지 및 규제하고 있다.
트러스트 (기업결합 : Trust)	카르텔보다 강한 기업집중의 형태로 이는 시장독점을 위해 각 기업체가 개개의 독립성을 상실하고 결합하는 것을 의미한다. 고전적 트러스트 외 기업합동의 형태로는 기존 여러 기업의 주식 중 지배 가능한 주식을 매수함으로써 지배권을 집중화하는 지주회사 형식, 기존 여러 기업이 일단 해산한 후 자산을 새로 설립된 기업에 계승시키는 통합형식, 또는 어떠한 기업이 타 기업을 흡수 · 병합하는 형식 등이 있다.
콘체른 (기업제휴 : Concern)	법률적으로 독립성을 유지하면서 경제적으로는 불대등한 관계의 서로 관련된 복수 기업들의 기업결합 형태를 말한다. 본래는 거대독점자본인 금융기관의 존재형태 및 기업소유형태와 깊은 관련이 있으나 국내 및 일본에서는 기업형태상 콘체른에 속하는 기업집단을 동족적 집단이라는 의미에서 재벌이라고 한다.
지주회사 (지배회사, 모회사 : Holding Company)	다른 기업의 주식소유를 통한 기업지배를 목적으로 하는 회사로서 순수 지주회사와 사업 지주회사가 있다. 콘체른의 대표적인 방법이다. 장점 : 분사화를 통한 사업의 분리매각이나 보다 유연한 사업의 진입·퇴출 등 구조조정에 유리하다. 단점 : 소액자본으로 다수기업을 손쉽게 지배할 수 있어 경제력 집중 수단으로 악용될 우려가 있다.
컨글로머리트 (다각적 복합 기업 : Conglomerate)	생산 공정 또는 판매과정 등의 분야에서 상호 간 관련이 없는 다양한 이종 기업을 합병 및 매수해서 하나의 거대한 기업체를 형성하는 기업결합 형태를 말한다. 이를 구성하는 목적으로는 경영의 다각화, 경기변동에 의한 위험분산, 이윤 증대, 외형상의 성장, 조직 개선 등이 있다.
콤비나트 (지역적 결합체 : Kombinat)	일정 수의 유사한 규모의 기업들이 원재료 및 신기술의 활용을 목적으로 사실상의 제휴를 하기 위해 근접한 지역에서 대등한 관계로 결성하는 수평적인 기업집단을 의미한다. 국내의 경우 공업단지가 이와 비슷한 형태이다.
다국적기업 (Multinational Corporation)	여러 나라에 걸쳐 영업 내지 제조 거점을 가지고 국가적, 정치적 경계에 구애됨이 없이 세계적인 범위와 규모로 영업을 하는 기업을 의미한다.

조인트 벤처 (합작투자, 공동출자회사 : Joint Venture)	공동출자회사로서 2인 이상의 사업자가 공동 계산에 의해 손익을 분담키로 하고 공동 사업을 영위하는 것을 의미한다.
디베스티처 (Divestiture)	기업이 채산성이 떨어지는 사업 혹은 불필요한 생산 라인 등을 매각, 처분하는 경영 전략을 의미한다.
기업집단 (Business Grouping)	주식의 소유, 중역의 파견, 업무제휴, 기술원조 등 여러 수단을 통해 참가 기업간에 계속적인 공동이익 관계를 형성하는 기업집중 형태이다. 통일적인 지배회사가 없다는 점에서 콘체른과 구별되며, 가장 대표적인 예가 콤비나트이다.
기업계열화 (Business Integration)	경제력을 독점적, 배타적으로 이용하기 위해서 대기업이 중소기업을 거래상의 관계로 종속시켜 자사의 통제 하에 둠으로써 형성되는 대기업과 중소기업의 결합관계를 의미한다.

05 기업의 사회적 책임 (Corporate Social Responsibility : CSR)

기업의 규모가 점점 커지고 사회에서 차지하는 비중이 점차 확대됨에 따라 기업이 한 사회의 구성원으로서 자신이 소속된 사회에 대하여 책임을 져야 한다는 주장이 제기되면서, 기업의 사회적 책임이 대두되었다. 기업은 기업활동을 영위하는 사회에 대한 책임을 다함으로써 오히려 기업의 존속과 발전을 기할 수 있다.

① 기업의 사회적 책임의 중요성

  ㉠ 이해관계자들을 개별적으로 접근하지 않고 통합된 하나의 차원으로 접근하는 것이 특징이다.

  ㉡ 기업 자체에 대해서 장기적이고 지속적인 기업경쟁력의 원천이 된다.

  ㉢ 사회적 형평성을 제고하는데 기여한다.

  ㉣ 사회경제 전체의 효율성을 향상시켜 경제적으로도 이득이 된다.

  ㉤ 경제적 이익 동기만을 우선시 하는 황금만능주의적 사고를 탈피하여 경제적 동기와 사회적 동기가 균형을 이룰 수 있다.

② 데이비스에 의한 긍정론과 부정론의 주요 논거

긍정론	• 기업에 대한 공공기대의 변화 • 공공의 이미지 • 정부에 의한 규제 회피 • 사회문화규범 • 책임과 권력의 균형 • 사회문제는 이윤이 될 수 있다는 점		• 예방은 치료보다 효과적인 점 • 보다 좋은 기업환경 • 기업은 자원을 보유하고 있다는 점 • 기업에 맡기는 것이 효율적 • 주주의 관심 • 사회관심을 구하는 시스템의 상호의존성
부정론	• 이윤극대화 • 사회관여의 기업비용 • 사회적 책임의 사회비용	• 사회기술의 결여 • 국제수지의 악화 • 기업의 주요 목적에 대한 위협	• 변명의무의 결여 • 광범한 지지의 결여 • 기업은 충분한 사회 권력을 보유

06 경영이론의 발전

(1) 테일러(F. Taylor) 시스템과 포드(H. Ford) 시스템

구분	테일러 시스템	포드 시스템
명칭	과업관리, 테일러리즘	동시관리, 포디즘
원칙	고임금 – 저노무비	저가격 – 고임금
기준	달성 시 고임금, 미달성 시 책임추궁 과학적 1일 과업량 설정 작업의 과학적 측량과 표준화	경영공동체관 강조, 경영관리의 독립강조 기업은 사회적 봉사기관(영리주의 부인)
내용	작업지도표 제도, 직능별 직장제도 차별적 성과급제도, 시간연구와 동작연구	일급제(일당 제도), 대량생산 – 대량소비 기능 컨베이어 시스템, 생산의 표준화
특징	개별생산공장의 생산성 향상	연속생산의 능률과 생산성 향상

(2) 페욜(H. Fayol)의 일반관리론

① 경영관리직능의 5요소 : 계획, 조직, 명령, 조정, 통제

② 6가지 경영(기업의 본질적)의 기능 : 규모와 종류에 관계없이 고유직능을 가지고 있다.

   ㉠ 기술적 활동 : 생산, 제조, 가공 등

   ㉡ 재무적 활동 : 자본 조달 및 운용 등

   ㉢ 상업적 활동 : 구매, 판매, 교환 등

   ㉣ 회계적 활동 : 대차대조표, 원가, 통계, 재산목록 등

   ㉤ 보전적 활동 : 재산 및 종업원의 보호 등

   ㉥ 관리적 활동 : 계획, 조직, 명령, 조정, 통제 등

③ 경영관리의 14가지 일반관리원칙

   ㉠ 분업(Division Of Work) : 모든 작업을 분업화, 전문화하여 효율성을 제고하여 생산성을 높인다.

   ㉡ 권한과 책임(Authority&Responsibility) : 상급자는 명령권을 가져야 하되 책임도 따라야 한다.

   ㉢ 규율(Discipline) : 사원들은 정해진 규율을 지켜야 한다.

   ㉣ 명령의 일원화(Unity Of Command) : 부하는 어떤 일의 지시든, 한 사람의 상사로부터만 받아야 한다.

   ㉤ 지휘의 통일화(Unity Of Direction) : 하나의 과업은 한 사람의 상급자에 의해 하나의 계획으로 작성되고 지휘되어야 한다.

ⓗ 조직목표(전체 이익) 우선(Subordination Of Individual Interest To General Interest) : 개인목표가 조직목표, 단체목표보다 우선될 수 없다.(개별이익 종속의 원칙)

ⓢ 공정보수(Remuneration) : 보상은 조직, 주주, 노동자 모두를 만족시키는 수준으로 적절하게 정해져야 한다.

ⓞ 집권화(Centralization) : 권한 위임은 상황에 따라 적정 수준으로 유지해야 한다.

ⓩ 계층화(Scalar Chain) : 조직의 지시, 의사소통, 정보전달 등은 계층별 연결망을 통하여 이루어져야 한다.

ⓒ 질서와 순서(Order) : 조직 내 모든 인적·물적 자원은 순서에 의해 질서정연하게 배치, 배분, 사용되어야 한다.

ⓚ 공정(Equity) : 상급자는 모든 하급 직원을 공정하게 대해야 한다.

ⓣ 고용보장(Stability Of Tenure of Personnel) : 이직률을 낮추고 사원들에게 고용안정을 확산시키는 것이 바람직하다.

ⓟ 자율권 부여(Initiative) : 구성원에게 자율과 결정권을 부여함으로써 만족과 창의력 개발을 유도한다.

ⓗ 협동심 부여(Esprit De Corps) : 구성원들의 단결과 조화를 유지함으로써 동기부여와 시너지 효과를 누리도록 한다.

(3) 막스 베버(Max Weber)의 관료제론

① 의의 : 권한구조에 대한 이론에 기반을 두고 있다. 권한의 유형을 카리스마적 권한, 전통적 권한, 합리적 · 법적 권한으로 구분하고 합리적, 법적 권한에 기반한 관료제 모형이 근대사회의 대규모조직을 설명하는 데 가장 적절하다.

② 관료제의 특성
ⓐ 안정적이면서 명확한 권한 계층
ⓑ 태도 및 대인관계의 비개인성
ⓒ 과업전문화에 기반한 체계적인 노동의 분화
ⓓ 규제 및 표준화된 운용 절차의 일관된 시스템
ⓔ 관리 스태프진은 생산 수단의 소유자가 아님
ⓕ 문서로 된 규칙, 의사결정, 광범위한 파일
ⓖ 기술적인 능력에 의한 승진을 기반으로 평생의 경력관리

(4) 인간관계론(Human Relations)

① 의의 : 과학적 관리론(고전 이론)의 문제점 때문에 등장하게 된 신고전 이론이며, 행동론자인 뮌스터버그, 오웬 등에 의해 시작되어 메이요의 호손연구를 통해 본격화되었다.

② 호손실험 : 하버드 대학의 심리학 교수였던 메이요(Elton Mayo)교수가 중심이 되어 이루어졌다. 호손실험은 1차 실험(조명도 실험), 2차 실험(계전기조립실험), 3차 실험(면접시험), 4차 실험(배선관찰 시험)으로 이루어졌다. 민주적 리더십과 비공식 조직을 강조하였으며, 기업조직은 경제적, 기술적, 사회적 시스템이고, 종업원 만족의 증가가 성과로서 연결된다고 보고 있다. 또한 인간의 사회적, 심리적 조건 등을 중요시하였으며, 의사소통의 경로개발이 중요시되며, 참여가 제시되었다.

③ 호손실험이 경영학적인 사고에 끼친 영향

　㉠ 호손실험은 인간에 대한 관심을 높이게 되는 계기가 되었다.

　㉡ 호손실험으로 인간의 감정, 배경, 욕구, 태도, 사회적인 관계 등이 효과적인 경영에 상당히 중요하다는 사실을 인지하게 되었다.

　㉢ 구성원들 상호 간 관계에서 이루어지는 사회적인 관계가 "비공식조직"을 만들고, 이는 공식조직만큼이나 생산성에 영향을 미친다는 사실을 인지하게 되었다.

07 경영전략(Business Strategy)

(1) 의의

다른 기업들과의 사이에서 경쟁우위를 점하고, 경영목표를 효율적으로 달성하기 위하여 기업환경요인들의 변화를 고려하여 방향을 설정하고 실현하는 방법을 결정하는 활동이다.

(2) 마이클 포터의 본원적 경쟁전략

	경쟁우위	
	저원가	차별화
넓은 영역	원가우위 전략 (Cost Leadership)	차별화 전략 (Differentiation)
좁은 영역	원가 집중화 (Cost Focus)	차별적 집중화 (Differentiation Focus)

경쟁영역

원가우위 전략	비용요소를 철저하게 통제하고 기업조직의 가치사슬을 최대한 효율적으로 구사하는 전략
차별화 전략	소비자들이 가치가 있다고 판단하는 요소를 제품 및 서비스 등에 반영해서 경쟁사의 제품과 차별화한 후 소비자들의 충성도를 확보하고 이를 통해 가격 프리미엄 또는 매출증대를 꾀하고자 하는 전략
집중화 전략	메인 시장과는 다른 특성을 지니는 틈새시장을 대상으로 해서 소비자들의 니즈를 원가우위 또는 차별화 전략을 통해 충족시켜 나가는 전략

(3) 마이클 포터의 산업구조분석(5 Forces Model)

① 효과적인 경쟁전략의 5요소(잠재적 진입자, 산업 내 경쟁자, 공급자, 구매자, 대체품)를 경쟁요소별 경쟁적 지위를 창출하기 위해 공격적 또는 방어적인 행동을 취하는 것을 의미한다.

대체재의 위협	그 제품을 대신할 대체재의 진입가능성이 높고, 가격이 낮으며 성장성이 클수록 산업의 수익률은 낮아진다.
잠재적 진입자의 위험 (신규 진출 기업의 위험)	진입하려는 기업의 입장에서는 침투하기 쉬운 곳이 매력적인 시장이지만, 기존에 진출해 있는 기업의 입장에서는 신규기업의 진출이 어려워야 매력적인 시장이다. 산업에서 진입장벽이 낮아서 새로운 기업의 진입이 쉬우면 경쟁 때문에 수익률은 낮아진다.
기존 경쟁자 간 경쟁	성장률이 낮고, 고정비 비중이 높으며, 철수 장벽이 높을 때 경쟁이 더 치열하다.
공급자의 교섭력	공급량이 크고, 제품 차별화, 대체품 없음, 전방통합 가능 시 공급자 교섭력이 높다.
구매자의 교섭력	구매량이 크고, 후방통합능력, 정보 등이 많은 구매자일수록 교섭력이 높다.

② 5 Force 특징

ㄱ 수평적 경쟁 요인 : 대체재, 잠재적 진입자의 위험, 기존 사업자 등

ㄴ 수직적 경쟁 요인 : 공급자 교섭력, 구매자 교섭력 등

(4) Portfolio 전략 유형

① BCG 매트릭스(성장·점유 포트폴리오) : 경험곡선과 PIMS모형을 이용하여 제품 또는 사업단위에 대해 시장성장률과 상대적 시장점유율 두 전략요인을 포트폴리오 차원으로 선정하여 만든 2×2 매트릭스를 말한다. 수평축에는 시장점유율을, 수직축에는 시장 성장률을 표시하여 전체를 4개의 사업집단으로 나타낼 수 있다.

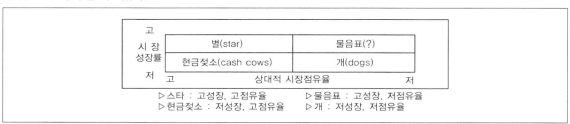

별(Star) 사업부	시장성장률도 높고 상대적 시장점유율도 높은 경우에 해당하는 사업이다. 이 사업부의 제품들은 제품수명주기상에서 성장기에 속한다. 이에 속한 사업부를 가진 기업은 시장 내 선도기업의 지위를 유지하고 성장해가는 시장의 수용에 대처하며, 여러 경쟁기업들의 도전에 대응하기 위해 역시 자금의 투하가 필요하다. 별 사업부에 속한 기업들이 효율적으로 잘 운영된다면 이들은 향후 Cash Cow가 된다.
현금젖소(Cash Cow) 사업부	• 시장성장률은 낮지만 높은 상대적 시장점유율을 유지하고 있다. 이 사업부는 제품수명주기상에서 성숙기에 속하는 사업부이다. 많은 이익을 시장으로부터 창출해낸다. 그 이유는 시장의 성장률이 둔화되었기 때문에 그만큼 새로운 설비투자 등과 같은 신규 자금의 투입이 필요없고, 시장 내 선도 기업에 해당되므로 규모의 경제와 높은 생산성을 누리기 때문이다. • Cash Cow에서 산출되는 이익은 전체 기업의 차원에서 상대적으로 많은 현금을 필요로 하는 Star나 Question Mark, Dog의 영역에 속한 사업으로 자원이 배분된다.
물음표(Question Mark) 사업부	• 다른 말로 문제아라고도 한다. • 시장성장률은 높으나 상대적 시장점유율이 낮은 사업이며, 제품들은 제품수명주기상에서 도입기에 속하는 사업부이다. • 시장에 처음으로 제품을 출시한 기업 외에도 대부분의 사업부들이 출발하는 지점이 물음표이며, 신규로 시작하는 사업이기 때문에 기존의 선도 기업을 비롯한 여러 경쟁기업에 대항하기 위해 새로운 자금의 투하를 상당량 필요로 한다. • 기업이 자금을 투입할 것인가 또는 사업부를 철수해야 할 것인가를 결정해야 하기 때문에 Question Mark라고 불리고 있다. 한 기업에게 물음표에 해당하는 사업부가 여러 개이면, 그에 해당되는 모든 사업부에 자금을 지원하는 것보다 전략적으로 소수의 사업부에 집중적으로 투자하는 것이 효과적이라 할 수 있다.
개(Dog) 사업부	시장성장률도 낮고 시장점유율도 낮은 사업부이다. 제품수명주기상에서 쇠퇴기에 속하는 사업이다. 낮은 시장성장률 때문에 그다지 많은 자금의 소요를 필요로 하지는 않지만, 사업활동에 있어서 얻는 이익도 매우 적은 사업이다. 이 사업에 속한 시장의 성장률이 향후 다시 고성장을 할 가능성이 있는지 또는 시장 내에서 자사의 지위나 점유율이 높아질 가능성은 없는지 검토해보고 이 영역에 속한 사업들을 계속 유지할 것인지 아니면 축소 내지 철수할 것인가를 결정해야 한다.

② GE 매트릭스(맥킨지 매트릭스) : BCG기법의 문제점과 한계사항을 극복하기 위해 개량된 대체적인 포트폴리오 기법 중의 하나로 기업의 경쟁우위와 시장매력도를 각각 고, 중, 저 3가지 수준으로 나누어 구분하는 것이 특징이다. 매트릭스에 의해 접근되며, 모두 외적인 측면과 내적인 측면을 축으로 한다는 점에서 BCG매트릭스와 유사하다.

③ 공공영역에서의 이슈 포트폴리오 매트릭스 : BCG매트릭스를 행정기획부문에서의 이슈관리에 적용할 수 있는데 이때는 제3자의 지지와 취급 용이성으로 시장점유율과 시장성장율을 대체한다. 취급용이성이란 이슈가 조직에 의해 성공적으로 착수되는 전망을 의미하며, 제3자의 지지는 요구를 가진 사람들을 도와주기 위한 기관의 행동에 의해 영향을 받게 될 사람들의 태도를 말한다.

(5) Portfolio Analysis의 장·단점

구분	장점	단점
BCG 매트리스	기업의 전반적인 건강상태, 자금조달 능력을 한 눈에 알 수 있다. 기업 경영자에게 각 사업단위의 자원배분에 대한 지침을 제공하며, 존속시킬 사업, 처분해야 할 사업, 기업의 목표를 달성해 줄 수 있는 사업 등 이상적인 균형 상태를 알 수 있게 해 준다.	기업의 전략선택에 영향을 주는 요인이 시장점유율 외에도 더 많이 있을 수 있다. 특정한 전략적 사업단위의 시장점유율과 시장성장률을 측정하기가 어렵다. 모든 사업들을 4개의 사업으로 분류하기가 어렵다. 즉, 중간에 위치하는 사업에 대한 고려가 없다. 시장 점유율의 증대가 반드시 수익성 증대로 연결되는 것은 아니다.
GE 매트릭스	포괄적이고 다양한 변수를 사용하여 각 사업 단위들의 현재 상황을 파악하고 전략을 제시해 준다.	많은 변수들이 경영자의 주관적 판단에 의해 평가되므로 완전한 객관성을 확보할 수 없다.

(6) SWOT Analysis

① 개념 : 외부환경에서 나타나는 기회와 위협을 파악하고 조직 내부의 강점과 약점을 인식하여 전략적 도전 방법을 찾아내어 문제를 분석하고 기업의 전략을 수립하기 위해 사용되는 분석기법이다. SWOT은 Strength(강점), Weakness(약점), Opportunities(기회), Threats(위협)의 앞자를 따온 말로 과거와는 달리 기회와 위협이 불연속적으로 오는 환경에서 충격과 놀라움의 원인과 반응을 전략적으로 분석해서 미리 대비할 뿐 아니라 더 나아가 위협을 극복하고 기회를 포착하는 분석 방법으로 내부환경 분석과 외부환경 분석으로 나눈다.

  ㉠ 내부 환경 분석 : 자신이 속한 조직을 경쟁자와 비교했을 때의 강점과 약점

  ㉡ 외부 환경 분석 : 자신을 제외한 모든 기회와 위협

② SWOT Analysis를 사용하는 이유

  ㉠ 환경기회 : 환경요인들의 변화를 통해 창출할 수 있는 기회(Environmental Opportunities)

  ㉡ 기업기회 : 각 조직의 목적이나 강/약점에 따라 환경기회와 부합되는 자원과 능력을 갖춘 기업들이 갖는 차별적 우위(Company Opportunities)

  위 두 가지 기회는 내부환경과 외부환경에 따라 다르기 때문에 가장 적합한 분석으로 SWOT 분석을 활용해야 한다.

③ SWOT Analysis의 방법

  ㉠ SWOT Analysis는 매트릭스를 활용해서 문장을 짧고 명료하게 나타내어 한 눈에 쉽게 분석이 가능토록 기술해야 한다.

ⓛ 전략 도출 방법

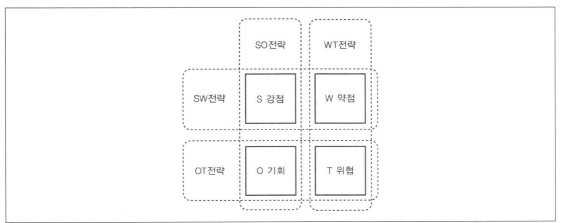

- SO전략(maxi-maxi) : 내부강점을 가지고 외부기회를 살리는 전략 (확대 전략, 공격적 전략)
- ST전략(maxi-mini) : 내부강점을 가지고 외부위협을 회피하거나 최소화하는 전략 (안정성장 전략, 다양화전략)
- WO전략(mini-maxi) : 외부 기회는 포착하되 내부약점을 보완하여 기회를 살리는 전략 (우회, 방향전환전략, 개발전략)
- WT전략(mini-mini) : 외부 위협에 약점을 보완하면서 동시에 위협을 회피하거나 최소화하는 전략 (축소, 철수 전략, 방어적 전략)

ⓒ 중심전략 선정(의사결정) : 위의 네 가지를 비교 후 목적달성의 중요성, 실행가능성, 남과의 차별성, 적합성 등을 고려해서 결정

④ SWOT Analysis의 장 · 단점

ⓐ 장점
- 광범위한 적용이 가능(기능별 부문(마케팅, 생산 및 판매 등) / 팀, 사업 단위, 그룹단위 등)
- 내부와 외부의 면들을 동시에 판단 가능
- 문제점을 쉽게 파악

ⓑ 단점
- 제반사항에 관한 충분한 지식이 필요 (강점과 약점, 기회와 위협의 간단 명료한 기술)
- 기술된 내용에 대한 정확한 이해 설명 요구

(7) 전략경영

① 개념 : 경영관리상의 전 범위를 포괄하며, 전략경영시스템은 계획 활동뿐만 아니라 기업조직의 활동 · 동기부여 · 통제 등의 제국면을 포괄하는 시스템으로의 특징을 지닌다.

② 호퍼와 센델의 전략경영 형성 단계 (7단계) : 전략의 식별 → 환경의 분석 → 자원의 분석 → 갭의 분석 → 전략적 대체안 → 전략의 평가 → 전략의 선택

③ 마일즈와 스노우의 전략분류(4가지 전략)

  ⊙ 방어형 전략 (안정 및 능률)

    • 광범위한 분업 및 공식화의 정도가 높은 기능별 조직구조를 취하는 경향
    • 집권화된 통제 및 복잡한 수직적 정보시스템
    • 단순한 조정메커니즘과 계층 경로를 통한 갈등 해결

  ⊙ 탐사형 전략 (유연성)

    • 분업의 정도가 낮으며, 공식화의 정도가 낮은 제품별 조직구조를 취하는 경향
    • 분권화된 통제 및 단순한 수평적 정보시스템
    • 복잡한 조정메커니즘과 조정자에 의한 갈등 해결

  ⊙ 분석형 전략 (안정 및 유연성)

    • 기능별 구조 및 제품별 구조를 결합한 느슨한 조직구조를 취하는 경향
    • 중간 정도로 집권화된 통제
    • 극도로 복잡하면서 고비용의 조정메커니즘을 가지고 있다. 어떠한 갈등은 제품관리자에 의해 해결하고, 어떠한 갈등은 계층경로를 통해 해결된다.

  ⊙ 반응형 전략 : 환경에 적응하지 못하고 명확한 전략없이 대응하는 기업이 해당됨

08 경영정보시스템(Management Information System : MIS)

① 개념 : 기업조직의 목표를 달성하기 위해 정보, 업무, 조직원 및 정보기술 등이 조직적으로 결합된 것을 의미한다.

  ※ 킨(P. Keen) : 기업조직의 정보시스템을 효율적으로 설계하고 설치 및 활용하는 것이라고 정의한다.

  ⊙ 자료 : 어떠한 현상이 일어난 사건, 사실 등을 있는 그대로 기록한 것으로 주로 기호·숫자·음성·문자·그림·비디오 등의 형태로 표현한다.

1차 자료	조사자가 현재 수행중인 조사 목적을 달성하기 위해 조사자가 직접 수집한 자료
2차 자료	현재의 조사 목적에 도움을 줄 수 있는 기존의 모든 자료

ⓛ 정보 : 개인 또는 조직이 효과적인 의사결정을 하는데 있어 의미가 있으면서 유용한 형태로 처리된 자료를 의미한다.
- **정보의 특징** : 정확성, 완전성, 경제성, 신뢰성, 관련성, 단순성, 적시성, 입증가능성, 통합성, 적절성, 누적가치성, 매체의존성, 결과지향성, 형태성을 가지고 있다.
ⓒ 시스템 : 조직, 체계, 제도 등 요소들의 집합 또는 요소와 요소 간의 유기적인 집합이며, 지정된 정보 처리 기능을 수행하기 위해 조직화되고 규칙적으로 상호 작용하는 방법, 절차, 경우에 따라 인간도 포함하는 구성요소들의 집합을 의미한다.
- **구성 요소** : 입력(Input), 처리(Process), 출력(Output) 등
- **특징** : 개개요소가 아닌 하나의 전체로 인지되어야 하며, 상승효과를 동반하고 계층적 구조의 성격을 지니고 있어야 한다. 또한 통제되어야 하고 투입물을 입력받아서 처리 과정을 거친 후에 그로 인한 출력물을 밖으로 내보낸다.
② 거래처리 시스템(TPS) : 기업조직에서 일상적이면서 반복적으로 수행되는 거래를 쉽게 기록 · 처리하는 정보 시스템으로서 기업 활동의 가장 기본적인 역할을 지원한다.
③ 경영정보 시스템의 기본 형태

경영정보 시스템	기업조직에서 활용하는 효율적인 정보시스템의 개발 및 사용을 의미, 정규적으로 구조화되어 있으며, 요약된 보고서를 관리자에게 제공하는 정보시스템이다. 기업조직에서 발생하는 경영활동의 실적 추적정보 및 조직 내 부서 간의 업무협조를 공고히 하는데 필요로 하는 정보를 생성해 낸다.
의사결정지원 시스템	반구조적 또는 비구조적 의사결정을 지원하기 위해 의사결정자가 데이터와 모델을 활용할 수 있게 해주는 대화식 시스템이다. 의사결정자와 시스템간의 대화식 정보처리가 가능하도록 설계되어야 하며, 그래픽을 활용해서 해당 정보처리 결과를 보여주고 출력하는 기능이 있어야 한다. 여러 가지 원천으로부터 데이터를 획득해서 의사결정에 필요한 정보처리를 할 수 있도록 설계되어야 하며, 의사결정이 이루어지는 과정 중에 발생 가능한 환경의 변화를 반영할 수 있도록 유연하게 설계되어야 한다.
사무자동화 시스템	기업조직 내 일상의 업무소통 및 정보처리 업무 등을 지원하는 시스템을 의미하며, 조직원 개인의 생산성 향상뿐만 아니라 구성원들의 사고 및 의사소통 등 새로운 방식의 업무 수행방법을 제시하는 역할도 수행한다.
최고경영자 정보시스템	조직의 최고 경영층에게 주요 성공요인과 관련된 내 · 외부 정보를 손쉽게 접할 수 있도록 해 주는 컴퓨터 기반의 시스템이다. 다량의 자료를 사용자가 원하는 방식으로 요약한 정보를 의미하며, 사용자의 입장에서는 알고 싶어하는 정보에 대한 상세함의 정도에 따라 갖가지 형식으로 그림 또는 표 등의 선택이 가능하다.

④ 시스템 개발 과정

정보요구사항 결정 단계	프로젝트 팀 구성 → 문제 정의 → 구체적인 정보요구사항 결정 → 타당성 조사 → 경영자의 승인 획득
시스템 개발 단계	정보요구사항 결정 → 선택안 평가 → 설계 → 구현
선택안 평가	선택안 파악 후 손익분석 및 주관적인 평가
설계	하드웨어에 대한 구체적인 사항 및 프로그램, 자료, 절차, 사람, 경영자의 승인 획득
구현	구축(하드웨어 및 프로그램 설치, 파일 구축, 절차의 문서화, 운영요원 선발 및 교육) → 검사(구성요소 개별검사 및 시스템 검사) → 선택안 평가(일시, 병행, 파일럿, 단계적 설치)

⑤ 기업 연계 시스템

전사적 자원관리 (ERP)	기업의 제조 및 생산, 재무 및 회계, 판매 및 마케팅 그리고 인적자원관리 등의 비즈니스 프로세스들을 하나의 소프트웨어 시스템으로 통합하기 위한 것이다.
고객관계관리 (CRM)	기업들은 고객과의 관계를 관리하기 위해 고객관계관리를 활용한다. 수익과 고객 만족 그리고 고객 유지를 최적화할 수 있도록 고객과 관련된 판매, 마케팅, 서비스 부문의 모든 비즈니스 프로세스들을 조정하는데 필요한 정보를 제공한다.
공급사슬관리 (SCM)	기업들은 공급업체와의 관계 관리를 지원하기 위해 공급사슬관리를 이용한다. 이 시스템은 공급업체, 구매 기업, 유통업체 그리고 물류회사들의 주문, 생산, 재고수준 그리고 제품과 서비스의 배송에 관한 정보를 공유하도록 하여 제품과 서비스를 효율적으로 구매, 생산, 배송할 수 있도록 지원한다.
지식관리시스템 (KMS)	어떤 기업들은 우수한 지식을 활용하여 제품이나 서비스를 개발, 생산, 배송함으로써 다른 기업들보다 더 좋은 성과를 내고 있다. 이러한 지식은 모방하기 어렵고 독특하여 장기적으로 전략적 이점을 제공할 수 있다. 조직들이 지식과 전문기술의 획득 및 적용을 위한 프로세스들을 보다 잘 관리할 수 있도록 한다.

⑥ 클라우드 컴퓨팅 : 흔히 IT 아키텍처 구성도에서 인터넷을 구름으로 표현하던 것에 유래한다. 클라우드 컴퓨팅 사용자는 인터넷에 연결된 서비스 제공자의 클라우드 데이터 센터(CDC)에 접속하여 어플리케이션, 스토리지, OS, 보안 등 필요한 IT 자원을 원하는 시점에 필요한 만큼만 골라서 사용할 수 있다. 정리하면 "빌려 쓰고, 자신이 사용한 만큼만 대가를 지불"하는 컴퓨팅 환경이라 할 수 있다.

⑦ 그리드 컴퓨팅 : 최근 활발히 연구가 진행되고 있는 분산 병렬 컴퓨팅의 한 분야로 원거리 통신망(WAN)으로 연결된 서로 다른 기종의 컴퓨터들을 묶어 가상의 대용량 고성능 컴퓨터를 구성하여 고도의 연산 작업 혹은 대용량 처리를 수행하는 것을 의미한다.

⑧ 빅데이터 : 통상적으로 사용되는 데이터 수집, 관리 및 처리 소프트웨어의 수용 한계를 넘어서는 크기의 데이터를 의미한다.

⑨ 보안 및 해킹 관련 용어 정리

랜섬웨어	몸값(Ransom)과 소프트웨어의 합성어이다. 시스템을 잠그거나 데이터를 암호화해 사용할 수 없도록 만든 뒤 이를 인질로 금전을 요구하는 악성 프로그램을 의미한다.
스푸핑	사전적 의미는 '속이다'이다. 네트워크에서 MAC주소, IP주소, 포트 등 네트워크 통신과 관련된 모든 것이 될 수 있고, 스푸핑은 속임을 이용한 공격을 의미한다.
스니핑	디지털 네트워크나 네트워크의 일부를 통해 전달되는 트래픽을 가로채거나 기록할 수 있는 컴퓨터 프로그램 또는 컴퓨터 하드웨어를 의미한다.
신원도용	다른 누군가로 가장하기 위해 그 사람의 주민번호, 운전면허증번호, 신용카드번호 등 개인 핵심정보를 빼내는 범죄를 의미한다.
피싱	전자우편 또는 메신저를 사용해서 신뢰할 수 있는 사람 또는 기업이 보낸 메시지인 것처럼 가장함으로써 비밀번호 또는 신용카드 정보와 같이 기밀을 요하는 정보를 부정하게 얻으려는 Social Engineering의 한 종류이다.
서비스 거부 공격	시스템을 악의적으로 공격해 해당 시스템의 자원을 부족하게 하여 원래 의도된 용도로 사용하지 못하게 하는 것이다. 특정 서버에 수 많은 접속 시도를 만들어 다른 이용자가 정상적으로 서비스 이용을 하지 못하게 하거나, 서버의 TCP연결을 바닥내는 등의 공격이 이 범위에 포함된다.

② 조직행위

01 조직행위의 개념

(1) 의의

개인이나 집단 그리고 조직에 대한 체계적 연구를 통해 기업 조직에 있어 인간의 태도와 행위에 대한 지식을 추구하여 조직의 유효성과 인간복지를 강화하고자 조직 내의 인간행동을 연구하는 것을 의미한다.

(2) 아지리스의 미성숙 · 성숙 이론(Immaturity — Maturity Theory)

① 한 개인이 유아에서 성인으로 삶의 변화에서 성숙의 과정을 거친 것처럼 종업원을 미성숙(유아형)에서 성숙(성인형)으로 전환하기 위해서는 직무확대, 참여적 리더십 등의 전략이 필요하다고 제안하였다.

② 미성숙한 조직의 특징으로는 전제적 리더십, 하향적 커뮤니케이션, 지시와 명령, 통제 중심, 엄격한 규정, 규칙, 절차 등이 있다.

③ 미성숙 및 성숙 단계의 비교

미성숙 단계	성숙 단계
수동적 행위	증대된 행위
의존심	독립심
한정된 행동	다양한 행동
엉뚱하고 얕은 관심	보다 깊고 강한 관심
단기적 전망	장기적 전망
종속적 위치	대등 또는 우월한 위치
자아의식 결여	자아의식과 자기통제

(3) 맥그리거의 X이론과 Y이론

① 인간 본질을 두 가지로 구분하여 관리전략을 처방하는 동기부여이론을 주장하였다.

② X이론과 Y이론의 비교

X이론 (권위주의적 관리방식)	Y이론 (민주적 관리방식)
• 대부분의 사람들에 있어서 일은 싫은 것이다. • 대부분의 사람들은 야망이 없고 책임감도 거의 없으며 지시받기를 좋아한다. • 대개의 사람들은 조직의 문제를 해결하는데 창의력을 발휘할 만한 능력을 갖고 있지 못하다. • 동기부여는 물질적·경제적 수준에서 이루어진다. • 대개의 사람들은 엄격히 통제되어 조직의 목표를 달성하게끔 강제되어야 한다.	• 조건만 알맞다면 일은 노는 것처럼 자연스러운 것이다. • 사람은 자신이 책임을 느끼는 목표를 달성하기 위해 자기 지시, 자기통제를 한다. • 조직문제를 해결하는 데 필요한 창조적 능력은 인간에게 넓게 분산되어 있다. • 동기부여는 물질적·경제적 수준에서 뿐만 아닌 심리적·사회적인 수준에서도 이루어진다. • 사람들은 적절히 동기가 부여되면 일에 있어 자기통제적일 수 있고 창조적일 수 있다.

02 개인행위

(1) 능력의 의의

어떤 일(정신적 또는 육체적 등)을 할 수 있는 최대한의 한계를 말한다. 이는 선천적 또는 후천적인 학습에 의해서도 가능하다. 개인이 잠재적으로 보유한 최대치와 발휘하는 능력의 수준은 차이가 있을 수 있다.

(2) 학습

① 의의 : 연습이나 경험의 결과로 생기는 행동이나 잠재력이 변화하는 것을 의미한다. 즉 자극으로부터 어떠한 행동을 나타나게 하는 것이다.

② 학습이론

  ㉠ 조작적 조건화의 이론적 기반

효과의 법칙	손다이크의 효과의 법칙은 호의적 결과가 따르는 행동은 반복되고 호의적이지 않은 결과가 나타나는 행동은 반복되지 않는다는 것이다.
강화의 법칙	바람직한 행동을 지속시키기 위해서는 강화요인이라는 매개체가 필요한데, 이러한 행동을 유도해 내는 강화작용이 학습과정에 매우 중요한 역할을 하게 된다. 강화에는 크게 긍정적 강화와 부정적 강화가 있다.

ⓛ 사회적 학습이론 : 사람들은 다른 사람에게 일어나는 일을 관찰하거나 듣는 것과 같은 간접적인 경험을 통해서도 학습을 한다. 이처럼 관찰이나 간접적인 경험을 통해서 학습할 수 있다는 관점을 의미한다.

③ 행동 형성

구분	첨가	제거
유쾌한 사건	긍정적 강화(바람직한 행동이 증가함)	소거(나쁜 행동이 감소됨)
불쾌한 사건	벌(바람직하지 못한 행동이 감소됨)	부정적강화(바람직한 행동이 증가함)

(3) 태도

① 의의 : 어떤 대상, 사람, 또는 사건에 대해서 호의적이거나 비호의적으로 평가하는 것이다. 태도는 어떤 대상에 대하여 개인이 지닌 느낌이다.

② 태도의 구성요소

인지적 요소	특정 대상에 대한 인간이 가지고 있는 지식, 지각, 아이디어 및 신념 등을 의미한다. "나의 상사는 권위적이다"
정서적 요소	개인의 특정 대상에 대해 가지고 주관적 감정과 관련된 요소이다. 태도의 감정 또는 느낌과 관련된 영역으로 대상에 대한 감정, 즉 어떤 사물이나 사람에 대해 '좋다, 나쁘다' 등의 진술에서 발견할 수 있다. "나는 나의 상사를 좋아하지 않는다."
행동적 요소	태도와 일치하도록 행동하려고 하는 의도로 개인이 대상에 대해 특정 방식으로 행동하려는 경향과 관련된 요소를 의미한다. "나는 나의 상사의 지시를 듣지 않는다."

③ 인지부조화 이론 : 둘 이상의 태도 또는 태도와 행동 사이의 불일치를 의미한다. 페스팅거는 어떤 종류든 불일치는 사람을 불편하게 만들기 때문에, 사람들은 부조화로 인한 불편을 감소시키려는 시도를 한다고 주장하였다.

(4) 성격

① 의의 : 어떤 개인이 다른 사람과 상호작용하는 방식을 의미한다.

② 성격의 유형

ⓐ MBTI : Myers-Briggs Type Indicator의 머리글자만 딴 것으로 C.G.Jung의 성격유형 이론을 근거로 해서 Catharine C.Briggs와 그의 딸 Isabel Briggs Myers, 그리고 손자인 Peter Myers에 이르기까지 무려 3대에 걸쳐 70년 동안 지속적으로 연구 개발한 인간이해를 위한 성격유형 검사이다.

ⓛ Big 5 모델

외향성	다른 사람과의 사교, 자극과 활력을 추구하는 성향으로, 사회적 관계속에서 편안함을 느끼는 정도이다.
친화성	타인에게 반항적이지 않고 협조적이고 존중하는 개인의 성향이다.
성실성	목표를 성취하기 위해 성실하게 노력하는 성향으로 사람의 신뢰성 정도, 성과와 밀접하게 관련되어 있다.
정서적 안정성	스트레스에 대처하는 개인의 능력으로 감정의 양 극단을 오가는 정도를 말하며, 우울·적개심 같은 부정적인 감정을 지속적으로 느끼는 성향이다.
개방성	새로운 것에 호기심을 갖고 매료되는 정도를 나타내는 성향이다.

③ 조직행동에 영향을 미치는 주요 성격적 특성

통제의 위치	스스로 운명을 통제할 수 있다고 믿는 정도를 의미한다. 자신의 운명을 스스로 통제한다고 믿는 사람들을 내재론자라하고, 반대로 자신의 운명이 자기 외부에 존재하는 힘들에 의해 결정된다고 믿는 사람들을 외재론자라고 한다.
마키아벨리즘	자신의 목표를 달성하기 위해 다른 사람을 이용하거나 조작하려는 성향을 의미한다. 마키아벨리적 성향이 높은 사람은 실용적이며, 감정적으로 냉정함을 잃지 않을 뿐만 아니라 결과가 수단을 정당화한다고 믿는다.
자기감시 성향	사람중에는 외부 상황적 조건의 변화에 잘 적응하는 사람이 있는데, 이들은 자기감시 성향이 높은 사람이다. 이들은 외부의 자극에 매우 민감하게 상황에 따라서 다른 방식으로 행동하는데 능숙하다.
위험감수 성향	위험을 감수하려는 의지를 말하며, 높은 위험감수성향을 지닌 사람은 의사결정이 빠르고 정보가 부족할 때에도 과감하게 의사결정을 한다.
A형 성격	참을성이 없고 성취에 대한 욕망이 크며 완벽주의로 특징지어지는 성격이다. 반면, B형은 느긋하고 모든 일에 태평하며 덜 경쟁적인 성격 유형이다.

(5) 가치관

① 의의 : 어떤 구체적인 행동양식이나 존재양식이 그 반대의 행동양식이나 존재양식보다 더 낫다고 여기는 개인적·사회적 확신이며, 가치관은 어떤 것이 옳고 선하며, 바람직한지에 대한 판단을 내리는 개인적인 신념을 담고 있다.

② 가치관과 국가문화 : 홉스테드의 문화차원이론

권력격차	조직이나 제도에 의해서 부여되는 권력이 평등하게 부여되지 않은 상황을 사람들이 얼마나 수용하는가에 대한 것이다.
개인주의와 집단주의	개인주의 문화란 사람들이 집단 구성원으로 일하는 것보다 개인적으로 일하는 것을 선호하는 국가의 문화이며, 집단주의는 개인주의 성향이 낮은 국가의 문화를 가리킨다.
남성문화와 여성문화	남성과 여성의 역할을 명확하게 구분하는가의 여부이다.
불확실성 회피성향	사람들이 혼란스러운 상황에 비하여 잘 정돈된 상황을 선호하는 정도이다.
장기 성향과 단기 성향	사회가 전통적 가치에 대해 장기전 관점을 가지고 존중하는 정보를 의미한다. 장기적 성향을 가지고 있는 문화의 사람들은 미래지향적인 반면 단기적 성향의 문화 사람들은 과거와 현재적 가치를 중요시한다.

(6) 지각

① 의의 : 사람들이 환경에 의미를 부여하기 위하여 감각적 인상을 조직하고 해석하는 과정을 의미한다.

② 대인지각 : 사람들이 다른 사람을 어떻게 지각하는가를 의미한다.

　㉠ 켈리의 귀인이론

특이성	사람이 상황에 따라 얼마나 다른 방식으로 행동하는 성향이 있는가의 문제이다. (외적귀인)
합의성	유사한 상황에 처한 모든 사람들이 모두 유사한 방식으로 행동하느냐의 문제이다. (외적귀인)
일관성	특정행동이 시간을 두고 반복되는지 여부이다. (내적귀인)

　㉡ 지각오류

후광(현혹) 효과 (Halo Effect)	특정인이 가진 지엽적인 특성만을 가지고 그 사람의 모든 측면을 '긍정적'으로 평가하는 오류를 의미한다.
대비효과	판단을 함에 있어 대비되는 정보로 인하여 판단이 왜곡되는 것을 의미한다. 즉, 절대적 기준으로 평가하지 못하고 다른 사람과 비교하여 평가하는 오류를 말한다.
주관의 객관화	타인을 평가할 때 자신의 감정이나 경향을 귀속 · 전가시키는 데서 초래하는 지각의 오류를 말하는 것으로 투사의 오류라고도 한다.
스테레오타이핑 (상동적 태도)	개인이 특정집단의 구성원이라는 이유만으로 그 특정집단이 가지는 모든 특성을 다 가지고 있을 것이라고 가정하고 평가하는 오류로서, 일종의 고정관념이자 편견이다.
관대화 경향	개인을 평가할 때 가급적이면 후하게 평가하는 경향이다.
중심화 경향	대다수의 평가가 중심으로 몰리는 경향이다.
가혹화 경향	모든 대상의 모든 평가 요소를 부정적으로 평가하는 경향이다.
최근 효과	보통 가장 최근의 것이 기억에 남게 되는데, 이 때문에 과거 행위보다 최근의 행위에 비중을 두어 대상을 인식하게 된다.
초기 효과	초기 정보에 더 의존하는 경우는 면접 시 보통의 경우 초기에 면접한 사람들에게 후한 점수를 주는 것이다.

유사 효과	개인은 자신과 유사한 사람들을 좋아하는 경향이 있다. 싫어하는 사람보다 좋아하는 사람을 더 호의적으로 평가하기 때문에, 지각이 조직 상황에서 또 다른 지각 오류의 원천을 제공하는 것이다.
자성적 예언	사람은 윗사람이나 동료가 믿고 기대하는 바에 따라 행동하게 되고 그러한 행동의 결과로 타인이 기대하는 바가 현실로 나타나게 되는 경우를 의미한다.

03 동기부여

(1) 의의

사람들이 목표달성을 위해 행동하도록 자극하여 동기가 생기게 하고, 구체적 행동을 유도하고 이끌며, 그러한 행동을 지속하게 하는 것을 의미한다. 또한 어떤 행위를 하게 만드는 충동적 힘이며, 강력한 목표지향성을 지니고 있기 때문에 조직은 구성원에 대한 동기부여 전략을 통해 조직유효성을 강화시킬 수 있다. 경영자나 조직구성원의 입장에서 동기부여란 조직에서 개인이 직무를 수행하는 과정에서 개인적 목표와 일치되는 목표를 위해 자발적, 지속적으로 고도의 노력을 기울이도록 자신을 유도하는 과정, 그리고 조직이 그러한 개인에게 동기가 부여된 행동을 촉진하는 일련의 활동이라 정의하기도 한다.

(2) 동기부여 이론의 두 모형 & 전개

① 동기부여 내용이론

　㉠ 매슬로우의 욕구 5단계 이론

　• 생리적 욕구(1단계) : 인간의 가장 기본적인 욕구인 의식주 등에 관한 욕구로서 인간이라면 누구나 충족해야 하는, 인간에게 있어 가장 저차원 단계의 욕구를 의미한다.

- **안전욕구(2단계)** : 직무환경으로부터의 안전 및 생활의 안정과 같은 욕구를 의미한다. 이 단계 욕구 충족을 위해서 조직은 작업환경 개선, 안전예방조치 강구, 건강 및 재해, 의료 및 퇴직 보험 등의 복리후생제도를 실행해야 한다.
- **소속과 애정의 욕구(3단계)** : 애정 및 소속감의 욕구는 인간의 사회적 욕구로서 집단 또는 사회조직의 일원으로 소속되어 타인과 유대관계를 형성하고 어울리고 싶어하는 욕구를 의미한다.
- **존경욕구(4단계)** : 집단이나 조직 내에서 단순한 개인 이상의 존재가 되기를 원하는 욕구, 즉 다른 조직구성원으로부터 존경이나 인정을 받고 싶은 욕구 단계로서 이 욕구가 만족되면 자신감, 명예심, 권력, 통제력 등이 생긴다.
- **자아실현 욕구(5단계)** : 존경욕구가 충족되면 그 다음 단계로 자기개발을 위해서 자신의 잠재력을 극대화하려는 욕구가 생기는데, 더욱더 자기 본래의 모습을 찾거나 생의 의미를 실현하기 위해 행동하는 것을 의미한다.

ⓛ 알더퍼(Alderfer)의 E. R. G. 이론 : Alderfer는 70년대 초 Maslow의 욕구 단계설을 수정하여 인간의 욕구를 존재욕구(Existence Needs), 관계욕구(Relatedness Needs), 성장욕구(Growth Needs)의 3단계로 구분한 ERG이론을 제시하였다. 이러한 그의 욕구 분류는 계층적 개념이 아니라 욕구의 구체성 정도에 따라 분류해 놓은 것이기 때문에 어떤 순서가 있는 것이 아니다. 채워야 할 욕구의 양은 한정된 것이 아니라 못 채우게 되면 못 채운 만큼 그 욕구가 증대되며, 세 가지 욕구의 상대적 크기는 성격과 문화에 따라 개인마다 서로 다르다고 주장한다.

ⓒ 맥클레랜드(Mcclelland)의 성취동기이론 : 인간의 욕구에 기초하여 동기화를 설명하려는 이론으로서 인간 행위에 대한 동기부여의 잠재력을 개인의 욕구에서 찾았다. 인간의 모든 욕구는 학습되며 행위에 영향을 미치는 잠재력을 지닌 욕구들의 서열은 개인마다 다르다고 주장하였다. 개인의 욕구 중 사회 문화적으로 습득된 욕구로서 성취욕구, 권력욕구, 친교욕구 등을 제시하였고 그 중에서도 특히 성취욕구를 강조하였다. 성취동기를 성공 추구의 비교적 안정된 소인으로 보고, 성취욕구를 "우수한 결과를 얻기 위해 높은 기준을 설정하고, 이를 끝까지 달성하려는 욕구"라고 정의한다.

ⓡ 허츠버그(Herzberg)의 2요인 이론(Two-Factor Theory)
- **동기요인** : 작업자로 하여금 직무만족을 느끼게 하고, 작업자의 동기부여를 유발하는 직무내용과 관련된 요인들로서 '직무 자체, 성취감, 책임감, 안정감, 성장과 발전, 도전감' 등이다. 이를 만족요인(Satisfiers)이라고도 한다. 이러한 동기요인의 특성은 이 요인이 충족되지 않아도 불만이 생기지는 않지만 이 요인이 충족되면 만족의 향상을 가져와 적극적인 태도를 유도한다는 것이다.
- **위생요인** : 직무에 대한 불만족 제거 요인으로 '작업조건, 회사의 정책과 방침, 감독 스타일, 개인 간 인간관계, 임금' 등의 직무환경과 관련된 요인들이다. 이를 불만족요인이라고도 한다. 이러한 위생요인의 특성은 이 요인이 충족되면 불만족의 감소를 가져오지만 만족으로는 작용하지 않는다. 즉 이러한 요인들은 직무불만족을 방지해 줄 뿐이지 직무만족을 유발하여 적극적인 동기부여를 하지 못한다는 것이다.

⑩ 맥그리거(Mcgregor)의 X · Y 이론
- X이론 : 전통적 관리체계를 정당화시켜 주는 인간관으로 일을 싫어하고 책임을 회피하는 수동적인 인간은 생리적, 안전 욕구에 자극을 주는 금전적 보상과 처벌 위협에 의해 동기 부여된다고 가정하는 이론이다. 그러므로 X이론에 입각한 관리전략은 인간의 하위욕구를 자극시키거나 만족시키는 외적 통제를 강화하는 방향이 된다.
- Y이론 : X이론의 인간관을 부정, 비판하고 새로운 인간관으로 제안된 Y이론은 상위욕구의 충족을 원하는 현대인은 근본적으로 자기 통제할 수 있으며, 조건만 맞으면 창의적으로 일할 수 있어 자아만족과 자기실현 등의 상위 욕구에 의해 동기가 부여된다고 가정한다. 그러므로 Y이론에 유도되는 관리전략은 인간의 잠재력이 능동적으로 발휘될 수 있는 여건을 조성하는 방향이 되며 이는 개인과 조직의 목표를 통합하여 동기부여하는 것이다.

② 동기부여 과정이론
  ㉠ 브룸(Vroom)의 기대이론(Expectancy Theory)
  - 수단성이론, 기대-유의성이론이라고 하는데 "한 개인의 어떤 행위에 대한 모티베이션의 정도는 행위가 가져다줄 결과에 대한 기대(유의성, 가능성)의 매력정도에 의해 결정된다."는 것이 핵심이다.
  - 이러한 기대이론은 레윈과 톨만에 의해 처음 제시되었으며, 기대 이론을 작업 상황에 도입한 것이 브룸의 기대이론과 포터와 로울러의 기대 이론이며, 브룸은 개인이 어떤 행동을 유발하려 할 때는 어떤 심리적 과정을 통하여 행동하는가를 설명하려 하였다.
  ㉡ 아담스(Adams)공정성이론(Equity Theory) : 인지부조화의 분배정의 개념에 기초하여 Adams가 1963년 발표한 동기부여 과정이론(Motivation Process Theory)의 하나이다. 조직 내 개인들이 자신의 투입대비 산출의 비율을 준거집단이나 준거인(비교가 되는 다른 사람/집단)의 투입대비 산출 비율과 비교하여 공정하다고 지각하면 적극적이고 최선을 다하려 하지만 그 비교결과 비율이 작거나 커서 불공정하다고 지각하게 되면 이와 같은 불공정상태를 해소, 수정하려는 방향으로 모티베이트 한다는 것이다.
  ㉢ 로크(Locke)의 목표설정이론(Goal Setting Theory) : 목표설정이론의 발전에 중요한 공헌을 했던 로크는 인간행동이 쾌락적인 방향으로 동기화되기 마련이라는 기대이론의 가정을 인지적 쾌락주의라고 비판하면서 인간의 행동은 가치와 의도라는 2가지 인지적 요소에 의하여 결정된다고 주장하였다. 여기서 의도란 계획 또는 목표라고 할 수 있는데 목표가 보다 구체적일수록 동기부여에 중요한 역할을 한다고 한다. 이러한 목표설정이론 바탕으로 이를 실용화한 기법이 피터 드러커의 목표관리기법(MBO:Management By Objective)이다.
  ㉣ 상호작용이론(Interaction Theory) : 동기부여는 개인의 내부에만 국한된 것이 아니라 환경 혹은 타인과의 접촉이나 관계에 의해서도 발생한다고 주장하는 이론이다. 이 이론에 의하면 인간을 동기화시키는 가치는 그의 내부 욕구에서 나오는 것이 아니라 외부와의 상호작용 과정에서 결정된다고 한다.

◎ 인지평가이론(Cognitive Evaluation Theory) : 성과에 대한 화폐보상 같은 외재적 보상이 자기 흥미와 통제감 등 내재적 보상을 감소시킬 수 있다고 주장했다. 즉 성취 책임감 등 내재적 보상을 통하여 작업에 임하는 사람에게 외재적 보상이 주어지면 모티베이션 수준이 저하되는 현상을 설명해 주는 이론이다.

③ 임파워먼트(Empowerment) : 개인이 업무수행을 유능하게 수행할 수 있다는 자신감, 에너지 활력 등의 느낌을 갖도록 하는 활동과 그 결과로 자발적인 자신감을 형성하는 Empowerment는 내재화된 몰입을 강조하는 동기부여 이론이다. 임파워먼트란 파워를 크게 한다는 뜻으로 개인이 자신의 일을 유능하게 수행할 수 있다는 느낌을 갖도록 하는 활동과 그 결과 그렇게 되는 것을 가리키는 것으로 개인이 일하는 과정에서 지속적으로 주도권을 행사하는 것을 중시하는 개념이다.

(3) 내재적 동기이론

① 인지적 평가이론 : 어떤 직무에 내재적으로 동기가 유발되어 있는 경우 외적보상이 주어지면 내재적 동기가 감소된다고 본다. 인간은 자신의 행동에 대한 원인을 규명하려는 심리적 속성을 갖는다. 이러한 관점에서 외적 보상없이 내재적으로 동기가 유발되어 있는 상태에서는 원인으로 돌릴 만한 다른 요인이 없기 때문에 열심히 일하는 행위의 원인을 일 자체의 특성 때문이라고 귀인하게 된다. 이 상태에서 외재적 보상을 제공하게 되면 열심히 일하는 것에 대한 귀인의 대상이 일 자체에서 보상으로 바뀌게 된다.

② 핵크만과 올드햄의 직무특성이론 : 직무특성이 직무수행자의 성장욕구 수준에 부합할 때 직무가 그에게 보다 큰 의미와 책임감을 주게 되므로 동기유발 측면에서 긍정적인 성과를 낳게 된다.

기술다양성	직무를 수행하는데 있어 요구되는 기술의 종류가 얼마나 여러 가지인가를 의미한다. 기술다양성이 높은 직무는 한 개인이 수행하는 직무의 폭이 넓어지게 된다.
과업정체성	직무가 독립적으로 완결되는 것을 확인할 수 있는 정도를 의미한다. 직무 정체성이 높은 직무는 캐비닛 제조업자와 같이 설계, 목재 선택, 설치까지 수행하는 직무이다.
과업중요성	직무가 다른 사람의 생명 또는 다른 사람의 업무에 중대한 영향을 미치는 정도를 의미한다. 과업 중요성이 높은 직무로는 중환자실에서 환자를 돌보는 간호사를 들 수 있다.
자율성	개인이 자신의 직무에 대하여 개인적으로 느끼는 책임감의 정도를 의미한다. 이 특성은 구체적으로 작업자가 자신의 작업일정과 작업방식을 수립함에 있어 갖는 재량권의 정도를 의미한다.
피드백	직무를 수행하는 도중에 직무의 성과와 효과성에 대해 직접적이고 명확한 정보를 획득할 수 있는 정보를 획득할 수 있는 정도를 의미한다. 직무특성을 결합하여 하나의 지표로 만든 것을 동기잠재력 지수라 하며, 직무의 동기잠재력 지수가 높아지려면 의미를 경험하게 하는 세 요소 중 적어도 한 요소가 높아야 하고, 자율성과 피드백이 모두 높아야 한다. 동기부여 잠재력이 높은 직무라면 동기, 성과, 만족도에 긍정적인 영향을 미치고 결근과 이직의 가능성은 줄어들 것이다.

04 **직무분석 및 평가**

(1) 직무분석

① 의의 : 직무의 성격 및 내용에 연관되는 각종 정보를 수집, 분석, 종합하는 활동을 말한다. 즉, 기업 조직이 요구하는 일의 내용들을 정리 및 분석하는 과정이다. 인사관리를 합리적으로 수행하기 위해서는 직무를 중심으로 하여 직무와 인간의 관계를 명확하게 밝혀야 한다. 그러기 위해서는 우선 각 직무의 내용과 특질을 정확하게 파악해야 한다. 사람 중심의 관리가 아닌 일 중심의 인사관리를 하기 위해서 기본적으로 직무분석이 선행되어야 한다.

② 직무분석의 방법

　㉠ 관찰법(Observation Method) : 직무분석자가 직무수행을 하는 종업원의 행동을 관찰한 것을 토대로 직무를 판단하는 것으로서, 간단하게 실시할 수 있는 반면에 정신적인 업무나 집중을 필요로 하는 업무의 활용에는 다소 어려우며 피관찰자의 관찰을 의식한 직무수행 왜곡으로 인해 신뢰성의 문제점이 생길 수 있다.

　㉡ 면접법(Interview Method) : 해당 직무를 수행하는 종업원과 직무분석자가 서로 대면해서 직무정보를 취득하는 방법으로 적용직무에 대한 제한은 없으나, 이에 따른 면접자의 노련미가 요구되며, 피면접자가 정보제공을 기피할 수 있다는 문제점이 생길 수 있다.

　㉢ 질문지법(Questionnaire) : 질문지를 통해 종업원에 대한 직무정보를 취득하는 방법으로 적용에는 제한이 없으며 그에 따르는 시간 및 비용의 절감효과가 있는 반면에 질문지 작성이 어렵고 종업원들이 무성의한 답변을 할 여지가 있다.

　㉣ 중요사건 서술법(Critical Incidents Method) : 종업원들의 직무수행 행동 중에서 중요하거나 또는 가치가 있는 부분에 대한 정보를 수집하는 것을 말하며, 종업원들의 직무행동과 성과간의 관계를 직접적으로 파악이 가능한 반면에 시간 및 노력이 많이 들어가고 해당 직무에 대한 전반적인 정보획득이 어렵다는 문제점이 있다.

　㉤ 워크 샘플링법(Work Sampling Method) : 관찰법의 방식을 세련되게 만든 것으로서 이는 종업원의 전체 작업과정이 진행되는 동안에 무작위로 많은 관찰을 함으로써 직무행동에 대한 정보를 취득하는 것을 말한다. 더불어, 이는 종업원의 직무성과가 외형적일 때 잘 적용될 수 있는 방법이다.

　㉥ 작업기록법 : 직무수행자인 종업원이 매일매일 작성하는 일종의 업무일지로 수행하는 해당 직무에 대한 정보를 취득하는 방법으로서, 비교적 종업원의 관찰이 곤란한 직무에 적용이 가능하고, 그에 따른 신뢰성도 높은 반면에 직무분석에 필요한 정보를 충분히 취득할 수 없다는 문제점이 있다.

③ 직무기술서와 직무명세서

　㉠ 직무기술서(Job Description) : 종업원의 직무분석 결과를 토대로 직무수행과 관련된 각종 과업 및 직무행동 등을 일정한 양식에 따라 기술한 문서를 의미한다.

　㉡ 직무명세서(Job Specification) : 직무분석의 결과를 토대로 특정한 목적의 관리절차를 구체화하는 데 있어 편리하도록 정리하는 것을 말한다. 각 직무수행에 필요한 종업원들의 행동이나 기능, 능력, 지식 등을 일정한 양식에 기록한 문서를 의미하며, 특히 인적요건에 초점을 둔다.

(2) 직무평가

① 의의 : 기업 조직에서 각 직무의 숙련, 노력, 책임, 작업조건 등을 분석 및 평가하여 다른 직무와 비교해 직무의 상대적 가치를 정하는 체계적인 방법을 의미한다.

② 직무평가의 방법 : 현재 기업 조직들은 각 직무별 가치에 대한 차별성을 인정하고, 이에 따른 임금수준을 각기 다르게 구성하는 '직무급'을 도입해서 사용하고 있는데, 이렇게 하기 위해서는 이전에 직무평가의 단계가 절대적으로 선행되어야 한다. 동시에 이는 기업에서 어떤 가치판단으로 직무의 가치를 볼 것인가를 결정하는 단계로, 어려운 작업이기도 하다.

　㉠ 비량적 방법

　　• 서열법(Ranking Method) : 직무평가의 방법 중에서 가장 간편한 방법으로, 이는 각 직무의 상대적 가치들을 전체적이면서 포괄적으로 파악한 후에, 순위를 정하는 방법을 말한다.

　　• 분류법(Job Classification Method) : 등급법이라고도 하는데 이는 서열법을 발전시킨 것으로 미리 규정된 등급 또는 어떠한 부류에 대해 평가하려는 직무를 배정함으로써 직무를 평가하는 방법을 말한다.

　㉡ 양적 방법

　　• 점수법(Point Rating Method) : 각 직무를 여러 가지 구성요소로 나누어서 중요도에 따라 각 요소들에 점수를 부여한 후에 그 점수들을 합산하여 해당 직무에 대한 전체 점수를 산출해서 평가하는 방법을 말한다.

　　• 요소비교법(Factor Comparison Method) : 기업 조직 내에서 가장 기준이 되는 기준직무를 선정하고, 그 다음으로 평가자가 평가하고자 하는 직무에 대한 평가요소를 기준직무의 평가요소와 비교해서 그 직무의 상대적 가치를 결정하는 것을 말한다.

(3) 직무설계

① 의의 : 어떠한 작업이 수행되어야 하며, 어떠한 과업이 현행 직무에 요구되는지 판단하는 과정이다.

② 직무설계 방법

    ㉠ 효율성을 위한 직무설계

    ㉡ 동기부여를 위한 직무설계 : 직무순환, 직무확대, 직무충실화

    ㉢ 안전과 건강을 위한 직무설계

    ㉣ 직무의 정신적 요구를 충족시키는 직무설계

③ 직무충실화의 구체적인 방안

    ㉠ 과업을 결합하라.

    ㉡ 자연스러운 흐름의 과업 단위를 구성하라.

    ㉢ 고객과의 관계를 수립하라.

    ㉣ 권한을 위임하라.

    ㉤ 피드백 경로를 공개하라.

05 리더십

(1) 개념

조직의 목표를 효율적으로 달성하기 위한 관리능력들을 포함한 제반 조직운영에 관한 개념을 포함하며, 현실 지향적인 관리자의 개념과는 구별된다. 권위를 바탕으로 자발적인 복종과 비공식 관계하에서도 작용하지만 헤드십은 계층제 구조에서 권력을 바탕으로 공식적 관계를 중심으로 명령과 복종사이의 관계에서 작용된다.

(2) 리더십 상황이론

① 피들러(Fiedler) 모형(상황적합이론)

    ㉠ 리더십 상황이론의 대표적 학자인 Fiedler는 높은 직무성과를 성취하기 위한 리더십의 유효성은 리더와 집단 간의 상호작용과 상황의 호의성에 따라 결정된다고 보았다.

    ㉡ 그는 리더와 부하간의 신뢰관계, 과업구조, 리더 지위의 권력 정도, 3가지를 중요 상황요소로 보고, 이를 토대로 리더십 상황을 리더에게 유리한 상황과 불리한 상황으로 유형화하였다.

    ㉢ 이 모델에서는 상황이 리더에게 유리하거나 불리한 경우에는 업무지향적 리더십 유형이 적합하고, 중간 정도의 상황에서는 인간관계지향적 리더십 유형이 적합하다고 본다.

    ㉣ 피들러의 주장에 따르면 개인의 리더십은 변하지 않기 때문에, 상황에 따라 리더십 효과를 보기 위해서는 리더를 교체하거나, 리더가 처한 상황을 바꿔야 한다.

② 허시&블랜차드(Hersey&Blanchard) 모형(상황대응 리더십 이론)

    ㉠ 과업행동과 관계행동 외에 부하의 성숙도라는 변수를 추가하여 3차원적 리더십 모델을 수립하였다.

    ㉡ 리더십 유형을 참여형, 코칭형, 위임형, 지시형으로 구분하였다.

    ㉢ 부하의 성숙도를 중요한 상황변수로 보고 부하의 성숙도에 따라 효과적인 리더십 스타일이 다르게 나타난다고 보았다.

③ 경로목표이론(Path-Goal Theory)

    ㉠ 의의 : 리더십 특성이론이나 행동이론은 보편적이고 이상적인 리더의 특성이나 행위유형을 규명하려는 것이었으나, 모든 상황에 적합한 효과적인 리더십 유형을 발견하지 못하였고 서로 다른 특성과 행동이 서로 다른 상황의 리더에게 중요하다는 것을 알게 되었다. 이에 따라 리더십의 유효성을 상황과 연결시키려는 리더십 상황이론이 등장하게 되었다. 이러한 리더십 상황이론 중의 하나가 하우스와 미첼(Mitchell)이 발전시킨 경로-목표이론(Path-Goal Theory)이다.

    ㉡ 리더십 행동 유형

        • **지시적 리더(Directive Leader)** : 부하가 무슨 일을 해야 할지 구체적으로 지시하고 업무일정도 잡아주는 등 계획·조직·통제와 같은 공식적인 활동을 강조하는 유형의 리더이다. 구조화된 업무에 적합하다.

        • **지원적 리더(Supportive Leader)** : 하급자의 복지와 안녕 및 그들의 욕구에 관심을 기울이고, 구성원들 간에 상호 만족스러운 인간관계를 조성하는 유형의 리더이다. 비구조화된 업무에 적합하다.

        • **참여적 리더(Participative Leader)** : 부하들을 의사결정에 참여시키고 그들의 의견 및 제안을 고려하는 유형의 리더이다. 하급자들과 정보를 공유하는 스타일이다.

        • **성취지향적 리더(Achievement Oriented Leader)** : 도전적인 목표를 설정하고 성과향상을 추구하며, 하급자들의 능력발휘에 대하여 높은 기대를 설정하는 유형의 리더이다. 하급자들의 성취욕구가 높을 때 적합한 스타일이다.

④ 기타 리더십 이론들

    ㉠ 리더-구성원 교환(LMX)이론

        • 수직쌍 연결 이론에서 발전한 리더-구성원 교환이론에 따르면, 리더는 부하를 차별적으로 대하며 그들 중 일부와 특별한 관계를 형성하는데 이는 리더의 내집단이 되고, 내집단에 속하지 못한 다른 부하직원들은 외집단이 된다.

        • 리더는 내집단의 구성원들에게 더 많은 시간을 할애하고 특권을 주며, 그들은 리더의 신뢰와 높은 만족감을 얻는다.

    ㉡ 카리스마적 리더십 : 부하직원들이 리더의 특정 행동을 보고 그것을 그의 영웅적 또는 비범한 능력에 귀인할 때 카리스마적 리더십이 생긴다고 보았다.

ⓒ 슈퍼리더십 : 부하들이 자기자신을 리드할 수 있는 역량과 기술을 갖도록 하는 것을 리더의 역할로 규정하고 있다. 즉 자기부하를 스스로 판단하도록 하고, 행동에 옮기며 그 결과도 책임질 수 있도록 하는 부하들을 셀프리더로 키우는 리더십이다. 우선 슈퍼리더가 스스로 훌륭한 리더가 되는 역할모델이 되어야 하며, 그것을 위한 자질로서 조직 내 최고의 전문가가 되기 위하여 부단히 학습하여 부하들에게 수범을 보여야 하고, 변화관리의 촉진자 역할을 그리고 부하의 장래 비전과 목표 달성을 지원하는 코치로서의 역할을 담당하고 스스로 이끌어 가는 팀조직을 활성화시켜야 한다.

ⓔ 서번트 리더십 : 자신보다 타인에 대한 더 큰 희생에 초점을 맞추고 있다. 주안점은 자신의 이익을 떠나서 다른 사람들을 섬기는 것이기 때문에 서번트 리더들은 다른 사람들을 다치게 할 수 있는 자기중심적인 행동을 하려는 경향이 적다. 서번트 리더십을 조직문화에 심기위해서는 언어적 노력뿐만 아니라 행동적 노력도 요구된다.

ⓜ 거래적 리더십과 변혁적 리더십

구분	거래적 리더십	변혁적 리더십
목표	교환관계	변혁 또는 변화
성격	소극적	적극적
관심대상	단기적인 효율성과 타산	장기적인 효과와 가치의 창조
동기부여 전략	외재적 동기부여 -부하들에게 즉각적이고 가시적인 보상으로 동기부여	내재적 동기부여 -부하들에게 자아실현과 같은 높은 수준의 개인적 목표를 동경하도록 동기부여
행동의 기준	부하들이 규칙과 관례에 따르기를 선호	변화에 대한 새로운 도전을 하도록 부하를 격려함
적절한 상황	• 업무성과를 조금씩 개선하려 할 때 • 목적을 대체시키려 할 때 • 특정행위에 대해 저항을 감소시키려 할 때	• 조직합병을 주도하려 할 때 • 조직을 위해 신규부서를 만들려 할 때 • 조직문화를 새로 창출하고자 할 때
리더십 요인	• 업적에 따른 보상 • 예외관리	• 이상적 영향력 : 부하들에게 강력한 역할모델이 되는 리더 • 영감적 동기부여 : 부하들의 의욕을 끊임없이 고무시키는 리더 • 지적 자극 • 개별화된 배려

01 생산시스템

(1) 의의

시스템은 하나의 전체를 이루도록 각각이 서로 간 유기적으로 관련된 형태이고, 이는 환경과도 연관되어 있으며 개체 간 관계로서 결합된 개체들의 집합이다. 일정한 개체들의 집합이며, 각 개체들은 각기 투입, 과정, 산출 등의 기능을 담당한다. 단순하게 개체들을 모아놓은 것이 아닌 의미가 있는 하나의 전체이며, 어떠한 목적을 달성하는데 기여할 수 있다. 또한 각각의 개체는 각자의 고유 기능을 갖지만 타 개체와의 관련을 통해서 비로소 전체의 목적에 기여할 수 있다.

(2) 진보적 생산시스템

JIT(Just In Time) 시스템 적시생산시스템	필요한 시기에 필요한 양만큼의 단위를 생산해내는 것이다. • 푸드시스템 – 작업이 생산의 첫 단계에서 방출되고 차례로 재공품을 다음 단계로 밀어내어 최종 단계에서 완성품이 나오는 공정이다. • 풀 시스템 – 필요한 시기에 필요로 하는 양만큼을 생산해 내는 시스템으로 이는 수요변동에 의한 영향을 감소시키고 분권화에 의해 작업관리의 수준을 높인다.
셀 제조시스템(CMS)	다품종 소량생산에서 부품설계, 작업준비 및 가공 등을 체계적으로하고 유사한 가공물을 집단으로 가공함으로써 생산효율을 높이는 기법이며, 작업공간의 절감, 유연성의 개선, 도구사용의 감소, 작업준비 시간의 단축, 로트 크기의 감소, 재공품 재고 감소 효과가 있다.
유연생산시스템(FMS)	특정 작업계획으로 여러 부품들을 생산하기 위해 컴퓨터에 의해 제어 및 조절되는 자재취급시스템에 의해 연결되는 작업장들의 조합이며, 보다 넓은 개념으로 보면 다품종 소량의 제품을 짧은 납기로 해서 수요변동에 대한 재고를 지니지 않고 대처하면서 생산효율의 향상 및 원가절감을 실현할 수 있는, 유연성과 생산성을 고려하는 생산시스템을 의미한다.
동시생산시스템 최적생산기법	일정한 계획에 대한 시뮬레이션 기업으로 세부적인 일정 계획에 대한 모듈은 알려져 있지 않지만 제품이 만들어지는 것을 보여주기 위해 제품 네트워크를 활용한다. 이 기법의 핵심은 병목자원의 관리로서 병목은 시장수요에 미달되거나 같은 성능을 지닌 자원을 가리킨다. 주요 목표는 효율의 증가, 재고의 감소 및 운영비용 절감 등을 동시에 만족시키는 것이다.
컴퓨터통합생산시스템(CIMS)	제조활동을 중심으로 기업의 전체 기능을 관리 및 통제하는 기술 등을 통합시킨 것이라 할 수 있으며, 공장자동화로서의 CIMS는 과거 자동화시스템보다 유연성을 얻을 수 있다.

① JIT 효과 : 납기 100% 달성, 고설계 적합성, 생산 리드타임 단축, 수요변화에 신속한 대응, 낮은 수준의 재고를 통한 작업의 효율성, 작업 공간 사용의 개선, 분권화를 통한 관리의 증대, 재공품 재고변동의 최소화, 각 단계 간 수요변동의 증폭전달 방지, 불량 감소, 유연성 등

② 모듈러 설계(Modular Design) : 여러 가지 서로 다른 제품 조립에 널리 이용될 수 있는 모듈로 설계를 표준화시킨 후 최종 소비자의 기호에 따라 고객이 원하는 대로 조립하여 판매하는 방법이다. 제조공정을 단순하게 유지하면서도 고객에게는 다양한 제품을 공급하고 생산하는 규모의 경제를 이룰수 있게 하는 장점이 있다. 자동차, 컴퓨터, 가구 등에 사용되고 있다.

③ 린 시스템 : 2차대전 이후의 열악한 환경에 처한 일본기업의 경영방식에 부여한 명칭인데, 전체시스템 관점에서 효율적인 프로세스를 만들기 위해 고안한 생산시스템을 의미한다. 린 시스템의 일반적인 요소들을 내장하고 가장 널리 알려진 시스템이 바로 JIT(Just In Time)시스템이다. 기업의 모든 활동에서 낭비와 지연을 제거하여 부가가치를 극대화하는 운영시스템이다. 운영전략, 프로세스 설계, 품질관리, 제약관리, 설비배치, 공급사슬설계, 재고관리를 포함하여 제조업과 서비스업 모두에서 사용할 수 있다.

(3) 포드시스템과 JIT시스템 비교

포드 시스템	JIT 시스템
• 안정적 생산을 위한 긴 준비시간 • 다수의 경쟁적인 공급업자 • 충분한 재고보유 • 개인주의적인 노동력 • 계획중심적이고 컴퓨터 의존적	• 생산성을 위한 짧은 준비시간 • 소수의 협력적 공급업자 • 낭비적인 요소를 제거하려는 생산관리시스템으로 재고의 극소화 • 팀 중심적인 노동력 • 통제중심적이며 시간적 통제를 강조

(4) 생산 예측

① 개념 : 미래의 시점에 있어 또는 미래의 시점에 다다르기까지의 해당 제품에 대한 수요를 과거 및 현재를 기반으로 일정한 조건하에서 예상하는 것을 의미한다.

② 생산 예측의 방법

정성적 방법	시장에 신제품이 처음으로 출시될 때처럼 새로운 제품에 대한 수요예측의 자료가 충분하지 못할 경우에 주로 활용되며, 논리적이고 선입견 없는 체계적인 방식으로 정보를 수집한다. **예** 델파이법, 위원회에 의한 예측법, 시장조사법, 과거자료유추법 등
인과적 방법	• 과거 자료의 수집이 쉽고 예측하려는 요소 및 그 외의 사회경제적 요소와의 관련성을 비교적 명백하게 밝힐 수 있을 때 활용하며, 인과모형은 자료 작성 등에 있어 많은 기간의 준비가 필요한 반면에 미래 전환기를 예언하는 최선의 방식이다. • 예측방법 중 가장 정교한 방식으로 관련된 인과관계를 수학적으로 표현한다. **예** 투입산출모형, 회귀모형, 경기지표법, 계량경제모형, 제품수명주기 분석법, 소비자 구매 경향조사법 등

시계열분석 방법	• 제품 및 제품계열에 대한 수년간의 자료 등을 수집하기 용이하며, 변화하는 경향이 비교적 분명하며 안정적일 경우에 활용한다. • 추세변동(경향변동) : 제품 및 서비스의 수요에 대한 중장기적인 증감을 나타내는 요인으로 선형추세 외 비선형추세로 구분할 수 있다. **예** 이동평균법, 최소자승법, 목측법, 지수평활법 등 • 계절변동 : 1년을 주기로 계절에 따라 되풀이 되는 변동을 나타내는 요인으로 단기적 순환이라고 할 수 있다. • 순환변동 : 일정한 주기가 없이 장기에 걸친 싸이클링 현상이다. • 불규칙변동 : 다른 형태의 변동에 의해 설명될 수 없는 요인으로 이 요인이 큰 데이터는 예측에 활용하기 어렵다.

02 의사결정기법

(1) 의사결정

① 의의
- 우리의 일상생활은 선택의 연속이므로 조직의 목적을 달성하기 위해 봉착하는 문제를 어떻게 결정하고 해결하느냐에 따라 조직의 효율성과 성과가 결정된다.
- 의사결정(decision making)은 일정한 목적을 효과적으로 달성하기 위한 몇 가지 대체안 중에서 가장 유리하고 실행 가능한 최적 대안을 선택하는 인간행동을 말한다.

② 집단적 의사결정의 장단점

장점	단점
• 좋은 아이디어를 모을 수 있다. • 시너지 효과를 볼 수 있다. • 전문화가 가능 • 의사결정에 참여한 사람들은 결정사항에 지지를 보낸다. • 커뮤니케이션 기능을 수행	• 시간과 자원을 낭비 • 특정인에 의해 자유로운 의견제시를 방해할 수 있다. • 최적안보다 타협안을 선택 • 의견의 불일치로 구성원간 갈등이 유발 • 신속하고 결단력 있는 행동이 방해를 받을 수 있다.

③ 정형적 의사결정과 비정형적 의사결정의 비교

구분 변수	의사결정 유형	
	정형적 의사결정	비정형적 의사결정
과업의 유형	단순, 일상적	복잡, 창조적
조직방침에 의존도	과거의 결정으로부터 상당한 지침을 얻음	과거의 결정으로부터 지침을 얻지 못함
의사결정자	하위층의 일선감독자	상위층의 경영관리자

(2) 의사결정기법

① 델파이기법 : 인간의 직관력을 이용하여 전문가들의 의견을 모으고 조직화하여 하나의 결정안을 만드는 시스템적 접근방법, 1940년 미국의 랜드사의 싱크탱크(Think Tank)에서 개발, 의사결정 과정에 일체의 대화 없이 반복적인 피드백과 통계처리에 의해 아이디어를 수렴

    ㉠ 특정 문제에 관한 의견을 전문가들로부터 수집

    ㉡ 수집된 의견을 전문가들에게 문제를 제시

    ㉢ 전문가들은 해결방안을 기록하여 건의함

    ㉣ 전문가들의 의견이 합의에 이를 때까지 반복

② 브레인스토밍 : 참가자(6~12명)에게 구체적인 과제를 부여하여 일정한 규칙 하에 좋은 아이디어를 창출하게 하는 훈련방법, 오스본(A. F. Osborn) 광고회사에서 개발한 의사결정 기법

    ㉠ 문제 해결을 위한 자주적인 아이디어 제안을 소수가 참석한 대면접촉을 통해 집단토의방식으로 진행

    ㉡ 자유로운 사고의 증진, 창조성을 촉진시키기 위한 방법

    ㉢ 브레인스토밍을 활용한 의사결정 시 지켜야 할 규칙

    ㉣ 제안된 아이디어에 대해 절대 비판해서는 안 됨

    ㉤ 자유로운 아이디어를 환영

    ㉥ 다량의 아이디어를 희망

    ㉦ 타인의 아이디어에 자기의견을 결합하든지 개선하는 것을 환영

③ 명목집단법 : 1968년 델베크와 반데반에 의해 사회심리학의 연구에 필요한 의사결정기법을 도출하는 과정에서 개발

    ㉠ 의사결정을 하는 과정에서 논의 및 대인간의 의사소통을 제한

    ㉡ 의사결정과정에서 구성원은 각각 독립적으로 행동, 타인의 압력은 전혀 없이 자유롭게 개방적인 토론과 의사결정을 할 수 있음

    ㉢ 리더의 역할이 중요

    ㉣ 의사소통을 배제하여 집단구성원이 진실로 마음속에 생각하고 있는 것을 찾아내려는데 그 목적이 있음

④ 변증법적 문의법 : 상반된 의견이나 견해를 가진 사람들로 구성된 집단 사이에 벌어지는 논쟁으로 처음에는 양 집단 간 갈등을 일으키지만 양 집단의 아이디어가 서로에게 이익을 주어 서로의 한계를 분명히 함

    ㉠ 첫 단계 : 한 집단이 최초의 대안을 제시(正)

    ㉡ 두 번째 단계 : 최초의 집단이 내놓은 원안에 대한 가정을 부정하고 상반된 대안을 제시(反)

© 세 번째 단계 : 첫째, 두 번째 단계를 거치면서 제시된 상반된 점을 분석 정리하여 통합, 제시된 가정 중 실현 가능한 대안을 선택(合)

⑤ 쓰레기통 모형 : 요체는 실제 의사결정은 어떤 일정한 규칙에 따라 움직이는 것이 아니라 마치 쓰레기통처럼 뒤죽박죽 움직인다는 것, 올슨 등에 의해서 공동 발표된 논문에서 의사결정의 쓰레기통 모형 이론을 제시, 쓰레기통 모형은 세 가지 중요한 요소를 포함하고 있음

  ㉠ 문제와 해결책, 목표 등 의사결정의 각 부분들은 분명하게 규정되어 있지 않고 모호한 상태

  ㉡ 의사결정에 참여하는 구성원들의 유동성이 심함

  ㉢ 의사결정에 적용할 인간관계에 대한 지식과 적용기술의 기초가 분명하지 않아 참여자들이 제대로 이해하지 못함

03 재고관리기법

(1) 재고관리

① 의의 : 재고로 보유하고 있어야 할 물건을 언제, 어느만큼 주문해야 하는가를 결정하여 필요할 때, 즉 물건에 대한 수요가 발생할 때 부족해서 수요를 충족시키지 못하거나, 남아서 관리비용이 발생하지도 않게 공급하기 위한 노력

② 재고 필요 요인별 재고 수준 결정 시의 고려사항

재고 필요 요인	재고 수준 결정 시 고려 사항	참고 사항
시간(Time)	제품 인도 리드 타임	경쟁 업체 제품 인도 리드 타임
불연속성(Discontinuity)	완충 재고	주문, 재고 유지비용
불확정성(Uncertainty)	계획과 실제의 차이	안전 재고, 안전 리드 타임, 고객 서비스 수준
경제성(Economy)	주문, 재고 유지비용, 조업 수준 관련 비용	주문 비용, 셋업 비용, 할인 구매, 해고/채용 비용, 회사의 이미지, 종업원 사기 저하

(2) ABC 분류(Classification) 또는 ABC 분석

① 80/20의 규칙을 재고 품목에 적용해 중요도에 따라 재고 품목을 분류하는 방법

② "결과에 미치는 영향에 비례한 원인의 관리, 통제 노력 투입" 정책 설정의 기반이 되는 분석

③ 전체적인 재고 관련 비용을 줄이기 위해 사용 금액 중요도에 따라 재고 품목을 A, B, C 그룹으로 분류해 재고 관련 정책을 달리 책정하기 위한 도구

ⓐ A 품목 그룹
  - 일정 기간(대개는 일 년) 동안 사용된 총 재고 품목 사용 금액의 80%를 차지하고 총 품목 수의 20%에 해당하는 소수의 재고 품목
  - 재고 관련 비용을 줄이기 위해서는 많은 노력과 경비를 투입해야 함
ⓑ C 품목 그룹
  - 전체 품목의 사용 금액 중 10~20%로 사용 금액 면에서의 중요도가 높지 않고 총 재고 품목 수의 반 이상의 품목
  - 이 그룹에 속한 재고 품목에 대해 많은 노력과 경비를 들여 재고 관리를 철저히 해도 재고 관련 비용의 절감은 미미
ⓒ B 품목 그룹 : A, C 품목 그룹에 속하지 않은 품목들로 금액의 중요성은 A, C 그룹 중간에 위치

그룹 품목항목	전 재고 품목 수에 대한 구성 비율	총 년간 사용 금액에 대한 구성 비율
A 품목 그룹	10% ~ 20%	50% ~ 70%
B 품목 그룹	20%	20%
C 품목 그룹	60% ~ 70%	10% ~ 30%

(3) 경제적 주문량(economic order quantity ; EOQ)

① 주문비용과 재고유지비가 최소가 되게 하는 1회 주문량을 말한다.

② 재고관리를 위한 하나의 접근방법으로 1915년에 소개된 모형이다.

③ 처음에는 고정주문량 시스템의 개발에 적용되었지만 후에 고정주문주기 시스템이나 다른 재고모형을 포함하기 위한 개념으로 확장되었고, 완충재고개념과 함께 보다 확실하게 정립되었다.

(4) 재고의 기능

① 고객에 대한 서비스 : 많은 양의 재고를 보유하게 되면 수요의 불규칙적 변동에도 불구하고 품절 예방이 가능하며, 더불어 소비자가 요구하는 가용성도 지닐 수 있다.

② 생산의 안정화 : 재고량 조절을 통해 고용수준이나 조업시간 또는 설비가동률을 안정적으로 유지해 나갈 수 있다.

③ 부문간 완충 : 수요나 생산능력이 급격하게 변동하더라도 구매, 판매, 제조, 인사, 재무 등의 여러 부문 간 활동들의 충격을 완화할 수 있다.

④ 취급 수량의 경제성 : 경제적 발주량의 실행으로 인해 대량 취급의 이점을 얻을 수 있다.

⑤ 투자 및 투기의 목적으로 보유할 수 있다.

(5) 투빈시스템 (Two-Bin System)

재고의 저장용기를 두 개 만들어서 첫 번째 저장용기의 재고를 사용하면서는 다른 저장용기의 재고를 사용하지 않고 첫 번째 저장용기의 재고를 모두 사용하면 저장용기 분량만큼 재고주문을 하고 재고조달기간 동안 다른 용기의 재고를 사용하는 과정을 반복하는 관리기업이다. 용기의 크기는 적어도 재고 조달기간 동안 견딜 수 있을 만큼은 보관할 수 있는 정도이어야 한다. 이 방법은 주로 볼트나 너트처럼 수량이 많고 부피가 적은 저가품 관리에 많이 활용되는 방법이다. 투빈시스템은 재고조달기간을 인정한 모형이다.

(6) 공정관리 기능

계획기능	절차계획, 공수계획, 일정계획 등
통제기능	작업할당, 진도관리 등
절차계획의 주요 결정사항	제품생산에 있어 필요로 하는 작업의 내용 및 방법 각 작업의 실시 장소 및 경로 각 작업의 실시 순서 각 작업의 소용시간, 표준시간, 경제적 제조 로트의 결정 제품생산에 있어 필요로 하는 자재의 종류 및 수량 각 작업에 사용할 기계 및 공구
공수계획	작업량을 구체적으로 결정하고, 이를 현재 사람과 기계의 능력을 고려하여 조정하는 것이다. 최대 작업량과 평균 작업량 비율인 부하율을 최적으로 유지하기 위해 작업량의 할당을 계획하고, 기준 조업도와 실제 조업도의 비율을 최적으로 유지하기 위해 현재의 인원이나 기계의 능력을 계획한다.
일정계획	생산계획을 구체화하는 과정을 말하며 기준 일정 결정과 생산 일정 결정으로 나누어진다. 통상적으로 대일정계획, 중일정계획, 소일정계획의 3단계로 분류한다.
작업할당	절차계획에서 결정된 공정절차표 및 일정계획에서 수립된 일정표에 의해 실제 생산 활동을 시작하도록 허가하는 것을 가리킨다.
진도관리	진행 중인 작업에 대해 첫 작업으로부터 완료되기까지의 진도 상태를 관리하는 것을 의미한다. 통상적으로 간트 차트식의 진도표 또는 그래프식 진도표, 작업관리판 등이 활용된다.

(7) 정량주문시스템

① 개념 : 재고가 일정 수준의 주문점에 다다르면 정해진 주문량을 주문하는 시스템이며, 매회 주문량을 일정하게 하지만 소비의 변동에 따라 발주 시기를 변동한다. 또한 조달 기간 동안의 실제 수요량이 달라지나 주문량은 언제나 동일하므로 주문 사이의 기간이 매번 다르고, 최대 재고 수준도 조달 기간의 수요량에 따라 달라진다.

② 특징 : 발주향은 일정하며 발주 시기는 비정기적이고 발주 비용이 저렴하다. 계산이 편리해서 사무관리가 용이하며, 저가품, 수요안정, 준비기간 단기이며 재고량의 증가 우려가 있어서 정기적인 재고량 점검이 필요하다.

(8) 정기주문시스템

① 개념 : 발주 간격을 정해서 정기적으로 발주하는 방식이며, 단가가 높은 상품에 적용되며, 발주할 때마다 발주량이 변하는 것이 특징이나 발주량이 문제가 된다.

② 특징 : 일정 기간별 발주 및 발주량 변동이 있으며, 운용 자금이 절약되며, 재고량의 발주 빈도가 감소한다. 고가품, 수요변동, 준비기간이 장기이며 사무처리 수요가 증가한다. 또한 수요예측제도의 향상과 품목별 관리가 용이하다.

01 마케팅관리의 개념

(1) 마케팅의 의의 및 특징

① 의의 : 개인과 조직의 목표 달성을 위해 아이디어, 제품, 서비스에 관하여 제품화, 가격, 촉진, 유통을 계획하고 집행하는 과정이다.

② 마케팅 믹스 4P : Product(제품), Price(가격), Place(유통), Promotion(촉진)

③ 마케팅 믹스 4P → 4C로의 전환

   ㉠ '기업중심의 4P → 소비자 중심의 4C'로의 전환

     피터 드러커(Peter F. Drucker)의 4C : Customer value(소비자가 얻는 가치), Cost(소비자의 지불 비용), Convenience(구매의 편리성), Communication(고객과의 소통)

   ㉡ '소극적, 수동적 소비자 → 적극적, 사회적 소비자'로의 변화

     필립 코틀러(Philip Kotler)가 마켓4.0에서 제시한 4C : Co-Creation(공동창조), Currency(통화), Communal Activation(공유경제), Conversation(고객과의 대화)

(2) 마케팅 관리 – 수요 상황에 따른 마케팅 관리

디마케팅	자사의 상품에 대한 구매를 의도적으로 줄이는 마케팅 활동을 말한다. 원래 마케팅은 판매량 증대를 위해 고객을 모으는 활동인데 디마케팅은 반대로 고객을 감소시키고자 하는 활동이다. 실제 수요의 크기가 마케터가 공급할 수 있거나 공급하려는 바람직한 수요의 크기를 초과하는 상황이나 수익성이 낮은 일부 고객들을 밀어내고, 수익성이 높은 고객들에게 집중하기 위해서 사용된다.
메가 마케팅	마케팅 관리자의 노력에도 불구하고 통제 불가능한 것으로 받아들여지는 환경요인에 대해 정치나 여론 형성 등을 사용하여 어느 정도 영향을 미칠 수 있다는 개념이다. 보통 경제 선진국이나 후진국 등의 특정 시장에 침투할 때 사용하는 전략이다.
개발적 마케팅	잠재적 수요상태에서 잠재고객들이 공통적으로 원하는 바를 충족시키기 위한 수단을 개발하는 마케팅 활동을 말한다. 아직 존재하지 않는 제품이나 서비스에 대해 소비자들이 강한 욕구를 가지고 있는 상황에서는 개발적 마케팅 활동이 요구된다.
동시화 마케팅	개발적 상품의 수요가 시간이나 계절 등의 영향으로 불규칙하지만 이를 특별 할인 등을 통해서 수요의 차이를 극복하는 마케팅 활동이다. 심야 시간에 전기료 할인, 겨울철 에어컨 특가 세일, 극장의 조조 할인 등이 이에 해당된다.
전환적 마케팅	부정적 수요 상태에서 실제 수요를 (−)로부터 (+)로 전환시켜 이상적인 수요와의 격차를 줄이기 위한 마케팅 활동이다. 이는 대부분의 잠재고객들이 제품을 싫어하며 오히려 그 제품을 회피하려는 상황에 적합한 마케팅 활동이다.
자극적 마케팅	무수요 상태에서 제품이 제공해주는 효익과 잠재 고객들의 기본적인 욕구 사이의 연관성을 인식시켜 관심을 자극하는 마케팅 활동이다. 잠재고객들이 무관심하여 제품에 대해 어떠한 부정적 또는 긍정적 느낌도 갖고 있지 않는 상황에서 적합한 마케팅 활동이다.

유지화 마케팅	완전 수요 상태에서 마케팅 활동의 효율성과 마케팅 환경 요인들의 변화추세에 대하여 끊임없이 점검하고 대처함으로써 완전 수요의 상태를 유지하는 마케팅 활동이다.
재마케팅	감퇴되거나 침체되어 있는 수요에 대해 소비자의 욕구나 관심을 불러일으키는 마케팅 활동이다. 기존 제품에 대한 수요가 종전보다 줄어드는 상황에서 이를 타개하는 방법으로는 이미지 개선을 위해 포장을 교체하거나 업그레이드된 용도를 제안해 수요를 활성화시켜야 한다. 색다른 광고나 홍보를 통해 이제까지와 다른 시장을 창출해 수요를 늘리는 것도 또 하나의 대안이다.
카운터 마케팅	담배, 술, 마약과 같이 상품이나 서비스의 품질이 사용하기 바람직하지 않기 때문에 수요를 발생시켜서는 안 되는 유형으로 불건전한 수요를 억제 혹은 소멸시키는 마케팅 활동이다. 수요 크기의 문제가 아니라 수요 자체가 장기적인 소비자 및 사회복지의 관점에서 불건전하거나 마케터에게 오히려 불리한 수요 상태에 적합한 마케팅 활동이다.

(3) 관계마케팅과 고객관계관리

① 관계마케팅 : 개별 고객과의 관계를 유지하고 강화시키는 것이며 또한 장기간 동안의 상호작용, 개별화와 부가가치 부여 등을 통해 상호간의 이익을 위한 네트워크를 지속적으로 강화시키는 것을 의미한다. 단기적 거래가 아닌 관계적 거래라는 것에 초점을 둔다. 결국 장기적 거래를 가능케하는 관계적 거래를 만들어 냄으로써 거래비용을 최소화하고 전체 비용의 효율성을 높이는데 큰 기여를 할 수 있는 사실을 중히 여긴다.

② 고객관계관리(CRM) : 모든 정보 원천에서 얻게되는 정보를 통합하고, 심도있게 분석하여 결과를 강력한 고객관계 개발에 적용시키는 정교한 소프트웨어와 분석 도구로 구성된다. 회사의 판매팀, 서비스팀, 마케팅팀의 개별 고객에 관해 아는 모든 것을 통합하여 고객관계에서 완벽한 검토를 제공하고자 한다. 고객을 더 잘 이해하기 위해 CRM을 이용함으로써 기업은 고객 서비스의 수준을 높일 수 있고, 더 긴밀한 고객관계를 개발할 수 있다.

02 STP 전략

(1) 시장세분화(Segmentation)

① 개념 : 전체시장을 하나의 시장으로 보지 않고, 비슷한 기호와 특성을 가진 차별화된 마케팅 프로그램을 원하는 집단별로 시장을 나누는 것이다.

② 시장세분화의 요건

  ㉠ 유지가능성(Sustainability) : 세분시장이 충분한 규모이거나 또는 해당 시장에서 이익을 낼 수 있는 정도의 크기가 되어야 하는 것을 의미한다.

ⓛ 측정가능성(Measurability) : 마케팅 관리자가 각각의 세분시장 규모 및 구매력 등을 측정할 수 있어야 한다는 것을 말한다.

ⓒ 실행가능성(Actionability) : 각각의 세분시장에서 소비자들에게 매력 있고, 이들의 욕구에 충분히 부응할 수 있는 효율적인 마케팅 프로그램을 계획하고 실행할 수 있는 정도를 의미한다.

ⓡ 접근가능성(Accessibility) : 시기적절한 마케팅 노력으로 해당 세분시장에 효과적으로 접근하여 소비자들에게 제품 및 서비스를 제공할 수 있는 적절한 수단이 있어야 한다는 것을 말한다.

ⓜ 내부적인 동질성 및 외부적인 이질성 : 특정 마케팅 믹스에 대한 반응 또는 시장 세분화 근거에 있어 동일한 세분시장의 구성원은 동질성을 보여야 하고, 다른 세분시장의 구성원과는 이질성을 보여야 함을 의미한다.

(2) 표적시장의 선정(Targeting)

① 차별적 마케팅 전략 : 전체 시장을 여러 개의 세분시장으로 나누고, 이들 모두를 목표시장으로 삼아 각기 다른 세분시장의 상이한 욕구에 부응할 수 있는 마케팅믹스를 개발하여 적용함으로서 기업 조직의 마케팅 목표를 달성하고자 하는 것을 말한다.

ⓗ 장점 : 전체 시장의 매출은 증가한다.

ⓛ 단점 : 각 세분시장에 차별화된 제품과 광고 판촉을 제공하기 위해 비용 또한 늘어난다.

ⓒ 특징 : 주로 자원이 풍부한 대기업이 활용한다.

② 비차별적 마케팅 전략(대량마케팅) : 전체 시장을 하나의 동일한 시장으로 보고, 단일의 제품으로 제공하는 전략

ⓗ 장점 : 비용을 줄일 수 있다.

ⓛ 단점 : 경쟁사가 쉽게 틈새시장을 찾아 시장에 진입할 수 있다.

③ 집중적 마케팅 전략(틈새 마케팅) : 전체 세분시장 중에서 특정, 단일 세분시장을 목표시장으로 삼아 집중 공략하는 전략을 말한다.

ⓗ 장점 : 해당 시장의 소비자 욕구를 보다 정확히 이해하여 그에 걸맞는 제품과 서비스를 제공함으로서 전문화의 명성을 얻을 수 있다.

ⓛ 단점 : 대상으로 하는 세분시장의 규모가 축소되거나 경쟁자가 해당 시장에 뛰어들 경우 위험이 크다.

ⓒ 특징 : 이 전략은 특히, 자원이 한정된 중소기업이 활용한다.

(3) 포지셔닝 전략(Positioning)

① 개념 : 자사 제품의 경쟁우위를 찾아 선정된 목표시장의 소비자들의 마음속에 자사의 제품을 자리 잡게 하는 것을 말한다.

② 포지셔닝 전략의 종류

ㄱ 제품속성에 의한 포지셔닝 : 자사의 제품 속성이 타사 제품에 비해 차별적인 속성을 지니고 있고 그에 따른 효익을 제공한다는 것을 소비자에게 인식시키는 전략이다. 또한 이 방식은 가장 널리 사용되는 포지셔닝 전략방법이다.

ㄴ 사용상황에 의한 포지셔닝 : 제품 또는 점포의 적절한 사용상황을 묘사 또는 제시함으로써 이를 소비자들에게 부각(인지)시키는 방법이다.

ㄷ 이미지 포지셔닝 : 고급성 또는 독특함처럼 제품 및 점포가 제품이 지니고 있는 추상적인 편익을 소구하는 전략이다.

ㄹ 제품사용자에 의한 포지셔닝 : 자사 제품이 특정한 사용자 계층에 적합하다고 소비자에게 강조하여 인지시키는 전략이다.

ㅁ 경쟁제품에 의한 포지셔닝 : 소비자들이 인지하고 있는 경쟁 제품들과 비교함으로써 자사 제품의 편익을 타사와 묵시적 또는 명시적으로 비교하게끔 해서 인지시키는 방식이다.

(1) 서비스 제품전략

무형성 (Intangibility)	• 서비스는 추상적이며 만질 수 없다. • 서비스를 제공받기 전에는 맛볼 수도 냄새를 맡을 수도, 소리를 들을 수도 없다. • 따라서 서비스의 가치를 파악하거나 평가하기가 어렵다.
이질성 (Heterogeneity)	• 서비스는 비표준적이며 고도로 가변적이다. • 서비스 생산과 분배 과정에 사람이 개입하기 때문에 유형제품처럼 동질적일 수가 없다. • 서비스 이질성 때문에 고객 제공 서비스의 표준화가 어렵다.
비분리성 (Inseparability)	• 서비스는 생산과 소비가 동시에 일어난다. • 생산과 동시에 소비되기 때문에 서비스 생산 과정에서 소비자의 참여가 빈번히 일어난다. • 유형제품의 경우 거래와 함께 소유권의 이전이 일어나지만, 서비스의 경우 누리거나 즐길 뿐 가질 수는 없다.
소멸성 (Perishability)	• 서비스는 재고 형태로 보존할 수 없다. • 따라서 즉시 사용하지 않으면 사라진다. • 서비스는 소멸하기 때문에 수송이 불가능하다.

(2) 제품수명주기 단계별 마케팅전략

구분	도입기	성장기	성숙기	쇠퇴기
원가	높다	보통	낮다	낮다
소비자	혁신층	조기 수용자	중기 다수자	최후 수용자
제품	기본 형태의 제품을 추구	제품의 확장, 서비스, 품질보증의 도입	제품 브랜드와 모델의 다양화	경쟁력 상실한 제품의 단계적인 철수
유통	선택적 유통	집약적 유통	집약적 유통	선택적 유통
판매	낮다	높게 성장	낮게 성장	쇠퇴함
경쟁자	소수	증가	다수→감소	감소
광고	조기의 소비자 및 중간상들에게 제품인지도 확립	많은 소비자들을 대상으로 제품에 대한 인지도 및 관심의 구축	제품에 대한 브랜드의 차별화 및 편의를 강조	중추적인 고객의 유지가 가능한 정도의 수준으로 줄임
가격	고가격	저가격	타사에 대응 가능한 가격	저가격
판촉	제품의 사용구매를 유인하기 위한 고강도 판촉전략	수요의 급성장에 따른 판촉 비중의 감소	자사 브랜드로의 전환을 촉구하기 위한 판촉의 증가	최소의 수준으로 감소
이익	손실	점점 높아진다	높다	감소한다
마케팅 목표	제품 인지 및 사용구매 창출	시장점유율 최대화	이전 점유율 유지 및 이윤 극대화	비용 절감

04 가격전략

(1) 가격의 특성

① 가격은 다른 마케팅 믹스 요소들과는 달리 쉽게 변경할 수 있다.

② 가격 이미지는 쉽게 바꿀 수 없다.

③ 가격 변경은 기업의 이익에 즉각적으로 커다란 영향을 미친다.

④ 가격경쟁은 가급적 피하는 것이 바람직하다.

(2) 가격 설정의 방법

① 고객 커뮤니케이션 예산 수립

　㉠ 목표-업무 방식 : 조직에 대한 운영비용과 이익 등을 산출한 후 사용 가능한 금액이 얼마인지에 따라 고객 커뮤니케이션 예산을 설정하게 된다.

　㉡ 손대중 방법 : 커뮤니케이션의 목표를 이루기 위해 특수한 업무수행에 요구되는 예산을 결정짓는 방식이다.

　㉢ 판매비율 방법에서 고객 커뮤니케이션 예산 : 소매업체의 고객 커뮤니케이션 비용 비율 및 시장점유율 등이 동일하도록 결정하는 방식이다.

　㉣ 경쟁동가방법 : 예상되는 매출액 중에서 고정비율로 고객 커뮤니케이션 예산을 설정하는 방법이다.

② 수요에 기초한 심리적 가격결정 기법

　㉠ 손실유도 가격결정 : 특정한 제품 품목에 대해 가격을 낮추면 해당 품목의 수익성은 악화될 수 있지만, 보다 더 많은 소비자를 유도하고자 할 때 활용하는 방식이다.

　㉡ 명성가격 가격결정 : 소비자들이 제품에 대한 가격을 품질 또는 사회적 지위의 상징으로 삼기 때문에 명품의 경우 가격이 예상되는 범위 아래로 낮아지면 오히려 제품에 대한 수요가 감소할 수 있다는 사실에 기반을 둔 방식이다.

　㉢ 홀 · 짝수 가격결정 : 소비자들이 제품에 대해 어떤 가격을 높은 가격 또는 낮은 가격으로 인지하느냐 하는 것에 기초를 두는 방식이다.

　㉣ 비선형 가격결정 : 대량의 소비자가 소량의 소비자에 비해 가격 탄력적이라는 사실에 기초해서, 소비자들에게 제품에 대한 대량소비에 따른 할인을 기대하도록 하여 제품의 구매량을 높이고자 하는 방식이다.

③ 재판매 가격 유지 정책(Resale Price Maintenance Policies) : 공급자가 도매상 및 소매상과의 계약에 의해 자사 제품의 도·소매가격을 사전에 설정해 놓고 이러한 가격으로 자사의 제품을 판매하게 하는 전략이다. 자사 제품이 도·소매상의 손실유인상품으로 이용되는 것을 방지해서 가격의 안정과 명성을 유지하기 위해 유통업계와 계약을 통해 일정한 가격으로 거래되도록 하는 것을 말한다.

④ 유보가격(Reservation Price) : 소비자가 마음속으로, 이 정도까지는 지불할 수도 있다고 생각하는 가장 높은 수준의 가격을 의미한다.

⑤ 우수가치 상응 가격결정(Good-Value Pricing) : 좋은 품질 및 서비스를 잘 결합하여 소비자들에게 적정가격으로 제공하는 것을 의미한다. 많은 경우 이러한 방식의 가격결정은 시장기반이 확립된 유명 브랜드에서 상대적으로 저가인 제품들을 시장에 새로이 도입할 때 활용된다. 또 다른 경우로는 기존의 가격에서 더 나은 품질을 제공하거나 또는 더욱 더 저렴한 가격으로 동일한 품질을 제공하도록 기존의 브랜드를 재설계할 때이다.

⑥ 이분가격 정책(Two Party Price Policy) : 기본가격에 추가사용료 등의 수수료를 추가하는 방식의 가격결정방식으로 다른 말로 "이중요율"이라고도 한다.

⑦ 노획가격(Captive Pricing) : 주 제품에 대해서는 가격을 낮게 책정해서 이윤을 줄이더라도 시장 점유율을 늘리고 난 후 종속 제품인 부속품에 대해서 이윤을 추구하는 전략이다.

⑧ 묶음가격(Price Bundling) : 자사가 제공하는 여러 개의 제품이나 서비스 등을 묶어 하나의 가격으로 판매하는 것을 의미한다. 묶음가격을 그 개별 구성요소들 가격의 합보다 저렴하게 설정하여 소비자가 묶음형태의 제품을 구매하도록 유도하며, 개별제품 각각에 대한 경쟁력이 약한 기업들은 최적의 제품 묶음을 저렴한 가격에 제시하여 경쟁우위를 획득하는 방식이다.

⑨ 부가가치 가격결정(Value-Added Pricing) : 타사의 가격에 맞춰 가격인하를 하기보다는 부가적 특성 및 서비스 추가로 제품의 제공물을 차별화함으로써 더 비싼 가격을 정당화하는 방식이다.

⑩ 경쟁기반 가격결정(Competitive Advantage-Based Pricing) : 경쟁자의 전략, 원가, 가격, 시장의 제공물을 토대로 가격을 책정하는 방식이다.

⑪ 제품라인 가격결정(Product Line Pricing) : 제품계열 내에서 제품품목 간 가격 및 디자인에 차이를 두는 방식이다.

⑫ 부산물 가격결정(By-Product Pricing) : 주력 제품이 가격에 있어 경쟁력을 지닐 수 있도록 부산물 가격을 결정하는 방식이다.

⑬ 옵션제품 가격결정(Optional Product Pricing) : 주력제품과 같이 팔리는 부수적 제품에 대해 소비자로 하여금 선택하게 하는 방식이다.

⑭ 최저수용가격(Lowest Acceptable Price) : 소비자들이 제품의 품질을 의심하지 않고 구매할 수 있는 가장 낮은 가격을 의미한다.

(3) 가격설정 정책

① 단일가격 정책 : 동일한 양의 제품을 동일한 조건 및 가격으로 판매하는 정책을 의미한다.

② 탄력가격 정책 : 소비자들에 따라 동종, 동량의 제품들을 서로 상이한 가격으로 판매하는 정책을 의미한다.

③ 단일제품가격 정책 : 각각의 품목별로 검토한 후 가격을 결정하는 정책을 의미한다.

④ 계열가격 정책 : 수 많은 제품계열이 존재할 때 제품의 규격, 기능, 품질 등이 다른 각각의 제품계열마다 가격을 결정하는 정책을 의미한다.

⑤ 상층흡수가격 정책 : 도입 초기에 고가격을 설정한 후에 고소득계층을 흡수하고, 지속적으로 가격을 인하시킴으로써 저소득계층도 흡수하고자 하는 가격정책을 의미한다.

⑥ 침투가격 정책 : 빠르게 시장을 확보하기 위해 시장 진입초기에 저가격을 설정하는 정책을 의미한다.

⑦ 생산지점가격 정책 : 판매자가 전체 소비자들에 대한 균일한 공장도가격을 적용시키는 정책을 의미한다.

⑧ 인도지점가격 정책 : 공장도 가격에 계산상의 운임 등을 가산한 금액을 판매가격으로 결정하는 정책을 의미한다.

⑨ 재판매가격유지 정책 : 광고 및 여러 가지 판촉에 의해 목표가 알려져서 선호되는 제품의 공급자가 소매상들과의 계약을 통해 자신이 결정한 가격으로 자사의 제품을 재판매하게 하는 정책을 의미한다.

05 촉진정책

(1) 촉진믹스

① 광고(Advertising) : 제품 및 서비스 또는 아이디어의 제시와 촉진 등을 위해 광고주가 비용을 지불하고 전개하는 비대면적인 커뮤니케이션의 활동을 의미한다.

② 판매촉진(Sale Promotion) : 제품 및 서비스의 활용을 독려하기 위해 단기간에 전개되는 인센티브 위주의 커뮤니케이션 활동을 의미한다.

　㉠ 장점 : 단기적인 매출향상, 신제품 홍보가 용이

　㉡ 단점 : 수익성에 있어서는 비효율적, 브랜드 구축에는 악영향

③ 공중관계(PR : Public Relation) : 개별 제품 및 기업 조직 전체의 이미지 제고 또는 비호의적 평판의 완화를 목적으로 언론 매체 등을 통해 벌이는 비대면적 커뮤니케이션 활동을 의미한다.

④ 인적판매(Personal Selling) : 제품 및 서비스의 판매를 위해 영업사원이 잠재고객들과 일대일 대면으로 펼치게 되는 커뮤니케이션 활동을 말한다.

※ 촉진믹스 요소별 대표적인 수단들

촉진믹스 요소	대표적 수단
광고	방송 광고, 인쇄 광고, 온라인 광고, 옥외 광고 등
PR	보도자료, 홈페이지, 스폰시설, 사회봉사활동 등
판매촉진	할인쿠폰, 샘플, 사은품, 경품 등
인적판매	프리젠테이션, 고객초청세미나 등
구전	대면 접촉, 소셜 미디어 등

(2) 푸시 전략과 풀 전략

① 푸시 전략(Push Strategy)

　㉠ 제조업자가 소비자를 향해 제품을 밀어낸다는 의미로 제조업자는 도매상에게 도매상은 소매상에게, 소매상은 소비자에게 제품을 판매하게 만드는 전략을 말한다.

　㉡ 중간상들로 하여금 자사의 상품을 취급하도록 하고, 소비자들에게 적극 권유하도록 하는 것이 목적이다.

　㉢ 소비자들의 브랜드 애호도가 낮고, 브랜드 선택이 점포 안에서 이루어지며, 동시에 충동구매가 잦은 제품의 경우에 적합한 전략이다.

② 풀 전략(Pull Strategy)

　㉠ 제조업자 쪽으로 당긴다는 의미로 소비자를 상대로 적극적인 프로모션 활동을 하여 소비자들이 스스로 제품을 찾게 만들고 중간상들은 소비자가 원하기 때문에 제품을 취급할 수 밖에 없게 만드는 전략을 말한다.

　㉡ 광고와 홍보를 주로 사용하며, 소비자들의 브랜드 애호도가 높고, 점포에 오기 전에 미리 브랜드 선택에 대해서 관여도가 높은 상품에 적합한 전략이다.

06 **유통전략**

(1) 경로 커버리지

① 집약적 유통 : 가능한 한 많은 소매상이 자사의 제품을 취급하게 하도록 함으로서 포괄되는 시장의 범위를 확대시키는 전략이다. 집약적 유통에는 대체로 편의품이 속한다.

② 전속적 유통 : 각 판매지역별로 하나 또는 극소수의 중간상들에게 자사제품의 유통에 대한 독점권을 부여하는 방식을 말한다. 이 방법의 경우, 소비자가 자신이 제품구매를 위해 적극적으로 정보탐색을 하고, 그러한 제품을 취급하는 점포까지 가서 기꺼이 쇼핑하는 노력도 감수하는 특성을 지닌 전문품에 적절하다.

③ 선택적 유통 : 집약적 유통과 전속적 유통의 중간 형태에 해당하는 전략이다. 판매지역별로 자사의 제품을 취급하기를 원하는 중간상들 중에서 일정 자격을 갖춘 하나 이상 또는 소수의 중간상들에게 판매를 허가하는 전략이다. 이 전략은 소비자가 구매 전 상표 대안들을 비교, 평가하는 특성을 지닌 선매품에 적절하다.

(2) 수직적 유통경로 시스템(VMS : Vertical Marketing System)

① 기업형 마케팅 시스템 : 기업이 생산 및 유통을 모두 소유·관리하여 유통하는 형태를 의미한다.

② 관리형 마케팅 시스템 : 규모나 힘에 있어 우월한 위치에 있는 기업이 조정을 위해 생산 및 유통을 협력시키는 형태를 의미한다. 소유권, 계약관계에 의해서가 아니라 어느 한쪽의 규모와 힘에 의해 생산과 유통이 조정되는 것이 특징이다.

③ 계약형 마케팅 시스템 : 계약통합은 수직통합의 가장 일반적인 형태로서, 생산이나 유통활동에 있어 상이한 수준에 있는 독립기관들이 상호 경제적인 이익을 취득하기 위해서 계약을 체결하고, 그러한 계약에 따라 수직적 통합을 하는 형태를 말한다. 모회사나 본부가 가맹점에게 특정 지역에서 일정 기간 영업을 할 수 있는 권리나 특권을 부여하고, 그 대가로 로열티를 받는 프랜차이즈 시스템이 대표적이다.

(3) 수평적 마케팅 시스템(HMS : Horizontal Marketing System)

동일한 경로에 있는 둘 이상의 기업들이 새로운 마케팅 기회를 활용하기 위해 협력하는 것을 의미한다. 두 개 이상의 각 조직이 마케팅 잠재력을 개선하기 위해 자원이나 프로그램을 결합하는 것이다. 수평적 통합은 각 기업이 힘을 모아 서로의 이익을 증가시킬 수 있기 때문에 공동마케팅이라고도 한다.

07 소비자 행동

(1) 관여도를 증가시키는 요인

① 제품의 중요도

② 제품이 감성 소구를 가질 때

③ 제품에 지속적 관심

④ 제품의 구매가 상당한 위험을 수반할 때

(2) 고관여 제품과 저관여 제품에 대한 소비자 구매행동의 유형

① 고관여 구매행동

복잡한 구매행동	소비자들이 제품의 구매에 있어서 높은 관여를 보이고 각 브랜드 간 뚜렷한 차이점이 있는 제품을 구매할 경우의 구매행동은 일반적으로 매우 복잡한 양상을 띠게 된다. 소비자들은 제품의 가격이 비교적 높고 브랜드간의 차이가 크며, 일상적으로 빈번히 구매하는 제품이 아닌 소비자 자신에게 매우 중요한 제품을 구매할 때 높은 관여를 보인다.
부조화 감소 구매행동	소비자들이 구매하는 제품에 대하여 비교적 관여도가 높고 제품의 가격이 비싸고 평소에 자주 구매하는 제품이 아니면서 구매 후 결과에 대하여 위험부담이 있는 제품의 경우, 각 브랜드간 차이가 미미한 경우에 일어난다.

② 저관여 구매행동

다양성 추구 구매행동	구매하는 제품에 대하여 비교적 저관여 상태이며 제품의 각 상표 간 차이가 뚜렷한 경우에 소비자들은 다양성 추구 구매를 하게 된다. 따라서 다양성 추구 구매를 하기 위하여 소비자들은 잦은 상표 전환을 하게 된다.
습관적 구매행동	제품에 대하여 소비자가 비교적 낮은 관여도를 보이며 브랜드 간 차이가 미미할 경우에 일어난다.

(3) 소비자의 구매 과정

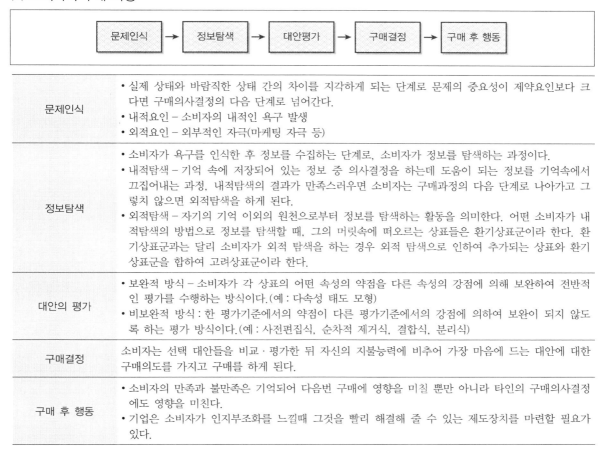

문제인식	• 실제 상태와 바람직한 상태 간의 차이를 지각하게 되는 단계로 문제의 중요성이 제약요인보다 크다면 구매의사결정의 다음 단계로 넘어간다. • 내적요인 – 소비자의 내적인 욕구 발생 • 외적요인 – 외부적인 자극(마케팅 자극 등)
정보탐색	• 소비자가 욕구를 인식한 후 정보를 수집하는 단계로, 소비자가 정보를 탐색하는 과정이다. • 내적탐색 – 기억 속에 저장되어 있는 정보 중 의사결정을 하는데 도움이 되는 정보를 기억속에서 끄집어내는 과정, 내적탐색의 결과가 만족스러우면 소비자는 구매과정의 다음 단계로 나아가고 그렇치 않으면 외적탐색을 하게 된다. • 외적탐색 – 자기의 기억 이외의 원천으로부터 정보를 탐색하는 활동을 의미한다. 어떤 소비자가 내적탐색의 방법으로 정보를 탐색할 때, 그의 머릿속에 떠오르는 상표들은 환기상표군이라 한다. 환기상표군과는 달리 소비자가 외적 탐색을 하는 경우 외적 탐색으로 인하여 추가되는 상표와 환기상표군을 합하여 고려상표군이라 한다.
대안의 평가	• 보완적 방식 – 소비자가 각 상표의 어떤 속성의 약점을 다른 속성의 강점에 의해 보완하여 전반적인 평가를 수행하는 방식이다.(예 : 다속성 태도 모형) • 비보완적 방식 : 한 평가기준에서의 약점이 다른 평가기준에서의 강점에 의하여 보완이 되지 않도록 하는 평가 방식이다.(예 : 사전편집식, 순차적 제거식, 결합식, 분리식)
구매결정	소비자는 선택 대안들을 비교·평가한 뒤 자신의 지불능력에 비추어 가장 마음에 드는 대안에 대한 구매의도를 가지고 구매를 하게 된다.
구매 후 행동	• 소비자의 만족과 불만족은 기억되어 다음번 구매에 영향을 미칠 뿐만 아니라 타인의 구매의사결정에도 영향을 미친다. • 기업은 소비자가 인지부조화를 느낄때 그것을 빨리 해결해 줄 수 있는 제도장치를 마련할 필요가 있다.

01 인적자원 모집 및 교육

(1) 모집

① 내부 모집 : 사내모집이라고도 하며, 조직 내부의 기존 인력을 대상으로 모집하는 것을 의미한다. 기업은 사내 공모나 사내 게시판, 출판물, 인트라넷을 통해 기존 인력을 대상으로 모집한다.

장점	단점
비용이 저렴하며, 조직 구성원들의 정확한 정보를 바탕으로 적임자를 발견할 수 있으며, 기존 구성원들의 사기를 상승시키는 효과를 가져온다.	기존 구성원들에게서 새로운 능력이나 기술 등을 기대하기가 힘들다.

② 외부모집 : 내부모집의 장점에도 불구하고 기업은 다양한 이유로 기업의 외부에서 지원자를 모집한다. 외부모집은 지원자의 직접지원과 추천, 구인광고, 공공고용기관, 사설직업소개소, 대학, 온라인 모집 등의 방법으로 진행한다.

(2) 선발도구

선발시험	필기시험, 인지능력검사(적성검사, 지능검사), 인성검사, 흥미검사
면접	비구조적 면접, 구조적 면접, 패널면접, 집단면접, 스트레스면접 등

(3) OJT(On the Job Training)

① 개념 : 현장감독자 등 직속 상사가 작업현장에서 작업을 통해 개별지도·교육하는 것을 말한다. 이용의 범위가 넓다. 작업요령, 급소를 잘 이해해서 올바른 방법을 체득하여 무리, 낭비 불균형이 없이 작업능률이 향상하는 등의 효과를 기대할 수 있다. 이러한 방법은 구체적인 교육방법이지만 때로는 지도자에 의해 계획성이 없는 교육이 될 가능성을 포함하고 있기 때문에, 지도자에 대한 교육·지도 등에 유의가 필요하다. 일손 부족과 임금 급등의 시대에서 기업은 교육 훈련에 힘을 기울여 종업원의 능력 개발에 노력하는데, 특히 최근에는 현장 훈련이 중시되고 있다. 종업원의 교육 훈련에는 OJT 외에 강의나 세미나 참가나 롤플레잉 등의 현장 외 훈련이 있는데, 직장은 그야말로 최상의 교실로 일을 하면서 교육한다고 하는 견해가 강해졌다.

② OJT에 의한 교육방법의 4단계
   ㉠ 1단계 – 배울 준비를 시킨다.

© 2단계 – 작업을 설명한다.

© 3단계 – 시켜본다.

© 4단계 – 가르친 결과를 본다.

(4) OFF JT(Off the Job Training)

직장 외 훈련이라 하며, 전문가를 초청하여 연수원 등에서 강의식 수업을 듣는 방식을 말한다. 보통은 단체식의 훈련방식을 따른다.

02 인사고과(평가)

(1) 효과적인 인사평가 기준

① 전략과의 적합성 : 조직의 전략, 목표, 문화에 부합하도록 종업원의 행동과 태도를 조정할 수 있어야한다.

② 타당성 : 측정도구가 측정하고자 하는 것을 정확하게 측정하는 정도이다.

③ 신뢰성 : 성과측정이 전달하는 결과의 일관성을 의미한다.

④ 수용성 : 측정 결과를 종업원이 받아들일 수 있는 실질적인 표준이 되는가의 여부이다.

⑤ 구체적 피드백 : 성과측정의 결과물이 종업원의 성과문제를 지적할 수 있는가의 여부이다.

(2) 인사고과의 방법

항목 \ 종류	목표관리법	평가센터법
내용	차기년도의 목표성정 → 작업 → 목표평가 → 평가보고	피고과자 → 합숙 → 여러 종류 선발도구 이용 동시 평가
타당성	임금 의사결정 高, 교육훈련 목표 인정, 다른 인사고과 목표는 높지 않음	승진, 교육훈련, 인력공급예측 등은 매우 高, 임금결정은 低
신뢰성	부하참여 → 고과자의 주관적 편견 최소화	많은 평가기법, 고과자 동원 정확도 高
수용성	상사와 협의 결정 → 高, 상사 무리한 목표 요구시 갈등 야기	종업원의 심리적 저항 예상
실용성	평가 과정과 목표달성 과정 長, 목표설정 어려움, 형식에 치우칠 가능성, 비용 多	시간, 비용 가장 많이 소요

종류 / 항목	서열법(상) (㉠ 교대 서열법) (㉡ 쌍대 비교법)	평정 척도법(상)	체크 리스트 법
내용	㉠ 우수한 자 가장 못한 자 선발 반복하여 전체 서열 선정 ㉡ 한 쌍식 짝지어 비교, 반복	능력, 특성, 성과를 평가 위해 평가요소 제시 이를 단계별 차등하여 평가	표준행동들을 제시, 해당 서술문을 체크하여 평가
타당성	서열 간 격차 불일정	특정 고과요소에 대한 수중 판단, 평가결과의 계량화 가능 = 임금책정 유용한 정보 제공	평가요소에 요소 포함 용이, 양호한 편
신뢰성	구체적 측정 불가	고과자의 의도적 고평가 방지 미흡	의도적 고평가나 저평가 최소화
수용성	서열의 구체적 기준 미제시	고과자의 주관적 평가에 문제 제기 가능성	피고과자 측면에서 고과자의 자유재량권 小
실용성	평가 용이, 비용 저렴	어느 정도의 비용 발생	개발비, 검토과정에서의 비용 多

종류 / 항목	강제 선택 서술법	중요사건 기술법	행동기준 평가법 ㉠ 행동기대 평가법 ㉡ 행동관찰 평가법
내용	둘로 된 평가항목 서술문을 고과자에게 제시 후 한 곳에만 체크 하게 하는 기법	일상에서 피고과자의 업적을 기록, 고과시점에서 정리, 평가	중요사실 추출 → 범주분류 → 사건을 척도에 의해 평가
타당성	인사고과 개별목적 반영 할 수 있음	중요 정보 제공의 어려움	직무성과에 초점 임금에 대한 목적으로 활용 때 높다.
수용성	고과자의 저항 예상	비교 우열 시 사건의 평가, 승진, 임금 등 반영 시 낮아짐	성공적, 비효과적 행동패턴 알려줌 → 간접적 교육효과
실용성	복잡, 정교한 과정 → 비용 多	실시용이, 비용발생 적음	막대한 개발비, 개발 복잡, 정교 (소기업 적용의 어려움)

(3) 인사평가에서 발생하는 오류들

논리적 오류	평가자가 평소 논리적인 사고에 얽매여 임의적으로 평가해 버리는 경우를 의미한다. 각 평가 항목간 논리적인 상관관계가 있는 경우, 비교적 높게 평가된 평가항목이 있으면 다른 항목도 높게 평가하는 경향을 의미한다.
대비 오류	직무기준과 직무능력 요건에 나타난 절대기준이 아닌 평가자 자신을 기준으로 두고 자신과 부하를 비교하는 것을 의미한다. 이러한 오류를 방지하기 위해서는 직무기준과 직무능력 요건에 비추어 평가를 해야 하며, 평가자 훈련을 통해 판단기준을 통일하도록 해야 한다.
근접 오류	인사평가표 상에서 근접하고 있는 평가요소의 평가결과 혹은 특정평가 시간 내에서의 평가요소간의 평가결과가 유사하게 되는 경향을 의미한다.

후광효과	어느 한 요소에서의 평가결과가 다른 요소에 대한 평가에 긍정적 영향을 주거나 피평가자의 인상이 긍정적 영향을 주어 평가되는 경향을 의미한다.
분포상의 오류	평가자들은 흔히 평가 척도의 한 부분에 편중되게 평가하려는 경향이 있다. 물론 특정 집단 종업원들은 정말 비슷한 수준으로 업무를 수행하는 경우도 있다. 그러나 대부분의 경우 모든 구성원에 대한 비슷한 평가는 정확한 성과의 평가가 아니라 오히려 점수 분포의 오류로 인한 실수이다. • 관대화 경향 – 평가자가 모든 종업을 높게 평가했을 경우 • 가혹화 경향 – 평가자가 모든 종업을 낮게 평가했을 경우 • 중심화 경향 – 모든 사람들을 평균이라고 평가하는 것

03 임금 및 복리후생기법

(1) 임금관리 체제

임금관리 3요소	핵심 사항	분류(고려 대상)
임금수준	적정성	생계비 수준, 사회적 임금수준, 동종업계 임금 수준 감안
임금체계	공정성	연공급, 직능급, 성과급, 직무급
임금형태	합리성	시간급제, 일급제, 월급제, 연봉제

(2) 임금 결정요소

① 기업의 지불능력 : 임금수준의 상한선에서 조정이 된다.

② 사회 일반적 임금수준 : 임금수준의 가운데에서 조정이 된다.

③ 생계비 수준 : 임금수준의 하한선에서 조정되는 것을 말한다. 또한, 생계비는 생활수준의 중요한 지표로서, 임금산정의 기초자료로 그 의미가 있다.

(3) 임금피크제도(Salary Peak System)

기업 조직의 종업원이 일정한 나이가 지나면 생산성에 따라 임금을 지급하는 제도로 현실적으로는 나이가 들어 생산성이 내려가면서 임금을 낮추는 제도를 의미한다.

(4) 임금형태

① 시간급제 : 종업원의 직무성과의 양이나 질에 관계없이 실제 노동에 종사한 시간에 따라 임금을 지급하는 제도를 의미한다.

② 성과급제 : 종업원 작업성과에 따라 임금을 지급해서 종업원들의 노동률을 자극하는 제도를 의미한다.

③ 특수임금제 : 성과급제나 시간급제하고는 관계없는 임금지급방식을 통합한 것을 의미한다.

(5) 보상시스템의 설계

외부공정성	외부경쟁력이라고도 하며, 임금수준으로 구체화된다. 임금수준은 다른 기업과의 평균임금을 비교하는 것으로 회사의 규모, 산업, 위치 등의 차이에 따라 조직 간 임금은 차등화됨을 의미한다. 임금수준을 결정하는 주요한 방법은 시장임금조사이다.
내부공정성	내부형평성이라고도 하며 임금체계로 구체화된다. 임금총액의 배분기준에 관한 것으로 보통 연공, 기술, 직무의 가치, 업적 등을 기준을 사용한다. 만약 내부공정성이 확보되지 않는다면 인력의 내부이동에 대한 종업원의 전반적 태도, 부서 간 협력 등에 변화가 발생할 수 있다.
개인공정성	동일 조직에서 동일한 임금체계를 갖는 종업원들 간의 임금차등화의 문제이다. 따라서 이는 종업원의 연공, 성과, 기술, 역량에 따른 차등화로 확보된다.

(6) 집단 성과 배분(Gainsharing)의 유형

구분	스캔론 플랜	럭커 플랜	임프로세어
종업원 참여정도	제안위원회 또는 작업팀	럭커 위원회	훌륭한 아이디어의 제안 및 즉각적인 활용
목표	비용(인건비) 감소	비용(인건비) 감소	직, 간접적인 근무시간 단축
보너스 기준	생산의 판매가치	부가가치	표준 작업시간과 비교한 절약된 작업시간
보너스 간격	월별 또는 분기별	월별 또는 분기별	주별
분배 대상	모든 종업원	시급 종업원	시급 종업원만

(7) 복리후생기법

① 개념 : 기업 조직이 종업원과 가족들의 생활수준을 높이기 위해서 마련한 임금 이외의 제반급부를 의미한다.

② 성격

    ㉠ 복리후생은 집단적인 보상의 성격을 가진다.

    ㉡ 복리후생은 신분기준에 의해 운영된다.

    ㉢ 복리후생은 용도가 제한되어 있다.

    ㉣ 복리후생은 필요성의 원칙에 의해서 지급되어진다.

    ㉤ 복리후생은 기대소득의 성격을 가진다.

    ㉥ 복리후생은 소속된 종업원들의 생활수준을 안정시키는 기능을 수행한다.

    ㉦ 복리후생은 한 가지 형태가 아닌 다양한 형태로 지급된다.

③ 복리후생의 종류

　　㉠ 법정 복리후생제도 : 법정 복리후생은 종업원의 개인적인 의사나 기업의 정해진 방침과는 상관없이, 국가에서 정한 법률에 의해서 강제적으로 실시해야하는 복리후생제도로서 국민연금, 건강보험, 산업재해보험, 고용보험 등의 4대 보험이 대표적인 예라 할 수 있다.

　　㉡ 법정 외 복리후생 : 경조사 지원, 자녀 학자금 지원, 도서구입비 지원, 동호회 지원, 휴게실 운영 등이 있다.

④ 카페테리아식 복리후생 : 기업 조직에 소속된 구성원들이 기업이 제공하는 복리후생제도나 시설 중에서 구성원이 원하는 것을 선택함으로서 자신의 복리후생을 구성원 스스로가 원하는 대로 설계하는 것을 의미한다.

04 노사관계관리

(1) 노동조합의 집행 기능

단체교섭 기능	노동자와 사용자 간의 단체교섭을 통해서 근로조건 유지, 개선 내용에 대해 노사간에 일치점이 나타나게 되면 이를 단체협약으로 이행한다.
경제활동 기능	• 공제적 기능 – 노동조합의 자금원조 기능으로 볼 수 있는데, 노동자들이 어떠한 질병이나 재해, 사망 또는 실업에 대비해서 노동조합이 사전에 공동기금을 준비하는 상호부조의 활동을 의미한다. • 협동적 기능 – 노동자가 취득한 임금을 보호하기 위한 소비측면의 보호로서 생산자 협동조합이나 소비자 협동조합 및 신용조합, 노동은행의 활동 등을 의미한다.
정치활동 기능	노동자들이 자신들의 경제적인 목적을 달성하기 위해 부득이하게 정치적인 행동을 전개하는 것으로서, 노동관계법 등의 법률 제정이나 그에 대한 촉구와 반대 등의 정치적 발언권을 행사하며, 이를 위해서 어느 특정 정당을 지지하거나 반대하는 등의 정치활동을 전개하는 것을 가리킨다.

(2) 노동조합의 조직형태

직업별 노동조합	동일 직종 또는 동일 직업에 종사하는 근로자들이 조직하는 노동조합으로 생산을 근로자의 숙련도에 크게 의존하고 있던 산업자본주의 초기의 숙련근로자가 노동시장을 배타적으로 독점하기 위하여 조직된 형태이다.
산업별 노동조합	숙련공이나 미숙련공의 구분없이 동일 산업에 종사하는 근로자들을 모두 가입시켜 노동조합의 교섭력을 강화시킨 노동조합으로 오늘날 노동조합의 가장 대표적인 조직형태이다.
일반 노동조합	직종이나 산업에 관계없이 일반근로자들을 폭 넓게 규합하는 노동 조합의 형태로 한국노총 산하의 연합노조연맹 등을 예로 들 수 있다.
기업별 노동조합	동일한 기업에 종사하는 근로자들에 의해 조직되는 노동조합을 의미하는 것으로 동일 기업내의 근로장이므로 근로조건 등의 결정에 있어서 통일성 및 종합성을 기하기 쉬우나 개별기업을 존립기반으로 하고 있어 노동시장에 대한 지배력이 없어서 교섭력이 떨어질 수 있다.

(3) 숍제도(Shop System)

노동조합의 가입 방법을 의미하는 것으로 노동조합의 세력을 확보하기 위한 중요한 제도 중의 하나이다.

오픈 숍	사용자가 비조합원을 자유로이 고용할 수 있는 제도로 조합가입이 고용의 전제조건이 아닌 제도이다. 따라서 노동조합의 안정도 측면에서는 가장 취약한 제도라고 할 수 있다. 즉 조합원, 비조합원에 관계없이 채용 가능하며, 사용자측에 가장 유리하다.
유니온 숍	사용자가 비조합원도 자유로이 고용할 수 있지만 고용된 근로자는 일정한 기간 내에 조합에 가입하여야 하는 제도이다. 즉 비조합원이 채용 가능하나, 채용후 일정기간내에 조합 가입이 의무화된다.
클로즈드 숍	신규 직원 채용시 조합원만 사용자에게 고용될 수 있는 제도로 노동 조합이 노동공급의 유일한 원천이 되는 제도이므로 노동조합에 가장 유리한 제도이다.
에이전시 숍	조합원이든 비조합원이든 간에 모든 종업원은 단체교섭의 당사자인 노동조합에 조합비를 납부할 것을 요구하는 제도이다.
프레퍼렌셜 숍	채용에 있어서 조합원에 우선 순위를 주는 제도이다.
메인터넌스 숍	일단 단체협약이 체결되면 기존 조합원은 물론 단체협약이 체결된 이후에 가입한 조합원도 협약이 유효한 기간 동안은 조합원으로 머물러야 한다는 제도이다.

(4) 쟁의행위의 유형

노동조합측 쟁의행위	파업	근로자가 단결하여 집단적으로 노동의 제공을 거부하는 행위를 의미한다.
	태업	근로자들이 외형적으로 작업을 계속하지만 실제적으로는 직업을 하지 않아 작업능률을 저하시키는 행위이다.
	사보타지	태업에서 더 나아가 능동적으로 생산 및 사무를 방행하거나 원자재 또는 생산시설 등을 파괴하는 행위이다.
	보이콧 (불매운동)	노동조합의 통제 등에 따라 사용자 또는 그와 거래관계에 있는 제3자의 제품이나 서비스에 대한 불매운동을 전개하는 행위이다.
	피켓팅	파업을 효과적으로 하기 위하여 파업불참자들의 사업장 또는 공장의 출입을 감시하거나 파업 참여에 협력할 것을 설득하는 행위이다.
	생산관리	노동조합이 직접적으로 사업장이나 공장 등을 점거하여 직접 나서서 기업경영을 하는 행위이다.
	준법투쟁	노동조합이 법령, 단체협약, 취업규칙 등의 내용을 정확하게 이행한다는 명분하에 업무의 능률 및 실적을 떨어뜨려 자신의 주장을 받아들이도록 사용자에게 압력을 가하는 집단행동이다.
사용자측 쟁의행위	직장폐쇄	사용자가 근로자측의 파업, 태업 등에 대항하기 위하여 근로자들의 생산시설 접근을 차단하고 근로자들의 노동력 제공을 집단적, 일시적으로 거부하여 무노동·무임금 원칙을 적용하려는 행위이다.
	조업계속	사용자가 비조합원들을 활용하여 조업을 계속함에 따라 조합원들의 쟁의행위를 무력화시키려는 행위이다.

(5) 협력적 노사관계 구축 방안

경영참여제도	• 노사 간 협력행동의 하나로써 근로자 또는 노동조합이 어떤 형태로든지 사용자의 관리행위에 참여하여 영향력을 행사하는 것이 경영참가이다. • 주주의 경영권이 고유권한인지 아닌지, 근로자도 참여할 수 있는지의 주장에 대해서는 찬반 양론이 있지만 어쨌든 경영참가의 의미는 경영에 대한 사용자 지배에 대신하여 근로자 지배를 확립하자는 의도가 있다. **예** 자본참여(종업원지주제도), 이익참여, 의사결정 참여 등
고충처리제도	• 근로자가 조직내의 일상생활에서 발생하는 여러 가지 고충들을 공식적으로 처리하는 절차를 말한다. • 고충이란 근로자가 근로조건이나 직장 환경, 관리자의 종업원에 대한 불공평한 대우 또는 단체협약이나 취업규칙의 해석, 적용에 관해 갖고 있는 불평, 불만을 의미한다. • 근로자들은 이러한 일상적인 고충을 공식적으로 처리하게 되면 이로 인해 야기될 분쟁을 사전에 예방하는 효과도 가지면서 단체협약의 원만한 관리효과도 갖는다.
인간관계 개선제도	• 근로자나 사용자 모두 공동운명체 안에서 서로 협력해야 하는 인격체이며 감정적 존재이다. • 따라서 서로가 인격적 대우를 받지 못하고 감정적 유대관계가 부족하면 관계 개선도 어렵고 기업목표의 효과적 달성이 어렵다. • 그러므로 노사관계의 개선은 상호 의사소통이나 인간적 교류가 필요한데 이를 제도화하여 장기적 노사안정에 공헌하게 한 것이 노사관계 개선기법이다. **예** 상담제도, 제안제도 등

01 회계의 기초

(1) 재무회계와 관리회계 비교

구분	재무회계	관리회계
보고대상	외부정보 이용자	내부정보 이용자
보고시기	정기보고	수시보고
기준	GAAP	원가계산시스템
형식	일정한 형식	일정한 형식 없음
보고내용	주로 재무제표와 부속자료	제한 없음 (주로 원가, 예산, 기타 분석 자료)

(2) 재무상태표의 구성요소

① 자산 : 기업이 거래를 통하여 취득하였고, 현재 기업이 지배하고 있으며, 미래에 현금유입을 가져다 줄 수 있는 가능성이 있는 것을 의미한다.

유동자산	당좌자산	현금 및 현금성 자산, 단기매매금융자산, 매출채권, 단기대여금, 미수금, 미수수익, 선급금 등
	재고자산	상품, 제품, 제공품, 원재료, 저장품 등
비유동자산	투자자산	타 기업의 지배나 여유자금을 장기적으로 투하한 것 지분증권, 영업활동에 사용되지 않는 투자부동산, 설비확장 목적으로 보유하고 있는 특정목적예금 등
	유형자산	실물이 구체적인 물리적인 형태로 존재하는 자산 토지, 건물, 구축물, 기계장치, 선박, 차량운반구, 건설중인 자산 등
	무형자산	구체적인 물리적 형태는 존재하지 않지만 식별가능하고 기업이 통제하고 있으며 미래에 경제적 효익이 있는 비화폐성 자산 영업권, 특허권, 산업재산권, 광업권, 저작권, 개발비 등
	기타비유동자산	임차보증금, 이연법인세자산 등

② 부채 : 이미 발생한 사건의 결과로 기업이 현재시점에서 부담하고 있는 경제적 의무를 의미한다. 자산과 마찬가지로 부채의 경우에도 일반적으로 1년 이내에 지급기한이 도래하는 부채는 유동부채로 구분되고, 만기일 또는 상환일이 1년 이상인 부채는 비유동부채로 분류된다.

유동부채	기업의 일상 영업거래 및 재무거래에서 발생하는 것이다. 단기금융부채(매입채무, 단기차입금, 미지급금), 선수금, 예수금, 미지급비용, 미지급법인세, 선수수익 등
비유동부채	사채, 장기차입금, 장기제품보증충당부채, 장기성매입채무, 이연법인세부채, 장기미지급금 등

③ 자본 : 자산에서 부채를 차감한 후 남은 잔여지분을 의미한다. 기업이 보유한 자산에서 채권자에게 귀속될 채권자 지분인 부채를 차감하고 남은 잔액은 소유주(주주)에게 귀속되며, 이 소유주 지분을 회계에서는 자본이라고 한다. 자본중에서 자본금, 자본잉여금과 자본조정은 회사의 소유주와의 거래에서 발생한 출자자본이고, 기타포괄손익누계액과 이익잉여금은 출자된 자본으로 영업활동을 통해 기업이 벌어들인 이익누계액중에서 소유주에게 배분하지 않고 기업이 보유하고 있는 자본이다.

자본금	기업의 주주가 기업에 출자한 금액이다. 예 보통주자본금, 우선주자본금 등
자본잉여금	증자나 감자 등 주주와의 거래에서 발생하여 자본을 증가시키는 잉여금이다. 예 주식발행초과금, 감자차익, 자기주식처분이익 등
자본조정	당해 항목의 특성상 소유주지분에서 가감되어야 하거나 또는 아직 최종결과가 미확정 상태여서 자본의 구성항목 중 어느 것에 가감해야 하는지 알 수 없는 항목이다. 예 주식할인발행차금, 자기주식, 감자차손, 자기주식처분손실, 배당건설이자, 미교부주식배당금 등
기타포괄손익누계액	포괄손익이란 자본의 변동중에서 주주와의 거래에서 생긴 자본의 변동을 제외한 모든 변동을 의미한다. 예 매도가능증권평가손익, 해외사업환산손익, 위험회피파생상품평가손익 등
이익잉여금	손익계산서에 보고된 손익과 다른 자본 항목에서 이입된 금액의 합계액에서 주주에 대한 배당, 자본금으로의 전입 및 자본조정 항목의 상각 등으로 처분된 금액을 차감한 잔액이다. 예 법정적립금, 임의적립금, 미처분이익잉여금 등

(3) 회계 원칙

역사적 원가원칙	모든 자산은 원칙적으로 취득당시의 교환가격, 즉 취득원가로 표시한다는 것이다. 이를 역사적 원가주의 또는 취득원가주의라고 한다. 그러나 취득원가는 재무제표 작성일 현재의 시가와 차이가 있는 경우가 많으므로 정보의 유용성을 해치는 문제가 있다. 따라서 오늘날에는 역사적 원가주의가 상당히 퇴색되어 철저하게 지켜지지 않고 있는 실정이다.
발생주의 원칙	수익과 비용은 현금의 수입 또는 지출과 관계없이 발생한 때를 기준으로 인식한다는 원칙이다. 발생주의 회계원칙을 기준으로 한다는 것은 현금주의 회계원칙을 따르지 않는다는 것을 의미한다. 기업회계에서 가장 중요한 회계원칙의 하나라고 할 수 있다. 기업회계에서는 반드시 발생주의를 적용해야 하는데 이는 기업회계에서 기간손익계산을 합리적으로 하자는데 가장 큰 이유가 있다.

수익실현의 원칙	수익은 실현되었을 때 이를 포괄손익계산서상의 수익으로 인식한다는 원칙이며 실현주의라고도 한다. 따라서 실현되지 않은 미실현수익은 일종의 예상수익이므로 포괄손익계산서 상의 당기 수익으로 인식하면 안 된다는 원칙이다. 재화 또는 서비스의 매매계약체결 시점이 아니라 고객에게 제공한 시점(판매시점)을 수익실현 시점으로 본다.
수익·비용 대응의 원칙	일정기간에 발생한 수익과 이에 대응하는 비용을 대응시켜 당기순이익을 산출하는 것을 원칙으로 한다는 것이다. 즉 비용은 관계된 수익이 인식되는 동일한 기간을 비용으로 인식해야 한다는 원칙이다. 일정기간의 경영성과를 보고하는 포괄손익계산서를 작성하는 원칙이 된다.

⑫ 회계처리와 CVP

(1) 재고자산

정상적인 영업과정에서 판매를 위하여 보유하거나 생산과정에 있는 자산 및 생산과정에 투입될 원재료나 영업과정에서 소비될 것으로 기대되는 소모품의 형태로 존재하는 자산의 의미한다.

(2) 기말재고자산의 단가 결정(평가방법)

개별법		• 기말에 남아있는 상품 수량에 대해 일일이 취득원가가 얼마인지를 추적하여 기말재고자산의 단가를 결정하는 방법이다. • 개개의 상품 또는 제품에 대하여 개별적인 원가를 계산하는 방법이다.
	장점	실제원가와 실제수익이 대응되므로 대응원칙에 가장 충실하다.
	단점	• 재고자산 종류, 수량이 많은 경우 적용이 어렵다. • 원가를 실무자가 임의로 조정하여 당기손익을 조작할 수 있다. • 여러 재고자산에 공통적인 부대비용을 임의로 배분하여 원가를 조작할 수 있다.
가중평균법 (총평균법)		기초재고와 회계기간 중의 매입액을 합계한 후 이를 총상품수량으로 나누어 가중 평균매입단가를 산출하고, 이 단가를 기말재고의 단가로 하는 방법이다. 기말에 남아있는 재고자산 속에는 그 회계기간에 매입한 상품이 평균적으로 섞여있다고 가정하고 기말상품재고액을 계산하는 방법이라고 할 수 있다.
	장점	• 실무적 적용이 편리하며 이익조작의 가능성이 적다. • 실제 물량흐름을 개별적으로 파악하기 힘드므로 평균원가 사용이 보다 적절할 수 있다.
	단점	• 수익과 비용의 적절한 대응이 어렵다. • 기초재고의 원가가 평균단가에 합산되어 기말재고의 금액에 영향을 미칠 수 있다.

선입선출법		먼저 매입된 상품이 먼저 판매된다는 가정 하에 기말재고자산의 취득원가를 결정하는 방법이다. 즉, 상품이 매입된 순서대로 팔렸다고 가정하는 것이므로 기말에 남아 있는 재고는 제일 나중에 사온 상품이 남아 있다고 가정하고 기말상품재고액을 계산하는 방법이다.
	장점	• 실제 물량흐름과 유사하므로 개별법과 유사한 결과를 얻을 수 있다. • 체계적이고 객관적이므로 이익조작의 가능성이 작다. • 기말재고자산이 현행 원가의 근사치로 표시된다.
	단점	• 현행 수익에 과거 원가를 대응시키므로 대응 원칙에 충실하지 못하다. • 물가가 상승하는 경우 과거의 취득원가가 현행 매출수익에 대응되므로 당기순이익이 과대 계상된다.
후입선출법		선입선출법과는 반대로 가장 최근에 매입한 상품이 먼저 판매된다는 가정 하에 기말재고단가를 결정하는 방법이다. 최근에 사온 상품이 먼저 팔리고 먼저 사온 상품이 기말재고로 남아 있다고 가정하고 기말상품재고액을 계산하는 방법이다.
	장점	• 대응원칙에 충실 : 현행 수익에 현행 원가가 대응되므로 대응원칙에 충실하다. • 가격정책결정에 유용 : 판매가격은 최근 구입한 원가를 초과해야 하므로 최소한 후입선출법을 적용할 때도 이익이 발생하여야 한다. • 세금효과로 인한 현금흐름 개선 : 당기순이익이 적게 계상되어 세금 납부를 이연할 수 있으므로 현금흐름이 좋아진다.
	단점	• 기말 재고자산의 부적절한 평가 : 기말 재고자산이 과거 취득원가로 기록된다. • 후입선출청산현상 : 판매량 급증의 경우 과거 가격으로 평가된 재고층이 매출원가로 계상되어 당기순이익이 증가된다. • 불건전한 구매관습 : 후입선출청산을 회피하기 위해 불필요한 재고자산을 구입하거나, 당기순이익을 증가시키기위해 재고자산을 구입하지 않고 고갈시키는 불건전한 구매관습을 통해 당기순이익을 조작할 수 있다. • 낮은 당기순이익 : 당기순이익이 적게 계상된다. • 실제 물량흐름과 불일치한다.

(3) 유형자산

사용가능기간이 1년 이상이고 물리적 형태가 있는 것으로, 토지를 제외한 유형자산은 상각 자산이다. 장기간 사용하는 자산이며, 그 보유목적이 영업에 사용하기 위한 것이며, 영업에 사용된다는 것은 수익을 창출하는데 사용된다는 것이다. 토지, 건물, 기계장치 등과 같이 물리적인 실체를 가진 내구성 자산이다.

(4) 감가상각

유형자산의 원가 또는 기초가액에서 잔존가액을 차감한 잔액을 그 자산의 추정내용연수 기간에 조직적이고 합리적인 방법으로 배분하는 것을 목적으로 하는 회계제도이다. 감가상각비는 현금지출을 수반하지 않는 비용이며, 감가상각은 유형자산의 취득원가의 배분과정이지 평가과정은 아니다.

① 감가상각의 결정요소

추정내용연수	감가상각대상자산을 영업에 사용할 것으로 기대되는 기간을 추정한 것으로, 감가상각기간을 의미한다.
잔존가치	내용연수가 만료되어 유형자산을 폐기처분할 때에 회수될 것으로 예상되는 처분가액을 추정한 금액을 의미한다.
감가상각대상금액	해당 자산의 내용 연수 동안 감가상각될 수 있는 금액을 의미하며, 감가상각대상금액은 해당 자산의 취득원가에서 잔존가치를 차감한 금액이다.

② 감가상각 방법

정액법	해당 자산의 내용연수 동안 감가상각될 수 있는 금액을 의미한다. 이러한 감가상각대상금액은 해당 자산의 취득원가에서 잔존가치를 차감한 금액이다. 상각률 $= \dfrac{1}{추정내용연수}$ 매년 감가상각비 $=$ (취득금액 $-$ 잔존가치) $\times$ 상각률
정률법	매 회계연도 초의 유형자산 장부가액(취득원가 $-$ 감가상각누계액)에 일정한 상각률을 곱하여 해당 연도의 감가상각액을 산출한다. 상각률 $= 1 - \sqrt[n]{\dfrac{잔존가치}{취득금액}}$ $(n = 내용연수)$ 매년 감가상각비 $=$ (취득원가 $-$ 상각전 감가상각누가액) $\times$ 상각률
연수합계법	정률법과 마찬가지로 감가상각 초기에 많은 금액을 상각하고 내용연수가 경과함에 따라 점차 적게 상각해가는 방법이며, 내용연수의 합계와 잔여 내용연수의 비율을 이용하여 감가상각액을 결정한다. 특정연도의 상각률 $= \dfrac{특정연도초의\ 잔존내용연수}{내용연수의\ 합계}$ 특정연도의 감가상각비 $=$ (취득원가 $-$ 잔존가치) $\times$ 상각률

(5) CVP(Cost-Volume-Profit) 분석

원가-조업도-이익 분석은 원가와 조업도의 변화가 이익에 미치는 영향을 분석하는 기법으로서 CVP분석이라고도 한다. 총원가를 변동원가와 고정원가로 분리하고 공헌이익이라는 이익개념을 중심으로 매출수량 및 매출액과의 이익의 상호관계를 살펴보는 분석기법이다.

> 이익 = 매출액 − 총비용 = 매출액 − (총변동비 + 총고정비)
> = (매출액 − 총변동비) − 총고정비 = 공헌이익 − 총고정비

① 공헌이익(CM:Contribution Margin) : 재무회계의 매출총이익과 같이 순이익 산출과정의 중간이익 개념으로서 고정원가를 회수하고 순이익창출에 공헌하는 이익이라고 정의할 수 있다. 따라서 매출액에서 변동비를 차감하면 공헌이익이 되며, 공헌이익에서 고정비를 차감하면 순이익이 된다.

공헌이익	매출액 − 변동비
	고정비 + 이익
단위공헌이익	총공헌이익 / 판매수량
	판매가격 − 단위변동비
	판매가격 / 공헌이익률
공헌이익률	공헌이익 / 매출액
	단위공헌이익 / 판매가격

② 손익분기점(BEP : Break-Even Point) : 매출액이 총원가와 동일한 지점, 즉 이익이 '0'이 되는 매출액 수준을 나타내는 개념으로서 원가-조업도-이익 분석에서 자주 사용된다.

> 매출수량을 X, 단위당 판매가격을 P, 목표이익을 TI, 고정비를 a, 변동비를 b하면
> $$P \cdot X = a + bX + TI$$
> $$(P - b)X = a + TI$$
> $$X = \frac{a + TI}{P - b} = \frac{\text{고정비} + \text{목표이익}}{\text{단위당 공헌이익}}$$
> $$P \cdot X = \left(\frac{a + TI}{P - b}\right)P = \frac{a + TI}{\frac{P - b}{P}} = \frac{\text{고정비} + \text{목표이익}}{\text{공헌이익률}}$$
> 한편 손익분기점(BEP)은 정의상 이익이 '0'이므로
> $$BEP\,\text{매출수량} = \frac{\text{고정비}}{\text{단위당 공헌이익}}$$
> $$BEP\,\text{매출액} = \frac{\text{고정비}}{\text{공헌이익률}}$$

(1) 재무비율의 종류

구분	내용	세부 비율
유동성비율	기업이 채무를 지급하기 위한 현금을 동원할 수 있는 능력을 의미한다. 일반적으로 기업의 단기 유동성, 즉 기업의 단기채무 변제능력을 평가하는 비율로서, 재무상태표에서 유동자산항목과 유동부채항목을 비교하는 구조가 된다.	유동비율=유동자산/유동부채×100% 당좌비율=당좌자산/유동부채×100%
안정성비율	레버리지비율이라고도 하며, 기업의 장기지급능력을 측정하는 데 사용되는 비율이다. 이 비율은 채권자에게 장기채무에 대한 원금과 이자를 원만하게 지급할 수 있는 기업의 능력을 평가하게 하며, 기업의 경영자에게는 자본조달에 관한 의사결정을 효율적으로 하는데 이용될 수 있다.	부채비율=부채/자본×100% 자기자본비율=자본/자산×100% 고정비율=비유동자산/자본 이자보상비율=영업이익/이자비용 고정장기적합율=비유동자산/(자기자본+비유동부채)
수익성비율	회계기간 중에 어느 정도의 경영성과를 거두었는지를 측정하는 비율이다. 수익성은 경영자는 물론이고, 기업의 소유주와 채권자들에게 기업의 미래가치에 대한 정보를 제공해 주기 때문에 중요한 정보가 된다.	매출액이익률=당기순이익/매출액 총자본이익률=당기순이익/총자본=(순이익/매출액)×(매출액/총자본)=매출액순이익률×총자본회전율 자기자본순이익률=당기순이익/자기자본=(순이익/매출액)×(매출액/총자본)×(총자본/자기자본)=매출액순이익률×총자본회전율×[(자기자본+부채)/자기자본]=매출액순이익률×총자본회전율×(1+부채비율)=총자본순이익률×(1+부채비율)
활동성비율	기업이 보유하고 있는 자산을 얼마나 효율적으로 운용하고 있는가를 측정하는 비율로서, 매출액에 대한 각 중요 자산의 비율로 계산된다. 종합적인 기업의 활동에 대한 분석이라는 점에서 재무상태 항목과 포괄손익계산서 항목을 상호 비교하는 구조가 된다.	매출채권회전율=매출액/평균매출채권 재고자산회전율=매출원가/평균재고자산 총자산회전율=매출액/평균총자산 자기자본회전율=매출액/평균자기자본
주가관련비율	현재 유통되고 있는 보통주식의 시가와 관련되는 비율로서, 보통주 1주당 시가에 대한 순이익이나 배당액을 측정하는 것이다.	주당순이익(EPS)=당기순이익/보통주식총수 주가수익률=보통주 1주당 시가/주당순이익 주가장부금액비율=보통주 1주당 시가/주당순자산장부금액 배당수익율=보통주 1주당 현금배당액/보통주 1주당 시가 배당성향=배당총액/당기순이익=주당배당액/주당순이익

(2) ROI분석

재무통제를 위한 관리시스템으로, 기업의 경영성과를 재무요인으로 분해하여 경영성과의 변동원인을 분석하는 것으로서 재무활동을 통제하는 수단으로 이용된다.

ROI(Return On Investment) 투자자본수익률	(당기순이익/투자자본)×100
ROA(Return On Assets) 총자산순이익률	(당기순이익/총자산)×100
ROE(Return on eauity) 자기자본이익률	(당기순이익/자기자본)×100

04 재무관리의 개념

(1) 재무관리(Financial Management)의 개념

① 기업 조직이 필요로 하는 자금을 합리적으로 조달하고, 이렇게 조달된 자금을 효율적으로 운용하는 것을 의미한다.

② 재무관리의 분석대상은 기업 조직이며, 기업재무에서 다루게 되는 재무의사결정으로는 기업 조직의 투자의사결정, 기업 조직의 지배구조 및 인수합병, 자본조달 및 배당의사 결정, 유동자산 또는 고정자산의 관리 등이다.

(2) 재무관리 목표

① 이익의 극대화 : 회계적 이익을 극대화하는 것이 재무관리의 목표가 되어야 한다는 주장이다. 하지만 개념이 모호하고 회계처리방법에 따라 값이 달라지고, 화폐의 시간가치를 무시하며, 미래의 불확실성을 무시하기 때문에 적절치 못하다.

② 기업가치의 극대화 : 전통적인 목표인 이익극대화는 문제점 때문에 재무관리의 목표로서 적절치 못하다. 따라서 현대 재무관리에서는 기업가치의 극대화가 보다 적절한 재무관리의 목표로 받아들여지고 있다.

③ 자기자본가치의 극대화 : 기업가치는 부채가치와 자기자본가치의 합에 해당되므로, 기업가치의 극대화는 채권자와 주주 모두를 기업의 소유주로 본다. 그러나 기업의 진정한 주인은 주주이므로, 주주의 몫인 자기자본가치를 극대화하는 것이 재무관리의 목표가 되어야 한다는 주장이다.

05 포트폴리오 이론

(1) 포트폴리오(Portfolio)의 개념

둘 이상의 투자자산의 배합을 의미하며, 포트폴리오의 구성 목적은 분산투자를 통해 투자에 따르는 리스크를 최소화시키는 것이다.

(2) 포트폴리오 이론

① 자본시장선(Capital Market Line:CML)

　㉠ 무위험자산을 시장포트폴리오와 결합한 자본배분선이다.

　㉡ 개인투자자들이 리스크가 포함되어 있는 주식뿐만 아니라 정기예금 또는 국공채 등과 같은 무위험자산도 투자대상에 포함시킬 때, 균형상태의 자본시장에서 효율적 포트폴리오의 기대수익과 리스크의 선형관계를 표현하는 것을 자본시장선이라고 한다.

② 자본자산가격결정모형 : 자본시장선은 자본시장의 균형을 표현하기에는 다소 부족하기 때문에 자산의 균형수익률은 체계적 위험과 선형관계가 있음을 증권시장선으로 나타낸다.

(3) 평균-분산 포트폴리오

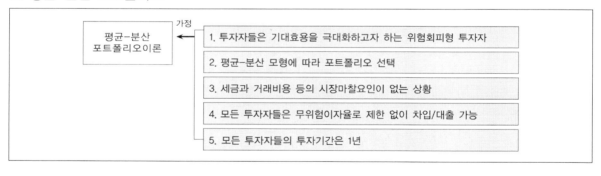

06 자본자산가격결정모형(Capital Asset Pricing Model)

(1) CAPM 개념

모든 투자가들이 효율적 분산투자의 원리에 따라 행동(모든 투자가들이 시장선(CML)을 따라 투자)하는 경우 개별증권이나 포트폴리오의 위험과 수익은 어떠한 관계를 갖는가를 설명하는 모형이다. 이 모형을 도출하기 위해 필요한 시장 및 시장참가자들에 대한 가정은 다음과 같다.

① 투자가들이 투자를 결정할 때의 결정기준은 수익률의 평균과 표준 편차(수익률이 정규분포 이거나 투자자의 효용함수가 2차 함수임을 가정)이며, 평균은 높을수록, 표준편차는 낮을수록 선호도가 높다.

② 증권이 거래되는 자본시장은 완전경쟁적인 시장으로서

    ㉠ 시장참가자는 개별적으로 시장가격(수익률)형성에 전혀 영향을 미치지 못한다.

    ㉡ 일체의 거래비용은 0이다.

    ㉢ 모든 필요한 정보는 무료로 모든 시장 참가자에게 동시에 공급한다.

③ 투자가들의 수익률분포에 대한 예측은 동일하다.

④ 시장에는 무위험자산이 존재하며 차입과 대출이 자유롭다.

(2) CAPM의 가정

① 모든 투자자는 위험회피형이며, 기대효용이 극대화되도록 투자한다.

② 모든 투자자는 평균-분산 기준에 따라 투자한다.

③ 모든 투자자는 자산의 미래수익률 분포에 대해 동질적으로 기대한다.

④ 투자기간은 단일기간이다.

⑤ 무위험자산이 존재하며, 모든 투자자는 무위험이자율로 자금을 얼마든지 차입 또는 대출할 수 있다.

⑥ 자본시장은 완전시장이다.

(3) 자본시장선(Capital Market Line : CML)

균형시장에서 위험자산과 무위험자산을 포함하여 포트폴리오를 구성할 때, 최적포트폴리오가 어떻게 선택되는가를 설명해 주는 모형을 말한다.

① 자본시장선의 핵심내용

    ㉠ 자본시장선은 투자자들이 시장포트폴리오(M)와 무위험자산(R_f)을 결합하여 얻게 될 위험과 기대수익률의 관계를 나타내는 선형모형이다.

ⓛ 모든 투자자들은 시장포트폴리오와 무위험자산을 결합한 새로운 효율적 포트폴리오로 자본시장 선상의 시장포트폴리오를 선택한다.

ⓒ 자본시장선에 따른 투자는 시장포트폴리오와 무위험자산이란 두 자산에만 투자자금을 배분하는 두 기금의 분리 투자로 이루어지며, 투자자금은 위험 및 수익률의 조합이 주는 가치평가에 따라 배분된다. 따라서 자본시장선은 자본배분선(capital allocation line : CAL)의 개념이다. 시장포트폴리오는 효율적 프론티어 위에 있고, 이 시장포트폴리오와 무위험자산을 잇는 자본배분선이 바로 자본시장선이다.

ⓔ 자본시장선은 자본배분선 중 기울기(위험보상비율)가 가장 큰 선이다.

ⓜ 자본시장선은 포트폴리오의 총 위험만을 고려하는 포트폴리오의 기대수익률 생성 선형모형, 즉 가격결정선이다.

ⓗ 시장포트폴리오의 위험프리미엄은 시장포트폴리오의 분산(위험)과 투자자의 위험회피 정도에 비례한다.

② 자본시장선의 특성

㉠ 증권의 기대수익률을 결정함에 있어 오직 베타만이 중요한 역할을 한다.

㉡ 증권의 기대수익률은 베타와 선형관계이다.

(4) 증권시장선(Security Market Line : SML)

① 개념 : 개별 투자자산의 체계적 위험(β_i)과 기대수익률의 관계를 설명해 주는 가격결정선을 의미한다.

② 증권시장선의 특성

㉠ 개별증권의 가격결정선. 체계적 위험(β_i)만 고려

㉡ CAPM의 가정 : 완전경쟁시장, 단일투자기간, 평균·분산기준 선택원리, 무위험자산의 도입, 수익률과 위험에 대한 기대가 동질적

㉢ 투자자들은 효율적 분산투자, 즉 충분히 많은 수의 주식에 분산 투자한다면, 체계적 위험만을 부담하게 되므로 투자자들이 요구하는 개별자산의 위험프리미엄은 베타계수에 비례함

㉣ CAPM은 비효율적 개별자산의 분산불능위험(체계적 위험)을 측정할 수 있어서 개별증권의 체계적 위험과 완전 분산된 시장포트폴리오의 분산불능위험(체계적 위험)을 비교할 수 있다. 이 점이 바로 증권시장선의 우수성이며 공헌도이다.

㉤ 시장포트폴리오가 가장 효율적 포트폴리오이므로 기대수익률과 베타계수(체계적 위험) 사이에는 완전한 선형관계가 성립

ⓗ 기대수익률 $E(R_i)$은 무위험수익률(R_f)에다 체계적 위험(β_i)으로 측정되는 위험 프리미엄을 더한 값이다. 그래서 증권시장선(SML)을 수익률 및 베타 관계식이라 한다.

ⓢ SML의 기울기인 시장포트폴리오의 위험프리미엄(시장위험 프리미엄) $E(RM) - R_f$는 양($+$)의 값을 갖는다.

ⓞ 개별증권의 위험프리미엄(초과수익률)은 시장위험프리미엄과 개별증권의 베타계수에 비례함

ⓩ SML의 절편=명목 위험이자율

ⓩ 일반적으로 시장베타는 1이다($\beta M = 1$)

07 채권

(1) 채권가격의 특성

① 시장이자율과 채권가격의 관계

ㄱ 채권가격은 시장이자율과 역의 관계에 있다. 즉, 시장이자율이 하락하면 채권가격은 상승하고, 시장이자율이 상승하면 채권가격은 하락한다.

ㄴ 만기가 정해진 상태에서 이자율의 상승 또는 하락폭이 동일하다면, 이자율의 하락으로 인한 채권가격 상승 폭이 이자율의 상승으로 인한 채권가격 하락 폭보다 크다.

② 만기와 채권가격 변동

ㄱ 다른 조건이 동일하다면, 만기가 길어질수록 일정한 이자율변동에 따른 채권가격 변동 폭이 커진다.

ㄴ 시장이자율의 변동에 따른 채권가격 변동 폭은 만기가 길어질수록 증가하지만, 만기의 한 단위 증가에 따른 채권가격 변동 폭은 만기가 길어질수록 감소한다.

③ 표면이자율과 채권가격 변동 : 시장이자율의 변동에 따른 채권가격의 변동 정도는 채권의 만기뿐만 아니라 표면이자율에 따라서도 달라진다. 다른 조건이 동일하다면, 표면이자율이 낮아질수록 이자율 변동에 따른 채권가격 변동률이 커진다.

(2) 듀레이션의 특징

① 만기가 길수록 듀레이션이 커진다.

② 표면이자율이 높을수록 듀레이션이 작아진다.

③ 만기수익율이 높을수록 듀레이션이 작아진다.

④ 이자 지급빈도가 증가할수록 듀레이션은 작아진다.

08 기업 합병 및 인수

(1) M&A의 유형

M & A의 유형	핵심이슈	성공전략	주요사례
수평적 확장형	• 승자의 저주 • 구조조정, 문화갈등	• CEO 견제 시스템 • 조직문화통합	• 보다폰 – 만네스만 • 금호 – 대우건설 • 타타스틸 – 코러스
제품 포트폴리오 확장형	• 제품 간 포지셔닝 • 유통망 갈등 • 제 살 깎아먹기	• 포트폴리오 전략 • 인접시장분석	P & G – 질레트
경쟁역량 강화형	• 무형자산 가치평가 • 핵심인력 이탈	보상 및 가치 공유 프로그램	노무라 – 리먼
전후방 통합형	• 내부 관리비 증가 • 전략적 유연성 감소	원점에서 가치사슬 재배열	록히드마틴 – 로럴
신사업 진출형	• 기존 조직의 저항 • 이질적 업무 관행	피인수 기업에 독립성 부여	비아콤 – 파라마운트

(2) 적대적 M&A에 대한 방어 방법

정관수정	정관을 수정하는 등 새로운 규정을 만드는 것으로 합병 승인에 대한 주주총회의 의결요건을 강화하는 방법이다.
불가침계약	인수를 목적으로 상당한 지분을 확보하고 있는 기업 또는 투자자와 시장가격보다 높은 가격으로 자사주를 매입해주는 대신 인수를 포기하도록 계약을 맺는 방법이다.
왕관의 보석	왕관의 보석과 같이 기업이 가장 핵심적인 자산을 매각함으로써 기업 인수의 위험을 피하는 방법이다.
포이즌 필	기존 주주들에게 시가보다 훨씬 저렴한 가격에 주식을 살 수 있는 권리를 부여하는 경영권 방어 수단이다.
황금낙하산	기업이 인수되어 기존 경영진이 퇴진하게 될 경우 이들에게 정상적인 퇴직금 외에 거액의 추가보상을 지급하도록 하는 고용계약을 맺는 방법이다.
백기사	적대적 인수의 공격을 받을 때 경영진한테 우호적인 제3자에게 기업을 인수시킴으로써 적대적 인수를 방어하고 경영자의 지위를 유지하는 방법이다.
팩맨	방어자가 거꾸로 공격자의 주식을 매입하는 등 정면 대결을 하는 극단적인 방어 전략이다.
사기업화	상장된 목표기업의 주식 대부분을 매입하여 공개기업을 사유화하여 M&A시도를 좌절시키는 방법이다.

(3) 적대적 M&A 기법(공격기법)

그린 메일 (기업사냥꾼)	특정 기업의 일정 지분을 장내에서 사들인 뒤 경영권을 쥔 대주주를 협박하여, 장외에서 비싼 값에 주식을 되파는 수법을 의미한다.
파킹 (지분 감춰 두기)	우호적인 제3자를 통해 지분을 확보하게 한 뒤 주총에서 기습적으로 표를 던져 경영권을 탈취하는 방법을 의미한다.
공개매수	특정 기업의 주주들로부터 공개적으로 장외에서 주식을 사들이는 행위를 말하며, 이때 주주들은 장내보다 비싼 값에 주식을 팔 수 있다.
토요일 밤의 기습작전	방어할 틈을 주지 않기 위해 토요일 저녁 황금 시간에 TV를 통해 공개 매수를 선언하는 방법으로 미국에서 주로 사용된다.
곰의 포옹	공개 매수를 선언하고 인수자가 해당 기업 경영자에게 행위를 그만두라고 권유하는 기법으로 최고 경영자간에 이뤄진다.

09 자본구조

(1) 레버리지와 자본비용

① 레버리지의 개념 : 지레장치 또는 지렛대 작용을 의미하는 개념으로 이용되고 있다. 지레장치는 힘들이지 않고 무거운 물건을 들어올리는 데 이용되는 도구를 의미한다. 기업경영에서 지렛대 역할을 하는 것이 고정영업비용과 고정재무비용이다. 총비용중에서 고정영업비용이 차지하는 비중을 높게 조정함으로써 매출액의 변화에 따라 그보다 높은 비율로 영업이익이 변화하는 효과를 얻을 수 있으며, 고정재무비용의 비중을 높게 조정함으로써 영업이익의 변화에 따라 주당순이익이 그보다 높은 비율로 변화하는 효과를 얻을 수 있다.

> 레버리지 = 영업레버리지 + 재무레버리지

② 영업레버리지 : 기업이 고정영업비용을 발생시키는 비유동자산을 보유하는 것을 의미하며, 영업레버리지에 의해서 매출액의 변화율보다 영업이익의 변화율이 커지게 되는 현상을 영업레버리지효과라고 한다. 영업레버리지효과의 정도는 영업레버리지도(DOL:Degree of Operating Leverage)에 의해 측정된다.

> DOL = 영업이익의 변화율 / 매출액의 변화율
> 예를 들어, DOL = 10이면, 매출액이 5% 증가하면, 영업이익(EBIT)은 50% 증가한다.

③ 재무레버리지 : 총비용중에서 고정재무비용(이자비용 등)이 차지하는 비중으로 측정되며, 고정재무비용이 발생되는 부채를 이용하는 것을 의미한다. 재무레버리지에 의해서 영업이익의 변화율보다 주당순이익(EPS)의 변화율이 커지게 되는 현상을 재무레버리지효과라 한다. 재무레버리지 효과의 정도는 재무레버리지도(DFL:Degree of Financial Leverage)에 의해 측정된다.

> DFL = 주당순이익의 변화율 / 영업이익의 변화율
> 예를 들어, DEL = 4이면, 영업이익이 10% 증가하면, 주당순이익(EPS)은 40% 증가한다.

④ 결합레버리지 : 기업이 고정영업비용을 발생시키는 비유동자산을 보유하고, 동시에 이자비용을 발생시키는 부채를 사용하는 것을 의미한다. 영업레버리지와 재무레버리지가 동시에 존재함으로써 매출액의 변화율보다 주당순이익(EPS)의 변화율이 커지게 되는 현상을 결합레버리지효과라고 한다. 결합레버리지효과의 정도는 결합레버리지도(DCL:Degree of Combind Leverage)에 의해 측정된다.

> DCL = 주당순이익의 변화율 / 매출액의 변화율

(2) MM의 자본구조이론

1958년 모딜리아니와 밀러가 자본구조 무관계론을 발표하면서 본격적인 발전을 시작하였다. 기업 조직의 가치는 해당 기업이 하고 있는 사업의 수익성 및 위험도에 의해 결정될 뿐 투자에 있어 필요한 자금을 어떠한 방식으로 조달하였는가와는 무관하다.

(3) 투자안의 평가

① 현금흐름의 추정

ㄱ 현금흐름의 분류
- 현금유입 : 제품의 판매로 인한 수익, 잔존가치, 투자세액공제에 따른 혜택 등이다.
- 현금유출 : 경상운영비, 최초 투자지출액, 운전자본의 증가 등이다.

ㄴ 현금흐름 추정 시 고려사항
- 인플레이션을 반영해야 한다.
- 증분현금흐름을 반영해야 한다.
- 세금효과를 고려해야 하며, 그 중에서도 감가상각 등의 비현금지출비용 등에 각별히 유의해야 한다.
- 그 외에도 매몰원가, 기회비용 등에 대한 명확한 조정을 필요로 한다.

② 투자안의 경제성 분석

ㄱ 회수기간법 : 기업에서 투자액을 회수하는 데 있어 소요되는 기간을 의미하는데, 특히 불확실성이 많은 상황에서 이러한 방식이 적용되며, 회수기간이 짧으면 짧을수록 유리하다고 판단한다.

ⓛ 회계적 이익률법 : 연평균순이익을 연평균투자액으로 나눈 것을 말하는데, 회계적 이익률이 높으면 높을수록 양호하다고 판단한다.

ⓒ 내부수익률 : 현금유입 및 유출의 현가를 동일하게 해주는 할인율이므로 이러한 방식에서는 순현재가치가 0이 되는 할인율을 찾는다.

ⓔ 순현재가치 : 투자안의 위험도에 상응하는 적정 할인율을 활용해서 계산한 현금유입 현가에서 현금유출 현가를 제한 것이 된다.

ⓜ 현재가치지수 또는 수익성 지수 : 현금유입 현가를 현금유출 현가로 나눈 값으로 투자안의 효율성을 표시한다. 또한 현재가치지수는 다른 말로 수익성지수라고도 하며, 이 값이 1보다 크게 되면 해당 투자안을 선택하게 된다.

10 선물 및 스왑

(1) 선물거래

① 개념 : 매매쌍방 간 미래 일정시점에 약정된 제품을 기존에 정한 가격에 일정수량을 매매하기로 계약을 하고, 이러한 계약의 만기 이전에 반대매매를 수행하거나 또는 만기일에 현물을 실제로 인수 및 인도함으로써 그러한 계약을 수행하는 것을 의미한다.

② 내용

ⓐ 선물이 거래되는 공인 상설시장을 선물시장 또는 상품거래소라고 한다.

ⓑ 선물계약을 매도하는 것은 해당 상품을 인도할 의무를 지는 것이 되며, 반대급부로 선물을 매입하게 되는 것은 해당 상품을 인수할 의무를 지게 되는 것을 말한다.

(2) 스왑(금리 스왑의 기초)

① 헷지목적의 금리스왑 : 자금의 조달 이후 금리의 상승이 예측될 때 고정금리, 반대로 금리하락이 예측될 때 변동금리로 바꾸는 스왑계약을 체결해, 금리변동 위험을 줄이는 거래를 말한다.

② 베이시스 스왑 : 대다수의 스왑거래가 고정 및 변동금리 지표의 교환이라는 형태를 통해 이루어지는데 반해 베이시스 스왑은 두 개의 금리지표 교환으로 인해 두 개의 금리지표의 움직임이 서로 관련은 있지만, 정확하게 일치하지 않을 때 활용이 가능하다.

③ 통화스왑 : 유리한 조건으로 서로 다른 통화를 조달해서 교환하고, 상대방의 이자를 대신 지급하며 활용한 뒤에 만기 시 서로의 자금의 재교환해서 상환함으로써 원상복귀시키는 것을 말한다.

11 **옵션관리**

(1) 옵션(Option)의 개념

① 약정한 기간 동안 미리 정해진 가격으로 약정된 상품 및 증권을 사거나 또는 팔 수 있는 권리를 말한다.

② 이러한 권리를 매입하고 보유한 사람은 옵션매입자라 하며, 이 때 지불되는 가격을 옵션가격 또는 옵션프리미엄이라고도 한다.

(2) 종류

① 콜 옵션(Call Option) : 특정 증권 또는 상품 등을 살 수 있는 권리를 의미한다.

② 풋 옵션(Put Option) : 팔 수 있는 권리를 의미한다.

(3) 옵션거래의 손익

옵션을 매입하는 경우	옵션가격 만큼의 대가를 지급하게 되므로 옵션 매입자의 만기일 손익은 만기일 가치에서 옵션 가격을 뺀 값이다. 따라서 만기일 손익선은 만기일 가치선을 옵션가격만큼 하향 이동시킨 형태가 된다.
옵션을 매도하는 경우	옵션가격 만큼의 대가를 지급받게 되므로, 옵션 매도자의 만기일 손익은 만기일 가치에 옵션 가격을 더한 값이다. 따라서 만기일 손익선은 만기일 가치선을 옵션가격만큼 상향 이동시킨 형태가 된다.

(4) 선물과 옵션 비교

구분	선물	옵션
권리/의무관계	매입자와 매도자 모두 계약이행에 대한 의무를 부담	매입자는 권리만 갖고, 매도자는 의무만 부담
대가의 수급	매입자와 매도자 모두 증거금을 납부할 뿐 둘 간에 주고받는 대가는 없음	매입자는 매도자에게 옵션의 대가를 지급하고, 매도자는 증거금을 납부
위험의 범위	매입자와 매도자 모두 반드시 계약을 이행해야하는 의무를 부담하므로, 위험에 한계가 없음	매입자는 불리할 경우 권리행사를 포기하여 위험을 한정시킬 수 있음

출제예상문제

① 경영학일반 🔍

1 다음 마이클 포터의 본원적 경쟁전략 관한 설명에 해당하는 것은?

> 소비자들이 가치가 있다고 판단하는 요소를 제품 및 서비스 등에 반영해서 경쟁사의 제품과 차별화한 후 소비자들의 충성도를 확보하고, 이를 통해 가격 프리미엄 또는 매출증대를 꾀하고자 하는 전략

① 원가우위전략 ② 집중화전략
③ 기술고도화전략 ④ 차별화전략
⑤ 전문화전략

> ✔ **해설** 차별화전략에 관한 설명이다.
> * 원가우위 전략 : 비용요소를 철저하게 통제하고 기업조직의 가치사슬을 최대한 효율적으로 구사하는 전략이다.
> * 집중화전략 : 메인 시장과는 다른 특성을 지니는 틈새시장을 대상으로 해서 소비자들의 니즈를 원가우위 또는 차별화 전략을 통해 충족시켜 나가는 전략이다. 또한 경쟁자와 전면적 경쟁이 불리한 기업이나 보유하고 있는 자원 또는 역량이 부족한 기업에게 적합한 전략이다.

2 다국적기업은 글로벌 전략 수립에 있어 글로벌화(세계화)와 현지화의 상반된 압력에 직면하게 된다. 다음 중 현지화의 필요성을 증대시키는 요인은?

① 유통경로의 국가별 차이 증가 ② 규모의 경제 중요성 증가
③ 소비자 수요 동질화 ④ 무역장벽 붕괴
⑤ 미디어의 발달

> ✔ **해설** ① 유통경로의 국가별 차이가 증가할 경우 각 국가의 유통경로에 적합하도록 현지화의 필요성이 증대된다. ②③④⑤는 글로벌화의 필요성을 증대시키는 요인이다.

Answer 1.④ 2.①

3 〈보기〉의 경영이론에 대한 설명 중 옳은 것을 모두 고른 것은?

> 〈보기〉
> ㉠ 테일러(Taylor)의 과학적 관리이론에서 과업관리 목표는 '높은 임금과 높은 노무비의 원리'이다.
> ㉡ 포드 시스템(Ford system)은 생산의 표준화를 전제로 한다.
> ㉢ 페이욜(Fayol)의 관리이론 중 생산, 제작, 가공활동은 관리활동에 해당한다.
> ㉣ 메이요(Mayo)의 호손연구(Hawthorne Studies)에 의하면 화폐적 자극은 생산성에 영향을 미치지 않는다.

① ㉠, ㉡

② ㉠, ㉣

③ ㉡, ㉢

④ ㉡, ㉣

⑤ ㉠, ㉢

✔해설 ㉠ 테일러는 과학적 관리이론에서 노동자에게는 높은 임금을, 자본가에게는 높은 이윤을 제공하고자 '고임금, 저노무비의 원리'를 제시하였다.
㉢ 관리활동은 계획, 조직, 지휘, 조정, 통제이다. 생산, 제작, 가공은 기술활동에 해당한다.

4 다음의 보기 중 테일러와 관련한 설명으로 보기 가장 어려운 것은?

① 기업 조직의 운영에 있어 기획이나 실행의 분리를 기본으로 하고 있다.

② 전체 작업에 있어 시간 및 동작연구를 적용하고 표준작업시간을 설정하고 있다.

③ 직능적 조직에 의해 관리의 전문화를 꾀하고 있다.

④ 차별성과급제를 도입하였다.

⑤ 컨베이어 시스템을 도입하여 대량생산을 가능하게 하였다.

✔해설 포드 시스템에 대한 설명이다. 포드는 자신의 자동차 공장에 컨베이어 시스템(Conveyor System)을 도입하여 대량생산을 통한 원가를 절감할 수 있었다.

5 SWOT 분석에 대한 다음의 설명 중 옳은 것을 모두 고르시오.

> ㉠ 문장을 상세하게 기술하여 이해가 쉽도록 해야 한다.
> ㉡ 조직 내외부의 면들을 동시에 판단할 수 있다.
> ㉢ SO전략에는 안전성장, 다양화 전략이 해당한다.
> ㉣ WO전략에는 우회, 방향전환, 개발 전략이 해당한다.

① ㉠, ㉡

② ㉠, ㉢

③ ㉡, ㉢

④ ㉡, ㉣

⑤ ㉢, ㉣

> ✔해설 ㉠ 문장을 짧고 명료하게 나타내어 한 눈에 쉽게 분석이 가능하도록 기술해야 한다.
> ㉢ 안전성장, 다양화는 ST전략에 해당한다.

6 다음의 상황을 배경으로 등장한 이론과 가장 거리가 먼 것을 고르면?

> 1850년대 산업혁명과 경제 발전을 계기로 시장이 확대됨에 따라 공장규모가 커지고, 노동력 부족, 임금압력, 지역 간 격차 발생 등의 문제가 나타났다. 특히 대량생산 체계 하에서는 기존 노동력의 재취업문제, 일반 미숙련공의 부족, 조직적 태업 등이 나타났는데, 이러한 문제를 해결하기 위한 시도로 과학적 관리가 등장하게 되었다.

① 위 이론은 노동조합으로부터 비판적인 평가를 받았다.

② 기업 조직에 있어 기획과 실행의 분리를 기본으로 하고 있다.

③ 철저한 능률위주의 관리이론이다.

④ 구성원들을 경제인 가설의 관점으로 바라보고 있다.

⑤ 구성원들의 만족 증가가 성과로서 연결된다고 보고 있다.

> ✔해설 테일러의 과학적 관리론은 구성원들의 감성, 참여 등에는 무관심했으며, 인간을 기계의 일부라 생각한 이론이다. ⑤번은 인간 관계론에 대한 설명이다.

Answer 3.④ 4.⑤ 5.④ 6.⑤

7 주식회사의 기관 중 이사회 및 대표이사에 대한 설명으로 바르지 않은 것은?

① 대표이사는 이사회의 결의사항을 집행하고 통상적인 업무에 대한 결정 및 집행을 맡음과 동시에 회사를 대표한다.

② 이사회의 주요 결의사항으로는 대표이사의 선임, 주주총회의 소집, 이사와 회사 간의 소(訴)에 관한 대표의 선정, 지배인의 선임 및 해임, 신주의 발행, 이사와 회사 간 거래의 승인, 채권의 발행 등이 있다.

③ 이사는 주주총회에서 선임되며, 그 수는 5인 이상이어야 하며, 임기는 7년을 초과할 수 없다.

④ 이사회는 이사 전원으로 구성되는 합의체로 회사의 업무진행상의 의사결정기관이다.

⑤ 결의가 필요한 사항이 발생할 경우에는 이사 과반 이상의 출석에 과반 이상으로 결의한다.

> ✔️**해설** 이사는 주주총회에서 선임되며, 그 수는 3인 이상이어야 하며, 임기는 3년을 초과할 수 없다.

8 보스톤 컨설팅 그룹에서 개발한 BCG 매트릭스에서 상대적 시장점유율이 높고 시장성장률이 낮은 경우와 상대적 시장점유율이 낮고 시장성장률이 높은 경우를 각각 어떤 사업분야로 분류하는가?

① 자금젖소(cash cow)와 물음표(question mark)

② 자금젖소(cash cow)와 별(star)

③ 물음표(question mark)와 별(star)

④ 물음표(question mark)와 개(dog)

⑤ 자금젖소(cash cow)와 개(dog)

> ✔️**해설**
> • 별(star)사업 : 성공사업. 수익성과 성장성이 크므로 지속적인 투자가 필요하다.
> • 자금젖소(Cash Cow)사업 : 수익창출원, 현상유지적 성장전략. 기존의 투자에 의해 수익이 계속적으로 실현되므로 자금의 원천사업이 된다. 그러나 시장성장률이 낮으므로 투자금액이 유지·보수 차원에서 머물게 되어 자금 투입보다 자금 산출이 더 많다.
> • 물음표(Question Mark)사업 : 신규사업. 상대적으로 낮은 시장점유율과 높은 시장성장률을 가진 사업으로 기업의 행동에 따라서는 차후 별(star)사업이 되거나, 개(dog)사업으로 전락할 수 있는 위치에 있다. 일단 투자하기로 결정한다면 상대적 시장점유율을 높이기 위해 많은 투자금액이 필요하다.

[BCG 매트릭스]

> • 개(dog)사업: 사양사업. 성장성과 수익성이 없는 사업으로 철수해야 한다. 만약 기존의 투자에 매달리다가 기회를 잃으면 더 많은 대가를 치를지도 모른다.

9 페욜(H. Fayol)의 관리일반 원칙 중 책임은 관리자의 직위로부터 생겨나는 공식적인 것과 '지성, 경험, 도덕률 및 과거의 업적 등이 복합되어 있는 개인적인 요소의 결합체라고 보는 것은 다음 중 무엇에 대한 것인가?

① Authority & Responsibility

② Unity Of Command

③ Scalar Chain

④ Division Of Work

⑤ Remuneration

> ✔해설 권한 및 책임(Authority & Responsibility)에서 페이욜은 권한 및 책임이 서로 연관되어야 함을 알았다. 다시 말해, 책임은 권한의 필연적인 결과이며 또한 권한으로부터 생겨난다고 본 것이다.

10 스코트 (B. Scott) 교수의 2x2 매트릭스의 조직이론 중 개방-합리적 조직이론에 대한 내용으로 가장 거리가 먼 것은?

① 학자로는 번스와 스토커, 챈들러, 우드워드 등이 있다.

② 1960-1970년대의 이론으로 조직을 외부 환경에 대해서 개방체계로 파악했지만, 조직구성원 들에 대해서는 다시 합리적 전제로 돌아갔다.

③ 환경을 이론에 반영해서 기업을 내적인 힘에 의해 형성되는 것으로 보게 되었다.

④ 이러한 패러다임은 현재에 이르러서 관료제적 사고의 틀을 벗어날 수 있는 조직과 관리의 이 론으로 타 환경의 요구에 대응할 수 있는 방안을 제시해주는 상황적합이론의 관점으로 정리 되었다.

⑤ 이러한 방식은 조직개발의 실행에 활용되고 있다.

> ✔해설 개방-합리적 조직이론에서는 환경을 이론에 반영해서 기업을 외적인 힘에 의해 형성되는 것으로 보게 되었다.

11 다음 기사의 밑줄 친 부분에 관한 설명으로 바르지 않은 것을 고르면?

연구자들이 고개를 저었다. 방향을 잡기 어려워서다. 무대는 1924년 AT&T사의 자회사인 웨스턴 일렉트릭 <u>호손(Hawthorne) 공장</u>. 작업환경 개선이 생산성을 올려주는지 알아보기 위한 실험에서 연구팀은 먼저 작업장의 조명을 밝게 바꿨다. 예상대로 생산성이 높아졌다. 문제는 아무런 변화를 주지 않은 비교집단에서도 비슷한 생산성 향상이 나타났다는 점. 난관에 봉착한 연구팀은 1927년 전문가를 불렀다. 초빙자는 엘턴 메이요(Elton Mayo) 하버드대학 경영대학원 교수. 메이요팀은 노동시간 단축, 휴식시간 확대, 간식 제공 등 노동여건을 개선시켰다. 예측대로 생산성이 높아졌지만 뜻밖의 결과도 나왔다. 노동조건을 원래대로 돌렸을 때 역시 생산성이 떨어지지 않았던 것. 메이요는 실험의 주역으로 선발됐다는 여공들의 자부심이 어떤 경우에서도 고효율을 낳은 요인이라는 결론을 내렸다. 1932년까지 연구를 진행한 메이요팀은 이듬해 '산업화와 인간관계론'을 펴냈다. 종업원의 소속감과 안정감ㆍ참여의식이 생산성을 결정하고 인간관계로 형성된 사내 비공식조직이 경영성과를 좌우한다는 메이요의 주장은 파장을 일으켰다. 테일러식 과학적 관리와 포드식 대량 생산, 기계화와 자동화가 경영신앙으로 자리 잡았던 시대였기 때문이다. 마침 대공황의 복판이어서 노동자를 중시한 연구결과는 더 큰 호응을 받고 생산성 혁신사의 전환점을 그었다. 오스트레일리아 출생(1880년)으로 의대 중퇴, 잡지 기고자를 거쳐 뒤늦게 심리학과 철학을 공부해 산업현장과 경영에 접목한 메이요는 1947년 은퇴한 뒤 1949년 9월 7일 69세에 생을 마감했지만 산업심리학이라는 새로운 학문 분야를 남겼다. 기계에 딸린 생산재로 여겨지던 인간이 경영관리의 중심으로 대우 받게 된 것도 그의 연구부터다.

① 위 공장의 실험으로 인해 인간의 사회적 및 심리적인 조건 등을 중요시하는 계기가 되었다.
② 구성원들 만족의 증가가 성과로서 연결된다고 보고 있다.
③ 기업조직은 경제적, 기술적, 사회적 시스템이다.
④ 공식 조직을 강조하였다.
⑤ 조직 내에서의 의사전달 및 참여가 존중 되어야 한다.

✔️**해설** 메이요 교수의 호손 공장 실험으로 인해 인간에 대한 존중, 감성 등이 인정받게 되었고 이로 인해 비공식 조직을 강조하게 되었다.

12 다음 기사의 내용을 읽고 밑줄 부분에 관련한 내용으로 가장 거리가 먼 것을 고르면?

> "친일잔재 완전히 청산하고 우리 정치권 환골탈태해야 진정한 독립을 이룰 수 있다"
>
> 친일 잔재 청산을 주장해왔던 새민련 김상곤 경기도지사 예비후보가, 정작 본인의 석 박사 논문에서는 일본 문헌들을 대거 표절해 서울대학교 학위논문 자격으로 제출했음이 드러나 6.4 지자체 선거를 앞두고 엄청난 파문이 일 것으로 예상된다. 5일, 국내 유일 연구 부정행위 전문 검증기관인 연구진실성검증센터는 "3월경, 김상곤 예비후보의 학위논문 표절에 대한 단서를 제보받아 본격 검증에 착수한 결과, 현재까지 석사논문에서 130여 군데, 박사논문에서 80여 군데에 달하는 대규모 표절을 확인했다"면서, "김상곤 예비후보의 학위논문들에는, 국문 표절도 물론 있지만, 일문 표절의 분량이 그야말로 압도적이며 석사논문, 박사논문을 불문하고 동일한 짜깁기 표절 양상이 드러나고 있다"고 밝혔다. 이번에 연구진실성검증센터에 의해 논문 표절 의혹을 받게 된 김상곤 예비후보는 1982년, 서울대학교 대학원 경영학과에서 '기술변화와 노사관계에 관한 연구 : 한국·일본·미국의 사례를 중심으로'라는 논문으로 석사학위를 취득한 후, 동대학원에서 1992년, '<u>사회주의 기업</u>의 자주 관리적 노사관계 모형에 관한 연구 : 페레스트로이카 하의 소련기업을 중심으로'라는 논문으로 역시 박사학위를 수여받았다. 지도교수는 모두 최종태 교수다.

① 독재정권의 출현이 야기된다.
② 소득배분의 불균형이 초래된다.
③ 개인에게 있어 선택자유의 제약이 따르게 된다.
④ 사익 및 공익의 일치하게 된다.
⑤ 전략산업의 육성이 용이해진다.

✔**해설** 사회주의 기업에서는 평등한 소득배분이 이루어진다.

13 다음은 제품계획에 따른 분류에 대한 것이다. 아래의 내용을 읽고 괄호 안에 들어갈 말을 순서대로 바르게 나열하면?

	(㉠)	(㉡)	(㉢)
구매 전의 계획정도	거의 없는 편	약간 있는 편	상당히 있는 편
제품의 가격정도	저가격	중, 고가격	고가격
제품 브랜드 충성도	거의 없는 편	약간 있는 편	특정상표를 선호
소비자 쇼핑 노력정도	최소한	보통	최대한
제품의 회전율 정도	빠른 편	느린 편	아주 느린 편

① ㉠ Convenience Goods, ㉡ Specialty Goods, ㉢ Shopping Goods
② ㉠ Shopping Goods, ㉡ Convenience Goods, ㉢ Specialty Goods
③ ㉠ Specialty Goods, ㉡ Shopping Goods, ㉢ Convenience Goods
④ ㉠ Shopping Goods, ㉡ Specialty Goods, ㉢ Convenience Goods
⑤ ㉠ Convenience Goods, ㉡ Shopping Goods, ㉢ Specialty Goods

✔해설 제품계획에 따른 제품의 분류

	편의품 (Convenience Goods)	선매품 (Shopping Goods)	전문품 (Specialty Goods)
구매 전의 계획 정도	거의 없는 편	약간 있는 편	상당히 있는 편
제품의 가격정도	저가격	중, 고가격	고가격
제품 브랜드 충성도	거의 없는 편	약간 있는 편	특정상표를 선호
소비자 쇼핑 노력 정도	최소한	보통	최대한
제품의 회전율 정도	빠른 편	느린 편	아주 느린 편

14 다음 중 자본주의 기업의 성장과정을 바르게 표현한 것을 고르면?

① 원시공동체 사회 → 사유제로의 이행 → 개인기업의 등장 → 공동출자사업형태로의 발전 → 16세기 초기의 주식회사 등장

② 개인기업의 등장 → 사유제로의 이행 → 원시공동체 사회 → 공동출자사업형태로의 발전 → 16세기 초기의 주식회사 등장

③ 원시공동체 사회 → 공동출자사업형태로의 발전 → 사유제로의 이행 → 개인기업의 등장 → 16세기 초기의 주식회사 등장

④ 개인기업의 등장 → 원시공동체 사회 → 사유제로의 이행 → 공동출자사업형태로의 발전 → 16세기 초기의 주식회사 등장

⑤ 사유제로의 이행 → 개인기업의 등장 → 공동출자사업형태로의 발전 → 원시공동체 사회 → 16세기 초기의 주식회사 등장

✔해설 자본주의 기업의 성장
원시공동체 사회 → 사유제로의 이행 → 개인기업의 등장 → 공동출자사업형태로의 발전 → 16세기 초기의 주식회사 등장

15 다음 중 손익분기점에서의 수량 도출 공식으로 맞는 것은?

① 손익분기점에서의 수량 $= \dfrac{\text{총 변동비}}{1 - \dfrac{\text{단위 당 고정비}}{\text{단위 당 변동비}}}$

② 손익분기점에서의 수량 $= \dfrac{\text{총 고정비}}{\text{단위 당 고정비}}$

③ 손익분기점에서의 수량 $= \dfrac{\text{단위 당 판매가격}}{1 - \dfrac{\text{단위 당 변동비}}{\text{단위 당 고정비}}}$

④ 손익분기점에서의 수량 $= \dfrac{\text{단위 당 판매가격}}{1 + \dfrac{\text{단위 당 고정비}}{\text{단위 당 변동비}}}$

⑤ 손익분기점에서의 수량 $= \dfrac{\text{고정비} + \text{변동비} - 1}{\text{총 고정비}}$

✔해설 손익분기점에서의 수량 공식 … $\dfrac{\text{총 고정비}}{\text{단위 당 고정비}}$

16 아래의 그림은 BCG 매트릭스를 표현한 것이다. 다음 중 BCG 매트릭스에 대한 설명으로 가장 옳지 않은 것을 고르면?

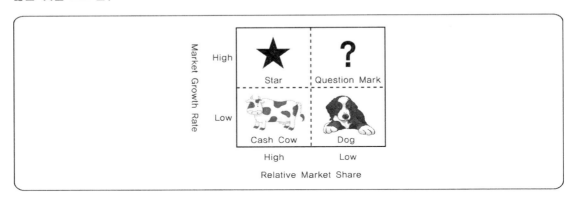

① Star의 경우에는 제품수명주기 상 성장기로서 상대적 시장점유율 및 시장성장률 모두가 높은 상태이다. 더불어 지속적인 시장의 확장을 위해 투자비용을 증가시키게 된다.

② Dog의 경우에는 수익성이 낮거나 또는 손실까지도 유발하는 사업부이며, 이 시기가 되면 사업부 상으로 보았을 때 철수전략이 실행된다고 할 수 있다.

③ 이 모형의 경우 수익의 주요 지표로서 현금흐름에 초점을 두고, 상대적 시장점유율과 시장성장률이라는 2가지 변수를 고려하여 사업 포트폴리오를 구성하고 있다.

④ Question Mark의 경우에는 성장가능성이 있지만, 투자로 인한 자금의 유출이 크고 상황에 따라 Star(성장) 사업부 또는 Dog(사양) 사업부로 갈 수 있다.

⑤ Cash Cow의 경우에는 저성장 고점유율의 형태를 취하게 되므로 4개 사업부 중 가장 적은 잉여현금을 지니게 되는 사업부이다.

> ✔ **해설** Cash Cow의 경우에는 불필요한 사업에 대한 성장을 지양하고, 지속적인 시장점유율을 기반으로 하는 사업부로 4개 사업부 중 가장 많은 잉여현금을 지니고 있는 사업부이다.

17 다음 중 경제적 주문량(EOQ)의 기본가정으로 옳지 않은 것을 고르면?

① 리드타임은 확실하며, 알려져 있다.

② 발주비 및 유지비는 일정하다.

③ 수요는 일정하다.

④ 주문량은 여러번 나누어서 입고된다.

⑤ 수량할인은 허용되지 않는다.

> ✔해설 경제적 주문량(EOQ)의 기본가정
> ㉠ 리드타임은 확실하며, 알려져 있다.
> ㉡ 발주비 및 유지비는 일정하다.
> ㉢ 수요는 일정하다.
> ㉣ 수량할인은 허용되지 않는다.
> ㉤ 주문량은 일시에 전량 입고된다.
> ㉥ 단일의 품목이고, 타 품목과는 의존관계가 없다.
> ㉦ 재고부족 및 미도착주문은 발생하지 않는다.

18 다음의 사례들이 공통적으로 의미하는 것을 고르면?

> • 수돗물
> • 펩시콜라
> • 박카스
> • 전기 및 전화서비스
> • 새우깡
> • 인터넷 검색

① 구매관습에 따른 마케팅전략

② 차별적 마케팅전략

③ 무차별적 마케팅전략

④ 집중화 마케팅전략

⑤ 비구매관습에 따른 마케팅 전략

> ✔해설 무차별적 마케팅전략은 전체의 시장을 하나의 동일한 시장으로 간주하고, 하나의 제품을 제공하는 전략이다. 이는 결국에 소비자들의 욕구 중 공통적인 부분만을 추출해서 초점을 맞춘 것으로 하나의 제품 및 서비스만으로 전체 시장을 대상으로 비즈니스를 펼치는 전략을 말한다. 일례로 사람들이 흔히 필요한 정보를 찾기 위해 활용하게 되는 네이버, 야후, 구글 같은 검색엔진 및 디렉토리 등이 대표적인 사례라 할 수 있다.

19 다음은 소주 시장에 대해 소비자들에게 시장조사를 한 결과를 바탕으로 표적으로 삼을 시장을 나눈 것이다. 아래의 그림과 같은 시장에 적용할 마케팅 전략에 관한 설명으로 가장 옳지 않은 것은?

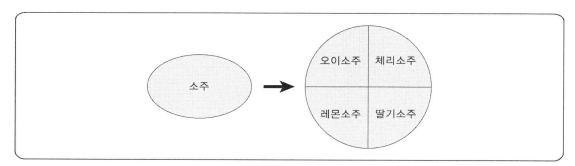

① 이 시장은 하나의 전체 시장을 여러 개의 세분시장으로 나누고, 이들 모두를 목표시장으로 삼아 각기 다른 세분시장의 상이한 욕구에 부응할 수 있는 마케팅믹스를 개발해서 이를 적용함으로서 기업의 마케팅 목표를 달성하고자 하는 것이다.

② 이러한 시장의 경우 전체 시장의 매출은 증가하게 된다.

③ 하나의 전체 시장에서 각각의 세분시장에 차별화된 제품 및 광고 판촉 등을 제공하기 위해 비용 또한 늘어나게 되는 문제점이 발생하게 된다.

④ 이 경우에 대상으로 하는 세분시장의 규모가 축소되거나 경쟁자가 해당 시장에 뛰어들 경우 위험이 크다.

⑤ 이러한 경우 자원이 풍부한 대기업 등에서 많이 활용한다.

> ✔**해설** 위 그림은 차별적 마케팅전략에 대한 그림이다. ④번은 집중적 마케팅 전략에 대한 설명이다.

20 다음의 내용을 읽고 문맥 상 괄호 안에 들어갈 말로 가장 적합한 것을 고르면?

> 제품의 본질과는 다른 차원의 편익이 더해지게 되면 (　　　　　) 단계가 된다. 이 단계에서는 가전제품의 애프터서비스, 식당의 주차시설, 백화점의 무이자 할부판매 등 각기 그들이 지니고 있는 본질적인 기능들과는 달리 별도로 기초적인 편익 이상을 제공하여 보다 더욱 편하게 소비 가능하도록 한다.

① 유형제품
② 확장제품
③ 핵심제품
④ 비탐색품
⑤ 전문제품

✅해설 확장제품은 전통적인 제품의 개념이 고객서비스에까지 확대된 것으로 제품에 대한 사후보증, 애프터서비스, 배달, 설치, 대금지불방법 등의 고객서비스를 모두 포함하는 차원의 개념이다.

21 다음의 사례는 어떠한 전략을 설명하고 있는 것인가?

> • 제일제당 컨디션 : 접대가 많은 비즈니스맨에게 적절한 제품
> • Johnson & Johnson : 아기용 샴푸

① 제품 속성에 의한 포지셔닝
② 이미지 포지셔닝
③ 제품 사용자에 의한 포지셔닝
④ 경쟁 제품에 의한 포지셔닝
⑤ 사용상황에 의한 포지셔닝

✅해설 제품 사용자에 의한 포지셔닝은 자사 제품의 적절한 사용상황을 설정함으로서 타 사 제품과 사용상황에 따라 차별적으로 다르다는 것을 소비자에게 인식시키는 전략을 말한다. 문제에서 접대가 많은 비즈니스맨 (접대 상황을 표현)에게 타 음료보다 자사의 음료 (컨디션)가 적절하다는 것으로 포지셔닝하고 있으며, 아기용 샴푸 (민감한 피부로 반응하는 어린 아기들이 사용해야 하는 샴푸의 상황을 표현)에는 자사의 샴푸 (존슨 앤 존슨)가 가장 적절하다고 포지셔닝하고 있다.

Answer 19.④ 20.② 21.③

22 아래 내용에서 볼 수 있는 가격측정 전략과 가장 부합하는 설명을 고르면?

> 백화점의 진열대에 캐시미어 스웨터가 하나 있다고 해보자. 캐시미어 자체가 고급 원단이기기 때문에 소비자들은 캐시미어 스웨터가 아주 비쌀 거라 예상한다. 그런데 5만 원의 가격표가 붙어 있으면 물건에 하자가 있는 것은 아닌지 의심하게 된다. 하지만 만약 20만 원이라고 쓰여 있는 가격표에 X자를 긋고, 그 아래에 5만 원이라고 쓰여 있는 것을 보면 좋은 물건을 싼 가격에 구입할 수 있는 기회를 잡았다고 생각한다. 실험을 해본 결과, 처음부터 5만 원이라고 쓴 스웨터는 팔리지 않았지만 20만 원이라고 쓴 후 X자를 하고 다시 5만 원이라고 쓴 스웨터는 매진되었다. 이 같은 준거가격 마케팅은 백화점, 대형마트뿐만 아니라 재래시장, 편의점 등에서도 널리 쓰이는 기술이다. 사람들이 좋은 가격에 물건을 산다는 생각을 하게 만들고 상품에서 주의를 분리시키는 것이다. 이와 같은 전략은 일종의 할인의 함정이지만 소비자는 함정으로 여기지 않는다. 대체로 사람들은 숫자를 완전히 객관적이라고 생각하기 때문이다. 20만 원이 5만 원이 되려면 15만 원의 숫자가 빠져야 한다. 이때 소비자는 자신이 15만 원의 이득을 본 것으로 계산해버린다. 그 계산은 숫자와 연관을 가지고 있기에 감정은 배제돼 있었다고 착각하는 것이다. 하지만 가격에 관한 사람들은 대단히 감정적이다.

① 두 가지 또는 그 이상의 제품 및 서비스 등을 결합해서 하나의 특별한 가격으로 판매하는 방식이다.
② 구매자는 어떤 제품에 대해서 자기 나름대로의 기준이 되는 가격을 마음속에 지니고 있어서, 제품을 구매할 경우 그것과 비교해보고 제품 가격이 비싼지의 여부를 결정하는 것이다.
③ 자신의 명성이나 위신을 나타내는 제품의 경우에 일시적으로 가격이 높아짐에 따라 수요가 증가되는 경향을 보이기도 하는데, 이를 이용하여 고가격으로 가격을 설정하는 것이다.
④ 장기간에 걸친 소비자의 수요로 인해 관습적으로 형성되는 가격이다.
⑤ 현 화폐단위에 맞게 책정하는 것이 아니라, 그 보다 조금 낮은 단수로 책정하는 방식이다.

> **✅ 해설** 준거가격(Reference Pricing)은 구매자는 어떤 제품에 대해서 자기 나름대로의 기준이 되는 준거가격을 마음속에 지니고 있어서, 제품을 구매할 경우 그것과 비교해보고 제품 가격이 비싼지 여부를 결정하는 것을 의미한다. 다시 말해 소비자들이 제품의 구입에 있어 제품의 실제 가격을 평가하기 위해 활용하게 되는 표준가격을 통칭하는 가격이다. ①번은 묶음가격, ③번은 명성가격, ④번은 관습가격, ⑤번은 단수가격에 대해 각각 설명한 것이다.

23 다음 중 촉진관리 과정을 순서대로 바르게 나타낸 것은?

① 표적청중확인 → 목표설정 → 촉진예산설정 → 촉진믹스결정 → 메시지 결정 → 매체선정 → 촉진효과측정

② 표적청중확인 → 메시지 결정 → 매체선정 → 목표설정 → 촉진예산설정 → 촉진믹스결정 → 촉진효과측정

③ 표적청중확인 → 목표설정 → 메시지 결정 → 매체선정 → 촉진예산설정 → 촉진믹스결정 → 촉진효과측정

④ 표적청중확인 → 매체선정 → 목표설정 → 메시지 결정 → 촉진믹스결정 → 촉진예산설정 → 촉진효과측정

⑤ 표적청중확인 → 촉진예산설정 → 메시지 결정 → 목표설정 → 매체선정 → 촉진믹스결정 → 촉진효과측정

> ✔해설 촉진관리 과정
> 표적청중확인 → 목표설정 → 메시지 결정 → 매체선정 → 촉진예산설정 → 촉진믹스결정 → 촉진효과측정

24 다음 중 프로세스 조직에 대한 설명으로 바르지 않은 것은?

① 과업에 관한 상당한 책임 및 권한 등을 동시에 지닌 조직이다.
② 성과보다는 일 자체에 중점을 두고 있다.
③ 기업의 활동에 대해 전체적이고 구체적인 파악이 가능하다.
④ 기능별 전문성의 개발 및 축적 등이 곤란하다.
⑤ 프로세스 조직은 리엔지니어링을 통해 소비자들의 요구에 신속하게 대응이 가능하도록 새로이 프로세스를 정의해 설계된 조직이다.

> ✔해설 프로세스 조직은 일 자체보다는 성과에 초점을 두고 있다.

25 다음 중 알더퍼의 ERG 이론에 대한 설명으로 바르지 않은 것은?

① 매슬로우의 5단계를 3가지 욕구로 재형성해서 포괄적으로 설명하고 있다.

② 이 모델은 존재, 관계, 성장을 의미하는 단어의 첫 머리를 따서 그 명칭이 만들어졌다.

③ 이 모델에서는 '욕구란 문화공동체에 의해 학습된다'라는 중요한 가정을 지니고 있다.

④ 시사점으로 관리자는 부하 직원의 상위 욕구가 차단되면 하위욕구를 제공해서 해결할 수 있다는 점이다.

⑤ 연구조사가 가능한 이론으로써 Maslow나 Herzberg의 2요인 이론보다 훨씬 유용하고 현실적인 방안이라는 평가를 받고 있다.

✔ **해설** ③번은 맥클리랜드의 성취동기이론에 대한 설명이다.

1 리더십 이론에 대한 다음의 설명에 해당하는 것은?

> 부하직원들이 리더의 특정 행동을 보고 그것을 그의 영웅적 또는 비범한 능력에 귀인할 때 생기는 리더십을 말한다. 비전수립이 명확하고, 개인적 위험을 기꺼이 감수하며, 부하직원의 요구에 민감하고, 습관에 얽매이지 않는 행동을 한다.

① 슈퍼 리더십
② 카리스마적 리더십
③ 서번트 리더십
④ 변혁적 리더십
⑤ 거래적 리더십

> ✔해설 카리스마적 리더십에 관한 설명이다. 카리스마적 리더십은 현상 유지보다는 더 좋은 미래를 제시하는 비전을 가지고 있으며, 구성원들이 이해할 수 있는 용어로 비전의 중요성을 설명할 수 있다. 또 비전 달성을 위해 기꺼이 개인적 위험을 추구하고 높은 비용을 부담하며 자기희생을 한다.

2 다음 중 직무평가의 방법 중 비교대상은 구체적 직무요소에 해당하고, 비교기준은 직무 대 기준인 방법에 대한 설명은?

① 직무의 상대적 가치들을 전체적이면서 포괄적으로 파악한 후 순위를 정하는 방법이다.
② 기준 직무와 비교하여 해당 직무의 상대적 가치를 결정하는 것을 말한다.
③ 미리 규정된 등급이나 부류에 대해 평가하려는 직무를 배정하여 평가하는 방법이다.
④ 직무의 여러 요소에 중요도별 점수를 부여한 후, 합산하여 해당 직무에 대한 점수를 산출하는 방법이다.
⑤ 직위의 상대적 수준을 현재의 임금액과 연관시켜 평가하므로 금액가중치 방식이라 불린다.

> ✔해설 ④ 점수법 : 각 직무를 여러 구성요소로 나누어 중요도에 따라 각 요소들에 점수를 부여한 후, 그 점수를 합산하여 해당 직무에 대한 전체 점수를 산출해서 평가하는 방법
> ① 서열법
> ②⑤ 요소비교법
> ③ 분류법

3 다음 중 Mcclleland의 성취동기이론에 대한 설명으로 바르지 않은 것은?

① 인간의 욕구에 기초해서 동기화를 설명하는 이론이다.

② 인간 행위에 대한 동기부여의 잠재력을 개인의 욕구에서 찾고 있다.

③ 경영측면에서 성취동기이론이 중소기업을 창설하고 발전시키는데 있어 원동력이 무엇인가를 설명해 주고 있다.

④ 성취동기 이론의 경우 개도국에서 그 적용가능성이 매우 높다고 할 수 있다.

⑤ 성취욕구, 권력욕구, 친교욕구 등을 제시하였고 그 중에서도 특히 권력 욕구를 강조하고 있다.

✔해설 성취욕구, 권력욕구, 친교욕구 등을 제시하였고 그 중에서도 특히 성취 욕구를 강조하고 있다.

4 직무분석의 방법 중 괄호 안에 들어갈 말을 순서대로 바르게 나열한 것은?

> (㉠)은/는 직무분석자가 직무수행을 하는 종업원의 행동을 관찰한 것을 토대로 직무를 판단하는 것을 말하고, (㉡)은/는 해당 직무를 수행하는 종업원과 직무분석자가 서로 대면해서 직무정보를 취득하는 방법을 말하며, (㉢)은/는 질문지를 통해 종업원에 대한 직무정보를 취득하는 방법을 말한다.

① ㉠ 관찰법, ㉡ 워크샘플링법, ㉢ 중요사건서술법

② ㉠ 관찰법, ㉡ 작업기록법, ㉢ 질문지법

③ ㉠ 관찰법, ㉡ 중요사건서술법, ㉢ 질문지법

④ ㉠ 관찰법, ㉡ 면접법, ㉢ 질문지법

⑤ ㉠ 관찰법, ㉡ 워크샘플링법, ㉢ 질문지법

✔해설 관찰법은 직무분석자가 직무수행을 하는 종업원의 행동을 관찰한 것을 토대로 직무를 판단하는 것을 말하고, 면접법은 해당 직무를 수행하는 종업원과 직무분석자가 서로 대면해서 직무정보를 취득하는 방법을 말하며, 질문지법은 질문지를 통해 종업원에 대한 직무정보를 취득하는 방법을 말한다.

5 다음 중 직무분석 시의 오류에 해당하지 않는 것을 고르면?

① 부적절한 표본의 추출   ② 반응세트

③ 기업외부의 경제변화   ④ 직무환경의 변화

⑤ 구성원들의 행동변화

> ✔ 해설 직무분석 시에 있어서의 오류
> ㉠ 부적절한 표본의 추출
> ㉡ 반응세트
> ㉢ 직무환경의 변화
> ㉣ 구성원들의 행동변화

6 다음 박스 안의 내용은 테일러의 과학적 관리론 중 어떤 부분에 대한 설명인가?

> 테일러는 조직구조와 관련하여 직계식, 분배식 조직에서 직능 또는 기능별 조직으로의 개편설계를 주장한다. 즉 과학적 관리법은 조직 구조와 관련하여 기획과 실행의 분리를 전제로 기획 부문과 현장감독 부문을 전문화한 기능별 조직을 축으로 한 관리시스템인 것이다. 테일러에게 있어 일에 관한 기획 및 계획은 관리자의 업무이며 이것의 실행은 노동자들의 업무라는 것이다.

① 전문화에 입각한 체계적 직무 설계

② 전문화에 기반한 조직구조의 개편

③ 생산 공정의 표준화

④ 경제인 가설에 기초한 차별적 성과급제

⑤ 비공식조직의 현실화

> ✔ 해설 전문화에 기반한 조직구조의 개편은 직구조와 관련하여 직계식, 분배식 조직에서 직능 또는 기능별 조직으로의 개편설계(직계식 조직은 조직에서 계층이 존재하고 업무는 분담하지 않으며, 직능조직은 기획부와 생산부로 분리)를 주장한다. 다시 말해 과학적 관리법은 조직 구조와 관련하여 기획과 실행의 분리를 전제로 기획 부문과 현장감독 부문을 전문화한 기능별 조직을 축으로 한 관리시스템인 것이다. 테일러에게 있어 일에 관한 기획 및 계획은 관리자의 업무이며 이것의 실행은 노동자들의 업무라는 것이다.

Answer   3.⑤ 4.④ 5.③ 6.②

7 다음 중 동기부여의 중요성으로 보기 어려운 것은?

① 조직 구성원들이 소극적이면서 수동적으로 업무를 수행하게 함으로써 구성원들의 자아실현을 할 수 있는 기회를 부여한다.

② 변화에 대한 구성원들의 저항을 줄이며, 자발적인 적응을 촉진함으로서 조직의 변화를 용이하게 하는 추진력이 된다.

③ 개인의 동기부여는 경쟁우위 원천으로서 사람의 중요성이 커지는 가운데 기업경쟁력 강화의 핵심 수단이 된다.

④ 개인의 자발적인 업무수행노력을 촉진해서 구성원들로 하여금 직무만족 및 생산성을 높이고 나아가 조직유효성을 제고시키게 된다.

⑤ 동기부여는 구성원 개개인으로 하여금 과업수행에 대한 자신감과 자긍심을 갖게 한다.

> ✅**해설** 동기부여는 조직 구성원들이 적극적이고, 능동적으로 업무를 수행하게 함으로써 자아실현을 할 수 있는 기회를 부여하는 역할을 한다.

8 다음 중 행동과학에 대한 설명으로 바르지 않은 것은?

① 인간에 대한 일반이론의 수립을 목표로 과학 분야에서 이루어지는 행동연구를 하나의 통일적 이론체계로 종합하려는 학문의 성격이 짙다.

② 개인의 주관이 개입되지 않은 객관적이면서 과학적인 방법으로 수집된 실증적 증거를 토대로 인간행동을 설명하기 때문에 인간행위에 관한 일반화가 가능하다.

③ 행동과학자들은 협동-동의체계 또는 권력평등화 체계를 주장하고 있다.

④ 행동과학자들은 구성원들의 행위를 통해 현상을 설명만 할 뿐 구성원들에게 체계를 변화시키는 변화담당자로서의 역할은 강조하고 있지 않다.

⑤ 협동과 동의 체계는 조직목표 달성을 위해 구성원들의 협력체제 구축 및 상호 동의를 기반으로 조직과 인간의 목표 조화를 추구하는 관리개념이다.

> ✅**해설** 행동과학자들은 구성원들의 행위를 통해 현상을 설명할 뿐만 아니라, 구성원들에게 체계를 변화시키는 변화담당자로서의 역할도 강조하고 있다.

9 종업원 평가방법 중 성적순위 서열법에 대한 내용으로 바르지 않은 것은?

① 분석 순위법은 평가 시 여러 가지 평가 요소를 설정하고 각 요소에 대해 순위를 매긴 후에 종합해서 성적을 산출하는 방법이다.

② 분석 순위법의 경우 복잡한 방식이긴 하지만 피평가자의 수가 많으면 많을수록 순위를 매기기가 용이해진다.

③ 성적순위 서열법은 종업원의 순위를 매겨서 해당 순위를 나타내는 숫자를 피평가자의 득점으로 하는 방법을 말한다.

④ 종합 순위법은 인간의 육감에 의한 평가에 치우치기 쉬운 경향이 있으므로 이 방법을 단독으로 활용하기에는 다소 문제가 있다.

⑤ 성적순위 서열법은 종업원 평가 방법 중 가장 원시적인 방법이다.

> ✔해설 분석 순위법은 평가 시에 갖가지 평가 요소를 설정, 각 요소에 대해 순위를 매긴 후 종합하여 성적을 산출하는 방법인데 복잡하고 손이 많이 가게 되며, 피 평가자의 수가 많으면 순위를 매기기 곤란할 뿐만 아니라 주관적 성격이 강해 신뢰성 및 타당성 등이 결여될 가능성이 있다. 그러므로 종업원 평가의 핵심적 요건인 객관성 확보라는 목적에 적합하지 않고, 오로지 집단의 순위결정에만 한정되어 있어 상이집단의 비교가 불가능하다는 한계가 있다.

10 리더십이론에 대한 설명으로 옳은 것은?

① 리더십 특성이론은 리더가 가진 특성이나 자질을 강조하면서, 그러한 특성과 자질을 학습하면 누구나 리더가 될 수 있다고 주장한다.

② 허시와 블랜차드(Hersey & Blanchard)의 상황이론에서는 리더십 유형의 유효성을 높일 수 있는 상황조절변수로 리더의 성숙도를 들고 있다.

③ 피들러(Fiedler)의 상황이론에서는 상황의 주요 구성요소로 리더와 부하의 관계, 과업이 구조화되어 있는 정도, 관리자의 지위권력 정도를 제시한다.

④ 블레이크와 머튼(Blake & Mouton)이 제시하는 관리격자이론에서는 중도(middle-of-the-road)형 리더십을 가장 이상적인 리더십으로 간주한다.

⑤ 경로목표이론(Path-Goal Theory)에서 지시적 리더는 하급자의 복지와 안녕 및 그들의 요구에 관심을 기울이고 구성원들 간에 만족스러운 인간관계를 조성한다.

> **✔해설** ① 리더십 특성이론은 리더가 가진 특성이나 자질을 강조하였으나, 각 리더마다 독특한 리더십 특성을 갖고 있어 리더와 추종자, 유능한 리더와 무능한 리더를 항상 차별화시킬 수 있는 특성 집합을 제시하지는 못했다는 비판을 받는다.
> ② 허시와 블랜차드의 상황이론에서는 리더십 유형의 유효성을 높일 수 있는 상황조절변수로 부하의 성숙도를 들고 있다.
> ④ 블레이크와 머튼이 제시하는 관리격자이론에서는 팀중심형(단합형) 리더십을 가장 이상적인 리더십으로 간주한다.
> ⑤ 경로목표이론에서 지시적 리더는 부하가 무슨 일을 해야 할지 구체적으로 지시하고 업무정도 잡아주는 등 계획·조직·통제와 같은 공식적인 활동을 강조하는 유형의 리더이다. 하급자의 복지와 안녕 및 그들의 요구에 관심을 기울이고 구성원들 간에 만족스러운 인간관계를 조성하는 것은 지원적 리더이다.

11 다음 중 X이론에 대한 설명으로 가장 부적절한 것은?

① 양심도 없고 책임지기를 싫어한다.

② 지시에 따르기를 싫어한다.

③ 자기중심적이고 조직의 요구에 무관심하다.

④ 대부분의 인간들은 게으르고 일하기를 싫어한다.

⑤ 변화에 대해 싫어하고 저항한다.

> **✔해설** X이론에서 인간은 지시에 따르기를 좋아한다고 하고 있다.

12 다음 중 알더퍼의 ERG 이론에 대한 설명으로 바르지 않은 것은?

① ERG 이론은 연구조사가 불가능한 이론으로 Maslow나 Herzberg의 2요인이론에 비해 비현실적인 방안이라는 평가를 받고 있다.

② 존재욕구는 인간존재의 유지에 필요한 생리적·물질적인 욕구를 의미하는데, 매슬로우의 생리적 욕구 및 안전의 욕구가 이러한 범주에 해당된다고 할 수 있다.

③ 관계욕구는 바람직한 인간관계에 대한 욕구를 의미하는데, 매슬로우가 말하는 애정 및 소속감의 욕구와 일부의 안정욕구 및 일부의 존경욕구 등이 이러한 범주에 해당된다고 할 수 있다.

④ 성장욕구는 자기능력 개발 및 새로운 능력의 보유노력을 통해 자기 자신의 지속적인 성장 및 발전을 추구하는 욕구를 의미하는데, Maslow의 자기실현욕구와 일부의 존경욕구가 이에 해당한다고 할 수 있다.

⑤ 알더퍼의 ERG 이론은 Maslow의 욕구 단계설을 수정하여 인간의 욕구를 존재욕구(Existence needs), 관계욕구(Relatedness needs), 성장욕구(Growth needs)의 3단계로 구분한 이론이다.

> **✔해설** ERG 이론은 연구조사가 가능한 이론으로써 Maslow나 Herzberg의 2요인이론보다 훨씬 유용하고 현실적인 방안이라는 평가를 받고 있다.

13 다음 중 Herzberg의 2요인 이론에 대한 설명으로 가장 거리가 먼 것은?

① 사람들에게 만족을 주는 직무요인과 불만족을 주는 직무요인은 서로가 별개라는 것을 알아내고 만족을 주는 동기요인 및 불만족을 제거해주는 위생요인을 구분한 동기-위생요인이론(2요인 이론)을 제시하였다.

② 2요인 이론에서는 만족 및 불만족이 서로 대응하고, 각 차원에 작용하는 요인은 모두 동일한 것이라고 가정한다.

③ 인간에게는 성장하고자 하는 욕구인 동기요인(Motivators)과 고통을 회피하려고 하는 욕구인 위생요인(Hygiene Factors)이라는 두 종류가 있다고 하였다.

④ 동기요인은 작업자들로 하여금 직무에 대한 만족을 느끼게 하고, 작업자의 동기부여를 유발하는 직무내용과 관련된 요인들로서 '직무 자체, 성취감, 책임감, 안정감, 성장과 발전, 도전감' 등의 요인들이 있다.

⑤ 위생요인은 직무에 대한 불만족 제거 요인으로써 작업조건, 회사의 정책과 방침, 감독 스타일, 개인 간 인간관계, 임금 등의 직무환경과 관련된 요인들이 있다.

> **✔해설** 2요인 이론에서는 만족과 불만족이 서로 별개의 차원이고, 각 차원에 작용하는 요인 역시 별개의 것이라고 가정하고 있다.

Answer 10.③ 11.② 12.① 13.②

14 다음 중 Adams의 공정성 이론(Equity Theory)에 대한 내용으로 가장 거리가 먼 것은?

① 조직 공정성은 3가지 측면에서 고려되는데 분배적, 절차적, 결과적 공정성으로 나누어진다.

② 구성원들이 준거인이나 또는 준거집단과 비교해서 불공정성을 느끼게 될 경우 이에 대해 여러 가지 방법으로 불공정상태를 해소하고자 하며, 이와는 반대로 공정성을 느낄 때에는 동기가 부여된다고 하는 이론이다.

③ 분배적 공정성이란 회사의 자원을 구성원들 사이에 공평하게 배분했느냐의 문제를 의미한다.

④ 구성원들이 인지하는 바를 이해하고 형평의 원칙을 준수하며, 특히 금전적 보수체계의 공정성을 확보할 수 있는 장치를 마련하는 것이 구성원들의 동기화에 있어 상당히 중요하다는 점을 인지할 필요성을 제시한다.

⑤ 절차적 공정성은 회사의 의사결정과정이 공정했느냐의 문제를 의미한다.

✔️ 해설 조직 공정성은 분배적(Distributive), 절차적(Procedural), 관계적(Interactional) 공정성의 3가지의 측면에서 고려되어지고 있다.

15 목표설정이론(Goal Setting Theory : Locke)에 대한 내용 중 좋은 목표의 요건과 그에 대한 설명이 바르지 않은 것을 고르면?

① 참여성 : 목표설정의 과정에 당사자가 참여하는 것이 바람직하다.

② 수용성 : 통상적으로 지시한 것보다는 상대가 동의한 목표가 좋다.

③ 구체성 : 수량, 기간, 절차, 범위가 구체적으로 정해진 목표가 좋다.

④ 피드백 : 목표이행 정도에 대해 당사자에게 피드백이 있는 것이 좋다.

⑤ 능력 : 능력과 상관없이 목표는 쉬울수록 좋다.

✔️ 해설 좋은 목표의 요건
ㄱ 경쟁 : 목표달성 과정에서 경쟁이 전혀 없는 것보다 약간의 경쟁이 있는 것이 좋다.
ㄴ 합리적 보상 : 목표달성에 상응하는 보상이 주어져야 한다.
ㄷ 능력 : 능력이 높을수록 어려운 목표가 좋다.
ㄹ 구체성 : 수량, 기간, 절차, 범위가 구체적으로 정해진 목표가 좋다.
ㅁ 난이도 : 능력의 범위 내에서 약간 어려운 것이 좋다.
ㅂ 수용성 : 통상적으로 지시하는 것보다는 상대가 동의한 목표가 좋다.
ㅅ 피드백 : 목표이행 정도에 대해 당사자에게 피드백이 있는 것이 좋다.
ㅇ 단순성 : 과업에 대한 목표는 복잡한 것보다 단순한 것이 좋다.
ㅈ 참여성 : 목표설정의 과정에 당사자가 참여하는 것이 바람직하다.

16 다음 중 개인이 자신의 일을 유능하게 수행할 수 있다는 느낌을 갖도록 하는 활동과 그 결과 그렇게 되는 것을 가리키는 것은?

① 조직변혁
② 리더십
③ 임파워먼트
④ 학습조직
⑤ 동기부여

> ✔**해설** 임파워먼트는 개인이 자신의 일을 유능하게 수행할 수 있다는 느낌을 갖도록 하는 활동과 그 결과 그렇게 되는 것을 가리키는 것으로 개인이 일는 과정에서 지속적으로 주도권을 행사하는 것을 중시하는 개념이다.

17 다음 중 르위키 앤 벙커(Lewicki & Bunker)가 말한 신뢰의 발전 단계를 순서대로 바르게 표현한 것은?

① 동일화의 신뢰 → 타산적(계산적) 신뢰 → 지식기반 신뢰
② 타산적(계산적) 신뢰 → 동일화의 신뢰 → 지식기반 신뢰
③ 타산적(계산적) 신뢰 → 지식기반 신뢰 → 동일화의 신뢰
④ 동일화의 신뢰 → 지식기반 신뢰 → 타산적(계산적) 신뢰
⑤ 지식기반 신뢰 → 동일화의 신뢰 → 타산적(계산적)신뢰

> ✔**해설** 르위키 앤 벙커(Lewicki & Bunker)가 말한 신뢰의 발전 단계
> 타산적(계산적) 신뢰 → 지식기반 신뢰 → 동일화의 신뢰

18 다음 중 가치의 특성에 대한 설명으로 옳지 않은 것은?

① 가치는 상대성, 일관성, 안정성을 지니고 있다.

② 하나의 가치는 다른 여러 가치와 연결되어 있다.

③ 가치는 개개인이 어떻게 행동하는지를 말해주는 예측지표가 될 수 있다.

④ 가치는 구체적이고 관념적이며, 사회적으로 학습되는 것이다.

⑤ 가치는 위계구조를 가지고 있다.

> **✔해설** 가치의 특성
> ㉠ 갈등해결 및 의사결정의 중요한 지침이 된다.
> ㉡ 하나의 가치는 다른 여러 가치와 밀접하게 연결되어 있다.
> ㉢ 가치는 소비자가 현실 세계를 반영하도록 변환한 근본적인 욕구의 표상이다.
> ㉣ 가치는 개개인이 어떻게 행동하는지를 말해주는 예측지표가 될 수 있다.
> ㉤ 가치는 추상적이고 관념적이며, 사회적으로 학습되는 것이다.
> ㉥ 가치는 상대성, 일관성, 안정성을 지니고 있다.
> ㉦ 가치는 위계구조를 지니고 있다.

19 다음 중 조직이론의 변천 과정이 바르게 연결된 것은?

① 폐쇄–사회적 조직이론 → 개방–사회적 조직이론 → 폐쇄–합리적 조직이론 → 개방–합리적 조직이론

② 폐쇄–합리적 조직이론 → 개방–합리적 조직이론 → 폐쇄–사회적 조직이론 → 개방–사회적 조직이론

③ 폐쇄–합리적 조직이론 → 폐쇄–사회적 조직이론 → 개방–합리적 조직이론 → 개방–사회적 조직이론

④ 폐쇄–사회적 조직이론 → 폐쇄–합리적 조직이론 → 개방–합리적 조직이론 → 개방–사회적 조직이론

⑤ 개방–합리적 조직이론 → 폐쇄–사회적 조직이론 → 개방–사회적 조직이론 → 폐쇄–합리적 조직이론

> **✔해설** 폐쇄–합리적 조직이론(1900~1930년대) → 폐쇄–사회적 조직이론(1930~1960년대) → 개방–합리적 조직이론(1960~1970년대) → 개방–사회적 조직이론(1970년대 이후)

20 다음 중 팀제의 특성에 대한 설명으로 바르지 않은 것은?

① 팀의 자율적 운영을 통해 구성원의 자아욕구를 충족하고 성취감을 높인다.

② 경영환경에 유연하게 대처하지 못해 기업의 경쟁력을 제고할 수 없다.

③ 업무중심의 조직이므로 의사결정의 신속성과 기동성을 제고할 수 있다.

④ 구성원간의 이질성과 다양성의 결합과 활용을 통한 시너지 효과를 촉진한다.

⑤ 다양한 팀 간의 수평적 연결 관계를 창출하여 모든 구성원들이 정보를 공유하기가 용이하다.

> ✔ 해설 경영환경에 유연하게 대처하여 기업의 경쟁력을 제고할 수 있다.

21 다음 중 리더십의 특징에 대한 설명으로 가장 거리가 먼 것을 고르면?

① 리더는 공식, 비공식 조직 어떤 조직이나 모두 존재한다.

② 목표 및 미래지향적 관심과 비전을 제시할 수 있는 안목 및 능력을 소유하고 있다.

③ 리더와 추종자간의 상호관계중심이다.

④ 리더의 유형은 고정성이며, 상황에 의한 가변성 및 신축성을 보이지 않는다.

⑤ 환경을 중요시하며 구성원들을 리드하는 능력 및 조직의 내외적 상황의 관리능력이 있다.

> ✔ 해설 리더십의 특징
> ㉠ 리더와 추종자간의 상호관계중심
> ㉡ 조직의 일체성 강조, 동기부여 적극 활용, 권위 및 상징의 지배수단 소유
> ㉢ 리더는 공식, 비공식 조직 어떤 조직이나 모두 존재
> ㉣ 리더의 유형은 비 고정성이며, 상황에 따라 가변성과 신축성을 보임
> ㉤ 평소보다 위기상황일 때에 리더는 선악구별 기중이 명확한 이원적 세계관을 지니며, 타인의 의사나
> 충고를 무시하는 성향을 보임
> ㉥ 환경을 중시하며, 구성원을 이끄는 능력과 조직 내외적 상황의 관리능력
> ㉦ 목표 및 미래지향적 관심과 비전을 제시할 수 있는 안목 및 능력의 소유

Answer 18.④ 19.③ 20.② 21.④

22 다음 중 하우스와 미첼의 경로목표이론에 대한 설명으로 옳지 않은 것을 고르면?

① 배려형 리더십 유형에 모티베이션의 기대이론을 접목시킨 이론이라고 볼 수 있다.

② 리더십 행동 유형을 참여적 리더, 지시적 리더, 지원적 리더, 성취 지향적 리더, 네 가지로 제시하였다.

③ 이론이 너무 간단하여 검증이 쉽고 명확하게 추구해야 할 목표를 제시하기가 용이하기 때문에 경영자들이 실무에 적용하는 데에 있어 한계가 없다.

④ 리더는 부하들의 특성 및 작업환경의 특성을 함께 고려해서 적절한 리더십을 발휘함으로써 부하들의 목표에 대한 유의성 및 기대감에 영향을 미쳐 이들이 동기수준과 노력 및 성과와 업무만족도를 높일 수 있어야 한다는 것을 제시해 주고 있다.

⑤ 리더의 성공은 부하들의 특성에도 달렸지만, 리더 스스로가 주어진 환경에 얼마나 잘 대처하는가에도 달렸다는 상황이론을 재입증해 주었다.

> ✔해설 이 이론은 너무 복잡해서 검증이 어렵고 명확하게 추구해야 할 목표를 제시하기 어렵기 때문에 경영자들이 실무에 적용하는 데에는 한계가 있다.

23 다음의 내용을 참고하여 괄호 안에 들어갈 적절한 말을 순서대로 유추하면?

	(㉠)	(㉡)
능률관	기계적 능률관	사회적 능률관
인간관	경제인관	사회인관
조직관	공식조직의 중시	비공식 조직의 중시
동기부여방식	경제적 동기의 중시	사회심리적 동기의 중시
조직 및 개인의 존재	조직 및 개인의 일원성	조직 및 개인의 이원성

① ㉠ 인간관계론, ㉡ 과학적 관리론 ② ㉠ 과학적 관리론, ㉡ 인간관계론

③ ㉠ 인간관계론, ㉡ 관료제이론 ④ ㉠ 과학적 관리론, ㉡ 일반관리론

⑤ ㉠ 인간관계론, ㉡ 행동과학론

> ✔해설 과학적 관리론은 인간을 기계처럼 취급했으며, 경제적 보상만이 구성원들에게 동기부여가 된다고 생각한 이론이며, 인간 관계론은 인간의 감성, 감정 등을 중요시 여기고 이로 인해 생산성이 증가한다고 주장한 이론이다.

24 다음 중 목표접근법에 관한 설명으로 가장 거리가 먼 것은?

① 애매모호하지 않은 측정 가능한 목표를 강조한다.
② 조직은 궁극적인 목표를 지닌다.
③ 측정지표로는 조직몰입, 직무만족, 결근율, 이직률, 근로생활의 질 등이 있다.
④ 목표의 내용이 제한되어 있는 관계로 목표에 대한 일반적인 합의가 있다.
⑤ 목표에 대한 진전도를 측정할 수 있다.

✔해설 ③번은 시스템 접근법의 측정지표이다.

PLUS tip

목표접근법 및 시스템 접근법의 비교

요소 \ 접근법	목표접근법	시스템 접근법
가정	• 조직은 궁극적 목표를 지님 • 목표의 내용이 한정되어 있어 목표에 대한 일반적인 합의가 있음 • 목표에 대한 진전도는 측정가능	• 목표보다 과정이 중요 • 환경과의 우호적 관계가 조직의 생존에 중요
측정지표	• 생산성, 이윤, 매출액, 투자수익률, 매출액이익률	• 직무만족, 조직몰입, 근로생활의 질, 이직률, 결근률
문제점	• 누구의 목표냐 하는 문제 • 공식목표와 실제목표의 문제 • 단기목표냐 장기목표냐의 문제 • 다원적 목표 간의 비중문제	• 측정지표 정의의 문제 • 과정의 강조에 따른 문제 • 이것도 결국 수단목표라고 할 수 있음
경영자에의 참여	• 실제목표설정 • 애매하지 않은 측정가능목표 강조	• 조직의 장기적인 건강과 생존 고려

Answer　22.③　23.②　24.③

25 다음의 기사를 읽고 밑줄 친 부분을 가장 잘 표현한 것을 고르면?

> 경기복지재단은 성공하는 조직을 이끄는 '서번트 리더십 기본과정'을 사회복지시설(기관)과 사회서비스 제공기관 종사자를 대상으로 오는 27일, 28일, 3월 7일, 총 3일 과정으로 개설한다고 13일 밝혔다. 서번트 리더십 교육은 그린리프 박사가 주창한 <u>서번트 리더십</u> 이론을 토대로 경기복지재단이 개발한 사회복지종사자 대상의 맞춤형 리더십 프로그램이다. 조직원들을 섬기고 봉사하는 마음을 바탕으로 그들이 역량을 발휘할 수 있도록 책임과 지원을 아끼지 않는 것이 핵심이다. 본 과정에서는 동양고전을 통해 본 리더의 길 특강을 비롯해 서번트 리더십의 철학, 경청과 피드백, 긍정적 사고, 팀 관계 형성 등을 내용으로 한다. 한편, 경기복지재단은 서번트 리더십을 사회복지기관의 조직문화로 정립 확산시키고자 2010년부터 교육을 운영하고 있으며, 작년에 이어 올해도 서번트 리더십 교육을 희망하는 기관은 직접 방문해 교육을 진행하는 '찾아가는 교육'을 계획 중이다.

① 비전의 달성을 위해 구성원 전체의 가치관 및 태도의 변화를 촉구하고 변혁의지를 통해 이상을 달성하는 리더십이다.

② 리더가 자신의 생각만으로 구성원들을 지배하기 보다는 구성원들의 입장에서 그들을 진심으로 이해해서 구성원들의 잠재적 역량을 조직을 위해 최대한 발휘할 수 있도록 하는 역할을 하는 리더십이다.

③ 글로벌 차원에서 사업의 전략적 방향을 설정하고 구성원들을 조정·배치할 수 있는 통합역량을 키워주는 리더십이다.

④ 다른 구성원들이 공동의 목표를 이루는 과정에서 정신적, 육체적으로 지치지 않도록 환경을 조성해주고 도와주는 리더십이다.

⑤ 할당된 업무를 효과적으로 수행 가능하도록 부하들의 욕구를 파악해 부하들이 적절한 수준의 노력 및 성과 등을 보이면 이에 대해 보상하는 것으로서, 리더와 부하 간의 교환거래관계에 바탕을 둔 리더십이다.

> ✔ **해설** 서번트리더십은 인간존중을 바탕으로, 구성원들이 잠재력을 발휘할 수 있도록 앞에서 이끌어주는 리더십이라 할 수 있다. 한편, 서번트리더십은 리더의 역할을 크게 방향제시자, 의견조율자, 일·삶을 지원해 주는 조력자 등 세 가지로 제시하고 있다. ①번은 변혁적 리더십, ②번은 감성적 리더십, ③번은 글로벌 리더십, ⑤번은 거래적 리더십을 각각 설명한 것이다.

1 다음 공급사슬관리(SCM)에 관한 설명 중 바르지 않은 것은?

① 고객으로부터 공급사슬의 상류로 가면서 최종소비자의 수요변동에 따른 수요변동폭이 증폭되어 가는 현상이 채찍효과이다.

② 공급사슬 성과측정치 중 하나인 재고회전율은 연간 매출원가를 평균 총 재고가치로 나눈 것이다.

③ 효율적인 공급사슬의 설계를 위해서는 제품개발의 초기단계부터 물류를 고려한 설계개념을 적용할 필요가 있다.

④ 회사 내부활동의 일부를 외부에 이전하는 활용을 아웃소싱이라 한다.

⑤ 표준화된 단일 품목에 대한 고객수요를 최대한 확대하는 방향으로 공급 네트워크를 구성하는 것이 대량 고객화 전략이다.

> ✔해설 표준화된 품목이 아니라 각 고객들에서 서로 다르게 고객화된 제품과 서비스를 공급하는 것이 대량 고객화 전략이다.

2 다음 중 재고의 기능에 해당하는 것을 모두 고르면?

> ㉠ 공급자에 대한 서비스 ㉡ 취급수량에 있어서의 비경제성
> ㉢ 생산의 비안정화 ㉣ 재고보유를 통한 판매의 촉진
> ㉤ 투자 및 투기의 목적으로 보유

① ㉠㉡

② ㉠㉣

③ ㉡㉢

④ ㉢㉤

⑤ ㉣㉤

> ✔해설 재고의 기능
> ㉠ 재고보유를 통한 판매의 촉진
> ㉡ 투자 및 투기의 목적으로 보유
> ㉢ 소비자에 대한 서비스
> ㉣ 부문 간의 완충역할
> ㉤ 취급수량의 경제성

Answer 25.④ / 1.⑤ 2.⑤

3 다음 총괄생산계획의 결정변수에 해당하는 것으로 볼 수 없는 것은?

① 재고수준　　　　　　　　　　　② 비용수준

③ 하도급　　　　　　　　　　　　④ 노동인력의 조정

⑤ 생산율의 조정

> ✔해설　총괄생산계획의 결정변수로는 재고수준, 하도급, 노동인력의 조정, 생산율의 조정 등이 있다.

4 다음 중 종속수요품목에 대한 설명으로 옳지 않은 것은?

① 수요발생의 원천으로는 기준생산계획이다.

② 종속수요품목에서 재고품목은 원자재, 재공품 등이 속한다.

③ 재고관리기법으로는 유통소요량 계획, 통계적 재주문점 방식 등이 활용된다.

④ 품목의 용도는 생산이다.

⑤ 수요의 성격으로는 소요시점의 계산이 가능하다.

> ✔해설　종속수요품목에서 재고관리기법으로는 MRP, JIT 등이 활용된다.

5 다음 중 총괄생산계획에서의 결정변수들로만 바르게 묶은 것은?

㉠ 원가의 조정	㉡ 유통채널의 조정
㉢ 고정비의 조정	㉣ 노동인력의 조정
㉤ 생산율의 조정	㉥ 재고의 수준

① ㉠, ㉡, ㉢　　　　　　　　　　② ㉠, ㉢, ㉣

③ ㉡, ㉣, ㉤　　　　　　　　　　④ ㉢, ㉤, ㉥

⑤ ㉣, ㉤, ㉥

> ✔해설　총괄생산계획의 결정변수
> ㉠ 생산율의 조정
> ㉡ 하도급
> ㉢ 노동인력의 조정
> ㉣ 재고수준

6 다음 중 시계열 수요예측 기법에 대한 설명으로 가장 옳은 것은?

① 과거에 발생하지 않았던 요소를 고려하여 미래의 수요를 예측한다.

② 시계열 수요예측 기법에는 델파이 방법과 회귀분석 방법 등이 있다.

③ 일반적으로 시계열은 추세, 계절적 요소, 주기 등과 같은 패턴을 갖는다.

④ 전략적 계획을 수립하는 데 필요한 장기적인 시장 수요를 파악하기 위하여 주로 사용된다.

⑤ 순환변동은 계절의 순환에 따라 되풀이되는 변동을 의미한다.

✔해설 ① 과거에 발생한 것을 토대로 미래 수요를 예측하는 것이 시계열 기법이다.
② 시계열 수요예측 기법에는 추세분석, 이동평균법, 지수평활법 등이 있다. 델파이 방법은 대표적인 질적(정성적) 분석방법이며, 회귀분석 방법은 인과관계분석 방법이다.
④ 전략적 계획을 수립하는 데 필요한 장기적인 시장 수요뿐만 아니라, 계절적 변동 요인과 같은 단기적인 수요변동 및 우연변동과 같은 돌발적인 원인이나 불분명한 원인으로 일어나는 변동까지도 나타난다.

※ 시계열 분석의 구성요소
  ㉠ 추세(경향) 변동(Trend Movement : T)
    • 수요의 장기적인 변화와 전반적인 경량으로 점진적으로 증가하거나 감소하는 장기변동의 추세를 말한다.
    • 평균 수요량의 장기적 · 점진적인 변동으로 인구의 이동, 소득수준의 변화 등에 의해 발생한다.
  ㉡ 순환변동(Cyclical Fluctuation : C)
    • 경기변동과 같이 정치, 경제, 사회적 요인에 의한 변화로서 장기적인 수요의 순환적인 변화 현상을 의미하며 일정 주기가 없는 사이클 현상(보통 1년 이상 간격의 순환성)으로 반복되는 변동을 의미한다.
  ㉢ 계절변동(Seasonal Variation : S)
    • 어느 제품이나 서비스에 대한 수요가 매년 일정한 패턴으로 변동하는 경우로 1년 주기로 계절에 따라 되풀이되는 변동을 말한다.
  ㉣ 불규칙(우연) 변동(Irregular Movement/Random Variation : I)
    • 설명될 수 없는 요인 또는 돌발적인 요인에 의하여 일어나는 변화를 의미하며 불규칙한 원인이나 예측 불가능한 임의 변동으로 돌발적이고 알 수 없는 원인에 의해 출현하는 우연변동이다.

Answer 3.② 4.③ 5.⑤ 6.③

02. 출제예상문제 **｜** 259

7 기본 경제적 주문량(EOQ) 모형에 관한 설명으로 옳지 않은 것은?

① 기본 경제적 주문량 모형에서는 주문은 한 번에 배달되고, 주문량에 따른 수량 할인은 없다고 가정한다.

② 기본 경제적 주문량 모형에서 재주문점(reorder point)은 리드타임에 일일 수요를 곱하여 구할 수 있다.

③ 기본 경제적 주문량 모형에서 발주비용은 발주량과 선형의 역비례 관계를 갖는다.

④ 기본 경제적 주문량 모형에서 주문사이클은 주문량을 연간 수요량으로 나눈 후 연간 조업일수를 곱하여 구할 수 있다.

⑤ 기본 경제적 주문량 모형에서 단위당 재고 유지 비용과 1회 주문비는 주문량에 관계없이 일정하다고 가정한다.

> ✔해설 기본 경제적 주문량 모형에서 발주비용과 발주량의 관계는 역비례(반비례)이나 선형(직선)의 관계를 가지지는 않는다. 선형의 비례관계를 가지는 것은 재고 유지비용과 주문량의 관계이다.
> EOQ 모형의 그림 상에서 보면 알 수 있듯이 주문비용은 선형(직선)의 형태를 보이지 않으며 비선형의 우하향하는 곡선(직각 쌍곡선)의 형태를 가진다.

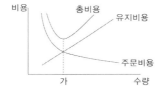

8 다음 중 생산시스템에 대한 설명으로 가장 거리가 먼 것을 고르면?

① 각 개체들은 각기 투입(Input), 과정(Process), 산출(Output) 등의 기능을 수행한다.

② 각각의 개체는 각자의 고유 기능은 없지만 타 개체와의 관련을 통해서 비로소 전체의 목적에 기여할 수 있다.

③ 생산시스템의 경계 외부에는 환경이 존재한다.

④ 단순하게 개체들을 모아놓은 것이 아닌 의미가 있는 하나의 전체이다.

⑤ 생산시스템은 일정한 개체들의 집합이다.

> ✔해설 각각의 개체는 각자의 고유 기능을 갖지만 타 개체와의 관련을 통해서 비로소 전체의 목적에 기여할 수 있다.

9 다음 중 델파이법에 대한 설명으로 옳지 않은 것은?

① 가능성 있는 미래기술개발 방향과 시기 등에 대한 정보를 취득하기 위한 방식이다.

② 매회 설문에 대한 반응을 수집·요약하며, 그것을 다시 표본 개인들에게 송환해 주게 되는데, 이에 따라 개인들은 자신의 견해 및 평정 등을 수정해 간다.

③ 회답자들에 따른 가중치를 부여하기 용이하다는 이점이 있다.

④ 개인들은 서로 면대면으로 만나지 않기에 익명을 보장받을 수 있어 쉽게 반성적 사고를 하게 되며, 새로운 의견이나 사상에 대해 솔직해질 수 있다.

⑤ 델파이법은 집단의 의견들을 조정 및 통합하거나 또는 개선시키기 위해 활용한다.

✔️**해설** 델파이법은 회답자들에 따른 가중치를 부여하기 어렵다는 단점이 있다.

10 아래의 그림은 기능식 구조를 간략하게 도식화한 것이다. 다음 중 이러한 조직과 관련한 내용으로 옳지 않은 것은?

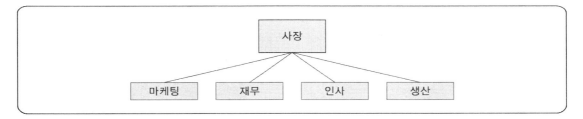

① 각각의 기능이 전문화되므로 업무에 대한 숙련도가 높아져 효율적인 감독이 가능해진다.

② 직장의 직능 범위가 좁기 때문에 단시간 내 직장 양성이 가능하다.

③ 작업자의 경우 전문적 지식 또는 기술을 지닌 직장의 지도로 인해 직무에 대한 경험의 축적이 가능하다.

④ 각각의 기능이 지나치게 전문화 되면 직접적인 관리 비용이 증가하게 된다.

⑤ 전문가 직능의 합리적인 분할이 실제적으로는 용이하지 않아 권한다툼 또는 책임전가 등이 발생할 우려가 있다.

✔️**해설** 기능식 구조에서는 각각의 기능이 지나치게 전문화 되면 간접적인 관리 비용이 증가하게 된다.

11 다음 중 정량발주 시스템과 가장 거리가 먼 것은?

① 재고가 일정 수준의 주문점에 다다르면 정해진 주문량을 주문하는 시스템이다.
② 매회 주문량은 일정하지만 소비의 변동에 따라 발주시기는 변동한다.
③ 단가가 높은 제품에 주로 적용된다.
④ 조달 기간 동안의 실제 수요량이 달라지나 주문량은 언제나 동일하기 때문에 주문 사이의 기간이 매번 다르다.
⑤ 계산이 편리해서 사무관리가 용이하다.

> **✔해설** ③번은 정기발주 시스템에 대한 내용이다.

12 다음 중 생산시스템의 관리과정을 순서대로 바르게 나열한 것은?

① 수요예측 → 대일정계획 → 절차계획 → 일정계획 → 작업배정 → 총괄생산계획 → 진도관리
② 수요예측 → 총괄생산계획 → 대일정계획 → 절차계획 → 일정계획 → 작업배정 → 진도관리
③ 수요예측 → 총괄생산계획 → 절차계획 → 대일정계획 → 작업배정 → 일정계획 → 진도관리
④ 수요예측 → 절차계획 → 총괄생산계획 → 대일정계획 → 일정계획 → 작업배정 → 진도관리
⑤ 수요예측 → 작업배정 → 절차계획 → 일정계획 → 총괄생산계획 → 대일정계획 → 진도관리

> **✔해설** 생산시스템의 관리과정
> 수요예측 → 총괄생산계획 → 대일정계획 → 절차계획 → 일정계획 → 작업배정 → 진도관리

13 다음 내용을 읽고 밑줄 친 부분의 실시효과로 바르지 않은 것을 고르면?

> 동서식품이 '대장균 시리얼'과 관련해 공식 사과했다. 동서식품은 16일 홈페이지를 통해 "시리얼 제품 관련 언론 보도로 그간 저희 제품을 애용해주신 고객 여러분께 심려 끼쳐드린 점 깊이 사과드린다"고 밝혔다. 이어 "그래놀라 파파야 코코넛, 오레오 오즈, 그래놀라 크랜베리 아몬드, 아몬드 후레이크 등 4개 품목의 특정 유통기한 제품에 대해 잠정 유통·판매되지 않도록 즉시 조치를 취했다"고 말했다. 동서식품은 "진행 중인 관계 당국의 조사에 적극적으로 협조할 것이며 고객 여러분들께 저희 제품을 안심하고 드실 수 있도록 식품안전과 <u>품질관리</u>에 만전을 기할 것"이라며 "이번 일로 인하여 고객 여러분들께 우려를 끼쳐드린 점 다시 한 번 깊이 사과드린다"고 전했다. 동서식품의 공식 사과는 지난 13일 식품의약품안전처에서 대장균이 검출된 포스트 아몬드 후레이크의 유통판매 금지 조치를 밝힌 지 3일 만이다. 식약처는 동서식품이 충북 진천공장에서 시리얼 제품 대장균군을 확인하고도 폐기하지 않고 다른 제품들과 섞어 완제품을 생산한 정황을 포착했다.

① 제품원가가 감소되어, 제품가격이 저렴하게 된다.
② 생산량의 증가와 합리적 생산계획을 수립한다.
③ 통계적인 수법의 활용과 더불어 검사비용이 늘어난다.
④ 불량품이 감소되어, 제품품질의 균일화를 가져온다.
⑤ 기술부문과 제조현장 및 검사부문의 밀접한 협력관계가 이루어진다.

> ✔해설 통계적인 수법의 활용과 더불어 검사비용이 줄어들게 된다.
>
> **PLUS tip** ....
>
> **품질관리의 실시효과**
> • 사내 각 부문의 종사자들이 좋은 인간관계를 지니게 되고, 사외 이해관계자들에게는 높은 신용을 지니게 한다.
> • 제품원가가 감소되어, 제품가격이 저렴하게 된다.
> • 원자재 공급자 및 생산자와 소비자와의 거래가 공정하게 이루어진다.
> • 불량품이 감소되어, 제품품질의 균일화를 가져온다.
> • 통계적인 수법의 활용과 더불어 검사비용이 줄어든다.
> • 생산량의 증가와 합리적 생산계획을 수립한다.
> • 작업자들의 제품품질에 대한 책임감 및 관심 등이 높아진다.
> • 기술부문과 제조현장 및 검사부문의 밀접한 협력관계가 이루어진다.

Answer 11.③ 12.② 13.③

14 다음 밑줄 친 부분에 대한 설명으로 가장 적절한 것은?

> 신세계 아이앤씨(대표 윤수원)가 국내 식자재 유통기업 CJ 프레시웨이의 <u>전사적 자원관리 (ERP)</u> 구축 프로젝트와 K2의 차세대시스템 구축 사업을 수주했다고 16일 밝혔다. 시스템 구축 기간은 약 15개월 정도이고 수주 규모는 총 60억 원 규모다. CJ 프레시웨이 ERP 구축 프로젝트는 급식·유통 사업 부문을 대상으로 기존 신세계 푸드 차세대 시스템 구축 경험을 대외사업에 적용한 사례라고 설명했다. 특히 CJ그룹 표준으로 사용하고 있는 SAP 애플리케이션과 별도로 현장 업무는 자체 개발했기 때문에 두 영역간 통합을 중점적으로 진행했다고 회사측은 전했다. 이와 함께 현재 진행하고 있는 신세계 인터내셔널, NEPA, 데상트 코리아, 블랙야크 ERP 구축 사업에 이어 K2 차세대 시스템 구축사업까지 수주하면서 패션 부문 SI사업에서 입지를 다질 수 있게 됐다고 회사 측은 덧붙였다. 전창우 신세계 아이앤씨 IT서비스 사업부 상무는 "패션 등 해당 분야 시스템 구축 사업에 대한 적극적인 시장 공략과 조기 선점으로 사업을 지속적으로 확대해 나갈 것"이라고 말했다

① 다양한 제품을 높은 생산성으로 유연하게 제조하는 것을 목적으로 생산을 자동화한 시스템을 말한다.

② 새로운 정보기술과 기업의 자원을 그 수요에 맞게 배치하여 조직을 재구축하고, 그 수요가 최종 소비자에게 정확히 공급되도록 하여 기업의 업무 효율성을 높이는 최적화 프로세스를 말한다.

③ 기업 활동을 위해 활용되는 기업 내의 모든 인적, 물적 자원을 효율적으로 관리해서 궁극적으로 기업의 경쟁력을 강화시켜 주는 역할을 하는 통합정보 시스템이다.

④ 다품종소량생산에서 부품설계, 작업준비 및 가공 등을 체계적으로 하고 유사한 가공물들을 집단으로 가공함으로써 생산효율을 높이는 기법을 말한다.

⑤ 제조활동을 중심으로 기업의 전체 기능을 관리 및 통제하는 기술 등을 통합시킨 것이라 할 수 있다.

✔️**해설** ①번은 유연생산시스템, ②번은 공급사슬관리, ④번은 셀 제조시스템, ⑤번은 컴퓨터통합생산시스템 방식을 각각 설명한 것이다.

15 다음의 자료를 가지고 경제적 주문량은 얼마인지 구하면?

> • 유지비(H) = 단위당 연간 1,500원
> • 구입단가(C) = 15,000원
> • 연간수요(D) = 3,000단위
> • 주문비(S) = 주문당 10,000원

① 100

② 200

③ 300

④ 400

⑤ 500

✔ 해설 경제적 주문량

$$\sqrt{\frac{2 \times 연간수요량 \times 주문당소요비용}{연간단위 재고유지비용}} = \sqrt{\frac{2 \times 3,000 \times 10,000}{1,500}} = \sqrt{40,000} = 200$$

16 다음 중 MRP 시스템에 대한 전제조건으로 가장 바르지 않은 것은?

① 계획의 변경에 대한 대책기능이 갖추어져 있을 것

② 개개의 재고 품목은 부품번호로서 표시될 것

③ 개개 품목에 대한 재고상황이 기록되어 있고 활용 가능할 것

④ 개개 품목에 대한 상태는 정보시스템을 통해 확인될 것

⑤ 개개 품목의 조달리드타임이 유연할 것

✔ 해설 MRP 시스템에 대한 전제조건
㉠ MRP가 존재할 것
㉡ 개개 품목에 대한 재고상황이 기록되어 있고 활용 가능할 것
㉢ 개개 품목의 조달리드타임이 정확할 것
㉣ 개개 품목에 대한 상태는 정보시스템을 통해 확인될 것
㉤ 부품의 불출, 사용이 반드시 시스템 상에서 계산될 것
㉥ 개개의 재고 품목은 부품번호로서 표시될 것
㉦ 데이터베이스가 정확하고 완전하며 항상 최근상태로 유지될 것
㉧ 계획의 변경에 대한 대책기능이 갖추어져 있을 것
㉨ BOM 시스템이 구축되어 있을 것

17 정성적 예측기법에 관한 설명들 중 가장 옳지 않은 것은?

① 수명주기 유추법 – 모든 시장 제품의 수명주기상의 수요 자료를 가지고 신제품수요를 유추 및 예측하는 방법이다.

② 판매원의견합성법 – 각 지역 담당판매원들의 각 지역에 대한 수요 예측치를 모아 전체 수요를 예측하는 방법이다.

③ 패널 동의법 – 패널의 의견을 모아 예측치로 활용하는 방법이다.

④ 시장조사법 – 시장의 상황에 대한 자료를 수집하고 이를 활용하여 예측하는 방법이다.

⑤ 과거자료 유추법 – 기존의 판매 실적이 없거나 또는 유사한 기존 제품을 과거 판매실적 변화 패턴을 반영하는 경우에 활용하는 방법이다.

✔ 해설 수명주기 유추법은 유사 기존제품의 수명주기상의 수요 자료를 가지고 신제품수요를 유추 및 예측하는 방법이다.

18 생산관리 상의 문제점 중 자재수급의 문제에 해당하는 내용으로 보기 어려운 것은?

① 로트 사이즈의 부정확으로 인한 과잉재고가 발생한다.

② 긴급수요를 위하여 과다하게 안전재고를 보유하는 경우가 많다.

③ 생산계획변경에 따른 자재수요변동으로 재고의 부족현상이 발생한다.

④ 생산계획의 변경으로 인한 긴급한 자재의 수급이 이루어지지 않아 재고의 부족현상이 일어난다.

⑤ 원부자재의 적기공급이 곤란하거나 부정확한 수요판단으로 재고의 과잉 내지 부족현상이 발생한다.

✔ 해설 생산계획변경에 따른 자재수요변동으로 재고의 과다현상이 발생한다.

PLUS tip ....

생산관리 상의 문제점 중 자재수급의 문제
• 재고는 낭비라는 인식이 부족하다.
• 긴급수요를 위하여 과다하게 안전재고를 보유하는 경우가 많다.
• 생산계획변경에 따른 자재수요변동으로 재고의 과다현상이 발생한다.
• 로트 사이즈의 부정확으로 인한 과잉재고가 발생한다.
• 원부자재의 적기공급이 곤란하거나 부정확한 수요판단으로 재고의 과잉 내지 부족현상이 발생한다.
• 생산계획의 변경으로 인한 긴급한 자재의 수급이 이루어지지 않아 재고의 부족현상이 일어난다.

19 설비배치의 결정에 관한 사항 중 공정별 배치의 내용으로 가장 옳지 않은 것은?

① 기계별 작업장 조직에서 많이 사용한다.

② 특정제품이나 주문은 한꺼번에 무더기로 생산한다.

③ 작업장의 배치는 그 작업에서 행해지는 업무별로 결정한다.

④ 기계설비 투자비용은 각각의 특이한 작업순서에 따라 그 기계를 이용하게 되는 여러 가지 상이한 제품에 의해 공동으로 부담되어야 한다.

⑤ 대량생산체제를 취하고 있는 공장, 징병검사장 등이 모두 이에 해당한다.

> **✔해설** ⑤ 제품별 배치에 관한 내용이다.

20 다음 중 아래의 모형에 관한 설명으로 가장 거리가 먼 것은?

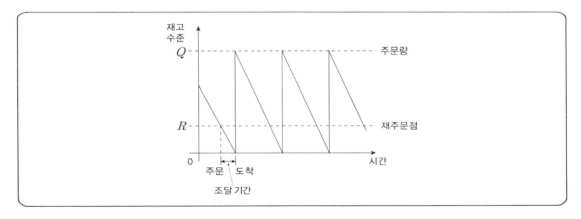

① 주문비용과 재고유지비가 최소가 되게 하는 1회 주문량이다.

② 품절이나 과잉재고가 허용된다.

③ 제품에 대한 수요가 일정하고 균일하다

④ 조달기간이 일정하며, 조달이 일시에 이루어진다.

⑤ 주문비는 주문량에 관계없이 일정하고 재고 유지비는 평균재고에 비례한다.

> **✔해설** 위 그림은 경제적 주문량을 그림으로 표현한 것이다. 경제적 주문량에서는 품절이나 과잉재고가 허용되지 않는다.

21 다음의 기사를 읽고 밑줄 친 부분에 대해 가장 잘 설명한 것을 고르면?

> AMH 코리아가 "효율적인 재고관리를 위한 ERP : 계획과 통제 그리고 평가"라는 주제로 오는 2021년 6월 13일 온라인 세미나를 개최한다. 이번 온라인 세미나에선 기업들이 처한 재고관리 방법의 문제점을 분석하고 ERP를 통한 기업의 재고관리 혁신 방안과 재고 관리 혁신을 통한 시장 경쟁력 활용 방안에 대해 설명할 예정이다. 특히 재고 조달 계획에서 통제, 평가까지 아우르는 전체 재고관리 프로세스를 설명할 예정이므로, 재고관리에 어려움을 겪고 있거나 보다 효율적인 재고관리에 대해 고민하고 있는 기업들에게 큰 도움이 될 것으로 보인다.
>
> 세미나의 구체적인 강연 내용은 ▲Dynamics NAV를 활용한 효율적인 재고관리 방법 ▲Dynamics NAV Overview ▲조립 및 세트 상품 관리 프로세스 ▲제조 관리 프로세스 ▲<u>안전 재고 관리 프로세스</u> ▲분석 보고서(JET Report) 등이다.
>
> 한편 이번 온라인 세미나에 등록한 후 설문에 참여하면 소정의 사은품을 제공할 예정이다.

① 매월 비슷한 양을 생산하지만 작업여건이 매일 연속적으로 생산할 수 없을 경우에 사용되는 방식을 말한다.

② 재고관리 비용이 가장 경제적으로 투입되는 재고수준을 유지하기 위한 목적으로 이용된다.

③ 재고품의 종류나 수량을 알맞게 유지하도록 조절하는 일 또는 상품을 매입처로부터 인수한 후 판매행위에 의해 고객에게 인도될 때까지의 관리활동을 말한다.

④ 통상적으로 수요와 공급의 변동에 따른 불균형을 방지하기 위해 유지하는 계획된 재고 수량을 말한다.

⑤ 호황 뒤에는 재고조정에 의한 경기후퇴가 있으며 그것이 일단락되면 재차 재고투자가 시작되어 다시 경기가 호전된다는 것으로 그 주기는 평균 40개월이라고 한다.

> **✔ 해설** 안전재고는 주 생산 계획 환경에서 안전 재고가 예측 잘못이나 잦은 계획 변경으로 생기는 문제점을 방지하기 위해 추가로 재고 및 생산 능력을 계획할 수 있다.

22 다음 중 재고발생의 문제점으로 보기 어려운 것은?

① 금리, 창고경비(보관료, 인건비, 보험료) 및 취급비용의 증대

② 신제품에의 전환이나 설계 변경이 용이

③ 창고공간의 증대, 때로는 생산현장도 대형적 치장으로 됨

④ 자금의 고정화로 운전자금이 증대

⑤ 사장품화, 진부화 및 가격인하 손실 등의 위험 등이 증대

> ✔해설 재고발생의 문제점
> ㉠ 금리, 창고경비(보관료, 인건비, 보험료) 및 취급비용의 증대
> ㉡ 창고공간의 증대, 때로는 생산현장도 대형적 치장으로 됨
> ㉢ 자금의 고정화로 운전자금이 증대
> ㉣ 사장품화, 진부화 및 가격인하 손실 등의 위험 등이 증대
> ㉤ 신제품에의 전환이나 설계 변경이 곤란

23 적시생산시스템의 특징으로 가장 옳지 않은 것을 고르면?

① 집권화를 통한 관리의 증대

② 작업 공간 사용의 개선

③ 낮은 수준의 재고를 통한 작업의 효율성

④ 수요변화의 신속한 대응

⑤ 생산 리드타임의 단축

> ✔해설 분권화를 통한 관리의 증대

24 다음 중 Two-Bin 시스템에 대한 내용으로 가장 거리가 먼 것은?

① 부품이 두 개의 상자에 담겨 있는데 처음 상자부터 부품이 바닥이 날 때까지 사용한다.

② 계속 실사법의 변형으로 단순하기 때문에 널리 이용되는 재고관리 시스템이다.

③ 경우에 따라 투 빈 시스템은 3개의 빈을 이용하는 형태로 변형되어 운용되기도 한다.

④ 통상적으로 이 방식은 고가품인 A급 품목에 적용되어진다.

⑤ 지속적으로 재고수준을 조사할 필요가 없다는 특징이 있다.

> **✔해설** 이 방식은 통상적으로 저가품인 C급 품목에 적용되어진다.

25 아래의 그림에 대한 설명으로 가장 바르지 않은 것은?

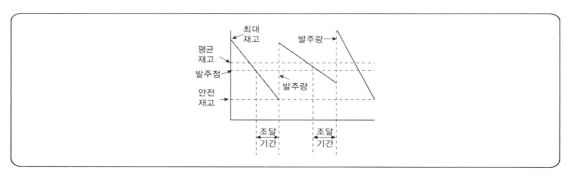

① 재고가 일정 수준의 주문점에 다다르면 정해진 주문량을 주문하는 시스템이다.

② 기본적으로는 매회 주문량을 일정하게 한다.

③ 다만 소비의 변동에 따라 발주시기를 변동한다.

④ 주문량은 주문 사이의 기간에 따라 매번 다르고, 최대 재고 수준도 조달 기간의 수요량에 따라 달라진다.

⑤ 경제로트 사이즈를 활용할 수 있으므로 재고비용을 최소화 할 수 있다.

> **✔해설** 그림은 정량발주방식에 대한 것이다. 이 방식에서 주문량은 언제나 동일하므로 주문 사이의 기간이 매번 다르고, 최대 재고 수준도 조달 기간의 수요량에 따라 달라진다.

1 마케팅 조사(marketing research)를 위한 표본추출 방법 중에서 할당 표본추출(quota sampling) 방법에 대한 설명으로 옳은 것은?

① 확률 표본추출 방법 중의 하나이다.

② 모집단 내의 각 대상이 표본에 추출될 확률이 모두 동일한 방법이다.

③ 모집단의 특성을 반영하도록 통제 특성별로 미리 정해진 비율만큼 표본을 추출하는 방법이다.

④ 모집단을 어떤 기준에 따라 상이한 소집단으로 나누고 각 소집단으로부터 표본을 무작위로 추출하는 방법이다.

⑤ 희귀한 특성도 추정이 가능하다.

> ✔해설 할당 표본추출 방법은 모집단을 일정한 범주로 나누고 이들 범주에서 정해진 요소를 작위적으로 표본추출하는 비확률 표본추출 방법 중 하나이다.

2 신제품 가격 전략에 대한 설명으로 옳지 않은 것은?

① 신제품 출시 초기 높은 가격에도 잠재 수요가 충분히 형성되어 있는 경우 스키밍 가격전략이 효과적이다.

② 목표 소비자들의 가격 민감도가 높은 경우 시장침투 가격전략이 효과적이다.

③ 시장 진입장벽이 높아 경쟁자의 진입이 어려운 경우 시장침투 가격전략이 많이 활용된다.

④ 특허기술 등의 이유로 제품이 보호되는 경우 스키밍 가격전략이 많이 활용된다.

⑤ 시장침투 가격전략은 대량생산이나 마케팅 제반비용 등을 감소시키는 데 있어 효과적이다.

> ✔해설 ③ 시장침투 가격전략은 소비자들이 가격에 민감하게 반응하는 시장이거나 규모의 경제가 존재하여 가격 인하에도 이익을 확보할 수 있는 경우, 제품의 차별화가 어려운 경우, 혹은 시장의 후발주자가 기존 경쟁제품으로부터 고객을 빼앗고 시장점유율을 확보하기 위해 사용한다.
> ※ 스키밍 가격전략과 시장침투 가격전략
> ㉠ 스키밍 가격전략: 시장에 신제품을 선보일 때 고가로 출시한 후 점차적으로 가격을 낮추는 전략으로 브랜드 충성도가 높거나 제품의 차별점이 확실할 때 사용한다.
> ㉡ 시장침투 가격전략: 신제품을 시장에 선보일 때 초기에는 낮은 가격으로 제시한 후 시장점유율을 일정 수준 이상 확보하면 가격을 점차적으로 인상하는 전략이다.

Answer 24.④ 25.④ / 1.③ 2.③

3 다음 자료를 이용하여 구매전환율(Conversion Rate)을 계산하면?

> 100,000명의 소비자가 e-쇼핑몰 광고를 보았고 1,000명의 소비자가 광고를 클릭하여 e-쇼핑몰을 방문하였다. e-쇼핑몰을 방문한 소비자 중 실제 제품을 구매한 소비자는 50명이며 이들 구매고객 중 12명이 재구매를 하여 충성고객이 되었다.

① 24%   ② 5%

③ 1%   ④ 0.05%

⑤ 10%

> ✔ 해설 구매전환율 $= \dfrac{구매자수}{방문자수} \times 100 = \dfrac{50}{1,000} \times 100 = 5(\%)$

4 아래의 내용을 참조하여 괄호 안에 들어갈 말을 차례로 표기한 것을 고르면?

> • (㉠)은 판매지역별로 자사의 제품을 취급하기를 원하는 중간상들 중에서 일정 자격을 갖춘 하나 이상 또는 소수의 중간상들에게 판매를 허가하는 전략이다.
> • (㉡)은 각 판매지역별로 하나 또는 극소수의 중간상들에게 자사제품의 유통에 대한 독점권을 부여하는 방식의 전략을 말한다.
> • (㉢)은 가능한 한 많은 소매상들로 해서 자사의 제품을 취급하게 하도록 함으로서, 포괄되는 시장의 범위를 확대 시키려는 전략이다.

① ㉠ 전속적 유통, ㉡ 선택적 유통, ㉢ 개방적 유통
② ㉠ 선택적 유통, ㉡ 전속적 유통, ㉢ 개방적 유통
③ ㉠ 전속적 유통, ㉡ 개방적 유통, ㉢ 선택적 유통
④ ㉠ 선택적 유통, ㉡ 개방적 유통, ㉢ 전속적 유통
⑤ ㉠ 개방적 유통, ㉡ 선택적 유통, ㉢ 전속적 유통

> ✔ 해설 ㉠의 선택적 유통은 판매지역별로 자사의 제품을 취급하기를 원하는 중간상들 중에서 일정 자격을 갖춘 하나 이상 또는 소수의 중간상들에게 판매를 허가하는 전략이다. ㉡의 전속적 유통은 각 판매지역별로 하나 또는 극소수의 중간상들에게 자사제품의 유통에 대한 독점권을 부여하는 방식의 전략을 말한다. ㉢의 집약적 유통은 가능한 한 많은 소매상들로 해서 자사의 제품을 취급하게 하도록 함으로서, 포괄되는 시장의 범위를 확대 시키려는 전략이며 개방적 유통이라고도 한다.

5 다음 중 비확률표본추출방법에 대한 내용으로 가장 거리가 먼 것은?

① 표본오차의 추정이 불가능하다.

② 인위적인 추출이 가능한 방법이다.

③ 모집단에 대한 정보를 필요로 하지 않는 방법이다.

④ 표본으로 추출될 확률을 알 수 있을 때 활용가능한 방법이다.

⑤ 시간과 비용이 적게 들어가는 방법이다.

> **해설** 비확률표본추출방법은 표본으로 추출될 확률을 모를 때 활용가능한 방법이다.

6 다음 중 촉진믹스 선정에 대한 설명으로 가장 옳은 것은?

① 소비재를 판매하는 기업은 대부분의 촉진비용을 PR에 주로 사용하며 그 다음으로 광고, 판매촉진, 그리고 인적판매의 순으로 지출하게 된다.

② 푸쉬(Push) 전략을 사용하는 생산자는 유통경로 구성원들을 상대로 인적판매나 중간상 판촉 등과 같은 촉진활동을 수행한다.

③ 구매자의 의사결정단계 중 인지와 지식의 단계에서는 인적판매가 보다 효과적이다.

④ 제품수명주기 단계 중 성숙기에서는 광고가 판매촉진에 비하여 중요한 역할을 수행하게 된다.

⑤ 보도자료, 홈페이지, 스폰시설, 사회봉사활동 등은 판매촉진을 위한 대표적인 수단이다.

> **해설** 푸쉬 전략(push strategy)이란 제조업자가 판매촉진이나 인적판매를 이용하여 중간상으로 하여금 제품을 구비하고 소비자에게 적극적으로 판매하도록 유도하는 전략이며, 풀전략(pull strategy)이란 조업자가 광고나 소비자판촉을 이용하여 최종 소비자에게 브랜드나 제품을 알려 스스로 적극적으로 구매하도록 하는 전략을 의미한다.
> ① 소비재를 판매하는 기업은 대부분의 촉진비용을 PR 보다는 광고에 주로 사용하며 그 다음으로 판매촉진, 그리고 인적판매의 순으로 지출하게 된다.
> ③ 구매자의 의사결정단계 중 인지와 지식의 단계에서는 인적판매보다는 광고와 홍보가 보다 효과적이다.
> ④ 제품수명주기 단계 중 성숙기에서는 광고보다는 판매촉진 활동을 통해 상표전환자를 유도하는 것이 중요한 역할을 수행하게 된다. 아울러 광고의 경우는 상표차이와 효익을 강조하는 광고가 활용된다.
> ⑤ 보도자료, 홈페이지, 스폰시설, 사회봉사활동 등은 PR을 위한 대표적인 수단이다.

Answer 3.② 4.② 5.④ 6.②

7 제품에 대하여 소비자가 비교적 낮은 관여도(Involvement)를 보이며 브랜드 간의 차이가 미미할 경우에 나타나는 소비자 구매행동은?

① 복잡한 구매행동

② 부조화 감소 구매행동

③ 다양성 추구 구매행동

④ 습관적 구매행동

⑤ 충동적 구매행동

> ✔해설 ① 복잡한 구매행동(complex buying behavior) : 소비자들이 제품의 구매에 있어서 높은 관여를 보이고 각 브랜드 간 뚜렷한 차이점이 있는 제품을 구매할 경우의 구매행동은 일반적으로 매우 복잡한 양상을 띠게 된다. 소비자들은 제품의 가격이 비교적 높고 브랜드 간의 차이가 크며, 일상적으로 빈번히 구매하는 제품이 아닌 소비자 자신에게 매우 중요한 제품을 구매할 때 높은 관여를 보인다.
> ② 부조화 감소 구매행동(dissonance-reducing buying behavior) : 소비자들이 구매하는 제품에 대하여 비교적 관여도가 높고 제품의 가격이 비싸고 평소에 자주 구매하는 제품이 아니면서 구매 후 결과에 대하여 위험부담이 있는 제품의 경우, 각 브랜드 간 차이가 미미할 때 일어난다.
> ③ 다양성 추구 구매행동(variety-seeking buying behavior) : 구매하는 제품에 대하여 비교적 저관여 상태이며 제품의 각 상표 간 차이가 뚜렷한 경우에 소비자들은 다양성 추구 구매를 하게 된다. 따라서 소비자들은 잦은 상표 전환을 하게 된다.
> ④ 습관적 구매행동(habitual buying behavior) : 제품에 대하여 소비자가 비교적 낮은 관여도를 보이며 브랜드 간 차이가 미미할 경우에 일어난다.

8 다음 괄호 안에 들어갈 내용에 부합하는 설명을 고르면?

> 생산개념 → 제품개념 → (　　　) → 마케팅 개념 → 사회적 마케팅개념

① 대량생산 및 유통을 통해 낮은 제품원가를 실현하게 된다.

② 양질의 제품을 공급하고 개선하는 데 노력하게 된다.

③ 소비자들의 니즈를 파악하고 이에 부합하는 제품을 생산하게 된다.

④ 생산의 증대로 인해 제품공급의 과잉상태가 발생하게 되어 고압적 마케팅방식에 의존하게 된다.

⑤ 고객만족 및 기업의 이익에 더불어서 사회 전체의 복지를 요구한다.

> ✔해설 괄호 안은 판매개념에 대한 것으로, 제품의 과잉생산을 해소하기 위해 동원되는 판촉 및 촉진도구를 활용하여 판로를 구축하게 되는 단계를 의미한다.

9 다음 중 소비자 구매의사결정과정에 대한 설명으로 바르지 않은 것은?

① 소비자 구매의사결정은 문제의 인식 → 정보의 탐색 → 대안의 평가 → 구매 → 구매 후 행동의 순서를 거치게 된다.

② 문제의 인식은 사람이 추구하는 이상적인 상태와 실제로 그렇지 못한 상태와의 차이라고 할 수 있다.

③ 정보의 탐색 중 외부탐색은 자기 자신의 기억이나 혹은 내면에 저장되어 있는 관련 정보에서 의사결정에 도움이 되는 것을 가져오는 것을 말한다.

④ 대안의 평가에서는 소비자가 정보탐색을 통해 알게 된 내용을 기반으로 구매대상이 되는 여러 대안들을 평가하는 단계라 할 수 있다.

⑤ 구매 후 행동단계에서는 소비자가 제품의 성능과 구매 전 제품에 대해 기대했던 내용을 비교 및 평가하여 현 제품의 성능이 기대치보다 높으면 만족하고, 반대급부로 제품의 성능이 기대치에 미치지 못하면 불만족하게 되는 것이다.

> ✔해설 내부탐색은 자신의 기억 또는 내면 속에 저장되어 있는 관련된 정보에서 의사결정에 도움이 되는 것을 끄집어내는 과정을 말하며, 외부탐색은 자신의 기억 외의 원천으로부터 정보를 탐색하는 활동을 의미한다.

10 다음 내용을 읽고 괄호 안에 들어갈 말을 순서대로 바르게 나열한 것은?

> 제품믹스의 (㉠)은/는 기업 조직이 가지고 있는 제품계열의 수를 의미하고, 제품믹스의 (㉡)은/는 각 제품계열 안에 있는 품목의 수를 나타내며, 제품믹스의 (㉢)은/는 제품믹스 내 모든 제품품목의 수를 의미한다.

① ㉠ 깊이 (Depth), ㉡ 폭 (Width), ㉢ 길이 (Length)

② ㉠ 길이 (Length), ㉡ 깊이 (Depth), ㉢ 폭 (Width)

③ ㉠ 깊이 (Depth), ㉡ 길이 (Length), ㉢ 폭 (Width)

④ ㉠ 폭 (Width), ㉡ 깊이 (Depth), ㉢ 길이 (Length)

⑤ ㉠ 폭(Width), ㉡ 길이(Length), ㉢ 깊이 (Depth)

> ✔해설 제품믹스의 폭 (Width)은 기업 조직이 가지고 있는 제품계열의 수를 의미하고, 제품믹스의 깊이(Depth)는 각 제품계열 안에 있는 품목의 수를 나타내며, 제품믹스의 길이 (length)는 제품믹스 내 모든 제품품목의 수를 의미한다.

Answer 7.④ 8.④ 9.③ 10.④

11 다음의 내용들을 읽고 괄호 안에 들어갈 말을 순서대로 바르게 나열한 것은?

> 신제품의 확산률이 빨라지게 되는 요소로써 (㉠)은 기존의 제품에 비해 소비자들에게 주는 혜택이 우월한 정도를 나타내며, (㉡)은 개인의 가치 및 경험이 일치하는 정도를 나타내고, (㉢)은 제품에 대한 이해 및 사용상의 용이성을 말한다.

① ㉠ 양립 가능성, ㉡ 상대적 우위성, ㉢ 단순성
② ㉠ 상대적 우위성, ㉡ 단순성, ㉢ 양립 가능성
③ ㉠ 전달 용이성, ㉡ 양립 가능성, ㉢ 단순성
④ ㉠ 상대적 우위성, ㉡ 양립 가능성, ㉢ 단순성
⑤ ㉠ 양립 가능성, ㉡ 단순성, ㉢ 상대적 우위성

> ✔해설 신제품의 확산률이 빨라지게 되는 요소로써 상대적 우위성은 기존의 제품에 비해 소비자들에게 주는 혜택이 우월한 정도를 나타내며, 양립 가능성은 개인의 가치 및 경험이 일치하는 정도를 나타내고, 단순성은 제품에 대한 이해 및 사용상의 용이성을 의미한다.

12 다음 중 푸시전략에 대한 설명으로 바르지 않은 것을 고르면?

① 제조사에서는 도매상을 상대로 제품설명, 재정원조, 판매의욕을 환기시키며, 도매상은 소매상을 상대로 작용을 가하며, 소매상은 최종소비자를 상대로 해당 제품 및 브랜드의 우수성을 강조하여 구매로 이끄는 것이라 할 수 있다.
② 자사의 제품취급과 더불어 소비자들에게 적극적으로 권유하도록 하는 데 그 목적이 있다고 할 수 있다.
③ 푸시전략에 의하면 소비자들의 해당 점포 방문 전에 브랜드 선택이 결정되는 방식이다.
④ 소비자들이 느끼는 제품 브랜드의 애호도는 낮다.
⑤ 푸시전략은 충동구매가 잦은 제품의 경우에 적합한 전략이다.

> ✔해설 푸시전략 (Push Strategy)은 브랜드의 애호도가 낮고, 브랜드의 선택이 해당 점포 안에서 이루어진다.

13 다음 내용을 읽고 괄호 안에 들어갈 말을 순서대로 바르게 나열한 것은?

> (㉠)은/는 특히 신제품의 경우에 구매자들이 시험 삼아 사용할 수 있을 만큼의 양으로 포장하여 무료로 제공하는 것을 의미하고, (㉡)은/는 자사의 제품이나 서비스를 구매하는 고객에 한해 다른 제품을 무료로 제공하거나 저렴한 가격에 구입할 수 있는 기회를 제공하는 것을 말하며, (㉢)은/는 제품 구매 시에 소비자에게 일정 금액을 할인해 주는 증서를 말한다.

① ㉠ 콘테스트, ㉡ 프리미엄, ㉢ 할인판매
② ㉠ 보너스 팩, ㉡ 추첨, ㉢ 프리미엄
③ ㉠ 견본품, ㉡ 보너스 팩, ㉢ 할인판매
④ ㉠ 견본품, ㉡ 프리미엄, ㉢ 쿠폰
⑤ ㉠ 프리미엄, ㉡ 콘테스트, ㉢ 보너스 팩

> ✔해설 견본품은 특히 신제품의 경우에 구매자들이 시험 삼아 사용할 수 있을 만큼의 양으로 포장하여 무료로 제공하는 것을 의미하고, 프리미엄은 자사의 제품이나 서비스를 구매하는 고객에 한해 다른 제품을 무료로 제공하거나 저렴한 가격에 구입할 수 있는 기회를 제공하는 것을 말하며, 쿠폰은 제품 구매 시에 소비자에게 일정 금액을 할인해 주는 증서를 말한다.

14 다음 박스 안의 내용을 읽고 관련성이 가장 높은 것을 고르면?

> 이것은 고객들의 관리에 있어 필수적인 요소들 예를 들어, 시스템 기능·영업 프로세스·기술 인프라·고객 및 시장 등에 관한 영업정보 등을 고객을 중심으로 통합하여 고객들과의 상호작용을 개선하고, 더불어서 그들과의 장기적 관계를 유지하면서, 자사의 운영, 확장, 발전을 기하는 고객관련 제반 프로세스이다.

① Symbiotic Marketing
② Publicity
③ STP Strategy
④ Customer Relationship Management
⑤ Supply Chain Management

> ✔해설 박스 안의 내용은 고객관계관리(Customer Relationship Management ; CRM)에 대한 것으로 기업 조직이 궁극적으로 이루고자 하는 CRM의 목적은 새로운 신규고객의 유치에서부터 고객관계를 그들 고객의 생애에 걸쳐 유지하게 함으로써 지속적인 고객의 수익성을 극대화 하는 것에 있다.

Answer 11.④ 12.③ 13.④ 14.④

15 다음은 BCG 매트릭스 상의 4가지 사업부에 적용이 가능한 전략을 설명한 것이다. 박스 안의 내용을 읽고 괄호 안에 들어갈 말을 순서대로 바르게 나열한 것을 고르면?

> (㉠) 전략은 강한 현금젖소 사업부에 적절한 전략유형으로써, 시장점유율을 현재 수준에서 유지하려는 전략이다. (㉡) 전략은 약한 현금젖소, 약한 물음표 사업부에 적절한 전략유형으로, 장기적인 효과에 상관없이 단기적 현금흐름을 증가시키기 위한 전략유형이다. (㉢) 전략은 물음표 사업부에 적절한 전략으로써, 시장점유율을 높이기 위해 현금자산을 투자하는 전략이다. 하지만, 현재의 시장점유율이 낮기 때문에, 즉각적인 현금수입은 기대하기가 힘들다. (㉣) 전략은 다른 사업에 투자하기 위해 특정 사업을 처분하는 전략이다.

① ㉠ 유지, ㉡ 수확, ㉢ 투자, ㉣ 철수
② ㉠ 수확, ㉡ 유지, ㉢ 투자, ㉣ 철수
③ ㉠ 투자, ㉡ 유지, ㉢ 수확, ㉣ 철수
④ ㉠ 유지, ㉡ 투자, ㉢ 철수, ㉣ 수확
⑤ ㉠ 투자, ㉡ 수확, ㉢ 철수, ㉣ 유지

✔해설 유지 전략은 강한 현금젖소 사업부에 적합한 전략유형으로, 시장점유율을 현재의 수준에서 유지하려는 전략이다. 수확 전략은 약한 현금젖소, 약한 물음표 사업부 등에 적합한 전략유형으로, 장기적 효과에 관계없이 단기적인 현금흐름을 증가시키기 위한 전략유형이다. 투자전략은 물음표 사업부에 적합한 전략으로, 시장점유율을 높이기 위해 현금자산을 투자하는 전략이다. 하지만, 현 시장점유율이 낮기 때문에, 즉각적인 현금수입은 기대하기가 힘들다. 철수 전략은 다른 사업에 투자하기 위해 특정 사업을 처분하는 전략이다.

16 다음 중 표본추출단계를 순서대로 바르게 나열한 것은?

① 모집단→표본프레임의 작성→표본크기의 결정→표본추출방법의 결정→조사대상자의 선정
② 모집단→표본크기의 결정→표본프레임의 작성→조사대상자의 선정→표본추출방법의 결정
③ 모집단→표본추출방법의 결정→표본프레임의 작성→표본크기의 결정→조사대상자의 선정
④ 모집단→표본추출방법의 결정→표본크기의 결정→표본프레임의 작성→조사대상자의 선정
⑤ 모집단→표본프레임의 작성→표본추출방법의 결정→표본크기의 결정→조사대상자의 선정

✔해설 표본추출단계
모집단→표본프레임의 작성→표본추출방법의 결정→표본크기의 결정→조사대상자의 선정

17 다음 그림과 관련한 설명으로 가장 적합한 것을 고르면?

① 자사제품의 속성이 경쟁제품에 비해 차별적인 속성을 지니고 있어 그에 대한 혜택을 제공한다는 것을 소비자에게 인식시키는 포지셔닝 전략이라 할 수 있다.

② 소비자들이 인지하고 있는 기존 경쟁제품과 비교함으로써 자사 제품의 편익을 강조하는 포지셔닝 전략이라 할 수 있다.

③ 경쟁사 제품과는 사용상황에 따라 차별적으로 다르다는 것을 소비자에게 인식시키는 포지셔닝 전략이라 할 수 있다.

④ 자사의 제품이 특정 사용자 계층에 적합하다고 소비자에게 강조하여 포지셔닝하는 전략이라 할 수 있다.

⑤ 제품이 지니고 있는 추상적인 편익을 소구하는 전략이다.

> ✔️**해설** ③번은 사용상황에 의한 포지셔닝을 설명한 것으로 소비자들이 집들이에 가야하는 상황을 연출하여 자사의 제품이 이에 가장 부합한다는 것을 소비자들에게 포지셔닝시키는 전략이다.

18 다음 중 초기 고가격전략(Skimming Pricing Strategy)에 대한 설명으로 바르지 않은 것은?

① 신제품을 처음으로 시장에 내놓을 때 높은 진출가격을 책정하고 수요층의 확대와 함께 더불어 순차적으로 가격을 내리는 전략을 의미한다.

② 경쟁기업이 낮은 가격의 대체품으로 대응하기 전에 조기이윤을 획득할 목적으로 많이 활용하는 전략이라 할 수 있다.

③ 제품의 조기수용자가 충분하지 않을 경우에 적합한 전략이다.

④ 자사의 신제품이 경쟁사들에 비해 높은 경쟁우위를 지닐 때 상당히 효과적으로 적용이 가능하다.

⑤ 핸드폰이나 컴퓨터 등 하이테크 제품에서 고소득층을 목표고객으로 정했을 때 효과적으로 사용된다.

　　✔해설　초기 고가격전략은 제품의 조기수용자가 충분할 경우에 적합한 전략이다.

19 다음 그림을 보고 ㉠, ㉡, ㉢에 들어갈 내용을 순서대로 바르게 나열한 것을 고르면?

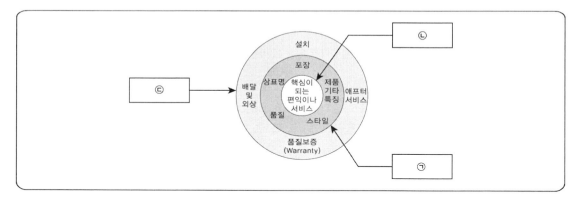

① ㉠ 비탐색품, ㉡ 핵심제품, ㉢ 확장제품
② ㉠ 비탐색품, ㉡ 유형제품, ㉢ 확장제품
③ ㉠ 확장제품, ㉡ 핵심제품, ㉢ 유형제품
④ ㉠ 유형제품, ㉡ 핵심제품, ㉢ 확장제품
⑤ ㉠ 핵심제품, ㉡ 유형제품, ㉢ 비탐색품

✔ **해설** 유형제품은 소비자들이 제품으로부터 추구하는 혜택을 구체적인 물리적 속성들의 집합으로 유형화시킨
것을 말하고, 핵심제품은 제품의 핵심적인 측면을 나타내는 것으로 제품이 본질적으로 수행하는 기능을
말하며, 확장제품은 전통적인 제품의 개념이 고객서비스에까지 확대된 것을 의미한다.

20 다음 중 판매원 보상에 대한 설명으로 가장 옳지 않은 것을 고르면?

① 고정봉급제는 매월 고정액을 정기적인 봉급의 형태로 지급하는 방식이다.

② 고정봉급제는 조직 구성원들이 심리적 안정을 취할 수 있음과 동시에 행정적으로도 관리가
용이하며 비용 또한 적게 든다는 이점이 있다.

③ 고정봉급제는 구성원들의 열정을 이끌어낼 수 있는 동기부여가 되지 못하는 단점이 있다.

④ 성과급제는 구성원들이 소비자들에 대해 제품의 판매를 강요하게 하거나 제품의 가격을 할인
해 줄 소지가 거의 없다.

⑤ 성과급제는 판매원들을 열성적으로 업무를 하게 만들며, 자사의 제품 및 고객에 따라 판매원
이 받는 커미션을 다르게 책정함으로써, 경영자는 특정 제품 및 고객에게 판매원들의 노력을
집중시키는 효과를 가져오게 한다.

✔ **해설** 성과급제는 구성원들이 소비자들에게 제품의 판매를 강요하거나 혹은 제품의 가격을 임의로 할인해 줄
소지가 있고, 동시에 구성원들의 경제적 불안감을 조성시킬 수 있는 문제점이 있다.

21 아래의 그림은 유화용 붓을 담가 놓은 기름에 23km라고 적힌 광고인데, 다음 중 이와 관련한 소구 방법을 가장 효과적으로 표현한 것을 고르면?

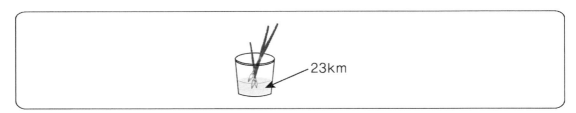

① 유머를 통해 좋은 기분이나 또는 감정 등을 유발해서 제품을 호의적으로 평가하게 하는 효과를 지닌 형태의 소구방식이다.

② 소비자들의 불쾌감, 불안, 공포 등의 감정에 호소하는 소구형태이다.

③ 자사의 브랜드가 선택될 수밖에 없는 합리적인 이유를 설명하거나 객관적인 근거를 제시함으로써 표적소비자에게 제품에 대한 지식과 정보를 제공하는 광고 전략이다.

④ 소비자가 광고에서 권장하는 제안을 따르지 않았을 때 겪을 수 있는 부정적 결과에 대한 두려움이나 또는 공포 등을 활용하는 형태이다.

⑤ 건강 또는 재산 등의 손실로부터 소비자를 보호하기 위해 만들어진 제품이나 공익광고에서 많이 활용된다.

> **✔해설** 위 그림은 이성적 소구를 활용한 광고로써 유화용 붓을 담가 놓을 정도의 기름이 존재한다면, 무려 23km나 자동차가 달릴 수 있을 만큼의 연비가 좋다는 것을 사람들의 이성적인 시각으로 인지시켜 주는 이성적 소구 방법의 사례라 할 수 있다. ①번은 유머소구, ②번은 부정적 소구, ④⑤번은 공포소구를 각각 설명한 것이다.

22 다음 중 마이클 포터의 5 Force Model의 요소에 해당하지 않는 것은?

① 산업 내 경쟁자
② 중간상의 교섭력
③ 잠재적 진입자
④ 공급자의 교섭력
⑤ 대체재

마이클 포터의 경쟁전략 분석
　　㉠ 산업 내 경쟁자
　　㉡ 잠재적 진입자
　　㉢ 대체재
　　㉣ 공급자의 교섭력
　　㉤ 수요자의 교섭력

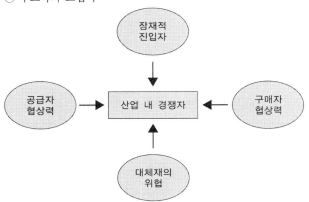

23 마케팅조사의 내용 중 탐색조사(Exploratory Research)에 대한 설명으로 부적절한 것은?

① 탐색조사의 목적은 현 상태를 있는 그대로 정확하게 묘사하는 데 있다.

② 조사목적을 명확히 정의하기 위해서, 또는 필요한 정보를 분명히 파악하기 위해서 시행하는 예비조사의 성격을 지닌 조사방법이다.

③ 특정한 문제가 잘 알려져 있지 않은 경우에 적합한 조사방법이다.

④ 탐색조사에 활용되는 것으로는 문헌조사, 사례조사, 전문가 의견조사 등이 있다.

⑤ 탐색조사의 경우, 그 자체로 끝이 나지 않으며 기술조사 및 인과조사를 수행하기 전 단계의 역할을 수행하는 경우가 많다.

> ✔해설 현재의 상태를 있는 그대로 정확하게 묘사하는 것을 목적으로 하는 조사방법은 기술조사(Descriptive Research)이다.

24 다음 중 관찰법에 대한 내용으로 가장 거리가 먼 것은?

① 피관찰자가 제공할 수 없거나 또는 제공하기를 꺼리는 정보 등을 취득하는 데 적합하다.

② 자료를 수집함에 있어 피관찰자의 협조의도 및 응답능력이 문제가 되지 않는다.

③ 피관찰자의 느낌 및 동기, 장기적인 행동 등에 대해서도 관찰이 가능하다.

④ 관찰법은 조사대상의 행동 및 상황 등을 직접적 또는 기계장치를 통해서 관찰해서 자료를 수집한다.

⑤ 피관찰자 자신이 관찰 당한다는 사실을 인지하지 못하게 하는 것이 중요하다. 만약, 이를 알게 된다면 피 관찰자는 평소와 다른 행동을 할 수도 있다.

✔해설 관찰법에서는 피관찰자의 느낌 및 동기, 장기적인 행동 등에 대해서는 관찰이 불가능하다.

25 다음 박스 안의 내용을 참조하여 각 내용이 의미하는 바를 적절하게 표현한 것을 고르면?

> • (㉠)으로 동일한 상품일지라도 소비자에 따라 품질이나 성과가 다르게 평가되는데, 예를 들면 동일한 여행 일정으로 여행을 다녀온 소비자들 간에도 해당 여행에 대한 평가는 서로 다를 수 있다.
> • 한국병원경영연구원 신현희 연구원은 24일 대한병원협회에서 개최된 '국내병원의 START 홍보전략' 세미나에서 변화하고 있는 병원 홍보 트렌드에 대해 소개했다. 신현희 연구원은 "의료서비스는 사물이 아니기 때문에 진열이나 설명이 어렵고 환자가 직접 시술을 받기 전에는 확인이 불가능한 (㉡)적인 측면이 있다"고 말했다.

① 서비스의 특성 중 ㉠은 소멸성을 의미하고, ㉡은 무형성을 의미한다.

② 서비스의 특성 중 ㉠은 비분리성을 의미하고, ㉡은 소멸성을 의미한다.

③ 서비스의 특성 중 ㉠은 무형성을 의미하고, ㉡ 이질성을 의미한다.

④ 서비스의 특성 중 ㉠은 이질성을 의미하고, ㉡은 무형성을 의미한다.

⑤ 서비스의 특성 중 ㉠ 무형성을 의미하고, ㉡ 비분리성을 의미한다.

✔해설 ㉠ 이질성은 서비스의 생산 및 인도과정에서의 가변성 요소로 인해 서비스의 내용과 질이 달라질 수 있다는 것을 의미하며, ㉡ 무형성은 소비자가 제품을 구매하기 전 오감을 통해 느낄 수 없는 것을 말한다. 다시 말해, 무형의 혜택을 소유할 수는 없는 것이다.

1 노동조합의 숍제도 중 다음의 설명에 해당하는 것은?

> 사용자가 비조합원을 자유로이 고용할 수 있는 제도로 조합가입이 고용의 전제조건이 아닌 제도이다. 따라서 노동조합의 안정도 측면에서는 가장 취약한 제도라고 할 수 있다. 즉 조합원, 비조합원에 관계없이 채용 가능하며 사용자측에 가장 유리하다.

① 유니온 숍   ② 오픈 숍
③ 클로즈드 숍   ④ 에이전시 숍
⑤ 메인터넌스 숍

✔️ 해설 • 유니온 숍 : 사용자가 비조합원도 자유로이 고용할 수 있지만 고용된 근로자는 일정한 기간 내에 조합에 가입하여야 하는 제도이다.
• 클로즈드 숍 : 신규 직원 채용시 조합원만 사용자에게 고용될 수 있는 제도로 노동 조합이 노동공급의 유일한 원천이 되는 제도이므로 노동조합에 가장 유리한 제도이다.
• 에이전시 숍 : 조합원이든 비조합원이든 간에 모든 종업원은 단체교섭의 당사자인 노동조합에 조합비를 납부할 것을 요구하는 제도이다.
• 메인터넌스 숍 : 일단 단체협약이 체결되면 기존 조합원은 물론 단체협약이 체결된 이후에 가입한 조합원도 협약이 유효한 기간 동안은 조합원으로 머물러야 한다는 제도이다.

2 다음 중 노사관계의 역사적 발달과정을 순서대로 바르게 나열한 것을 고르면?

① 온정적 노사관계 → 근대적 노사관계 → 전제적 노사관계 → 민주적 노사관계
② 전제적 노사관계 → 온정적 노사관계 → 근대적 노사관계 → 민주적 노사관계
③ 전제적 노사관계 → 근대적 노사관계 → 온정적 노사관계 → 민주적 노사관계
④ 전제적 노사관계 → 근대적 노사관계 → 민주적 노사관계 → 온정적 노사관계
⑤ 온정적 노사관계 → 전제적 노사관계 → 근대적 노사관계 → 민주적 노사관계

✔️ 해설 노사관계의 역사적 발달과정은 "전제적 노사관계 → 온정적 노사관계 → 근대적 노사관계 → 민주적 노사관계"의 순이다.

Answer 24.③ 25.④ / 1.② 2.②

3 임금관리 공정성에 대한 설명으로 옳은 것은?

① 내부공정성은 노동시장에서 지불되는 임금액에 대비한 구성원의 임금에 대한 공평성 지각을 의미한다.

② 외부공정성은 단일 조직 내에서 직무 또는 스킬의 상대적 가치에 임금수준이 비례하는 정도를 의미한다.

③ 직무급에서는 직무의 중요도와 난이도 평가, 역량급에서는 직무에 필요한 역량 기준에 따른 역량평가에 따라 임금수준이 결정된다.

④ 개인공정성은 다양한 직무 간 개인의 특질, 교육정도, 동료들과의 인화력, 업무몰입 수준 등과 같은 개인적 특성이 임금에 반영된 척도를 의미한다.

⑤ 조직은 조직구성원에 대한 면접조사를 통하여 자사 임금수준의 내부, 외부공정성 수준을 평가할 수 있다.

> ✔해설 내부 공정성은 기업 내부의 공정성을 의미하는 것으로 조직의 직무·직능·근속 및 성과에 따라 보상을 달리함으로써 공정성을 유지·확보하는 것이다. 내부공정성 확보는 개인의 만족과 효용성 증대에 중요한 역할을 한다.
> 개인공정성은 근로자 자신의 노력에 대한 적정보상 차원의 공정성이고, 대인비교 공정성은 다른 사람이 받는 보상과 나의 것을 비교하는 공정성을 말한다.
> 외부공정성은 기업이 종업원에게 나누어 줄 임금총액의 크기와 관련되는 것으로 해당 기업의 임금수준이 동종경쟁기업의 임금수준과 비교하였을 때 공정성을 확보하고 있느냐에 관한 것이다.

4 다음 괄호 안에 들어갈 말을 순서대로 바르게 나열한 것을 고르면?

> (㉠)은/는 임금수준의 하한선에서 조정되는 것이고, (㉡)은/는 임금수준의 상한선에서 조정이 되며, (㉢)은/는 임금수준의 가운데에서 조정이 된다.

① ㉠ 생계비 수준, ㉡ 기업의 지불능력, ㉢ 사회 일반적 임금수준

② ㉠ 생계비 수준, ㉡ 사회 일반적 임금수준, ㉢ 기업의 지불능력

③ ㉠ 기업의 지불능력, ㉡ 사회 일반적 임금수준, ㉢ 생계비 수준

④ ㉠ 기업의 지불능력, ㉡ 생계비 수준, ㉢ 사회 일반적 임금수준

⑤ ㉠ 사회 일반적 임금수준, ㉡ 생계비 수준, ㉢ 기업의 지불능력

> ✔해설 생계비 수준은 임금수준의 하한선에서 조정되는 것이고, 기업의 지불능력은 임금수준의 상한선에서 조정이 되며, 사회 일반적 임금수준은 임금수준의 가운데에서 조정이 된다.

5 다음 지문의 내용이 설명하는 것은 어떤 노동조합에 대한 것인가?

> 노동자들의 고용에 있어 자신들의 독점적인 지위확보 및 노동력의 공급제한을 기본방침으로 삼고 있기 때문에 미숙련 노동자들에 대한 가입에 있어서는 제한을 한다. 어떠한 직장단위의 조직은 아니기 때문에 설령 실직을 했다 하더라도 조합의 가입은 가능하며, 현 조합원들의 실업도 예방할 수 있다는 장점이 있는 반면에 타 직업에 대해서는 노동자들이 지나치게 배타적이면서도 독점적인 성격을 가지므로, 전체 노동자들에 대한 분열을 초래할 우려가 있다.

① Craft Union
② Company Labor Union
③ General Labor Union
④ Industrial Union
⑤ Companydominated Union

> ✔해설 직업별 노동조합(Craft Union)은 기계적인 생산방법이 도입되지 못하던 수공업 단계에서 산업이나 기계에 관련 없이 서로 동일한 직능에 종사하는 숙련노동자들이 자신이 소속되어 있는 회사를 초월하여 노동자 자신들의 직업적인 안정과 더불어 경제적인 부분에서의 이익을 확보하기 위해 만든 배타적인 노동조합을 의미한다.

6 인사평가 시 발생할 수 있는 대인지각 오류에 대한 설명으로 가장 옳지 않은 것은?

① 후광오류(halo errors)는 피평가자의 일부 특성으로 그 사람에 대한 전체적인 평가를 긍정적으로 내리는 경향이다.
② 나와 유사성 오류(similar-to-me errors)는 자신의 특성과 유사한 피평가자에 대해 관대히 평가하는 경향이다.
③ 상동적 태도(stereotyping)는 피평가자가 속한 집단의 특성으로 피평가자 개인을 평가하려는 경향이다.
④ 대비오류(contrast errors)는 명확한 평가기준과 피평가자의 특성을 비교·평가하는 경향이다.
⑤ 논리적 오류는 어떤 항목에 대한 평가가 긍정적일 경우, 그와 관련된 다른 항목도 긍정적으로 평가하는 경향이다.

> ✔해설 대비오류(Contrast Error)란 고과자가 자신과 반대되는 특성을 지닌 피고과자를 과대 또는 과소평가하는 경향을 말하기도 하며, 다른 피고과자와의 비교에 따라 피고과자를 과대 또는 과소평가하는 경향을 말한다. 인사고과자와 피고과자간의 지적 수준의 차이나 세대 차이, 견해 차이 등에서 잘못 평가하게 되는 경우와 피고과자 상호간 비교 평가시에 발생할 수 있다. 아울러 한 피평가자에 대한 평가가 다른 피평가자에 대한 평가에 영향을 주는 것을 대비효과(contrast effect)라고도 한다.

Answer 3.③ 4.① 5.① 6.④

7 직무 평가에 대한 설명으로 옳지 못한 것은?

① 직무평가는, 기업 조직에서 각 직무의 숙련·노력·책임·작업조건 등을 분석 및 평가하여 다른 직무와 비교한 직무의 상대적 가치를 정하는 체계적인 방법을 의미한다.

② 직무평가는 종업원 직무의 상대적 가치에 따라서 조직의 합리적이면서도 공정한 임금시스템을 마련하는 기반을 제공한다.

③ 직무평가는 임금과 연관되어 종업원들 간의 갈등을 심화시킨다.

④ 조직의 직무평가는 직무 그 자체의 가치를 평가하는 것일 뿐, 종업원을 평가하기 위한 것이 아니다.

⑤ 직무평가는 일반적으로 조직 내에서 각 직무들의 상대적인 크기를 정하는 것이라 할 수 있다. 하지만, 모든 기업 조직들이 자신들만의 고유한 목적을 이루기 위해서는 그에 따르는 다양한 기능 및 역할 등을 감수해내야 한다.

✔️ **해설** ③ 기업 조직에서의 직무평가는 종업원 직무의 상대적 가치에 따라서 조직의 합리적이면서도 공정한 임금시스템을 마련하는 기반을 제공할 뿐만 아니라, 이는 임금과 연관되는 종업원들 간의 갈등을 최소화시킬 수 있으며 직무급 실시의 초석이 된다.

※ 직무 평가의 효용
    ㉠ 공정한 임금체계(임금격차)의 확립 : 기업 조직의 직무평가는 종업원 직무의 상대적 가치에 따라서 조직의 합리적이면서도 공정한 임금시스템을 마련하는 기반을 제공할 뿐만 아니라, 이는 임금과 연관되는 종업원들 간의 갈등을 최소화시킬 수 있으며 직무급 실시에 있어서 초석이 된다.
    ㉡ 종업원들의 적재적소 배치를 실현 : 조직에서 직무의 중요성, 난이도 및 직무의 가치에 따라 종업원의 능력을 기준으로 효과적인 적재적소 배치가 실현가능하다. 다시 말해 직무가치가 높은 직무들에 대해서는 보다 실력 있는 종업원을 배치할 수 있다.
    ㉢ 핵심역량 강화지표 설계 : 조직의 직무평가는 직무 그 자체의 가치를 평가하는 것일 뿐, 종업원을 평가하기 위한 것이 아니다. 즉, 직무에 국한된 핵심역량지표를 추출하는데 의의를 둬야 한다.
    ㉣ 노사 간의 임금협상의 기초 : 합리적인 직무평가의 결과는 노사 간의 임금교섭을 할 때 협상의 초석이 될 수 있다.
    ㉤ 인력개발에 대한 합리성 제고 : 조직 인력개발의 주요 수단인 경력경로를 설계할 때 기업 안의 각 직무들 간의 중요성 및 난이도 등의 직무가치 정도에 따라 보다 더 효율적인 이동경로를 설계할 수 있다.

8 종업원이 원하는 것을 선택함으로서 자신의 복리후생을 스스로 원하는 대로 설계하는 것을 무엇이라고 하는가?

① 산업재해보험
② 카페테리아식 복리후생
③ 임금피크제도
④ 스캔론플랜
⑤ 럭커플랜

> ✔해설 카페테리아식 복지후생은 기업 조직에 소속된 종업원들이 기업이 제공하는 복리후생제도나 시설 중에서 종업원이 원하는 것을 선택함으로서 자신의 복리후생을 스스로 원하는 대로 설계하는 것을 말한다.
>
> ※ 카페테리아식 복리후생제도의 종류

구분	내용
선택적 지출 계좌형	종업원 개개인에게 주어진 복리후생의 예산 범위 내에서 종업원들 각자가 자유롭게 복리후생의 항목들 중에서 선택하도록 하는 제도를 의미한다.
모듈형	기업 조직이 몇 개의 복리후생 내용들을 모듈화 시켜서 이를 종업원들에게 제공한 후에, 각 종업원들이 자신들에게 제일 적합한 모듈을 선택하도록 하는 것을 의미한다.
핵심 추가 선택형	기업 조직의 종업원들에게 기초적으로 필요하다고 판단되는 최소한의 복리후생을 제공한 후에 이런 핵심항목들을 보충할 수 있는 내용들을 추가로 제공하여, 종업원들이 제시된 항목 중에서 스스로가 원하는 항목을 선택하도록 하는 것이다. 다시 말해 복리후생에 대한 핵심항목들을 기업이 제공하고, 추가된 항목들에 대해 각 종업원들에게 선택권을 부여하는 것을 말한다.

9 직무평가에 대한 방법 중 분류법에 관한 사항으로 바르지 않은 것은?

① 기업 조직의 직원 및 관리자들이 여러 직무 사이의 공통적 요소를 발견하기가 어렵다.
② 고정화된 등급 설정으로 인해 사회적, 경제적, 기술적 변화에 따른 탄력성이 부족하다.
③ 서열법에 비해 직무를 훨씬 더 명확하게 분류할 수 있다.
④ 직무들의 수가 점점 많아지고 내용 또한 복잡해지게 되면, 정확한 분류를 할 수 없게 된다.
⑤ 분류법은 미리 규정된 등급 또는 어떠한 부류에 대해 평가하려는 직무를 배정함으로써 직무를 평가하는 방법이다.

> ✔해설 분류법은 기업 조직의 직원 및 관리자들이 여러 직무 사이의 공통적 요소를 발견하기에 용이하다.

10 다음 중 인적자원관리 개념 모형의 과정을 순서대로 바르게 나열한 것은?

① 확보 → 보상 → 활용 → 개발 → 유지 활동
② 확보 → 활용 → 개발 → 보상 → 유지 활동
③ 확보 → 개발 → 보상 → 활용 → 유지 활동
④ 확보 → 보상 → 개발 → 활용 → 유지 활동
⑤ 확보 → 개발 → 활용 → 보상 → 유지 활동

✔ 해설 인적자원관리 개념 모형의 과정
확보 → 개발 → 활용 → 보상 → 유지 활동

11 다음 중 평가센터법에 대한 내용으로 가장 옳지 않은 것은?

① 이 방식은 피고과자의 재능을 표출하는데 있어, 동등한 기회를 가진다.
② 이 방식은 비용 및 효익의 측면에서 그 경제성이 의문시된다.
③ 이 방식은 현대의 기업에서 경영자의 배출이 중요한 이슈로 등장하게 됨에 따라 이는 주로 중간 관리층의 능력 평가를 위해서 실시하는 기법이다.
④ 이 방식은 피고과자 집단을 구성해서 평가가 이루어지며, 보통 평가자는 1인으로 이루어진다.
⑤ 잠재적인 직무능력의 확인을 위한 직무 외 절차(Off-The-Job Procedure)이다.

✔ 해설 이 방식은 피고과자 집단을 구성해서 평가가 이루어지며, 보통 평가자도 다수로 이루어진다.

12 다음 중 마코브 체인법에 대한 내용으로 바르지 않은 것은?

① 미래 어떤 시점에서의 해당 기업 내 구성원의 이동에 관한 예측을 하는데 유용한 기법이다.

② 고정된 전이 행렬이 전제되어야 하고 각각의 직무 및 상황 등에 50명 정도 있을 때 유효한 기법이다.

③ 개념적으로 정적인 요인을 고려하지 못한다.

④ 적용이 용이하다.

⑤ 내부인력예측의 한 방법이다.

✔해설 개념적으로 동적인 요인을 고려하지 못한다.

13 관리층에 대한 교육훈련으로, 관리자의 의사결정을 제고시키기 위해 개발된 것으로 참가자들에게 가상의 기업에 대한 정보를 제공한 후에 이들에게 특정한 경영상황에서 문제해결을 위한 의사결정을 하게 하는 것을 무엇이라고 하는가?

① 비즈니스 게임   ② 인 바스켓 훈련

③ 역할 연기법   ④ 행동 모델법

⑤ 경영사례분석

✔해설 인 바스켓 훈련은 특정한 경영상황에서 문제해결을 위한 의사결정을 하게 하는 것으로 참가자들에게 흥미를 불러일으킨다는 장점이 있는 반면에 훈련에 대한 효과를 측정하는데 있어 어려움이 있다.

14 다음 중 MBO의 성공요건으로 바르지 않은 것은?

① 타 관리기능과의 상호통합적인 운영이 필요하다.

② 중간 관리층의 지원과 솔선수범이 요구된다.

③ MBO는 구성원의 태도, 행태의 개선을 지향하는 조직발전의 노력이 선행적 혹은 동시적으로 추진되어야만 효과가 있다.

④ 조직내외 여건의 안정성이 필수적이다.

⑤ 조직 내의 분권화와 자율적 통제가 잘 이루어져야 한다.

✔해설 최고관리층의 지원과 솔선수범이 요구된다.

Answer   10.⑤   11.④   12.③   13.②   14.②

15 다음의 기사를 읽고 문맥 상 괄호 안에 들어갈 말로 가장 적절한 것을 고르면?

> 현대기아차는 '기업 경쟁력의 원천은 사람'이라는 원칙을 기본으로 세계 초일류 자동차 기업으로 도약하기 위한 인재육성 전략을 실천해 나가고 있다. 특히 전통적인 스펙의 틀을 벗어나 신개념 채용 방식을 선보이며 차별화된 역량과 가능성을 가진 인재들을 선발하기 위해 다양한 시도를 하고 있다. 현대차그룹의 인재상은 열린 마음과 신뢰를 바탕으로 새로운 가치를 창조하고, 지속적인 혁신과 창조를 바탕으로 새로운 가능성을 열어가는 사람이다. 현대차그룹은 우수 인재 양성에 집중한다. 이를 위해 자율적 직무순환 제도 인재 육성 및 경쟁력 강화를 위한 대표적인 프로그램으로 경력 개발 프로그램을 활용한다. 이는 직원이 자신의 경력개발 목표와 계획에 따라 타 부서로 이동을 신청할 경우, 조직 운영 계획과 직원 개인의 니즈 등 종합적 검토를 통해 이를 적극적으로 지원하는 제도다. 이 제도가 시행된 이후 매년 2000~3000여명의 직원들이 프로그램에 지원하고 있고 매년 부서를 이동하는 직원 수도 증가하고 있다. 부서 이동이 자유롭게 되면 부문 간 소통이 활성화되어 업무 효율이 향상되고, 이러한 자율적 (   )은/는 임직원 역량 향상에도 기여하고 있다.

① 연공주의제도
② 직무순환제도
③ 직무평가제도
④ 직무설계제도
⑤ 성과급제도

✔ 해설 직무순환제도는 능력개발에 주목적을 두고 행해지는 수평적 이동형태이다. 이것은 기능이나 작업조건, 책임 및 권한 등이 현재까지 담당했던 직무와는 성격상 다른 직무로의 이동을 뜻한다.

16 다음 그림에 대한 설명으로 가장 적절하지 않은 것은?

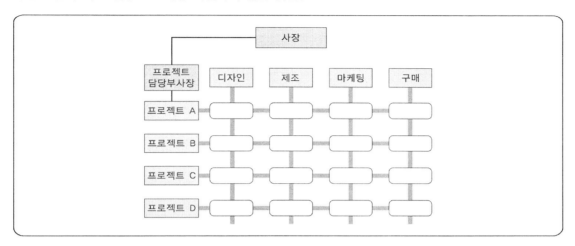

① 경영활동을 직능부문으로 전문화시키면서 전문화된 부문들을 프로젝트로 통합시킬 단위를 갖기 위한 조직적 요구에 부응하고자 만들어진 조직이다.

② 조직을 가로와 세로로 연결한 형태로 가로축은 직능, 세로축은 사업부로 구분하고 있다.

③ 전사적 차원에서의 일괄적 관리가 불가능하다.

④ 두 상사 간의 지시에 모순이 있으면 지시를 받은 사원은 일을 제대로 진행할 수 없다는 문제점이 있다.

⑤ 기술과 시간에 좌우되며 고도로 전문화된 재화 또는 용역 등을 산출하고 판매하는 고도의 정보처리가 요구되는 불확실성에 직면하고 있는 조직, 그리고 인적, 물적 자원의 제약을 다루어야 하는 조직 등에 적용될 시에 그 장점이 나타난다.

✔**해설** 위 그림은 매트릭스 조직에 대한 내용이다. 매트릭스 조직은 전사적 차원에서의 일괄적 관리가 가능하다.

17 아래의 그림은 네트워크 조직을 도식화한 것이다. 다음 중 이에 대한 설명으로 가장 옳지 않은 것을 고르면?

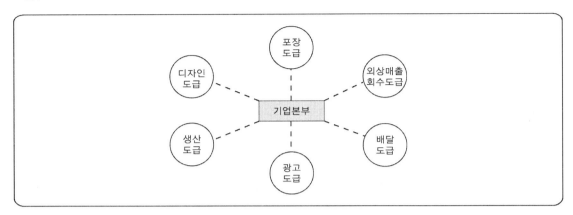

① 조직 활동을 상대적 비교 우위가 있는 한정된 부문에만 국한시키고, 나머지 활동 분야는 아웃소싱하거나 전략적 제휴 등을 통해 외부 전문가에게 맡기는 조직이다.

② 위 조직의 경우에는 계층이 거의 없고, 조직 간의 벽이 없다.

③ 위 조직은 고도로 집권화되어 있는 형태를 지닌다.

④ 상호 영향력과 의사소통을 극대화하는 통합된 체계로서 급변하는 조직 환경에 의해 발생하는 상황에 대해 효율적이며 적절한 대응이 가능한 형태의 조직이다.

⑤ 정보통신기술의 실시간 활용으로 시간적·물리적 제약의 극복이 가능하다.

✔ **해설** 네트워크 조직은 고도로 분권화되어 있다.

18 다음 그림과 같은 유형의 조직에 관한 설명으로 바르지 않은 것을 고르면?

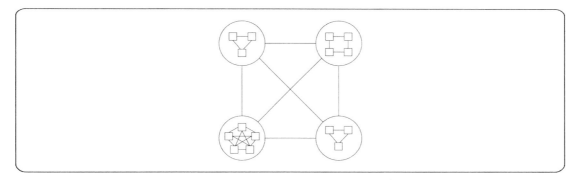

① 사원들은 상사와 부하의 관계라기보다는 동료관계에 있다.

② 업무수행 방법이 정해져 있고 자유재량권이 적다.

③ 의사결정이 분권화되어 있다.

④ 업무가 고정되어 있지 않고 여러 업무를 유동적으로 수행한다.

⑤ 변화하는 환경에 적응하기 위해 규모 및 의사결정과정을 간소화해서 조직의 효율성을 높일 수 있다.

✔️해설 유기적 조직은 업무수행 방법이 정해져 있지 않고 자유재량권이 많은 조직이다.

19 다음 중 이익분배제에 대한 설명으로 바르지 않은 것은?

① 기업과 구성원 간 협동정신을 고취, 강화시켜서 노사 간의 관계개선에 도움을 준다.

② 구성원은 자신의 이윤에 대한 배당을 높이기 위해 작업에 집중하여 능률증진을 기할 수 있다.

③ 구성원의 이익배당 참여권 및 분배율을 근속년수와 연관시킴으로써, 종업원들의 장기근속을 유도할 수 있다.

④ 회계정보를 적당히 처리함으로써, 기업 조직의 결과를 자의적으로 조정할 수 있으므로 신뢰성이 낮아진다.

⑤ 결산기에 이르러 확정되는 관계로 구성원들의 작업능률에 대한 자극이 유지될 수 있다.

> ✔ **해설** 이익분배제 … 노사 간의 계약에 의한 기본임금 외에 기업 조직의 각 영업기마다 결산이윤의 일부를 종업원들에게 부가적으로 지급하는 제도

PLUS tip

이익분배제의 효과 및 제약사항

효과	제약사항
• 이익분배는 결산기에 가서 확정되는 관계로 구성원들의 작업능률에 대한 자극이 감소될 수 있다. • 회계정보를 적당히 처리함으로써, 기업 조직의 결과를 자의적으로 조정할 수 있으므로 신뢰성이 낮아진다.	• 구성원은 자신의 이윤에 대한 배당을 높이기 위해 작업에 집중하여 능률증진을 기할 수 있다. • 구성원은 이익배당 참여권 및 분배율을 근속년수와 연관시킴으로써, 종업원들의 장기근속을 유도할 수 있다. • 기업과 종업원간의 협동정신을 고취, 강화시켜서 노사 간의 관계개선에 도움을 준다.

20 다음의 글을 읽고 문맥상 괄호 안에 들어갈 말로 가장 적절한 것을 고르시오.

> 65세 정년 의무화를 앞두고 GB 등 일부 출판사들이 정년연장과 (   ) 도입을 위한 노사협상을 진행하고 있다. 회사는 정년연장에 따른 인건비 부담을 줄이기 위해, 노조는 고용안정을 보장받기 위해서인데 일각에서는 이 제도가 구성원들의 부담만 가중하는 쪽으로 진행될 우려가 크다고 지적한다. GB는 지난 1월 노사합의를 통해 출판사 중 가장 먼저 이 제도의 도입을 결정했다. 현재 만 63세가 정년인 GB는 연장되는 2년의 임금비용 부담을 회사와 직원이 나눈다는 계획이다. 사측은 지난해 60세부터 5년간 5%를 정률 삭감해 직원과 회사가 각각 30%, 70%를 부담하는 안을 제시한 바 있다. 그러나 지난달 설명회에서 사측이 새로운 안을 제시하면서 직원 부담이 34%로 늘어나 조합원들의 우려가 커지고 있는 상황이다.

① Selling Price Sliding Scale Plan

② Wage Structure

③ Profit Sharing Plan

④ Sliding Scale Wage Plan

⑤ Salary Peak System

> **해설** 임금피크제도(Salary Peak System)는 기업 조직의 종업원이 일정한 나이가 지나면 생산성에 따라 임금을 지급하는 제도로 현실적으로는 나이가 들어 생산성이 내려가면서 임금을 낮추는 제도이다.

21 아래 그림과 같은 조직에 대한 설명으로 가장 옳지 않은 것을 고르면?

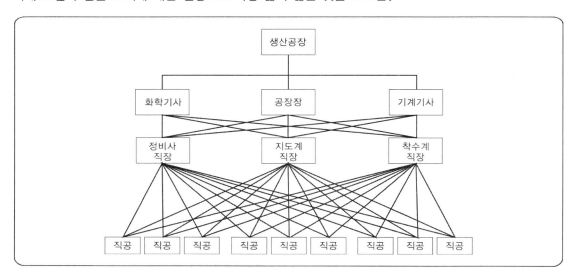

① 각 관리자가 기능적으로 전문화하여 일을 분담한다.

② 문제가 일어났을 경우에 조정이 어렵다.

③ 명령에 대한 일관성이 높다.

④ 관리자의 양성이 비교적 용이하다.

⑤ 전문적 분화에 의해 간접적인 관리비가 증가하게 된다.

> ✔해설 위 그림은 기능조직구조로서 명령에 대한 일관성이 없다.

22 다음 중 델파이 기법에 대한 설명으로 바르지 않은 것은?

① 풍부한 경험과 지식을 가진 기업 내부의 전문가들로 구성된 집단이 일련의 과정을 거치면서 교육훈련의 필요성을 파악한다.

② 시간이 적게 걸린다.

③ 창의적이고 유용한 정보의 창출이 용이하다.

④ 서면으로 의견을 주고받기 때문에 집단 내 갈등이 표출되지 않는다.

⑤ 전문가들은 서로 면대면으로 만나지 않으므로 익명을 보장받을 수 있어 쉽게 반성적 사고를 하게 되며, 새로운 의견 또는 사상 등에 대해 솔직해질 수 있다.

> **✔해설** 델파이 기법은 시간이 많이 걸린다.

23 다음 중 비즈니스 게임에 대한 내용으로 잘못 서술한 것은?

① 기업의 경쟁상황에서 올바른 의사결정능력을 제고시키기 위해 개발된 기법이다.

② 결과가 즉시 피드백 되지 않는 관계로 다른 팀과의 비교가 어렵다.

③ 교육 참가자들을 3~5명씩 여러 개의 팀으로 구성하여 상대방 기업에 이길 수 있는 경영의사 결정을 하도록 하는 방식이다.

④ 참가팀들이 경영원리에 입각한 의사 결정을 내리기보다 게임에 이기는 열쇠를 찾는 데 더 관심이 있어 현실에 적용할 수 있느냐에 그 한계가 있다

⑤ 기업 전체를 넓은 시야에서 파악하는 것을 훈련한다는 의미에서 효과가 기대되고 또한 널리 활용되고 있는 방식이다.

> **✔해설** 결과가 즉시 피드백 되어 다른 팀과 비교가 가능하다.

24 다음 중 행위기준고과법(BARS)에 대한 내용으로 바르지 않은 것을 고르면?

① 평정척도법의 결점을 시정 및 보완하기 위해 개발된 것이고, 동시에 중요사실 서술법이 발전된 형태로서 직무와 관련된 피고과자의 구체적인 행동을 평가의 기준으로 삼는 고과방법이다.

② 복잡성과 정교함으로 인해 소규모 기업의 경우에는 적용이 어려워 실용성이 낮은 편이다.

③ 행위를 기준으로 하기 때문에 다양하면서도 구체적인 직무에 활용이 불가능하다.

④ 각 직능별 및 직급별 특성에 맞추어져 설계되기 때문에, 올바른 행위에 대한 내용들을 구성원 개인에게 제시가 가능하다.

⑤ 직무성과에 초점을 맞추기 때문에 높은 타당성을 유지하며, 피고과자의 구체적인 행동 패턴을 평가 척도로 사용하므로 신뢰성 또한 높고, 고과자 및 피고과자 모두에게 성공적인 행동 패턴을 알려줌으로써, 조직의 성과향상을 위한 교육효과도 있어 수용성 또한 높은 편이다.

> ✔ 해설 다양하면서도 구체적인 직무에 활용이 가능하다.

25 다음 중 인적자원계획의 효과로 보기 어려운 것은?

① 인적자원계획과 기존 종업원의 사기 · 만족수준은 연관성이 없다.

② 적정한 수의 인적자원 확보를 통한 노동비용의 감소 및 그에 따른 충원비용의 절감효과가 이루어진다.

③ 불필요한 노동력의 감소와 증대에 따른 통제가 용이하며, 기업의 전반적인 인적자원 유지전략이 상당히 용이하다.

④ 적정한 교육훈련계획의 수립이 가능하다.

⑤ 기업의 전략목적 및 인사관리 목적을 연계시킬 수 있다.

> ✔ 해설 효과적인 인적자원 계획으로 인한 종업원의 사기와 만족이 증대된다.

1 다음 재무비율에 관한 설명 중 바르지 않은 것은?

① 유동비율, 당좌비율, 부채비율, 차입금의존도, 이자보상비율은 재무비율 중 안정성비율에 해당된다.

② 매출총이익률, 매출액순이익률, 총자산순이익률, 자기자본순이익률은 재무비율 중 수익성비율에 해당된다.

③ 총자산회전율, 매출채권회전율, 재고자산회전율은 재무비율 중 활동성비율에 해당된다.

④ 매출채권회전율은 매출액을 평균 매출채권으로 나눈 값이다.

⑤ 배당률은 주당시가를 주당배당액으로 나눈 값이다.

> ✔ 해설 배당률은 주당배당액을 주당시가로 나눈 값이다. 부채비율은 자기자본을 부채로 나눈 값이다. 자기자본이익률은 당기순이익을 자기자본으로 나눈 값이다.

2 다음 M&A 방어 전략에 관련하여 설명한 전략은?

> M&A를 시도하지만 단독으로 필요한 주식을 취득하는데, 현실적으로 무리가 있는 개인이나 기업에게 우호적으로 도움을 주는 제3자로서의 개인이나 기업을 의미한다.

① 흑기사 (Black Knight)　　　　② 백기사 (White Knight)

③ 그린 메일 (Green Mail)　　　　④ 황금주 (Golden Share)

⑤ 포이즌 필 (Poison Pill)

> ✔ 해설 • 백기사(White Knight) : 매수대상기업의 경영자에게 우호적인 기업 인수자를 의미한다.
> • 그린 메일(Green Mail) : 경영권을 담보로 보유주식을 시가보다 비싸게 되파는 행위를 의미한다.
> • 황금주(Golden Share) : 보유한 주식의 수량이나 비율에 관계없이 기업의 주요한 경영 사안에 대하여 거부권을 행사할 수 있는 권리를 가진 주식을 의미한다.
> • 포이즌 필(Poison Pill) : 기업의 경영권 방어수단의 하나로, 적대적 M&A나 경영권 침해 시도가 발생하는 경우에 기존 주주들에게 시가보다 훨씬 싼 가격에 지분을 매입할 수 있도록 미리 권리를 부여하는 제도이다.

Answer　24.③　25.① / 1.⑤　2.①

3 다음은 현금흐름의 추정원칙에 대해 설명한 것이다. 가장 옳지 않은 것을 고르면?

① 비현금비용의 제외
② 법인세 납부 전 현금흐름
③ 인플레이션의 일관적 처리
④ 증분현금흐름의 기준
⑤ 이자비용 및 배당지급액 등의 재무비용의 제외

✔해설 현금흐름 추정 원칙으로는 비현금비용 제외, 법인세 납부 후 현금흐름, 인플레이션의 일관적 처리, 증분 현금흐름의 기준, 잔존가치 및 고정자산의 처분에 따른 법인세 효과의 고려, 이자비용 및 배당지급액과 같은 재무비용의 제외 등이 있다.

4 다음 중 기업이 간접적으로 자본을 조달하는 방법에 해당하는 것으로 올바르게 묶은 것은?

┌───┐
│ ㉠ 주식발행   ㉡ 기업어음   │
│ ㉢ 은행차입   ㉣ 회사채   │
└───┘

① ㉠, ㉣   ② ㉡, ㉢
③ ㉡, ㉣   ④ ㉢, ㉣
⑤ ㉠, ㉡

✔해설 주식회사의 자금 조달은 크게 직접 금융시장과 간접 금융시장을 통해 이루어진다. 직접 금융시장은 주식이나 회사채 발행 등 자본시장을 통해 자금을 조달하는 것이다. 반면 간접 금융시장은 어음 발행 또는 차입 등 금융 중개기관을 통해 자금을 조달하는 것이다.

5 다음 중 괄호 안에 들어갈 말을 순서대로 바르게 나열한 것을 고르면?

┌───┐
│   콜 옵션의 만기가치는 기초자산인 주식의 가격이 (㉠), 행사가격이 (㉡), 위험이자율 │
│ 이 커질수록, 만기가 길수록, 분산이 클수록 콜 옵션의 가격은 높아지게 된다.   │
└───┘

① ㉠ 높을수록, ㉡ 낮을수록   ② ㉠ 낮을수록, ㉡ 높을수록
③ ㉠ 높을수록, ㉡ 높을수록   ④ ㉠ 낮을수록, ㉡ 낮을수록
⑤ ㉠ 낮을수록, ㉡ 같을수록

✔해설 콜 옵션의 만기가치는 기초자산인 주식의 가격이 높을수록, 행사가격이 낮을수록, 위험이자율이 커질수록, 만기가 길수록, 분산이 클수록 콜 옵션의 가격은 높아지게 된다.

6 다음 기사의 밑줄 친 부분에 대한 설명으로 가장 옳지 않은 것을 고르면?

> 사우디아라비아의 최대 국영은행인 내셔널커머셜뱅크(NCB)가 19일 <u>기업공개</u>를 시작했다. NCB는 이번 IPO에서 주당 공모가 45리얄(12달러)에 일반주 5억 주를 청약 받는다. 공모가 성공한다면 NCB의 공모총액은 60억 달러가 된다. 이 같은 규모는 올해 전 세계 주식시장에 상장된 기업 중 중국 전자상거래 업체 알리바바(250억 달러)에 이어 두 번째고 중동 증시 상장사 중엔 최대다. 그간 중동 증시에 상장된 기업 중 IPO 규모가 가장 컸던 곳은 아랍에미리트(UAE) 두바이의 항만 운영사 DP월드(50억 달러 · 2007년)였다. 청약기간은 이날부터 다음달 2일까지이며 사우디의 개인투자자에겐 3억주가 배정됐다. 이 은행은 사우디 정부가 소유한 12개 국내 은행 중 가장 늦게 상장하는 곳으로 지난해 말 기준 자산규모가 3770억 리얄(1005억 달러)이었다. 이번 상장을 두고 일부 원로 신학자들은 NCB가 이슬람교에서 금지하는 이자 수익을 대규모로 내 운영되는 곳이라며 공개적으로 반대 의견을 내기도 했다. 사우디 원로신학자위원회의 셰이크 압둘라 알무트라크는 지난주 한 방송 인터뷰에서 "NCB는 이슬람의 교리를 어기는 거래를 너무 많이 한다"며 "IPO를 허가해선 안 된다"고 비판했다. 다른 원로 신학자인 셰이크 압델 알칼바니도 트위터에 "NCB 공모주에 청약하는 사람은 믿음이 없다는 말을 들을 것이다. 이슬람은행인 알라즈히는 상장했지만 '턱수염'이 있고 NCB는 그렇지 않다"는 글을 올렸다. NCB 측은 이런 비판에 대해 개의치 않는다는 입장을 냈다. 사우디는 내년 초 시가총액 5500억 달러 규모의 자국 주식시장을 외국 투자자에 개방할 계획이다.

① 주주들로부터 직접금융방식에 의해 대규모의 장기자본을 용이하게 조달할 수 있다.
② 공개 후 증권거래소 상장 시에 경영활동 결과를 공시하고 이를 평가받아 경영합리화를 기할 수 있으며, 소유 및 경영의 분리가 가능하다.
③ 투자자들에게 재산운용수단을 제공하며, 공개기업 종업원의 사기를 진작시킬 수 있다.
④ 독점 및 소유 집중 현상이 심화된다.
⑤ 기업의 공신력이 제고된다.

> ✔️**해설** 일정조건을 지닌 기업 조직이 새로운 주식을 발행해서 일반투자자에게 균등한 조건으로 공모하거나 또는 이미 발행되어 소수의 대주주가 소유하고 있는 주식을 일부 매각해서 다수의 주주에게 주식이 널리 분산하도록 하는 것을 기업공개라 하는데, 이 경우에는 독점 및 소유 집중 현상의 개선이 가능하다.

7 사무용 의자를 생산하는 기업의 총고정비가 1,000만원, 단위당 변동비가 10만원이다. 500개의 의자를 판매하여 1,000만원의 이익을 목표로 한다면, 비용가산법(Cost-Plus Pricing)에 의한 의자 1개의 가격은?

① 100,000원

② 120,000원

③ 140,000원

④ 160,000원

⑤ 180,000원

 해설

$$가격 = \frac{총\,고정비용 + 총\,변동비용 + 목표이익}{총\,생산량}$$

$$\frac{1,000만\,원 + (500개 \times 10만\,원) + 1000만\,원}{500개} = \frac{7000만\,원}{500개} = 140,000$$

8 다음 중 증권시장선(SML)을 구하는 계산식으로 옳은 것은?

① 무위험이자율 + (요구수익률 − 시장포트폴리오 기대수익률) × 시장포트폴리오 베타

② 무위험이자율 + (시장포트폴리오 기대수익률 − 요구수익률) × 시장포트폴리오 위험프리미엄

③ 요구수익률 + (시장포트폴리오 기대수익률 − 무위험위자율) × 시장포트폴리오 베타

④ 요구수익률 + (무위험이자율 − 시장포트폴리오 기대수익률) × 시장포트폴리오 위험프리미엄

⑤ 무위험이자율 − (요구수익률 × 시장포트폴리오 기대수익률) − 시장포트폴리오 베타

해설 증권시장선(SML) = 요구수익률 + (시장포트폴리오 기대수익률 − 무위험위자율) × 시장포트폴리오 베타

9 국내의 기업재무구조의 약화원인 중 금융 및 정책상의 요인으로 보기 어려운 것은?

① 주식의 액면가 발행제도

② 경직된 금리정책 및 정책금융

③ 만성적인 인플레이션

④ 담보위주의 대출관행

⑤ 자본시장 취약성

해설 ③번은 국내의 기업재무구조의 약화원인 중 거시경제의 요인에 해당하는 내용이다.

10 아래의 기사를 참조하여 밑줄 친 부분에 대한 설명으로 가장 옳지 않은 것을 고르면?

> 신제윤 금융위원장이 "<u>선물거래</u> 증거금에 대한 증권사의 신용공여를 허용하는 방안을 검토 하겠다"고 말했습니다. 이종걸 새 정치 민주연합 의원은 "사설 업체들의 불법 선물 계좌 대여가 횡행하고 있고 일부 회사들은 웹사이트 광고까지 하는 등 금융-실명제법 위반 사항에 대해 규제가 이뤄지고 있다"고 지적 했습니다. 또 "증권사의 선물거래 증거금에 대한 신용공여 허용도 형평성 차원에서 검토가 필요하다"고 덧붙였습니다. 신 위원장은 이에 대해 "현재 저축은행의 경우 선물거래에 대한 증거금 대출이 허용돼 있으나 향후 증권사에 대해서도 허용하는 방안을 고민 중"이라고 덧붙였습니다. 한편 펀드의 사후 등록을 위한 제도개선이 미뤄져 자산운용사들이 부동산펀드 관련 막대한 세금을 내게 된 것에 대해서는 "현재 안전행정부와 협의 중이며 단기간에 해결이 어려운 사안으로 시일이 걸릴 것"이라고 답변했습니다.

① 계약의 만기 이전에 반대매매를 수행하거나 또는 만기일에 현물을 실제로 인수 및 인도함으로써 계약을 수행하는 것을 말한다.
② 선물이 거래되어지는 공인 상설시장을 선물시장 또는 제품거래소라고 한다.
③ 주로 공인된 거래소에서 이루어지며 미래에 상품을 인수, 인도할 때 가격 합의가 이루어진다.
④ 선물계약을 매도하는 것은 해당 제품을 인도할 의무를 지는 것이다.
⑤ 선물거래는 위험 회피를 목적으로 시작되었으나, 첨단 금융기법을 이용해 위험을 능동적으로 받아들임으로써 오히려 고수익·고위험 투자 상품으로 발전했다.

> ✔**해설** 선물거래는 공인된 거래소에서 이루어지게 되며 현 시점에 합의된 가격으로 미래에 제품을 인수, 인도하게 된다.

11 다음 중 IFRS 도입에 관한 설명으로 옳지 않은 것은?

① 원가법과 공정 가치에 의한 재평가법 중 선택이 가능하다.

② 이론적인 공정가치의 산출을 위해 많은 판단과 추정이 요구된다.

③ IFRS 적용으로 일부 건설사들의 매출과 이익이 감소하여 실적과 기업 가치에 좋지 않은 영향을 미칠 수 있다.

④ 건설부문이 공정가치 평가에서 가장 많은 영향을 받을 것으로 예상된다.

⑤ 이 회계기준은 순수한 민간단체에 의해 공표되기 때문에 각국의 상이한 회계기준에 대한 구속력은 없다.

> ✔ **해설** IFRS 도입으로 인해 유형 자산, 투자부동산, 리스 등 금융상품을 인식하는 방법 자체가 바뀌게 되어 금융부문이 가장 큰 영향을 받을 것으로 예상된다.

12 아래 그림에 대한 설명들 중 가장 옳지 않은 것을 고르면?

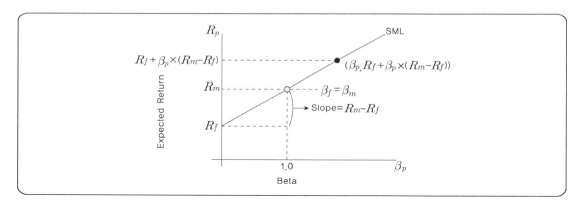

① 위 모형은 어떠한 증권에도 적용이 가능하다는 특징이 있다.

② 위 모형은 증권시장이 균형을 이루어 자본시장선이 성립할 시에 비효율적인 투자대상까지도 포함한 모든 투자자산의 기대수익 및 리스크의 관계를 설명해주는 것이다.

③ 위 모형의 경우 베타가 1일 때 기대수익률은 시장 기대수익률과 동일하다.

④ 위 모형은 증권을 오로지 비체계적 위험에 대해서만 기초하여 평가한다.

⑤ 개별주식의 체계적 위험을 알면 그 주식에 대한 기대수익률을 산출할 수 있다.

> ✔ **해설** 위 그림은 증권시장선(Security Market Line ; SML)을 나타낸 것이다. 증권시장선에서는 증권을 오로지 체계적 위험에 대해서만 기초하여 평가한다.

13 다음 중 선물의 개념에 관한 설명으로 옳지 않은 것은?

① 선물은 현재 외환, 채권, 주식 등을 기초자산으로 하는 금융선물만 존재한다.
② 현물이 인도되어 선물계약의무가 이행되는 날을 선물만기일이라고 한다.
③ 선물가격은 기초자산의 현물가격에 연동해서 변화한다.
④ 현금결제방식은 선물가격과 선물만기일의 현물가격과의 차이만큼 정산하는 방식이다.
⑤ 선물이 거래되는 공인 상설시장을 선물시장 또는 상품거래소라고 한다.

> ✔해설 선물은 현재 외환, 채권, 주식 등을 기초자산으로 하는 금융선물 뿐만 아니라 곡물, 원유 등을 기초자산
> 으로 하는 상품선물도 존재한다.

14 보통주에 대한 설명으로 바르지 않은 것은?

① 주식회사가 출자의 증거로 주주에게 발행한 증권이다.
② 보통주에서의 주주는 해당 기업의 실질적인 주인으로서 상법 및 해당기업의 정관이 정한 권리와 의무의 주체가 된다.
③ 고정적인 재무비용이 발생한다.
④ 기업의 소유권 및 경영통제 등에 영향을 받을 수 있다.
⑤ 보통주는 우선주·후배주(後配株)·혼합주 등과 같은 특별주식에 대립되는 일반적인 주식을 의미한다.

> ✔해설 보통주는 고정적인 재무비용이 발생하지 않으며, 영구자본으로 기업의 안정적인 장기자금을 조달하는
> 수단이다.

15 아래의 내용을 바탕으로 A주식의 시장가격을 구하면?

> • 주식A의 베타: 1.5
> • 매년 말 배당금: 1,500원
> • 시장포트폴리오 기대수익률: 15%
> • 무위험이자율: 5%
> • 현재 A주식의 시장수익률: 10%

① 10,000원

② 15,000원

③ 20,000원

④ 35,000원

⑤ 40,000원

> ✔ 해설 연말배당금이 매년 일정할 경우 주식의 시장가격은 연말배당금을 시장수익률로 나누어 계산할 수 있다. 따라서 1500 / 0.1 =15,000(원)이 현재의 시장가격이라고 할 수 있다.

16 계약의 만기 이전에 반대매매를 수행하거나 또는 만기일에 현물을 실제로 인수 및 인도함으로써 그러한 계약을 수행하는 것은?

① 증권시장선   ② 콜 옵션

③ 선물거래   ④ 풋 옵션

⑤ 자본시장선

> ✔ 해설 선물거래는 매매쌍방 간 미래 일정시점에 약정된 제품을 기존에 정한 가격에 일정수량을 매매하기로 계약을 하고, 이러한 계약의 만기 이전에 반대매매를 수행하거나 또는 만기일에 현물을 실제로 인수 및 인도함으로써 그러한 계약을 수행하는 것을 의미한다.

17 다음 중 합병에 대한 내용으로 가장 바르지 않은 것은?

① 신설 합병은 많은 수의 기업 조직들이 새로운 하나의 기업으로 결합되는 것을 뜻한다.

② 합병회사는 소멸회사의 권리 및 의무 등을 포괄적으로 계승하지 않아도 된다.

③ 수평적 합병은 동일한 업종에 있는 기업 조직끼리 합병하는 것을 뜻한다.

④ 수직적 합병은 원료공급 및 가공과 같은 계기적 생산단계에 있는 타 종류의 업종 사이에서 이루어지는 기업합병을 뜻한다.

⑤ 피합병기업은 완전히 독립성을 상실하게 된다.

> ✔해설 합병회사는 소멸회사의 권리 및 의무 등을 포괄적으로 계승하지 않으면 안 된다.

18 다음 기사의 밑줄 친 부분에 대한 설명으로 옳은 것은?

> 인천시가 내년부터 인천지역 도시정비사업 구역 중 추진위원회 구성 단계에서 사업이 멈춘 7 곳에 매몰비용을 지원할 계획이다. 유정복 인천시장의 공약인 매몰비용 지원이 실제 이뤄지는 것으로 향후 법 개정을 통한 조합단계 지원까지도 검토한다는 방침이다. 14일 시에 따르면 내년 예산안에 추진위 단계 도시정비사업구역 매몰비용 지원을 위해 44억 원을 편성할 계획이다. 지원대상은 7곳으로 잡아났지만 구체적인 지원 대상 지역은 정해지지 않았다. 향후 종합적인 검토와 조사를 통해 우선순위를 정한다는 계획이다. 시 주거환경정책관 관계자는 "조례개정을 통해 매몰비용 지원 대상을 추진위 단계로 정하고 내년에 7곳을 우선 지원할 계획"이라며 "이자비용은 제외한 원금만을 지원하는 것"이라고 설명했다. 현재 인천지역에 추진위 단계 중 매몰비용 지원이 필요한 곳은 27곳으로 모두 172억 원의 매몰비용이 발생한 것으로 조사됐다. 시는 매몰비용 지원을 당초 계획인 개발기금이나 시유지 매각대금이 아닌 일반 예산으로 부담이 가능하다고 보고 있다. 그러나 보다 심각한 상황은 조합설립 이후 단계까지 진행된 도시정비사업 구역들이다. 현재 조합설립 단계 이상은 43곳으로 매몰비용만 685억 원으로 조사됐다. 계속 불어나고 있는 이자비용까지 합치면 주민들이 부담할 돈은 천문학적으로 늘어나게 된다.
>
> 현재 인천시를 비롯해 전국 광역 시·도는 정부를 상대로 조합 단계 매몰비용 지원을 요구하고 있다. 국회에도 관련법 개정안이 계류 중이다. 그러나 정부는 이 같은 내용에 미온적인 상태여서 조합 단계 매몰비용 지원은 미지수다. 시 관계자는 "다른 도시들과 협력해 정부와 국회에 법 개정을 지속적으로 촉구하고 있다"며 "매몰비용 지원은 이로 인해 개발지연은 물론 각종 사회적 문제가 발생하기 때문에 지방정부 차원에서 책임을 통감하며 지원하고자 하는 것"이라고 말했다.

① 현금이 직접 지출되지는 않지만 타 투자안을 선택함으로서 얻을 수 있는 이익을 포기하는 경우에 발생하는 비용이다.
② 이는 이미 발생된 비용이므로 투자안의 선택에 영향을 미칠 수 없다.
③ 미래에 생산적 서비스의 흐름을 산출하는 자본설비에 관한 비용이다.
④ 기업이 조달운용하고 있는 자본과 관련해서 부담하게 되는 비용이다.
⑤ 어떤 선택으로 인해 포기된 기회들 가운데 가장 큰 가치를 갖는 기회 자체 또는 그러한 기회가 갖는 가치이다.

> ✔ 해설 매몰 비용은 이미 매몰되어 버려서 다시 되돌릴 수 없는 비용, 즉 의사 결정을 하고 실행한 이후에 발생하는 비용 중 회수할 수 없는 비용을 말하며, 함몰 비용이라고도 한다.

19 자본조달결정 및 투자결정의 기초가 되는 자본비용에 대한 내용으로 적절하지 못한 것은?

① 자본비용(cost of capital)은 기업이 자본 사용의 대가로 자본제공자에게 지불해야 하는 비용을 말한다.

② 투자안의 기대수익률보다 자본비용이 더 클 경우 채택이 된다.

③ 자본비용은 자본조달결정과 투자결정을 연계하여 최적의 의사결정을 내리는 판단기준으로도 볼 수 있다.

④ 자본비용은 기업의 입장에서 새로운 투자안으로부터 벌어들여야 할 필수수익률로 볼 수 있지만 투자자 입장에서는 자본제공의 대가로 요구하는 최저요구수익률로도 볼 수 있다.

⑤ 각 투자안이 가지고 있는 위험을 정확하게 측정하는 것이 불가능하기 때문에 주관적 판단의 개입 여지가 많다는 한계점을 가지고 있다.

> **✔해설** 투자안의 기대수익률>자본비용이라면 투자안이 채택되지만, 투자안의 기대수익률<자본비용일 경우 기각될 가능성이 높다. 자본비용(cost of capital)이란 기업이 자본 사용의 대가로 자본제공자에게 지불해야 하는 비용을 가리킨다. 기업은 계속기업으로서 생존·성장을 위해 지속적 투자가 필요한데 이에 대한 투자자금은 자본조달을 통해 조달을 받게 된다 따라서 자본조달에는 자본비용이 발생하게 되는 것이다.
>
> ※ 자본비용
> ㉠ 개념 : 자본비용(Cost of Capital)은 현대 재무관리에 있어서 현금흐름과 더불어 빠지지 않는 핵심 요소 중의 하나이다. 이러한 자본비용은 이해관계자의 시점, 구체적인 기업과 투자안의 상황 등에 따라 다르게 산출될 수도 있고 따라서 최종적으로 기업의 가치와 직결되는 요소 중의 하나로서 매우 중요하다. 자본비용은 기업가치를 하락시키지 않기 위해서 신규투자로부터 얻어야 할 최소한의 수익률인 동시에 자본제공자에게 지급해야 할 최소한의 비용이다.
> ㉡ 종류
>
> | 구분 | 내용 |
> | --- | --- |
> | 자본비용 | 투자결정과 자본조달결정 양자간의 의사결정의 기준으로서 거부율(cut-off rate)로 작용을 한다. |
> | 기업의 자본비용 | 통상 해당 기업의 가중평균자본비용을 사용한다. |

20 아래의 내용을 참고하여 빈칸에 들어갈 알맞은 말을 고르면?

> (㉠) - 주권에 그 주식의 액면가액이 기재되어 있는 주식
>
> (㉡) - 주권에 주금액이 기재되어 있지 않고 주식수만이 기재되어 있는 주식

	㉠	㉡
①	액면주	무액면주
②	보통주	무액면주
③	호혜주	상환주
④	후배주	유상주
⑤	콜 옵션	풋 옵션

✔️해설 ㉠은 액면주이며, ㉡은 무액면주를 말한다.
액면주란 주권에 그 주식의 액면가액이 기재되어 있는 주식이다. 액면가액은 회사 자본금의 구성 단위이고 회사에 자본을 출자한 주주의 출자자본액과 주주의 유한책임 한도를 표시한다. 상법에서는 액면주식의 금액은 균일하여야 하며 100원 이상이어야 한다고 규정하고 있다.
무액면주란 주권에 주금액이 기재되어 있지 않고 주식수만이 기재되어 있는 주식이다.

21 다음이 가리키는 것은?

> 기업의 주가를 주당순이익으로 나눈 것으로, 쉽게 말해 1주당 기업이 벌어들이는 이익에 대해 투자자들이 얼마의 가치를 부여하고 있는지 알 수 있는 지표이다. 현재의 주가가 주당순이익의 몇 배인가를 파악하여 수익성보다도 주가가 높게 평가되어 있는지 또는 낮게 평가되어 있는지를 판단하기 위함이다.

① 주가수익비율(PER) ② 엥겔계수
③ 리디노미네이션 ④ 스파게티볼 효과
⑤ 레버리지 비율

✔️해설 표의 내용은 주가수익비율이다. 주가수익비율주가수익비율(PER ; Price Earnings Ratio)이란 기업의 주가를 주당순이익(EPS ; Earnings Per Share)으로 나눈 것을 말한다.

$$주가수익비율(PER) = \frac{주가}{주당순이익}$$

22 다음 중 내부수익률법에 관한 내용으로 적절하지 않은 것은?

① IRR은 프로젝트의 전 기간 중에 발생한 수익이나 편익의 현재가치와 비용 총계의 현재가치의 차(순현재가치)를 1로 하는 할인율을 뜻한다.

② 당초 투자에 소요되는 지출액의 현재가치가 그 투자로부터 기대되는 현금수입액의 현재 가치와 동일하게 되는 할인율을 말한다.

③ 프로젝트의 퍼실리티 평가기준의 하나로서 편익비용비율이나 순현재평가치 등과 같이 프로젝트의 경제 분석과 재무 분석에 이용되는 방법의 한 종류이다.

④ IRR이 높으면 수익이 높게 표시된다.

⑤ IRR은 프로젝트의 수익성을 재는 유익한 척도이다.

✔해설 IRR은 프로젝트의 전 기간 중에 발생한 수익이나 편익의 현재가치와 비용 총계의 현재가치의 차(순현재가치)를 영(zero)으로 하는 할인율을 뜻한다.

23 다음 중 헤지(거래)에 관한 내용으로 가장 바르지 않은 항목은?

① 장래의 주가 상승에 따른 위험을 회피하기 위해 선물 매입거래를 함으로써 현물 매입거래에서 입는 손실을 상쇄시킬 수 있다.

② 매도 헤지는 미래 현물을 매입하거나 과거에 현물시장에서 현물을 매도하고자 하는 투자자가 현물자산의 가격하락위험을 해지하기 위한 거래를 말한다.

③ 매입 헤지는 현재 시점에서 현물을 공매하거나 미래에 현물시장에서 현물을 매입하려고 하는 투자자가 현물자산의 가격상승위험을 해지 하기 위한 거래를 말한다.

④ 헤지 목적으로 주가지수 선물거래를 이용하면 주가가 상승하든 하락하든 전체적인 손익은 거의 없게 된다.

⑤ 헤지(거래)는 증권시장에서 발생하는 또는 발생할 가격변동으로부터 야기되는 위험을 회피하기 위하여 이미 보유하고 있거나 보유할 예정인 현물 포지션에 대응하여 동일한 수량의 반대 포지션을 선물시장에서 취하는 것을 말한다.

✔해설 매도 헤지는 현재 현물을 매입하거나 미래에 현물시장에서 현물을 매도하고자 하는 투자자가 현물자산의 가격하락위험을 해지하기 위한 거래를 말한다.

24 옵션에 대한 내용으로 잘못된 설명은?

① 옵션이란 미리 정한 가격으로 미래 일정시점에 상품을 인도하고 대금을 결제하기로 약속하는 거래를 말한다.

② 상승할 것으로 예상해서 미리 정한 가격에 살 권리를 콜 옵션(Call Option)이라 한다.

③ 하락할 것으로 예상해서 미리 정한 가격에 팔 권리를 풋 옵션(Put Option)이라 한다.

④ 콜옵션 매수자는 매도자에게 옵션가격인 프리미엄을 지불하는 대신 기본자산을 살 수 있는 권리를 소유하게 되고, 매도자는 프리미엄을 받는 대신 콜옵션 매수자가 기본자산을 매수하겠다는 권리행사를 할 경우 그 기본자산을 미리 정한 가격에 팔아야 할 의무를 진다.

⑤ 옵션매도자의 손익은 현재가격이 행사가격보다 낮을 경우 매입자가 권리행사를 포기하게 되므로 이미 지불받은 프리미엄만큼의 이익이 발생하지만 현재가격이 행사가격보다 높을 경우에는 가격수준에 관계없이 기초자산을 행사가격으로 인도해야 하므로 가격상승 정도에 따라 큰 손실을 감수해야 한다.

> ✔ **해설** 미리 정한 가격으로 미래 일정시점에 상품을 인도하고 대금을 결제하기로 약속하는 거래는 선물이다. 옵션거래는 가격이 상승할 것으로 예상 되면 미래시점에서 살 수 있는 권리를, 하락할 것으로 예상되면 팔 수 있는 권리를 사고파는 거래를 말한다. 상승할 것으로 예상해서 미리 정한 가격에 살 권리(Call Option)를 사두었는데 미래 약속한 시점에 가서 상품의 시장가격이 상승하지 않았다면 살 권리를 포기하면 되며, 그리고 하락할 것으로 예상해서 미리 정한 가격에 팔 권리(Put Option)를 사두었는데 미래시점에 가서 시장가격이 하락하지 않았다면 팔 권리를 포기하는 방식이 바로 옵션이다.
>
> ※ 콜옵션과 풋옵션
>
> | 구분 | 내용 |
> |---|---|
> | **콜옵션**
(call option) | 특정의 기본자산을 사전에 정한 가격으로 지정된 날짜 또는 그 이전에 매수할 수 있는 권리를 말한다.
콜옵션 매수자는 매도자에게 옵션가격인 프리미엄을 지불하는 대신 기본자산을 살 수 있는 권리를 소유하게 되고, 매도자는 프리미엄을 받는 대신 콜옵션 매수자가 기본자산을 매수하겠다는 권리행사를 할 경우 그 기본자산을 미리 정한 가격에 팔아야 할 의무를 가진다. |
> | **풋옵션**
(put option) | 특정의 기본자산을 사전에 정한 가격으로 지정된 날짜 또는 그 이전에 매도할 수 있는 권리를 말한다.
풋옵션 매수자는 매도자에게 사전에 정한 가격으로 일정시점에 기본자산을 매도할 권리를 소유하게 되는 대가로 옵션가격인 프리미엄을 지불하게 되고 풋옵션 매도자는 프리미엄을 받는 대신 풋옵션 매수자가 기본자산을 팔겠다는 권리행사를 할 경우 그 기본자산을 미리 정한 가격에 사줘야 할 의무를 진다. |

25 다음은 당기에 배당금의 선언이나 지급이 없었던 주식회사 서원각의 회계 자료이다. 주식회사 서원각의 당기순이익은 얼마인가?

> 기초자산 800원
>
> 기초자본 500원
>
> 기중 유상증자 300원
>
> 기말자산 900원
>
> 기말자본 800원

① 0원
② 100원
③ 200원
④ 300원
⑤ 400원

✔해설 당기순이익 = {기말자본 − (기초자본 + 기중 유상증자)}
= 800원 − (500원 + 300원)
= 0원

PART

04

면접

면접의 기본

01 면접준비

(1) 면접의 기본 원칙

① **면접의 의미** … 다양한 면접기법을 활용하여 지원한 직무에 필요한 능력을 지원자가 보유하고 있는 지를 확인하는 절차라고 할 수 있다. 즉, 지원자의 입장에서는 채용 직무수행에 필요한 요건들과 관련하여 자신의 환경, 경험, 관심사, 성취 등에 대해 기업에 직접 어필할 수 있는 기회를 제공받는 것이며, 기업의 입장에서는 서류전형만으로 알 수 없는 지원자에 대한 정보를 직접적으로 수집하고 평가하는 것이다.

② **면접의 특징** … 면접은 기업의 입장에서 서류전형이나 필기전형에서 드러나지 않는 지원자의 능력이나 성향을 볼 수 있는 기회로, 면대면으로 이루어지며 즉흥적인 질문들이 포함될 수 있기 때문에 지원자가 완벽하게 준비하기 어려운 부분이 있다. 하지만 지원자 입장에서도 서류전형이나 필기전형에서 모두 보여주지 못한 자신의 능력 등을 기업의 인사담당자에게 어필할 수 있는 추가적인 기회가 될 수도 있다.

[서류 · 필기전형과 차별화되는 면접의 특징]

- 직무수행과 관련된 다양한 지원자 행동에 대한 관찰이 가능하다.
- 면접관이 알고자 하는 정보를 심층적으로 파악할 수 있다.
- 서류상의 미비한 사항과 의심스러운 부분을 확인할 수 있다.
- 커뮤니케이션 능력, 대인관계 능력 등 행동 · 언어적 정보도 얻을 수 있다.

③ 면접의 유형

　　㉠ 구조화 면접 : 사전에 계획을 세워 질문의 내용과 방법, 지원자의 답변 유형에 따른 추가 질문과 그에 대한 평가 역량이 정해져 있는 면접 방식으로 표준화 면접이라고도 한다.

- 표준화된 질문이나 평가요소가 면접 전 확정되며, 지원자는 편성된 조나 면접관에 영향을 받지 않고 동일한 질문과 시간을 부여받을 수 있다.
- 조직 또는 직무별로 주요하게 도출된 역량을 기반으로 평가요소가 구성되어, 조직 또는 직무에서 필요한 역량을 가진 지원자를 선발할 수 있다.
- 표준화된 형식을 사용하는 특성 때문에 비구조화 면접에 비해 신뢰성과 타당성, 객관성이 높다.

　　㉡ 비구조화 면접 : 면접 계획을 세울 때 면접 목적만을 명시하고 내용이나 방법은 면접관에게 전적으로 일임하는 방식으로 비표준화 면접이라고도 한다.

- 표준화된 질문이나 평가요소 없이 면접이 진행되며, 편성된 조나 면접관에 따라 지원자에게 주어지는 질문이나 시간이 다르다.
- 면접관의 주관적인 판단에 따라 평가가 이루어져 평가 오류가 빈번히 일어난다.
- 상황 대처나 언변이 뛰어난 지원자에게 유리한 면접이 될 수 있다.

④ 경쟁력 있는 면접 요령

　　㉠ 면접 전에 준비하고 유념할 사항

- 예상 질문과 답변을 미리 작성한다.
- 작성한 내용을 문장으로 외우지 않고 키워드로 기억한다.
- 지원한 회사의 최근 기사를 검색하여 기억한다.
- 지원한 회사가 속한 산업군의 최근 기사를 검색하여 기억한다.
- 면접 전 1주일간 이슈가 되는 뉴스를 기억하고 자신의 생각을 반영하여 정리한다.
- 찬반토론에 대비한 주제를 목록으로 정리하여 자신의 논리를 내세운 예상답변을 작성한다.

　　㉡ 면접장에서 유념할 사항

- 질문의 의도 파악 : 답변을 할 때에는 질문 의도를 파악하고 그에 충실한 답변이 될 수 있도록 질문사항을 유념해야 한다. 많은 지원자가 하는 실수 중 하나로 답변을 하는 도중 자기 말에 심취되어 질문의 의도와 다른 답변을 하거나 자신이 알고 있는 지식만을 나열하는 경우가 있는데, 이럴 경우 의사소통능력이 부족한 사람으로 인식될 수 있으므로 주의하도록 한다.
- 답변은 두괄식 : 답변을 할 때에는 두괄식으로 결론을 먼저 말하고 그 이유를 설명하는 것이 좋다. 미괄식으로 답변을 할 경우 용두사미의 답변이 될 가능성이 높으며, 결론을 이끌어 내는 과정에서 논리성이 결여될 우려가 있다. 또한 면접관이 결론을 듣기 전에 말을 끊고 다른 질문을 추가하는 예상치 못한 상황이 발생될 수 있으므로 답변은 자신이 전달하고자 하는 바를 먼저 밝히고 그에 대한 설명을 하는 것이 좋다.

- 지원한 회사의 기업정신과 인재상을 기억 : 답변을 할 때에는 회사가 원하는 인재라는 인상을 심어주기 위해 지원한 회사의 기업정신과 인재상 등을 염두에 두고 답변을 하는 것이 좋다. 모든 회사에 해당되는 두루뭉술한 답변보다는 지원한 회사에 맞는 맞춤형 답변을 하는 것이 좋다.
- 나보다는 회사와 사회적 관점에서 답변 : 답변을 할 때에는 자기중심적인 관점을 피하고 좀 더 넓은 시각으로 회사와 국가, 사회적 입장까지 고려하는 인재임을 어필하는 것이 좋다. 자기중심적 시각을 바탕으로 자신의 출세만을 위해 회사에 입사하려는 인상을 심어줄 경우 면접에서 불이익을 받을 가능성이 높다.
- 난처한 질문은 정직한 답변 : 난처한 질문에 답변을 해야 할 때에는 피하기보다는 정면 돌파로 정직하고 솔직하게 답변하는 것이 좋다. 난처한 부분을 감추고 드러내지 않으려 회피하는 지원자의 모습은 인사담당자에게 입사 후에도 비슷한 상황에 처했을 때 회피할 수도 있다는 우려를 심어줄 수 있다. 따라서 직장생활에 있어 중요한 덕목 중 하나인 정직을 바탕으로 솔직하게 답변을 하도록 한다.

(2) 면접의 종류 및 준비 전략

① 인성면접

ⓐ **면접 방식 및 판단기준**
- 면접 방식 : 인성면접은 면접관이 가지고 있는 개인적 면접 노하우나 관심사에 의해 질문을 실시한다. 주로 입사지원서나 자기소개서의 내용을 토대로 지원동기, 과거의 경험, 미래 포부 등을 이야기하도록 하는 방식이다.
- 판단기준 : 면접관의 개인적 가치관과 경험, 해당 역량의 수준, 경험의 구체성·진실성 등

ⓑ **특징** : 인성면접은 그 방식으로 인해 역량과 무관한 질문들이 많고 지원자에게 주어지는 면접질문, 시간 등이 다를 수 있다. 또한 입사지원서나 자기소개서의 내용을 토대로 하기 때문에 지원자별 질문이 달라질 수 있다.

ⓒ 예시 문항 및 준비전략

• 예시 문항

> • 3분 동안 자기소개를 해 보십시오.
> • 자신의 장점과 단점을 말해 보십시오.
> • 학점이 좋지 않은데 그 이유가 무엇입니까?
> • 최근에 인상 깊게 읽은 책은 무엇입니까?
> • 회사를 선택할 때 중요시하는 것은 무엇입니까?
> • 일과 개인생활 중 어느 쪽을 중시합니까?
> • 10년 후 자신은 어떤 모습일 것이라고 생각합니까?
> • 휴학 기간 동안에는 무엇을 했습니까?

• 준비전략 : 인성면접은 입사지원서나 자기소개서의 내용을 바탕으로 하는 경우가 많으므로 자신이 작성한 입사지원서와 자기소개서의 내용을 충분히 숙지하도록 한다. 또한 최근 사회적으로 이슈가 되고 있는 뉴스에 대한 견해를 묻거나 시사상식 등에 대한 질문을 받을 수 있으므로 이에 대한 대비도 필요하다. 자칫 부담스러워 보이지 않는 질문으로 가볍게 대답하지 않도록 주의하고 모든 질문에 입사 의지를 담아 성실하게 답변하는 것이 중요하다.

② 발표면접

㉠ 면접 방식 및 판단기준

• 면접 방식 : 지원자가 특정 주제와 관련된 자료를 검토하고 그에 대한 자신의 생각을 면접관 앞에서 주어진 시간 동안 발표하고 추가 질의를 받는 방식으로 진행된다.

• 판단기준 : 지원자의 사고력, 논리력, 문제해결력 등

㉡ 특징 : 발표면접은 지원자에게 과제를 부여한 후, 과제를 수행하는 과정과 결과를 관찰·평가한다. 따라서 과제수행 결과뿐 아니라 수행과정에서의 행동을 모두 평가할 수 있다.

ⓒ 예시 문항 및 준비전략

• 예시 문항

[신입사원 조기 이직 문제]

※ 지원자는 아래에 제시된 자료를 검토한 뒤, 신입사원 조기 이직의 원인을 크게 3가지로 정리하고 이에 대한 구체적인 개선안을 도출하여 발표해 주시기 바랍니다.

※ 본 과제에 정해진 정답은 없으나 논리적 근거를 들어 개선안을 작성해 주십시오.

• A기업은 동종업계 유사기업들과 비교해 볼 때, 비교적 높은 재무안정성을 유지하고 있으며 업무강도가 그리 높지 않은 것으로 외부에 알려져 있음.

• 최근 조사결과, 동종업계 유사기업들과 연봉을 비교해 보았을 때 연봉 수준도 그리 나쁘지 않은 편이라는 것이 확인되었음.

• 그러나 지난 3년간 1~2년차 직원들의 이직률이 계속해서 증가하고 있는 추세이며, 경영진 회의에서 최우선 해결과제 중 하나로 거론되었음.

• 이에 따라 인사팀에서 현재 1~2년차 사원들을 대상으로 개선되어야 하는 A기업의 조직문화에 대한 설문조사를 실시한 결과, '상명하복식의 의사소통'이 36.7%로 1위를 차지했음.

• 이러한 설문조사와 함께, 신입사원 조기 이직에 대한 원인을 분석한 결과 파랑새 증후군, 셀프홀릭 증후군, 피터팬 증후군 등 3가지로 분류할 수 있었음.

〈동종업계 유사기업들과의 연봉 비교〉

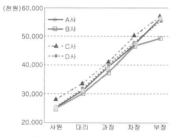

〈우리 회사 조직문화 중 개선되었으면 하는 것〉

〈신입사원 조기 이직의 원인〉

• 파랑새 증후군
–현재의 직장보다 더 좋은 직장이 있을 것이라는 막연한 기대감으로 끊임없이 새로운 직장을 탐색함.
–학력 수준과 맞지 않는 '하향지원', 전공과 적성을 고려하지 않고 일단 취업하고 보자는 '묻지마 지원'이 파랑새 증후군을 초래함.

• 셀프홀릭 증후군
–본인의 역량에 비해 가치가 낮은 일을 주로 하면서 갈등을 느낌.

• 피터팬 증후군
–기성세대의 문화를 무조건 수용하기보다는 자유로움과 변화를 추구함.
–상명하복, 엄격한 규율 등 기성세대가 당연시하는 관행에 거부감을 가지며 직장에 답답함을 느낌.

- 준비전략 : 발표면접의 시작은 과제 안내문과 과제 상황, 과제 자료 등을 정확하게 이해하는 것에서 출발한다. 과제 안내문을 침착하게 읽고 제시된 주제 및 문제와 관련된 상황의 맥락을 파악한 후 과제를 검토한다. 제시된 기사나 그래프 등을 충분히 활용하여 주어진 문제를 해결할 수 있는 해결책이나 대안을 제시하며, 발표를 할 때에는 명확하고 자신 있는 태도로 전달할 수 있도록 한다.

③ 토론면접
  ㉠ 면접 방식 및 판단기준
  - 면접 방식 : 상호갈등적 요소를 가진 과제 또는 공통의 과제를 해결하는 내용의 토론 과제를 제시하고, 그 과정에서 개인 간의 상호작용 행동을 관찰하는 방식으로 면접이 진행된다.
  - 판단기준 : 팀워크, 적극성, 갈등 조정, 의사소통능력, 문제해결능력 등
  ㉡ 특징 : 토론을 통해 도출해 낸 최종안의 타당성도 중요하지만, 결론을 도출해 내는 과정에서의 의사소통능력이나 갈등상황에서 의견을 조정하는 능력 등이 중요하게 평가되는 특징이 있다.
  ㉢ 예시 문항 및 준비전략
  - 예시 문항

    - 군 가산점제 부활에 대한 찬반토론
    - 담뱃값 인상에 대한 찬반토론
    - 비정규직 철폐에 대한 찬반토론
    - 대학의 영어 강의 확대 찬반토론
    - 워크숍 장소 선정을 위한 토론

  - 준비전략 : 토론면접은 무엇보다 팀워크와 적극성이 강조된다. 따라서 토론과정에 적극적으로 참여하며 자신의 의사를 분명하게 전달하며, 갈등상황에서 자신의 의견만 내세울 것이 아니라 다른 지원자의 의견을 경청하고 배려하는 모습도 중요하다. 갈등상황을 일목요연하게 정리하여 조정하는 등의 의사소통능력을 발휘하는 것도 좋은 전략이 될 수 있다.

④ 상황면접
  ㉠ 면접 방식 및 판단기준
  - 면접 방식 : 상황면접은 직무 수행 시 접할 수 있는 상황들을 제시하고, 그러한 상황에서 어떻게 행동할 것인지를 이야기하는 방식으로 진행된다.
  - 판단기준 : 해당 상황에 적절한 역량의 구현과 구체적 행동지표
  ㉡ 특징 : 실제 직무 수행 시 접할 수 있는 상황들을 제시하므로 입사 이후 지원자의 업무수행능력을 평가하는 데 적절한 면접 방식이다. 또한 지원자의 가치관, 태도, 사고방식 등의 요소를 통합적으로 평가하는 데 용이하다.

ⓒ 예시 문항 및 준비전략

• 예시 문항

> 당신은 생산관리팀의 팀원으로, 생산팀이 기한에 맞춰 효율적으로 제품을 생산할 수 있도록 관리하는
> 역할을 맡고 있습니다. 3개월 뒤에 제품A를 정상적으로 출시하기 위해 생산팀의 생산 계획을 수립한 상
> 황입니다. 그러나 원가가 곧 실적으로 이어지는 구매팀에서는 최대한 원가를 줄여 전반적 단가를 낮추
> 려고 원가절감을 위한 제안을 하였으나, 연구개발팀에서는 구매팀이 제안한 방식으로 제품을 생산할 경
> 우 대부분이 구매팀의 실적으로 산정될 것이므로 제대로 확인도 해보지 않은 채 적합하지 않은 방식이
> 라고 판단하고 있습니다. 당신은 어떻게 하겠습니까?

• 준비전략 : 상황면접은 먼저 주어진 상황에서 핵심이 되는 문제가 무엇인지를 파악하는 것에서
  시작한다. 주질문과 세부질문을 통하여 질문의 의도를 파악하였다면, 그에 대한 구체적인 행동
  이나 생각 등에 대해 응답할수록 높은 점수를 얻을 수 있다.

⑤ 역할면접

㉠ 면접 방식 및 판단기준

• 면접 방식 : 역할면접 또는 역할연기 면접은 기업 내 발생 가능한 상황에서 부딪히게 되는 문제
  와 역할을 가상적으로 설정하여 특정 역할을 맡은 사람과 상호작용하고 문제를 해결해 나가도록
  하는 방식으로 진행된다. 역할연기 면접에서는 면접관이 직접 역할연기를 하면서 지원자를 관찰
  하기도 하지만, 역할연기 수행만 전문적으로 하는 사람을 투입할 수도 있다.

• 판단기준 : 대처능력, 대인관계능력, 의사소통능력 등

㉡ 특징 : 역할면접은 실제 상황과 유사한 가상 상황에서의 행동을 관찰함으로서 지원자의 성격이나
  대처 행동 등을 관찰할 수 있다.

ⓒ 예시 문항 및 준비전략

• 예시 문항

> [금융권 역할면접의 예]
> 당신은 ○○은행의 신입 텔러이다. 사람이 많은 월말 오전 한 할아버지(면접관 또는 역할담당자)께서 ○
> ○은행을 사칭한 보이스피싱으로 인해 500만 원을 피해 보았다며 소란을 일으키고 있다. 실제 업무상황
> 이라고 생각하고 상황에 대처해 보시오.

- 준비전략 : 역할연기 면접에서 측정하는 역량은 주로 갈등의 원인이 되는 문제를 해결 하고 제시된 해결방안을 상대방에게 설득하는 것이다. 따라서 갈등해결, 문제해결, 조정 · 통합, 설득력과 같은 역량이 중요시된다. 또한 갈등을 해결하기 위해서 상대방에 대한 이해도 필수적인 요소이므로 고객 지향을 염두에 두고 상황에 맞게 대처해야 한다.

역할면접에서는 변별력을 높이기 위해 면접관이 압박적인 분위기를 조성하는 경우가 많기 때문에 스트레스 상황에서 불안해하지 않고 유연하게 대처할 수 있도록 시간과 노력을 들여 충분히 연습하는 것이 좋다.

02 면접 이미지 메이킹

(1) 성공적인 이미지 메이킹 포인트

① 복장 및 스타일

㉠ 남성

- 양복 : 양복은 단색으로 하며 넥타이나 셔츠로 포인트를 주는 것이 효과적이다. 짙은 회색이나 감청색이 가장 단정하고 품위 있는 인상을 준다.
- 셔츠 : 흰색이 가장 선호되나 자신의 피부색에 맞추는 것이 좋다. 푸른색이나 베이지색은 산뜻한 느낌을 줄 수 있다. 양복과의 배색도 고려하도록 한다.
- 넥타이 : 의상에 포인트를 줄 수 있는 아이템이지만 너무 화려한 것은 피한다. 지원자의 피부색은 물론, 정장과 셔츠의 색을 고려하며, 체격에 따라 넥타이 폭을 조절하는 것이 좋다.
- 구두 & 양말 : 구두는 검정색이나 짙은 갈색이 어느 양복에나 무난하게 어울리며 깔끔하게 닦아 준비한다. 양말은 정장과 동일한 색상이나 검정색을 착용한다.
- 헤어스타일 : 머리스타일은 단정한 느낌을 주는 짧은 헤어스타일이 좋으며 앞머리가 있다면 이마나 눈썹을 가리지 않는 선에서 정리하는 것이 좋다.

ⓛ 여성

- 의상 : 단정한 스커트 투피스 정장이나 슬랙스 슈트가 무난하다. 블랙이나 그레이, 네이비, 브라운 등 차분해 보이는 색상을 선택하는 것이 좋다.
- 소품 : 구두, 핸드백 등은 같은 계열로 코디하는 것이 좋으며 구두는 너무 화려한 디자인이나 굽이 높은 것을 피한다. 스타킹은 의상과 구두에 맞춰 단정한 것으로 선택한다.
- 액세서리 : 액세서리는 너무 크거나 화려한 것은 좋지 않으며 과하게 많이 하는 것도 좋은 인상을 주지 못한다. 착용하지 않거나 작고 깔끔한 디자인으로 포인트를 주는 정도가 적당하다.
- 메이크업 : 화장은 자연스럽고 밝은 이미지를 표현하는 것이 좋으며 진한 색조는 인상이 강해 보일 수 있으므로 피한다.
- 헤어스타일 : 커트나 단발처럼 짧은 머리는 활동적이면서도 단정한 이미지를 줄 수 있도록 정리한다. 긴 머리의 경우 하나로 묶거나 단정한 머리망으로 정리하는 것이 좋으며, 짙은 염색이나 화려한 웨이브는 피한다.

② 인사

ㄱ 인사의 의미 : 인사는 예의범절의 기본이며 상대방의 마음을 여는 기본적인 행동이라고 할 수 있다. 인사는 처음 만나는 면접관에게 호감을 살 수 있는 가장 쉬운 방법이 될 수 있기도 하지만 제대로 예의를 지키지 않으면 지원자의 인성 전반에 대한 평가로 이어질 수 있으므로 각별히 주의해야 한다.

ㄴ 인사의 핵심 포인트

- 인사말 : 인사말을 할 때에는 밝고 친근감 있는 목소리로 하며, 자신의 이름과 수험번호 등을 간략하게 소개한다.
- 시선 : 인사는 상대방의 눈을 보며 하는 것이 중요하며 너무 빤히 쳐다본다는 느낌이 들지 않도록 주의한다.
- 표정 : 인사는 마음에서 우러나오는 존경이나 반가움을 표현하고 예의를 차리는 것이므로 살짝 미소를 지으며 하는 것이 좋다.
- 자세 : 인사를 할 때에는 가볍게 목만 숙인다거나 흐트러진 상태에서 인사를 하지 않도록 주의하며 절도 있고 확실하게 하는 것이 좋다.

③ 시선처리와 표정, 목소리

　㉠ **시선처리와 표정** : 표정은 면접에서 지원자의 첫인상을 결정하는 중요한 요소이다. 얼굴표정은 사람의 감정을 가장 잘 표현할 수 있는 의사소통 도구로 표정 하나로 상대방에게 호감을 주거나, 비호감을 사기도 한다. 호감이 가는 인상의 특징은 부드러운 눈썹, 자연스러운 미간, 적당히 볼록한 광대, 올라간 입 꼬리 등으로 가볍게 미소를 지을 때의 표정과 일치한다. 따라서 면접 중에는 밝은 표정으로 미소를 지어 호감을 형성할 수 있도록 한다. 시선은 면접관과 고르게 맞추되 생기 있는 눈빛을 띄도록 하며, 너무 빤히 쳐다본다는 인상을 주지 않도록 한다.

　㉡ **목소리** : 면접은 주로 면접관과 지원자의 대화로 이루어지므로 목소리가 미치는 영향이 상당하다. 답변을 할 때에는 부드러우면서도 활기차고 생동감 있는 목소리로 하는 것이 면접관에게 호감을 줄 수 있으며 적당한 제스처가 더해진다면 상승효과를 얻을 수 있다. 그러나 적절한 답변을 하였음에도 불구하고 콧소리나 날카로운 목소리, 자신감 없는 작은 목소리는 답변의 신뢰성을 떨어뜨릴 수 있으므로 주의하도록 한다.

④ 자세

　㉠ 걷는 자세

　　• 면접장에 입실할 때에는 상체를 곧게 유지하고 발끝은 평행이 되게 하며 무릎을 스치듯 11자로 걷는다.
　　• 시선은 정면을 향하고 턱은 가볍게 당기며 어깨나 엉덩이가 흔들리지 않도록 주의한다.
　　• 발바닥 전체가 닿는 느낌으로 안정감 있게 걸으며 발소리가 나지 않도록 주의한다.
　　• 보폭은 어깨넓이만큼이 적당하지만, 스커트를 착용했을 경우 보폭을 줄인다.
　　• 걸을 때도 미소를 유지한다.

　㉡ 서있는 자세

　　• 몸 전체를 곧게 펴고 가슴을 자연스럽게 내민 후 등과 어깨에 힘을 주지 않는다.
　　• 정면을 바라본 상태에서 턱을 약간 당기고 아랫배에 힘을 주어 당기며 바르게 선다.
　　• 양 무릎과 발뒤꿈치는 붙이고 발끝은 11자 또는 V형을 취한다.
　　• 남성의 경우 팔을 자연스럽게 내리고 양손을 가볍게 쥐어 바지 옆선에 붙이고, 여성의 경우 공수자세를 유지한다.

ⓒ 앉은 자세

• 남성

> • 의자 깊숙이 앉고 등받이와 등 사이에 주먹 1개 정도의 간격을 두며 기대듯 앉지 않도록 주의한다.
> (남녀 공통 사항)
> • 무릎 사이에 주먹 2개 정도의 간격을 유지하고 발끝은 11자를 취한다.
> • 시선은 정면을 바라보며 턱은 가볍게 당기고 미소를 짓는다. (남녀 공통 사항)
> • 양손은 가볍게 주먹을 쥐고 무릎 위에 올려놓는다.
> • 앉고 일어날 때에는 자세가 흐트러지지 않도록 주의한다. (남녀 공통 사항)

• 여성

> • 스커트를 입었을 경우 왼손으로 뒤쪽 스커트 자락을 누르고 오른손으로 앞쪽 자락을 누르며 의자에 앉
> 는다.
> • 무릎은 붙이고 발끝을 가지런히 하며, 다리를 왼쪽으로 비스듬히 기울인다.
> • 양손을 모아 무릎 위에 모아 놓으며 스커트를 입었을 경우 스커트 위를 가볍게 누르듯이 올려놓는다.

(2) 면접 예절

① 행동 관련 예절

ⓐ 지각은 절대금물 : 시간을 지키는 것은 예절의 기본이다. 지각을 할 경우 면접에 응시할 수 없거
나, 면접 기회가 주어지더라도 불이익을 받을 가능성이 높아진다. 따라서 면접장소가 결정되면
교통편과 소요시간을 확인하고 가능하다면 사전에 미리 방문해 보는 것도 좋다. 면접 당일에는
서둘러 출발하여 면접 시간 20~30분 전에 도착하여 회사를 둘러보고 환경에 익숙해지는 것도
성공적인 면접을 위한 요령이 될 수 있다.

ⓑ 면접 대기 시간 : 지원자들은 대부분 면접장에서의 행동과 답변 등으로만 평가를 받는다고 생각하
지만 그렇지 않다. 면접관이 아닌 면접진행자 역시 대부분 인사실무자이며 면접관이 면접 후 지
원자에 대한 평가에 있어 확신을 위해 면접진행자의 의견을 구한다면 면접진행자의 의견이 당락
에 영향을 줄 수 있다. 따라서 면접 대기 시간에도 행동과 말을 조심해야 하며, 면접을 마치고
돌아가는 순간까지도 긴장을 늦춰서는 안 된다. 면접 중 압박적인 질문에 답변을 잘 했지만, 면
접장을 나와 흐트러진 모습을 보이거나 욕설을 한다면 면접 탈락의 요인이 될 수 있으므로 주의
해야 한다.

ⓒ 입실 후 태도 : 본인의 차례가 되어 호명되면 또렷하게 대답하고 들어간다. 만약 면접장 문이 닫혀 있다면 상대에게 소리가 들릴 수 있을 정도로 노크를 두세 번 한 후 대답을 듣고 나서 들어가야 한다. 문을 여닫을 때에는 소리가 나지 않게 조용히 하며 공손한 자세로 인사한 후 성명과 수험번호를 말하고 면접관의 지시에 따라 자리에 앉는다. 이 경우 착석하라는 말이 없는데 먼저 의자에 앉으면 무례한 사람으로 보일 수 있으므로 주의한다. 의자에 앉을 때에는 끝에 앉지 말고 무릎 위에 양손을 가지런히 얹는 것이 예절이라고 할 수 있다.

ⓔ 옷매무새를 자주 고치지 마라. : 일부 지원자의 경우 옷매무새 또는 헤어스타일을 자주 고치거나 확인하기도 하는데 이러한 모습은 과도하게 긴장한 것 같아 보이거나 면접에 집중하지 못하는 것으로 보일 수 있다. 남성 지원자의 경우 넥타이를 자꾸 고쳐 맨다거나 정장 상의 끝을 너무 자주 만지작거리지 않는다. 여성 지원자는 머리를 계속 쓸어 올리지 않고, 특히 짧은 치마를 입고서 신경이 쓰여 치마를 끌어 내리는 행동은 좋지 않다.

ⓜ 다리를 떨거나 산만한 시선은 면접 탈락의 지름길 : 자신도 모르게 다리를 떨거나 손가락을 만지는 등의 행동을 하는 지원자가 있는데, 이는 면접관의 주의를 끌 뿐만 아니라 불안하고 산만한 사람이라는 느낌을 주게 된다. 따라서 가능한 한 바른 자세로 앉아 있는 것이 좋다. 또한 면접관과 시선을 맞추지 못하고 여기저기 둘러보는 듯한 산만한 시선은 지원자가 거짓말을 하고 있다고 여겨지거나 신뢰할 수 없는 사람이라고 생각될 수 있다.

② 답변 관련 예절

ⓐ 면접관이나 다른 지원자와 가치 논쟁을 하지 않는다. : 질문을 받고 답변하는 과정에서 면접관 또는 다른 지원자의 의견과 다른 의견이 있을 수 있다. 특히 평소 지원자가 관심이 많은 문제이거나 잘 알고 있는 문제인 경우 자신과 다른 의견에 대해 이의가 있을 수 있다. 하지만 주의할 것은 면접에서 면접관이나 다른 지원자와 가치 논쟁을 할 필요는 없다는 것이며 오히려 불이익을 당할 수도 있다. 정답이 정해져 있지 않은 경우에는 가치관이나 성장배경에 따라 문제를 받아들이는 태도에서 답변까지 충분히 차이가 있을 수 있으므로 굳이 면접관이나 다른 지원자의 가치관을 지적하고 고치려 드는 것은 좋지 않다.

ⓑ 답변은 항상 정직해야 한다. : 면접이라는 것이 아무리 지원자의 장점을 부각시키고 단점을 축소시키는 것이라고 해도 절대로 거짓말을 해서는 안 된다. 거짓말을 하게 되면 지원자는 불안하거나 꺼림칙한 마음이 들게 되어 면접에 집중을 하지 못하게 되고 수많은 지원자를 상대하는 면접관은 그것을 놓치지 않는다. 거짓말은 그 지원자에 대한 신뢰성을 떨어뜨리며 이로 인해 다른 스펙이 아무리 훌륭하다고 해도 채용에서 탈락하게 될 수 있음을 명심하도록 한다.

ⓒ **경력직인 경우 전 직장에 대해 험담하지 않는다.** : 지원자가 전 직장에서 무슨 업무를 담당했고 어떤 성과를 올렸는지는 면접관이 관심을 둘 사항일 수 있지만, 이전 직장의 기업문화나 상사들이 어땠는지는 그다지 궁금해 하는 사항이 아니다. 전 직장에 대해 험담을 늘어놓는다든가, 동료와 상사에 대한 악담을 하게 된다면 오히려 지원자에 대한 부정적인 이미지만 심어줄 수 있다. 만약 전 직장에 대한 말을 해야 할 경우가 생긴다면 가능한 한 객관적으로 이야기하는 것이 좋다.

ⓔ **자기 자신이나 배경에 대해 자랑하지 않는다.** : 자신의 성취나 부모 형제 등 집안사람들이 사회 · 경제적으로 어떠한 위치에 있는지에 대한 자랑은 면접관으로 하여금 지원자에 대해 오만한 사람이거나 배경에 의존하려는 나약한 사람이라는 이미지를 갖게 할 수 있다. 따라서 자기 자신이나 배경에 대해 자랑하지 않도록 하고, 자신이 한 일에 대해서 너무 자세하게 얘기하지 않도록 주의해야 한다.

03 면접 질문 및 답변 포인트

(1) 가족 및 대인관계에 관한 질문

① **당신의 가정은 어떤 가정입니까?**
면접관들은 지원자의 가정환경과 성장과정을 통해 지원자의 성향을 알고 싶어 이와 같은 질문을 한다. 비록 가정 일과 사회의 일이 완전히 일치하는 것은 아니지만 '가화만사성'이라는 말이 있듯이 가정이 화목해야 사회에서도 화목하게 지낼 수 있기 때문이다. 그러므로 답변 시에는 가족사항을 정확하게 설명하고 집안의 분위기와 특징에 대해 이야기하는 것이 좋다.

② **친구 관계에 대해 말해 보십시오.**
지원자의 인간성을 판단하는 질문으로 교우관계를 통해 답변자의 성격과 대인관계능력을 파악할 수 있다. 새로운 환경에 적응을 잘하여 새로운 친구들이 많은 것도 좋지만, 깊고 오래 지속되어온 인간관계를 말하는 것이 더욱 바람직하다.

(2) 성격 및 가치관에 관한 질문

① 당신의 PR포인트를 말해 주십시오.

PR포인트를 말할 때에는 지나치게 겸손한 태도는 좋지 않으며 적극적으로 자기를 주장하는 것이 좋다. 앞으로 입사 후 하게 될 업무와 관련된 자기의 특성을 구체적인 일화를 더하여 이야기하도록 한다.

② 당신의 장·단점을 말해 보십시오.

지원자의 구체적인 장·단점을 알고자 하기 보다는 지원자가 자기 자신에 대해 얼마나 알고 있으며 어느 정도의 객관적인 분석을 하고 있나, 그리고 개선의 노력 등을 시도하는지를 파악하고자 하는 것이다. 따라서 장점을 말할 때는 업무와 관련된 장점을 뒷받침할 수 있는 근거와 함께 제시하며, 단점을 이야기할 때에는 극복을 위한 노력을 반드시 포함해야 한다.

③ 가장 존경하는 사람은 누구입니까?

존경하는 사람을 말하기 위해서는 우선 그 인물에 대해 알아야 한다. 잘 모르는 인물에 대해 존경한다고 말하는 것은 면접관에게 바로 지적당할 수 있으므로, 추상적이라도 좋으니 평소에 존경스럽다고 생각했던 사람에 대해 그 사람의 어떤 점이 좋고 존경스러운지 대답하도록 한다. 또한 자신에게 어떤 영향을 미쳤는지도 언급하면 좋다.

(3) 학교생활에 관한 질문

① 지금까지의 학교생활 중 가장 기억에 남는 일은 무엇입니까?

가급적 직장생활에 도움이 되는 경험을 이야기하는 것이 좋다. 또한 경험만을 간단하게 말하지 말고 그 경험을 통해서 얻을 수 있었던 교훈 등을 예시와 함께 이야기하는 것이 좋으나 너무 상투적인 답변이 되지 않도록 주의해야 한다.

② 성적은 좋은 편이었습니까?

면접관은 이미 서류심사를 통해 지원자의 성적을 알고 있다. 그럼에도 불구하고 이 질문을 하는 것은 지원자가 성적에 대해서 어떻게 인식하느냐를 알고자 하는 것이다. 성적이 나빴던 이유에 대해서 변명하려 하지 말고 담백하게 받아들이고 그것에 대한 개선노력을 했음을 밝히는 것이 적절하다.

③ 학창시절에 시위나 집회 등에 참여한 경험이 있습니까?

기업에서는 노사분규를 기업의 사활이 걸린 중대한 문제로 인식하고 거시적인 차원에서 접근한다. 이러한 기업문화를 제대로 인식하지 못하여 학창시절의 시위나 집회 참여 경험을 자랑스럽게 답변할 경우 감점요인이 되거나 심지어는 탈락할 수 있다는 사실에 주의한다. 시위나 집회에 참가한 경험을 말할 때에는 타당성과 정도에 유의하여 답변해야 한다.

(4) 지원동기 및 직업의식에 관한 질문

① 왜 우리 회사를 지원했습니까?

이 질문은 어느 회사나 가장 먼저 물어보고 싶은 것으로 지원자들은 기업의 이념, 대표의 경영능력, 재무구조, 복리후생 등 외적인 부분을 설명하는 경우가 많다. 이러한 답변도 적절하지만 지원회사의 주력 상품에 관한 소비자의 인지도, 경쟁사 제품과의 시장점유율을 비교하면서 입사동기를 설명한다면 상당히 주목 받을 수 있을 것이다.

② 만약 이번 채용에 불합격하면 어떻게 하겠습니까?

불합격할 것을 가정하고 회사에 응시하는 지원자는 거의 없을 것이다. 이는 지원자를 궁지로 몰아넣고 어떻게 대응하는지를 살펴보며 입사 의지를 알아보려고 하는 것이다. 이 질문은 너무 깊이 들어가지 말고 침착하게 답변하는 것이 좋다.

③ 당신이 생각하는 바람직한 사원상은 무엇입니까?

직장인으로서 또는 조직의 일원으로서의 자세를 묻는 질문으로 지원하는 회사에서 어떤 인재상을 요구하는 가를 알아두는 것이 좋으며, 평소에 자신의 생각을 미리 정리해 두어 당황하지 않도록 한다.

④ 직무상의 적성과 보수의 많음 중 어느 것을 택하겠습니까?

이런 질문에서 회사 측에서 원하는 답변은 당연히 직무상의 적성에 비중을 둔다는 것이다. 그러나 적성만을 너무 강조하다 보면 오히려 솔직하지 못하다는 인상을 줄 수 있으므로 어느 한 쪽을 너무 강조하거나 경시하는 태도는 바람직하지 못하다.

⑤ 상사와 의견이 다를 때 어떻게 하겠습니까?

과거와 다르게 최근에는 상사의 명령에 무조건 따르겠다는 수동적인 자세는 바람직하지 않다. 회사에서는 때에 따라 자신이 판단하고 행동할 수 있는 직원을 원하기 때문이다. 그러나 지나치게 자신의 의견만을 고집한다면 이는 팀원 간의 불화를 야기할 수 있으며 팀 체제에 악영향을 미칠 수 있으므로 선호하지 않는다는 것에 유념하여 답해야 한다.

⑥ 근무지가 지방인데 근무가 가능합니까?

근무지가 지방 중에서도 특정 지역은 되고 다른 지역은 안 된다는 답변은 바람직하지 않다. 직장에서는 순환 근무라는 것이 있으므로 처음에 지방에서 근무를 시작했다고 해서 계속 지방에만 있는 것은 아님을 유의하고 답변하도록 한다.

(5) 여가 활용에 관한 질문

취미가 무엇입니까?

기초적인 질문이지만 특별한 취미가 없는 지원자의 경우 대답이 애매할 수밖에 없다. 그래서 가장 많이 대답하게 되는 것이 독서, 영화감상, 혹은 음악감상 등과 같은 흔한 취미를 말하게 되는데 이런 취미는 면접관의 주의를 끌기 어려우며 설사 정말 위와 같은 취미를 가지고 있다하더라도 제대로 답변하기는 힘든 것이 사실이다. 가능하면 독특한 취미를 말하는 것이 좋으며 이제 막 시작한 것이라도 열의를 가지고 있음을 설명할 수 있으면 그것을 취미로 답변하는 것도 좋다.

(6) 지원자를 당황하게 하는 질문

① 성적이 좋지 않은데 이 정도의 성적으로 우리 회사에 입사할 수 있다고 생각합니까?

비록 자신의 성적이 좋지 않더라도 이미 서류심사에 통과하여 면접에 참여하였다면 기업에서는 지원자의 성적보다 성적 이외의 요소, 즉 성격·열정 등을 높이 평가했다는 것이라고 할 수 있다. 그러나 이런 질문을 받게 되면 지원자는 당황할 수 있으나 주눅 들지 말고 침착하게 대처하는 면모를 보인다면 더 좋은 인상을 남길 수 있다.

② 우리 회사 회장님 함자를 알고 있습니까?

회장이나 사장의 이름을 조사하는 것은 면접일을 통고받았을 때 이미 사전 조사되었어야 하는 사항이다. 단답형으로 이름만 말하기보다는 그 기업에 입사를 희망하는 지원자의 입장에서 답변하는 것이 좋다.

③ 당신은 이 회사에 적합하지 않은 것 같군요.

이 질문은 지원자의 입장에서 상당히 곤혹스러울 수밖에 없다. 질문을 듣는 순간 그렇다면 면접은 왜 참가시킨 것인가 하는 생각이 들 수도 있다. 하지만 당황하거나 흥분하지 말고 침착하게 자신의 어떤 면이 회사에 적당하지 않는지 겸손하게 물어보고 지적당한 부분에 대해서 고치겠다는 의지를 보인다면 오히려 자신의 능력을 어필할 수 있는 기회로 사용할 수도 있다.

④ 다시 공부할 계획이 있습니까?

이 질문은 지원자가 합격하여 직장을 다니다가 공부를 더 하기 위해 회사를 그만 두거나 학습에 더 관심을 두어 일에 대한 능률이 저하될 것을 우려하여 묻는 것이다. 이때에는 당연히 학습보다는 일을 강조해야 하며, 업무 수행에 필요한 학습이라면 업무에 지장이 없는 범위에서 야간학교를 다니거나 회사에서 제공하는 연수 프로그램 등을 활용하겠다고 답변하는 것이 적당하다.

⑤ 지원한 분야가 전공한 분야와 다른데 여기 일을 할 수 있겠습니까?

수험생의 입장에서 본다면 지원한 분야와 전공이 다르지만 서류전형과 필기전형에 합격하여 면접을 보게 된 경우라고 할 수 있다. 이는 결국 해당 회사의 채용 방침상 전공에 크게 영향을 받지 않는다는 것이므로 무엇보다 자신이 전공하지는 않았지만 어떤 업무도 적극적으로 임할 수 있다는 자신감과 능동적인 자세를 보여주도록 노력하는 것이 좋다.

CHAPTER 02 면접기출

한국관광공사의 면접은 1차 직무면접, 외국어면접과 2차 역량면접으로 진행된다.

01 1차 면접

1차 면접은 직무면접과 외국어면접으로 진행된다. 직무면접은 발표 및 직무경험 면접으로 진행되며 외국어면접은 독해 및 회화능력 등 영어 능력을 평가한다.

(1) 직무면접

① 본인이 어떤 식으로 회사에 기여할 수 있는지 설명해 보시오.

② 지원한 직무 외에 근무해 보고 싶은 부서가 있다면 무엇인가?

③ 지역관광 활성화를 위한 관광공사의 역할은 무엇이라고 생각하는가?

④ 관광벤처사업에 대해 말해보시오.

⑤ 다양한 대내외 고객들의 니즈를 충족시킬 만한 자신만의 방법은 무엇인가?

⑥ 한국을 대표할만한 동물은 무엇이며 그렇게 생각하는 이유는?

⑦ 고궁을 활용한 관광상품화 방안에 대해 말해보시오.

⑧ 가장 기억에 남는 프레젠테이션 경험에 대해 말해 보시오.

⑨ 타 공공기관과 연계하여 업무를 진행할 때 가장 어려운 점은 무엇이라고 생각하는가?

⑩ 관광공사의 공적인 측면을 확장하기 위한 대안을 제시해 보시오.

⑪ 우리 공사에서 진행하고 있는 사업에 대해 아는 대로 말해 보시오.

⑫ 팀의 구성원으로서 성과를 얻었던 경험에 대해 말해 보시오.

⑬ 유관기관과의 효율적으로 협력하기 위한 방안을 제시해 보시오.

⑭ 4차 산업 기술을 관광과 접목해 활용할 수 있는 방안에 대해 말해 보시오.

⑮ 관광객 다변화 방안에 대해 발표해 보시오.

⑯ 과정과 결과 중 어떤 것이 더 중요하다고 생각하고 그 이유는 무엇인가?

⑰ 우리나라 관광산업을 활성화시킬 수 있는 방안을 제시해 보시오.

⑱ 우리 공사의 핵심가치 외에 추가할 만한 핵심가치는 무엇인가?

⑲ 해외시장에 우리나라를 홍보하기 위한 방향을 제시해 보시오.

⑳ 우리 공사의 장단점과 개선안에 대해 말해 보시오.

㉑ 입사 후 만들고 싶은 국내 여행상품이 있다면?

㉒ 우리나라만의 차별화된 관광자원이 무엇이라 생각하는지, 홍보방안과 함께 말해보시오.

㉓ 우리나라 관광사업의 문제점이 무엇이라 생각하는가?

(2) 외국어면접

① 주어진 신문기사를 소리내어 읽고 기사에 대한 생각을 말하시오.

② 가장 인상 깊었던 우리나라의 역사적 사건은 무엇인지 대답해 보시오.

③ 자기소개를 해 보시오.

④ 외국인 친구에게 한국의 관광지를 추천해 보시오.

⑤ 외국인 친구에게 한국에 대해 소개해 보시오.

02 2차 면접

2차 면접은 개별역량 면접으로 조직 적합성 및 개인 역량을 평가하기 위한 면접으로 진행된다.

① 당사에 지원하게 된 동기, 해당 부문에 지원하게 된 동기가 무엇인지 말해 보시오.

② 우리 공사에 대해 아는 대로 말해 보시오.

③ (문제 상황을 제시하고) 어떻게 해결할 것인지 말해 보시오.

④ (어떤 상황을 제시하고) 비슷한 경험이 있는지, 어떻게 대처했는지 말해 보시오.

⑤ 리더십을 발휘한 경험에 대해 말해 보시오.

⑥ 실패했던 경험과 그 경험에서 얻은 것은 무엇인지 말해 보시오.

⑦ 실패를 극복하고 도전해서 성공한 경험이 있는지 말해 보시오.

⑧ 남들이 모두 하지 말라는 일에 도전한 경험에 대해 말해 보시오.

⑨ 자신이 살고 있는 지역의 관광 상품에 대해 소개해 보시오.

⑩ 예상한 업무와 실제 수행하는 업무가 다른 경우 어떻게 할 것인가?

⑪ MICE는 무엇의 약자인가?

⑫ 외국인에게 한국관광공사에 대해 설명하듯이 소개해보시오.

⑬ 여러 업무가 동시에 주어졌을 때 어떻게 할 것인가?

⑭ 마지막으로 할 말이 있다면 말해 보시오.

상식 용어사전 시리즈

합격GO!

💥 **금융상식 2주 만에 완성하기**

금융은행권, 단기간 공략으로 끝장낸다! 필기 걱정은 이제 NO! <금융상식 2주 만에 완성하기> 한 권으로 시간은 아끼고 학습효율은 높이자!

💥 **중요한 용어만 한눈에 보는 시사용어사전 1130**

매일 접하는 각종 기사와 정보 속에서 현대인이 놓치기 쉬운, 그러나 꼭 알아야 할 최신 시사상식을 쏙쏙 뽑아 이해하기 쉽도록 정리했다!

💥 **중요한 용어만 한눈에 보는 경제용어사전 961**

주요 경제용어는 거의 다 실었다! 경제가 쉬워지는 책, 경제용어사전!

💥 **중요한 용어만 한눈에 보는 부동산용어사전 1273**

부동산에 대한 이해를 높이고 부동산의 개발과 활용, 투자 및 부동산 용어 학습에도 적극적으로 이용할 수 있는 부동산용어사전!

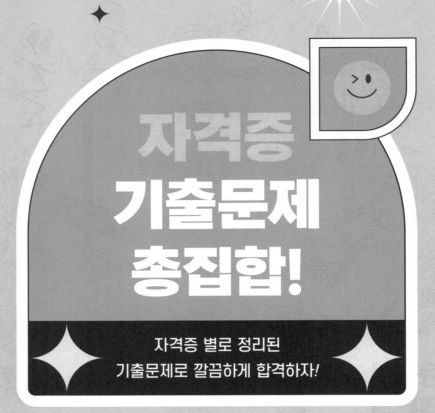

자격증 기출문제 총집합!

자격증 별로 정리된
기출문제로 깔끔하게 합격하자!

기출문제로 자격증 시험 준비하자!

건강운동관리사, 스포츠지도사, 손해사정사, 손해평가사,
농산물품질관리사, 수산물품질관리사, 관광통역안내사, 국내여행안내사, 보세사, 사회조사분석사